数聚力量

BIG DATA 2016

2016年中国大数据产业峰会
暨中国电子商务创新发展峰会全记录

大数据战略重点实验室○编

当代中国出版社
Contemporary China Publishing House
2017年5月 · 北京

图书在版编目（CIP）数据

数聚力量 ：2016年中国大数据产业峰会暨中国电子商务创新发展峰会全记录 / 大数据战略重点实验室编. -- 北京 ：当代中国出版社，2017.5
ISBN 978-7-5154-0780-7

Ⅰ. ①数… Ⅱ. ①大… Ⅲ. ①电子商务—研究—中国 Ⅳ. ①F724.6

中国版本图书馆CIP数据核字（2017）第082455号

出 版 人　曹宏举
策划编辑　梅　一
责任编辑　李一梅
责任校对　康　莹
封面设计　胡　凯
出版发行　当代中国出版社
地　　址　北京市地安门西大街旌勇里8号
网　　址　http://www.ddzg.net 邮箱:ddzgcbs@sina.com
邮政编码　100009
编 辑 部　（010）66572264　66572154　66572132　66572180
市 场 部　（010）66572281　66572161　66572157　83221785
印　　刷　北京艺堂印刷有限公司
开　　本　787毫米×1092毫米　1/16
印　　张　37.5印张　插图61幅　420千字
版　　次　2017年5月第1版
印　　次　2017年5月第1次印刷
定　　价　128.00 元

《数聚力量》编委会

目 录

165 经济与社会发展

243 安全与隐私保护

开幕式

—坚定不移实施大数据战略行动，让『智慧树』茁壮成长，让『钻石矿』流光溢彩

—建设国家首个大数据综合试验区，为国家实施大数据战略探索路子

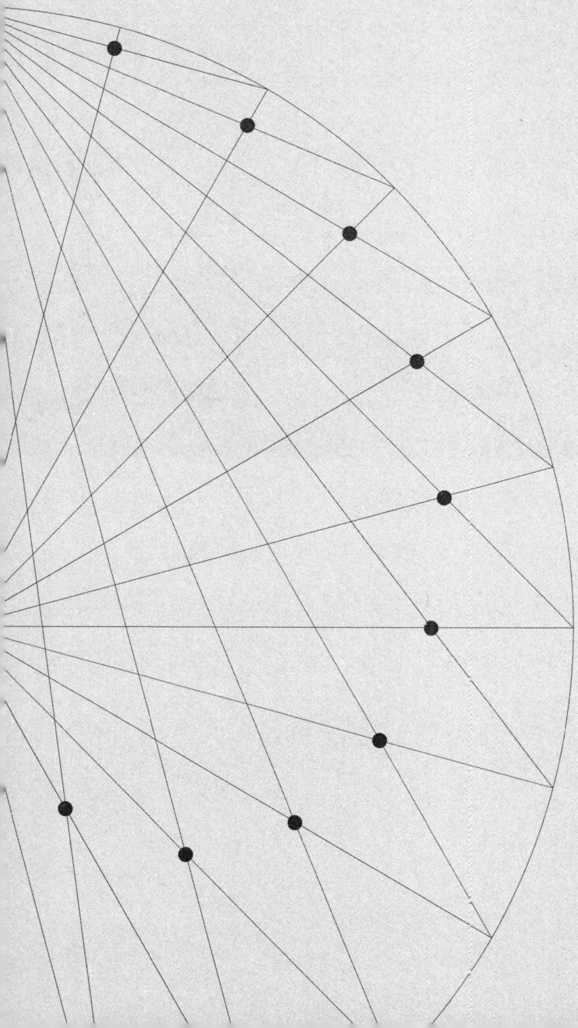

2016年5月25日，“2016中国大数据产业峰会暨中国电子商务创新发展峰会”在贵阳国际生态会议中心开幕

2016年5月26日，中共中央政治局常委、国务院总理李克强在“2016中国大数据产业峰会暨中国电子商务创新发展峰会”上发表重要讲话

“2016中国大数据产业峰会暨中国电子商务创新发展峰会”吸引了全球 IT 巨头的广泛关注和参与

2016年5月25日，“2016中国大数据产业峰会暨中国电子商务创新发展峰会”在贵阳国际生态会议中心开幕，本次的会议主题是“数据创造价值，创新驱动未来”

大数据开启智能时代

大数据战略重点实验室

纵观全球，世界正处于新科技革命方兴未艾之时，我们正在迎来并开创一个智能时代。大数据作为创新浪潮最重要的标志，其发展已经超出了绝大多数人的预期。2015年中共贵州省委十一届六次全会提出实施大数据战略行动，把大数据作为“十三五”时期贵州省发展的战略引擎。经过近两年的探索实践，贵州大数据发展风生水起，已逐渐形成国家大力支持、企业主动参与、各界充分认可的先行优势，一批国内外知名企业在贵州落地生根、开花结果，大数据产业规模总量不断增长，成为新的支柱产业，为贵州经济发展蓄积了源源不断的“新动能”。

2016年5月25日至29日，2016中国大数据产业峰会暨中国电子商务创新发展峰会（以下简称“2016数博会”）在贵阳国际会议中心举办。在5月25日上午举行的开幕式上，中共中央政治局常委、国务院总理李克强，国家发展和改革委员会主任徐绍史、副主任林念修，中央网络安全和信息化领导小组办公室副主任徐麟等多位领导亲临峰会指导并发表重要讲话，通过不同的形式表达了对“2016数博会”的重视和支持。与此同时，“2016数博会”也吸引了全球众多IT巨头的关注与参与，马化腾、德里克·阿博利、李彦宏、陆奇、王坚、毛渝南、齐向东、帕特·瓦尔丹、程维、王雪红、刘强东、迈克尔·戴尔等互联网大佬齐聚开幕式，围绕“数据创造价值，创新驱动未来”这一主题展开交流，共同探讨大数据发展关键问题和趋势。

一、大数据大战略

大数据已成为经济、社会、科技等各领域关注的焦点。早在2013年7月，习近平总书记视察中国科学院时就指出：“大数据是工业社会的‘自由’资源，谁掌握了数据，谁就掌握了主动权。”2014年，贵州·北京大数据产业推介会在北京隆重举行，标志着贵州大数据发展正式起航。2015年8月，国务院印发《促进大数据发展行动纲要》，明确支持贵州大数据综合试验区建设，促进区域性大数据基础设施的整合和数据资源的汇聚应用。2015年10月，党的十八届五中全会把大数据上升为国家战略。2016年2月，国家发展改革委、工业和信息化部、中央网信办批复同意贵州建设国家首个大数据综合试验区。2016年4月，贵州省委、省政府做出要“坚定不移实施大数据战略行动，全力推进国家大数据综合试验区建设”的战略部署，进一步打响了抢占大数据发展先机的突围战，掀起了发展大数据的又一个新高潮。

特别是，国务院总理李克强在“2016数博会”开幕式上发表重要讲话，指出大数据是21世纪的“钻石矿”“智慧树”，贵州在这里把“无”生了“有”，充分表达了对贵州发展大数据的认可和肯定。会上，总理还强调，中国要通过发展新经济来推动产业转型升级。要把以大数据为代表的创新理念和在传统产业当中长期孕育的工匠精神结合起来，使新旧动能融合发展，有力地推动虚拟世界和现实世界融合发展，促使生产、管理、经营模式变革，重塑产业链、供应链、价值链。

国家发展和改革委员会主任徐绍史提出，在大数据时代，要围绕引领经济新常态、贯彻新发展理念，深化改革开放，加强国际合作，大力实施创新驱动发展战略，全面落实供给侧结构性改革重大任务，持续推进简政放权、放管结合、优化服务的改革，着力优化创业创新的政策环境和制度环境，让大众创业、万众创新在中国蔚然成风、蓬勃发展。

国家发展和改革委员会副主任林念修从更为细化的层面提到，在当前和今后一个时期，国家发展和改革委员会将在六个方面持续发力，构建信息经济发展的支撑体系：一是夯实基础实力；二是提高融合能力；三是培育增长动力；四是激发创新活力；五是汇聚发展合力；六是着力提升风险抗力。

中央网络安全和信息化领导小组办公室副主任徐麟认为，实施大数据战略就是要顺应信息革命的浪潮，让互联网成为创新驱动发展的先导力量，让信息化更好地服务经济社会发展，为引领新常态提供新动力。

中共贵州省委书记、省人大常委会主任陈敏尔认为，大数据是大变革、大机遇，贵州将认真贯彻落实党中央决策部署，大力推进大数据战略行动，把大数据作为实施创新驱动发展战略的重要支撑，作为加强供给侧结构性改革的重要抓手，作为推动实体经济、传统经济转型创新发展的重要动力，进一步探索创新大数据产业的形态和商业模式，努力增加大数据的商用、政用、民用产品和服务，增加大数据的有效供给。千方百计培育新动能，发展新经济，为实施国家大数据战略积累经验，探索路子。

中共贵州省委副书记、省人民政府省长孙志刚表示，贵州将以建设国家首个大数据综合试验区为契机，围绕推进供给侧结构性改革、把握大数据发展优势，在数据资源共享开放、数据中心整合利用、大数据创新应用、大数据资源流通、大数据产业聚集、大数据国际合作、大数据制度创新等7个方面进行系统性试验，充分挖掘大数据的商用价值、政用价值和民用价值，为贵州实现弯道取直、后发赶超培育新动能，壮大新实力。

二、大数据大治理

国务院印发的《促进大数据发展行动纲要》指出，大数据已成为“提升政府治理能力的新途径”。各级政府要树立大数据思维，借助大数据手段推动政府管理理念和社会治理模式进步，实现国家治理体系和治理能力现代化。由于政府决策、施策的事项纷繁复杂，各类矛盾交织、各种变量融合的情况比比皆是，凭经验做出的决策缺乏数据支撑，往往导致缺乏科学性和前瞻性。在当今大数据时代，借助大数据手段，利用数据关联分析、数学建模等技术，在基于大数据的基础上进行模块化分析，为决策提供更为系统、准确、科学的参考依据，推动政府决策由过去的经验型、估计型向数据分析型转变，最终完善政府决策机制。

以大数据倒逼政府治理能力提升的态势正在形成，政用大数据已经成为大数据创新应用的大势所趋，成为加快政府治理能力现代化最重要、最有力的推手。在大数据思维下，基于大数据的科学决策、精细管理、精准服务将成为常态，政府借助大数据手段进行政务管理，通过数据的“留痕”、关联分析，精准掌握各类主体的真实状况，准确把握、及时发现问题，通过深度数据挖掘分析，对市场主体的行为动向和违规违法风险进行预测预警，促使政府在跨部门数据共享和联合行动的基础上，实时响应、处理公共事件和公众诉求。对各类违法行为实施精准打击，进一步提升政府监督管理的精准性和针对性，将有力推动政府管理理念和社会治理模式进步，推进法治政府、创新政府、廉洁政府、智慧政府和服务型政府建设，逐步实现治理能力现代化。贵州作为大数据发展的探索者之一，两年多来紧紧围绕“数据从哪里来、数据放在哪里、数据如何应用”三个问题积极地先行先试，深入挖掘大数据的商用、政用、民用价值，以大数据引领经济转型升级、提高政府治理能力，受到了习近平总书记、李克强总理的充分肯定和各界的高度关注。

中央网络安全和信息化领导小组办公室副主任徐麟认为，借助大数据我们可以准确预测经济的拐点，可以实时评估市场主体的信用状态，也可以优化自然资源开发的次序。如果说互联网拓宽了国家治理的空间，那么大数据则为国家治理能力的现代化进行了技术赋权。

在新的浪潮下，对社会治理会带来巨大的变化，将信息经济发展的成果惠及大众，运用大数据构建“用数据决策、用数据管理、用数据创新”的治理体系是提升政府治理效率的必然途径。贵州省在加快大数据产业发展的同时，深度挖掘政府数据，将其变成政府的重要资产和政府治理的重要手段。一是为了促进部门间业务协同，加快政府数据共享开放，建立了贵州省政府数据开放服务平台；二是为了提高服务效率，逐步建立智能服务平台，包括大数据扶贫、大数据治税、大数据信访、大数据维稳、大数据禁毒等；三是为了建设廉洁政府，加强对权力的监督和制约，实施了“数据铁笼”反腐工程。

三、大数据大产业

国务院印发的《促进大数据发展行动纲要》明确提出，2018年底前建成国家政府数据统一开放平台，带动社会公众开展大数据增值性、公益性开发和创新应用，充分释放数据红利，激发大众创业、万众创新活力。推动大数据与云计算、物联网、移动互联网等新一代信息技术融合发展，探索大数据与传统产业协同发展的新业态、新模式，促进传统产业转型升级和新兴产业发展，培育新的经济增长点，形成一批满足大数据重大应用需求的产品、系统和解决方案，培育一批面向全球的骨干企业和特色鲜明的创新型中小企业。构建形成政产学研用多方联动、协调发展的大数据产业生态体系。

为推动大数据在工业研发设计、生产制造、经营管理、市场营销、售后服务等产品全生命周期、全产业链各流程各环节的应用，贵州从呼叫服务业、端产品制造业、电子商务和智慧旅游业等方向入手，依托国家大数据（贵州）综合试验区，重点培育以大数据为引领的电子信息产业，坚持数据中心、端产品、芯片、集成电路、云平台运用等全链条推进，充分发挥骨干企业的带动作用，与三大电信运营商、百度、阿里等大型企业展开合作，形成大中小企业相互支撑、协同合作的大数据产业生态体系，围绕商用、政用、民用开发大数据核心业态、关联业态、衍生业态，助力大数据产业加快发展，力促试验区变成示范区、大数据变成大产业、大机遇变成大红利，建立面向不同行业、不同环节的工业大数据资源聚合和分析应用平台，牢牢抓住互联网跨界融合机遇，推动制造模式变革和工业转型升级，打造中国经济发展新引擎。

国家发展和改革委员会副主任林念修指出，要全面推进“互联网＋”行动，加快互联网与经济社会各领域融合发展，支持现代农业、协同制造、智慧能源、人工智能等若干重点领域建设完善的现代产业体系，促进分享经济发展壮大。推动形成统一开放、竞争有序、诚信守法、安全可靠的电子商务大市场。

贵州茅台酒股份有限公司董事长袁仁国认为，深度推进大数据革命与创新，更好地服务全球消费者从传统空间向互联网空间延伸，从服务消费者向全球消费者实时互动延伸，把互联网思维、大数据融入生产经营中，加强与消费者的无缝连接，形成全球化的制造、交易、互动全产业链，多元化拓展的大数据平台，让优质数据成为企业最重要的数据资产，不断提升核心竞争力、产业竞争力、品牌影响力、市场占有率。

一个大规模生产、分享和应用数据的时代已经开启。大数据的真实价值目前还只是显露冰山一角，其中的大部分还隐藏在表面之下，最终大数据的生产和应用不仅将深刻改变我们的思维和行为、商业模式、企业经营方式和城市的运转方式，也将带给我们价值体系、知识结构和生活方式的巨大改变。

四、大数据大民生

民是国之根本，人本身是最大的数据来源。为推动社会治理体制创新，利用“大数据”来服务“大民生”。“十三五”期间，贵州省将坚持民生导向，在公用事业、医疗卫生、减灾救灾、社会保障、教育文化、交通旅游、消费维权等领域全面推广大数据应用，拓展服务渠道，提高服务质量，缩小城乡、区域公共服务差距，形成公平普惠、便捷高效的民生服务体系。积极推动大数据在精准扶贫、便民惠民、社会治理等方面的深度应用，促进大数据产业加快发展。建成“云上贵州”数据共享交换平台，孵化培育

1000家以上数据增值服务企业。重点实施贵州省网上办事大厅、重大民生服务云应用、“精准扶贫云”示范工程等60个以上示范项目，促进民生改善和便民利民。

作为全省的“发动机”和“火车头”，贵阳站在全省大数据发展工作的前沿，高举大数据引领发展的旗帜，给全省做表率，贵阳市委九届六次全会提出“以大数据为引领打造创新型中心城市的十大重点工程”，将通过对民生全领域、全过程海量数据的记录、共享、挖掘，充分发挥大数据等新一代互联网技术对保障和改善民生的支撑引领作用，聚焦民生服务需求，引导社会资本投入民生产业，培育大数据民生应用企业，形成大数据服务民生的典型经验。着力聚焦社区、教育、民政、社会保障、交通、医疗、政务服务等领域，预计接入100项以上服务上线运行，形成覆盖全市、全领域的大数据民生服务体系。

国务院总理李克强指出，通过政府信息平台的共建、共享，可以提高政府监管的效能、服务的效率，使“互联网＋”和政府的政务结合，可以创造一个公平竞争的市场环境，可以为人民群众提供便利的服务，实现“人在干、数在转、云在算”，可以让“信息多跑路、群众少跑腿”，可以大力推动智慧城市、智慧医疗、智慧教育、智慧养老，使之加快发展形成公平普惠、便民高效的民生服务体系。

中共贵州省委副书记、省人民政府省长孙志刚指出，贵州将着力强力推进部门间的数据互联互通、共享共用，完善云上贵州平台，实现省、市、县、乡全覆盖，做到全省政务服务和行政审批一网通，将扶贫云和国土云融合，使易地搬迁扶贫更加精准。将扶贫云与水利云融合，使防灾、减灾、救灾更加及时有效。重构医疗健康云，实现远程医疗全覆盖，药价监控全覆盖，医保异地及时结算全覆盖，抓实做好大数据民生。

五、大数据大安全

继互联网、物联网、云计算之后，大数据已成为当今信息技术领域的发展热点。大数据在带来“大”价值的同时，也存在“大”安全问题。大数据的基本特征对计算设施、存储、网络、信息资源等提出了更高的安全要求。据统计，过去3年里全球产生的数据量比以往400年的数据加起来还多，这些数据包括文档、图片、视频、Web页面、电子邮件、微博等不同类型，其中，只有20%是结构化数据，80%则是非结构化数据。数据的增多使数据安全和隐私保护问题日渐突出，各类安全事件给企业和用户敲醒了警钟。在整个数据生命周期里，我们需要遵守更严格的安全标准和保密规定，对数据存储与使用的安全性和隐私性要求越来越高，传统数据保护方法常常无法满足新变化。网络和数字化生活也使黑客更容易获得他人信息，有了更多不易被追踪和防范的犯罪手段，而现有的法律法规和技术手段却难于解决此类问题。因此，在大数据环境下数据安全和隐私保护是一个重大挑战。

国务院总理李克强指出，要强化信息网络和数据的安全性，建立和完善数据流动和利用的监管立法，构建信息基础设施的安全保障系统，这样才能够着力推动信息的开放、信息的交易，使之在安全权益方面得到保障，使知识产权保护得以加强。对信息滥用、侵犯隐私、网络诈骗、盗取商业秘密行为要依法依规进行打击，进行清理，净化信息网络空间。

国家发展和改革委员会副主任林念修提出，要着力提升风险抗力，健全网络安全相关制度，保障关键信息基础设施和重要信息系统安全运行，完善网络空间治理，营造安全文明的网络环境，为信息经济建设健康可持续发展保驾护航。要更好地履行社会责任，重点坚持经济效益和社会效益并重，企业要切实负起主体责任，严格遵守法律法规，加大对大数据的管理，保证数据安全，向广大群众提供和推广质量好的产品和服务，传播正能量。

中央网络安全和信息化领导小组办公室副主任徐麟认为，要完善大数据安全保障机制，有效地平衡产业发展和隐私保护、国家安全之间的关系。

奇虎360科技有限公司总裁、360企业安全集团董事长齐向东认为，传统的安全思路已经没有办法解决大数据安全问题，要用大数据方法解决大数据的安全难题。360安全中心每天监测到新的木马样本超过1000万个，每天发现的软硬件和网站漏洞超过120个，每一个木马、每一个漏洞都可能用来攻击我们预先部署好的安全设备和安全软件，网络安全是动态的，依靠安装几个安全设备和安全软件就想永葆安全的想法已经不合时宜。因此，建立数据驱动安全思维下全新互联网安全体系已刻不容缓，由各种大数据组成庞大的大数据体系和大数据分析的技术，是“传统安全＋互联网＋大数据”的最佳安全防护模式。

总而言之，保护大数据安全不单是技术问题，更是关系国家根本利益的战略性问题，我们必须从事关国家安全的战略高度出发，加强国家信息安全体系的顶层设计，对大数据安全发展做出正确的战略判断和战略预见，确定国家大数据安全建设的总体思路、战略目标和优先秩序，理清大数据共享开放与保密、效益与安全的关系，制订大数据安全发展综合规划和行动计划，整合健全信息安全组织管理机构，强化统一领导和协调，促使信息安全逐步朝着体系化、规范化、协调化和融合化的方向发展，加快建设健全自主可控的大数据安全体系，已成为当前我国信息化发展进程中亟待解决的问题。

坚定不移实施大数据战略行动
让“智慧树”茁壮成长
让“钻石矿”流光溢彩

中共贵州省委书记、省人大常委会主任　陈敏尔

尊敬的李克强总理，尊敬的各位领导，各位嘉宾，女士们、先生们：

今天，中国大数据产业峰会暨中国电子商务创新发展峰会在多彩贵州·爽爽贵阳隆重开幕了，李克强总理亲临峰会指导并发表了重要讲话，这充分体现了党中央、国务院对贵州工作的亲切关怀和对大数据发展的高度重视，各位领导和知名的企业家、专家学者抽出宝贵的时间专程赴会，看好大数据前景，看好贵州的未来。在此，我谨代表贵州省委、省政府和全省各族人民向各位领导、各方嘉宾、各界朋友的关心支持表示衷心的感谢！

贵州作为大数据发展的探索者之一，两年多来我们紧紧围绕“数据从哪里来、数据放在哪里、数据如何应用”三个问题积极地先行先试，着力推进大数据开放、应用、共享，深入地挖掘大数据的商用、政用、民用价值，以大数据引领经济的转型升级、提高政府的治理能力、服务社会广大民生，

取得了一些阶段性成果，受到了习近平总书记、李克强总理的充分肯定和业界的高度关注，今年2月获国家批准建设大数据（贵州）综合试验区。

大数据是大变革、大机遇，贵州将认真贯彻落实刚才李克强总理的重要讲话精神，大力推进大数据战略行动，把大数据作为实施创新驱动发展战略的重要支撑，作为加强供给侧结构性改革的重要抓手，作为推动实体经济、传统经济转型创新发展的重要动力，进一步探索创新大数据产业的形态和商业模式，努力增加大数据的商用、政用、民用产品和服务，来增加大数据的有效供给。千方百计培育新动能，发展新经济，为实施国家大数据战略积累经验，探索路子。

女士们、先生们，贵州的大数据发展只是个开始，我们深感李克强总理刚才对贵州的肯定是对我们的鼓励和鞭策，我们将加倍地努力，让大数据“智慧树”茁壮成长，让大数据“钻石矿”与更多的人分享。我们将以举办此次峰会为新的契机，与各界朋友共商大数据发展大计，共促大数据更加繁荣，共创大数据的美好未来。

最后，祝本次峰会圆满成功，祝各位领导、各位嘉宾身体健康，工作顺利。

谢谢大家！

建设国家首个大数据综合试验区
为国家实施大数据战略探索路子

中共贵州省委副书记、省人民政府省长　孙志刚

各位来宾，女士们、先生们，朋友们：

大家上午好!

去年，我们在这里举办2015数博会，形成了《贵阳宣言》，时隔一年，我们又相聚在一起共同研讨。十分荣幸的是，李克强总理亲临大会并发表了非常重要的讲话，使我们受到了极大的鼓舞。总理的重要讲话必将对大数据产业和电子商务创新发展产生巨大的推动作用。

随着物联网、移动互联网、云计算等信息技术的飞速发展，大数据日益成为科技进步和信息化发展的核心方向，正在引发人们生产方式、生活方式、社会治理方式等方面一系列的重大深刻变革。正如习近平主席指出的那样，大数据是工业社会的“自由”资源，谁掌握了数据，谁就掌握了主动权。

近年来贵州认真贯彻习近平总书记的重要指示，牢牢守住发展和生态

两条底线，重点围绕数据聚集、融通、应用，着力构建大数据内容中心、服务中心和交易中心，培育大数据核心业态、关联业态和延伸业态，取得了阶段性的成果。

一是数据集聚开放，深入推进。搭建“云上贵州”平台，日访问量超过了10亿人次，国家11个部委、10多个行业、20多个企业集团的数据中心落户到贵州，三大电信运营商贵安数据中心、贵州省互联网交互中心先后建成运行，成立了我国第一个大数据交易所，会员单位达到410家，交易额已经突破7000万元。

二是大数据项目加快实施。招引了一批国内外知名大数据企业，引进项目335个，仅今年3月份在北京举办的大数据招商引智推介会就引进企业和研发机构868个，人才近4000名，签约项目297个。

三是大数据产业加快成长。销售收入500万以上的大数据电子信息企业达到322家。2015年，大数据产业规模总量增长37.7%，电子商务交易额增长33%。今年1–4月份，端产品产值增长80%以上，互联网和相关服务增长70%以上，软件开发及信息技术服务增长58%。

四是大数据法规体系不断完善。先后出台了大数据发展应用和信息基础设施等地方法规，为保障数据安全、打破数据壁垒提供了制度保障。

今年2月，国家批准我省建设国家首个大数据综合试验区，我们将以此为契机，围绕推进供给侧的结构性改革、厚植大数据发展优势，在数据资源共享开放、数据中心整合利用、大数据创新应用、大数据资源流通、大数据产业聚集、大数据国际合作、大数据制度创新等七个方面进行系统性试验，充分挖掘大数据的商用价值、政用价值和民用价值，为国家实施大数据战略积累经验，探索路子，为贵州实现弯道取直、后发赶超培育新动能，壮大新实力。

一是培育发展大数据产业。我们将深化大数据国内外交流合作，做大贵阳大数据交易规模，吸引更多的数据中心落户贵州、更多的大数据企业集聚贵州、更多的大数据人才云集贵州，研发生产更多的大数据产品，把大数据培育成为贵州新的支柱产业。

二是运用大数据推动产业转型升级。我们将大力推动大数据与工业、农业、服务业的深度融合，在融合中扩大大数据的应用空间，发展新经济，找准传统产业转型升级的新路，从而促进对产业结构进行深度调整，加快对传统产业信息化的改造，大力发展“互联网＋”协同制造、智能制造，提高数字化率，推动产品创新、生产技术创新和经营模式创新。

三是运用大数据提升政府治理能力。我们将着力强力推进部门间的数据互联互通、共享共用，完善“云上贵州”平台，实现省、市、县、乡全覆盖，做到全省政务服务和行政审批一网通，让信息多跑路，让群众少跑腿。将扶贫云和国土云融合，使搬迁扶贫更加精准。将国土云和水利云融合，使防灾、减灾、救灾更加及时有效。重构医疗健康云，实现远程医疗全覆盖，药价监控全覆盖，医保异地及时结算全覆盖。提升旅游云，推进智慧旅游和市场监管全面融合，发展满意旅游，实现井喷式增长。有二十几朵云，我在这里就不一一列举。

四是运用大数据助推黔货出山。我们将大力发展电子政务，推动电商云和交通云的融合，加快发展智慧物流，着力培育各具特色的电商主体、高效快捷的物流企业，实现线上线下结合，交通流通联动，确保电子商务和黔货出山交易额年均增长30%以上。

乘云而上，争弄潮，数据蓝海竞风流，诚挚地欢迎大家来拥抱贵州这片热土，齐心协力共建试验区，共享新成果，我们在贵州等你。

谢谢！

推动信息经济大发展开创新未来

国家发展和改革委员会副主任　林念修

各位来宾，女士们、先生们，朋友们：

大家上午好！

十分高兴再次与各位嘉宾相聚在秀美如画的贵阳，共商大数据和电子商务发展大计，展望信息经济美好未来。

当前，新一轮科技革命和产业变革孕育兴起的信息科技浪潮正在席卷全球，必将对我国经济社会发展带来深远影响。

习近平总书记强调指出，要着力推动互联网和实体经济深度融合发展，以信息流带动技术流、资金流、人才流、物资流，为推动创新发展转变经济发展方式、调整经济结构发挥积极作用。刚才李克强总理发表了重要讲话，从顺应人类社会进步潮流、引领全球产业变革的高度，深刻阐释了以信息经济为代表的新经济发展大势，全面阐述了中国政府的政策主张，进一步坚定了我们推动信息经济发展的信心和决心。

两年来，中国政府围绕推动大数据、电子商务、“互联网+”等领域发展先后出台了一系列政策举措，信息经济迎来了快速发展的黄金时期。2015年，中国信息经济规模已经超过18万亿元人民币，电子商务交易额超过20万亿元，数据总量已经超过1000亿，占全球数据总量的13%。据预测，未来5年中国大数据产业规模年均增长率将会超过50%，到2020年，中国的数据总量将会超过8000亿，占全球数据总量比例达到20%。届时中国将成为世界第一数据资源大国和全球的数据中心。可以预见，以大数据为代表的信息经济对促进传统产业升级、培育壮大新动能必将发挥越来越重要的作用。

一直以来，国家发展改革委围绕培育新技术、新产品、新业态、新模式，打造发展新引擎，致力于研究制定支持大数据、电子商务等领域发展的政策体系，全力推动中国信息经济加快发展。当前和今后一个时期，我们将在六个方面持续发力，构建信息经济发展的支撑体系。

一是夯实基础实力。加快“宽带中国”建设，大力发展云计算服务，推进物联网创新应用，建立完善通信、计算和感知三大技术设施体系。

二是提高融合能力。全面推进“互联网+”行动，加快互联网与经济社会各领域的融合发展，支持现代农业、协同制造、智慧能源、人工智能等若干重点领域建设完善的现代产业体系，促进分享经济发展壮大。

三是培育增长动力。实施政府大数据工程，推进大数据综合试验区建设，建立数据资源共享开放制度，营造快速发展的政策体系，推动形成统一开放、竞争有序、诚信守法、安全可靠的电子商务大市场。

四是激发创新活力。推进大众创业、万众创新，加大简政放权力度，完善体制机制，健全普惠性的政策措施，以创业带动就业，以创新引领发展。

五是汇聚发展合力。我们支持中外企业广泛开展技术研发、标准制定和产业合作，积极推动网上丝绸之路建设，打造规制互认、设施互联、信息互通、企业互信、产业互融的信息经济带。

六是着力提升风险抗力。健全网络安全管理制度，保障关键信息技术设施和重要的信息系统安全运行，完善网络空间治理，营造安全文明的网络环境，为信息经济建设健康可持续发展保驾护航。

女士们、先生们，朋友们，信息经济是推动经济发展的新动能，潜力巨大，前景广阔，我们热切期待在座各位企业家更加积极地参与中国信息经济发展的进程，共同分享中国发展的红利。在此我谈几点看法与大家探讨交流。

一是更好地助力供给侧结构改革。重点是加快信息技术与传统产业的深度融合，以大数据优化产业组织方式，以“互联网 +”提升产业组织效率，以电子商务畅通产业流通渠道，加速形成高质量、多层次的供给体系，推动中国产业迈向中高端水平。

二是更好地引领壮大新经济。重点是力争在核心技术上取得突破，将创新成果转化为生产力，企业要成为研发主体和创新主体，成为推动大众创业、万众创新的主力军，通过众创、众包、众扶、众筹等方式大力发展信息服务业，做大做优分享经济等新业态。

三是更好地服务社会治理。重点是将信息经济的成果惠及大众，运用大数据构建用数据决策、用数据管理、用数据创新的治理体系。依托电子商务增加公共产品和公共服务供给，助力解决精准扶贫、社会救助、食品药品安全、健康医疗等民生问题。

四是更好地履行社会责任。重点是坚持经济效益和社会效益并重，企业要切实负起主体责任，严格遵守法律法规，加大对大数据的管理，保证数据安全，向广大群众提供和推广质量好的产品和服务，传播正能量。

互联网让世界变成了地球村，推动国际社会越来越成为“你中有我、我中有你”的命运共同体，秉承开放创新、互利共赢的原则，推动信息经济持续健康发展是我们共同的愿望和使命。国家发展改革委将加强与业界的交流、沟通与合作，大力推进制度创新、管理创新和服务创新，努力为信息经济发展营造良好的政策环境，让我们携起手来，用新思路和新办法推动信息经济实现大发展，开创新未来。

最后，预祝本次峰会取得圆满成功。

谢谢大家！

顺应信息经济革命浪潮
发挥创新驱动先导力量

中央网络安全和信息化领导小组办公室副主任、
国家互联网信息办公室副主任　徐 麟

各位嘉宾，女士们、先生们，朋友们：

大家上午好！

非常高兴参加本次峰会，借此机会，受鲁炜主任的委托，我谨代表中央网信办、国家互联网信息办公室对峰会的召开表示热烈祝贺！对长期以来关心支持中国网信事业发展的中外嘉宾表示衷心的感谢！

习近平主席指出，按照新发展理念推动我国经济社会发展是当前和今后一个时期我国发展的总要求和大趋势。总体上说，网信事业代表着新的生产力，新的发展方向。我们认为，实施大数据战略就是要顺应信息革命的浪潮，让互联网成为创新驱动发展的先导力量，让信息化更好地服务经济社会发展，引领新常态，提供新动力。

刚才李克强总理的重要讲话为我们发展大数据、电子商务、信息经济明确了方向。贵州发展大数据的积极探索和成功实践也给予了我们很多的启迪，大数据对于经济社会发展有着重大的影响。

第一，大数据开辟经济全球化新时代。国际金融危机以后，全球贸易增速从2008年的6% 低至去年的2.8%，但同期数字化贸易却呈现快速增长态势。2014年跨境数据流动量是2005年的45倍。

第二，大数据构筑转型发展新格局。从行业看，大数据推动海量需求和供给信息高效对接，使得传统产业从现行分工走向网络化协作，从区域看，互联网打破了时空界限，弱化区域差别，为欠发达地区的转型发展、后发赶超带来了新的机遇。

第三，大数据重塑经济发展新动力。中国是全球最大的互联网市场，而且预计未来的5—10年中国大数据市场的规模将保持高速的增长，刚才林念修主任给出了50% 的增速估计。同时，大数据将驱动技术资本、劳动力等要素配置更加优化，进一步模糊了产业边界，催生了许多新的业态。

第四，大数据支撑国家治理的新变革。借助大数据我们可以准确地预测经济的拐点，可以实时地评估市场主体的新状态，也可以优化自然资源开发的秩序。如果说互联网拓宽了国家治理的空间，那么大数据则为国家治理能力的现代化进行了技术赋权。

各位嘉宾，各位朋友，大数据带来了大市场、大机遇，也带来了新挑战和新问题。今天的峰会聚集了全球的精英，为我们研判趋势、加速创新、共同发展提供了机遇。我们希望大家携手合作，共同推动解决大数据发展的关键问题。

一，适应全球数字经济发展趋势，在充分尊重各国数据主权利益的前提下，共同制定更具活力的数据跨境流动规则。

二，搭建面向全球的开放合作、互动创新的技术体系和产业生态，充分释放创新的动力。

三，共同发掘更多的重量级运用，让大数据更好地造福社会、造福人类。

四，加强数据确权和资产管理、交易流通等制度建设，使数据交易有章可循、有法可依。

五，完善大数据安全保障机制和能力，有效地平衡产业发展和隐私保护、国家安全之间的关系。

信息革命是当今人类社会最为深刻的一场变革，机遇不容错失，我们也希望并相信贵州的大数据综合试验区一定会打造成中国大数据发展的标杆。中央网信办和国家互联网信息办将积极支持贵州在大数据共享开放、产业聚集、资源流通、制度创新等方面的探索和实践。

最后，预祝峰会圆满成功。

谢谢大家！

共建大数据生态

腾讯公司董事会主席兼首席执行官　马化腾

各位嘉宾，非常荣幸，这是我第二次来到贵阳参加数博会，第一次来了之后印象非常深刻，今年决定再次参加。也再次恭喜贵州能够在这么短的时间内把一个 IT 领域的峰会办得如此成功，而且得到了总理的关注和支持。

从今天我们听到的嘉宾演讲就知道，大数据已经不仅仅是企业、产业的探索，更加得到了国家的高度重视，大数据已经上升成为国家战略，写入了“十三五”规划纲要。

昨天向总理汇报的时候我们也提到了，随着中国经济的新旧动能转化，我们看到在互联网和大数据的创新领域方面产业获得高速发展。总理非常关心这个领域经济和企业的发展，尤其在今年第一季度，他特别关切地询问发展情况。我想说，我们在座很多新经济领域也就是大数据领域的企业，应该说今年的发展还是很不错的，我相信随着未来传统行业和“互联网 +”的融合，我们将会有更广阔的发展空间。

下面我和大家简单分享腾讯在大数据方面的一些数字。腾讯有18年的海量数据运营经验，目前整个数据存储中心存储总量超过1000个 PB，就是超过1.5万个全世界最大图书馆的藏书量。而且以每天500TB 数据上升。大家知道，大数据发展基础就是数据存储，数据存储越集中，其实安全和责任越大。我记得在去年的天津大爆炸事故的时候，腾讯在天津有一个亚洲最大的数据中心，当时离爆炸中心点只有1.5公里，受到巨大冲击。墙、柴油发电机的门全部都扭曲了，非常危险，当时我们的人员还没有撤退，这么大的数据中心第一次裸奔，没有人值守。这件事给我们敲响了警钟。我记得当时秦副省长到腾讯回访的时候，刚好发生这件事情，他不失时机向我推销说你们赶紧来贵州建一个数据中心，贵州有很多的优势，首先水电很充足，电力很便宜；其次有很多山洞，山洞里面恒温恒湿。我们了解到贵州还真的有不少这样的好地方，所以我们现在正在考察，能不能在贵州建立一个大数据的灾备中心，在此我也呼吁同行能够积极考察，包括我们的运营商也能够积极地参与构建这样一个灾备中心。我印象更深刻的是，贵州在大数据领域的作为，刚才总理也说是“从无到有”，使我感觉到一个省的政府如果像一个在激烈竞争市场中的企业这么拼的话，它爆发出来的能量是令人印象深刻的。在此，我也祝贺贵州，希望贵州的大数据产业能够得到快速发展。

下面，介绍一下腾讯在图片、视频以及移动支付方面数据的进展，这三个领域的数字在国内都是排第一位的。每天上传的图片，大家在朋友圈、QQ 空间里面每天上传大量个人照片，数量非常惊人。在整个社交网络里面视频播放量和专业视频网站播放量正在高速增长。我们移动支付在亚洲的发展，由于激烈竞争成长迅速，甚至在除夕的时候，具有中国特色的红包的数量超过25亿笔，目前也能稳定到每天超过5亿笔。这些基础都是腾讯在多年海量运营中积累的经验，我们希望能够开放出来，贡献给整个生态的合作伙伴。

接下来是腾讯最近三年整个战略变化，我们从什么业务都自己做转化为只做最核心的平台和数字内容以及金融的业务。我们对外说就是两个半的平台，其他业务全部交给合作伙伴。在大数据和未来的生态里面，我们决定做哪些基础的要素呢？第一个是云，也就是今天的主题。第二个是移动支付。第三个是地理位置信息技术，就是 LBS，以及安全。我想这些基础设施是我们能够和周边的生态合作伙伴，也就是朋友圈的这些合作伙伴一起来共建。

举个例子，比如说地理位置信息技术（LBS），腾讯有投资一些基础地图的公司，但实际上大量数据还要依赖生态中的合作伙伴，比如说出行领域的滴滴打车，它有每天超过千万单的出行记录，数百万车辆实时把地理位置信息在我们的平台上汇集。包括京东有数万个送货员，每天有大量的物流在流转，都是实时数据，甚至精准到家庭住址。我们还看到像 O2O 领域，像美团、大众点评、58同城、赶集等，他们有数百万家商户和送餐服务的地理位置信息，个人骑自行车或者步行，这些毛细血管的地理位置信息掌握在生态圈里面各个合作伙伴手里，我们希望能汇聚共建，同时反哺给合作伙伴，这些都是鲜活案例。我们看到，这些基础设施将是未来大数据生态的助燃剂，也是国家未来经济新动能的基础设施。

最后介绍一下腾讯在云方面的一些规划，其实云的业务我们过去只是在内部使用，现在我们把它开放出来，从底下看我们是提供一个基础，就是数据中心。在中间有各种产品，结合很多特色，最终服务在最上游的各个产业中的解决方案。腾讯定位很清晰，我们就只做连接，我们希望未来能够和合作伙伴一起，共建整个大数据的生态。

最后，预祝本次数博会圆满成功。

谢谢大家！

与中国企业合作共享发展红利

高通公司全球总裁　德里克·阿博利

很高兴再次来到贵阳，实际上过去几年中我在中国待了很长的时间，因为中国对于高通来说成为一个越来越重要的市场。我们在中国有很多伙伴，包括在贵州也有很多伙伴，我们希望和大家一起取得更大的成功。我很高兴再次来到贵阳参加这次峰会，祝愿这次峰会取得圆满成功！

现在，中国在全球互联网中扮演越来越重要的作用，而我们高通公司也与中国伙伴充分合作，在3G、4G、5G方面与中国通力合作，并且取得很多进展。我们希望高通公司可以帮助中国进一步发展自己的数字经济，我们将会继续与中国的伙伴合作，帮助中国发展新兴产业，包括发展数据中心。现在的数据是海量的，而且数据的服务也越来越广泛，我们正在考虑如何更加有效地利用数据，包括如何更好地建设好数据中心。现在全球各地的数据量迅速发展，实际上全球90% 的数据量都是在过去两年中产生的。我们知道，现在这个数据量是飞速发展的，而且是成幂指数发展的，每分钟交流的数据量都是海量的。我们整个数据量和10年前甚至5年前比起来都是不可同日而语的。现在中国每天的数据产生量非常巨大，而随着中国产业的发展，今后这个数据量还会越来越大。

在数据迅速发展过程中，高通也积极参与了中国数据企业的发展。现在通过云、通过数据中心进行数据交流的量也越来越大，我们发现有一些智能电视、无人机，甚至一些白色家电以及其他基础设施都连上了互联网，成为物联网的一部分。而这部分产业也越来越成为一个国家产业的重要内容，这也会进一步催生数据中心以及数据运营商的发展，各种硬件、软件以及数据中心的基础设施也需要进一步创新发展来适应新时代的新要求。我们必须要找到新的方式，使得数据中心可以更加高效顺利地发展，而且现在市场细分，人们有不同的需求，我们要通过数据中心向人们提供不同的产品服务，只有不断创新才能紧跟时代的步伐。

我们高通公司致力于发展灵活高效的客户服务，我们在中国许多地方建设了数据中心，我们也很高兴有越来越多的中国伙伴与我们共同合作，来充分挖掘大数据的潜力。现在高通公司在机器学习等一系列新的专业领域都发展得非常快。

在产业发展的过程之中要平衡一系列的因素，包括效率、投资等各方面的因素，这就需要大数据提供效率的支撑。高通公司提供的服务可以帮助人们更好地找到这种平衡。我们一直在推动移动通信技术的发展，也希望数据中心可以更好地处理中国移动互联网的发展。与此同时，我们也在创新解决方案，现在中国市场有一些新的迹象，有一些新的发展，我们一直在与客户充分交流，以了解他们的需求，更好地帮助他们找到刚才提到的那种平衡。

大约在7个月以前，我们开始与中国的一家新伙伴结成战略伙伴关系，发展软件。中国有许多非常优秀的企业，这些年来一直与我们通力合作，帮助我们更好地拓展中国市场，向中国客户提供更好的服务。去年秋天，高通与贵州共同宣布成立了一家合资公司，这家合资公司向中国客户提供先进的技术解决方案服务。我们也很高兴可以在贵州投资市场，因为这给了高通公司与中国最优秀的业内人士通力合作很好的机会，同时也给中国建设芯片以及大数据中心一个新的机会，我们希望这个合资企业可以生产中国最优秀的产品，可以进一步推动中国大数据产业的发展。很高兴可以通过这个合资企业来加速大数据中心的发展，加快数据产业链以及生态的发展，我们也愿意为客户提供更好的服务。在这个过程中，我们必须要创新，使得数据中心更加高效，与此同时降低成本，我们愿意也可以找到这种平衡。

最后，我非常高兴参加这次会议，也希望这次会议取得圆满成功。

谢谢！

全球首个无人车行驶城市或出现在中国

百度公司创始人、董事长兼首席执行官　李彦宏

各位领导，各位嘉宾：

大家好！

我今天想讲一个跟大数据相关的话题，这个话题就是人工智能。

人工智能这个词第一次被提出来正好是在60年前，人工智能的前50多年其实是比较默默无闻的，没有太多的人去关注。我在美国读书的时候特别喜欢人工智能这个课程，但是学完之后发现外界没有人认可，因为人工智能在工业界是没有实际应用的。

最近几年人工智能为什么这么火？最主要的一个原因就是大数据，所以我说人工智能是跟我们今天这个大数据的话题非常相关的。越来越多的数据每天产生，导致了我们可以利用这些数据做一些过去只有人能够做的事情。当然，除了数据的丰富度之外，还有一个非常重要的原因，就是计

算资源的丰富，或者说计算能力越来越强大，而计算的成本越来越低廉。因为有了好的计算能力、便宜的计算能力，也因为有了大数据，我们现在可以实现很多，比如说像语音的识别、自然语言的理解、图像的识别，甚至无人驾驶的汽车，当然无人驾驶汽车还在研发当中。

刚才李克强总理在讲话当中多次提到大数据，很多时候他是从政府的角度来看这个数据。那么政府的角度看数据是什么意思呢？就是说有很多很多数据掌握在政府部门手中，政府要做的事情就是开放这些数据，共享这些数据。我就在想，企业怎么样来利用大数据？这里面非常关键的点叫“Insight”，也就是洞见。昨天参加总理座谈会的时候也有一位发言嘉宾提到了这个词。什么叫洞见？我给大家举一个例子，大家知道哥白尼提出了“日心说”，他最后的结局是被教会烧死了，“日心说”在当时是很先进的，他用各种各样的逻辑推理认为这就是事实，但是他没有大数据来支持。100多年以后，有一位丹麦的天文学家，辛辛苦苦地搜集了20多年的非常精确的，各种各样的天文学方面的数据，各种各样行星的运转数据，他对这些数据没有洞见，所以他也没有能够说服世人地球是绕着太阳转的。他的一个助手叫开普勒，利用了他多年积累的大数据，并且加入了自己的洞见。每天这些行星运转数据看上去是没有任何规律的，但是这么多年如果把每一年同一天的数据拿出来看，那么它的规律就比较明显了，所以后来开普勒发现了行星绕月轨道是椭圆形轨道，成功解释了各种各样过去解释不了的现象。也是因为他的工作，“日心说”才被公众所广泛接受。所以对于企业来说，我们一方面很感谢政府愿意公开各种各样的数据，分享给我们。另外一方面，我们也应该非常努力地去找到这些洞见，让这些数据产生它应该产生的价值。而人工智能就是最能利用大数据的一个领域，而且我认为它的影响力很可能不亚于大数据，它会改变各种各样的行业、各种各样的领域。

过去我们认为只有人能实现的事情，未来越来越多的情况下机器可以实现了。如果说工业化是把人从体力劳动当中解放出来的话，那么人工智能很可能会把人从简单的脑力劳动当中解放出来。这方面大家最有感受的可能是所谓的无人车。前几天我们跟安徽芜湖市有一个合作的发布，芜湖市会专门圈出一个区域来供无人车进行实验，这个区域将来不允许有人驾驶的车行驶。所以我非常期待，我甚至坚信未来全世界第一个只有无人车行驶的城市会出现在中国。我们现在也在和贵阳市政府探讨无人车行驶的区域。无人车是典型的人工智能应用，就是用一台电脑加上轮子来实现司机所能做的事情，能够看得见，能够听得到，能够理解，并且能够处理大数据，一台无人车一天可能要处理十几个 T 的数据，这是很庞大的。它的意义甚至超出了互联网，因为无人车的行驶很可能不需要互联网，或者至少说我们不能依赖互联网。总有一些信号不好的地方，万一联不到网它就不走了，那是不行的。所以无人车的例子可以告诉大家人工智能能做的事情非常非常多，也许我们下一波的产业技术革命不仅仅是建立在大数据的基础上，更多的会是建立在人工智能基础上。

百度在过去十多年一直致力于人工智能技术的投入，我们未来也希望跟在座很多的同行企业家一起为中国的人工智能技术发展和进步做出我们应该做的贡献，也非常期待中国能够成为全球领先的人工智能技术的国家，也很希望看到未来第一个完全只允许无人车行驶的城市出现在中国。

谢谢！

拥抱数据智能，开拓大数据发展碧海

微软全球执行副总裁、应用和服务工程部负责人 陆 奇

各位领导，各位嘉宾：

大家好！

我是陆奇，今天非常荣幸能代表微软公司来到贵阳参加2016年数博会。同时，向贵州省政府对微软的支持表示衷心的感谢！

今天，全球各个市场、各个行业都在共同进行一场由互联网、大数据、云计算、物联网、人工智能等技术引领的数字化变革。置身IT产业多年，我个人对于技术带来的翻天覆地的变革尤其感同身受。我自己也非常幸运，在过去十多年时间里一直在做搜索、人工智能和与搜索技术有关的核心技术。大数据的诞生正是源于搜索，因为搜索的基础就是大数据。当今大数据平台的基础软件Hadoop，是十多年前我带领的团队用开源的方式把它开发出来的，它为今天大数据工业大规模发展奠定了坚实的基础。今

天中国已经是全世界最大的互联网市场，“十三五”规划提出的网络强国战略，大数据战略，“互联网 +”行动计划，大众创业、万众创新，《中国制造2025》规划正在兴起一场新工业革命。

在微软看来，推动这场数字化变革的动力来自于三个紧密关联的技术趋势，第一是云计算，第二是大数据，第三是人工智能。无论对于一家企业、一个行业、一个地区，乃至于一个国家来讲，数据都是至关重要的宝贵财富。研究显示，如果能够善用数据，全球企业将额外获得1.6万亿美元的数字红利，而中国将占据其中可观的份额。

今年数博会的主题是“数据创造价值，创新驱动未来”，这与微软面向未来的智能大数据战略是不谋而合的。今天数据越来越多，但是它的本身只是璞玉，只有经过精雕细琢，数据才能体现它真正的价值。对于数据我们不但要实现安全、可靠、高效的管理，更要利用我们在高级分析、机器学习、神经网络等领域的先进技术和多年丰富经验的积累，发掘数据中的内涵与关联，并将其转化成更适合应用的数据智能。比如我们今天的智能已经是触手可及，甚至手都不用动，利用微软的智能解决方案，用户只要说出问题，比如说这个月销量情况如何，智能助理小娜就会自动查询相关数据，在微软智能云端进行高效智能分析，几乎实时地用语音告诉你想要的数字，用一目了然的图表帮助你来分析，并建议你确保销量完成的有效措施。不只是商业领域，数据智能也在帮助人们更好的生活。

前不久我们展示一项同样基于小娜智能解决方案的个人应用，它能让盲人看世界，装在眼睛上的一个摄像头，可以拍摄佩戴者前面的场景，通过智能数据的分析，准确地辨认出其中的场景、人物和动作，然后用语音表达出场景的内容，比如说有个女孩子跑过来，脸上带着甜甜的微笑。智能数据已经不再是远离现实的科学幻想，微软的一系列技术创新已经使得

“高大上”能够“接地气”。现在全球各地每个开发者都可以利用微软认知服务提供的22个API接口设计与自己业务以及服务相关的属于他们自己的小娜，为手机应用或者网页加入智能服务，不但能够看出年龄、语音识别、实时语言翻译，还能实现智能搜索、自主对话以及更多创新应用。毫无疑问，数据智能将是大数据发展的必然，正如当年盖茨先生讲的，让每个家庭都有一台电脑的梦想，今天我们希望每个开发者、每个企业都能开发和利用新一代的数据智能应用，为客户、为社会创造新的体验和机遇。

贵州将大数据产业发展作为经济发展重点，为其经济增长和繁荣搭建了一个绝妙平台，信息化技术提升无疑将使贵州成为吸引旅游、投资、企业家和创客的天堂，我非常欣慰有机会看到微软积极参与贵州大数据建设，并在人才培训、促进就业、推动创新等方面发挥自己的积极作用。我也由衷地希望微软的技术与经验能帮助更多的地区发展，让人们过上更加智能、富足和幸福的生活，微软也希望能够携手各界同行，为中国的发展和中国人民的幸福，贡献我们的力量。

谢谢大家！

大数据革命引领茅台创新发展

中国贵州茅台酒厂（集团）有限责任公司董事长、
贵州茅台酒股份有限公司董事长　袁仁国

尊敬的各位领导，各位来宾，女士们、先生们，朋友们：

茅台集团作为贵州省和白酒行业龙头企业，能够与来自全球大数据领域的行业领袖、专家学者和业务精英共同探讨大数据的发展，我感到非常荣幸。

互联网、大数据给制造业带来的变化不亚于蒸汽机的发明和电的发明对工业革命的推动。近年来，习近平总书记、李克强总理多次对实施大数据战略、“互联网＋”行动计划等做出明确的指示，贵州省委、省政府高度重视大数据，做出了在“十三五”推进大数据战略行动的决策部署。大数据开启了一个崭新的时代，人工智能、虚拟现实技术、增强现实技术、混合现实技术、无人控制器、新型传感器等正在崛起，在人人有终端、物物可传感、处处可上网、时时在连接的万物互联的大势下，数据成为宝贵的资源、资产和生产要素。茅台与全球消费者在传统连接的基础上增加了大数据连接，实现了与世界零距离。茅台酒的工艺是中国制造业的活化石之一，是中国传统工匠精神的代表。目前，全球知名酒企业均在进行大数据变革、智能生产、全产业链信息化，茅台将大数据及互联网和工匠精神深度融合，以大数据革命引领茅台创新发展。

首先，茅台搭建物联网云商平台，实现全产业链数据追溯。茅台建成国内白酒行业首个集成B2B2C互联网大数据分析调度、产业金融服务、收藏拍卖一体的综合品类交易平台，每一瓶的茅台酒交易走向都能迅速集成公司最有价值的信息，构成公司全产业链大数据。同时，消费者也可以通过质量追溯系统知道手中每一瓶茅台酒历经的生产、销售环节。我们将以线上线下交互，更为灵活、主动满足消费者个性化需求和消费体验。

其次，茅台利用互联网技术建立了一整套对酿酒生产数据的信息化系统。由制造变为智造，由需求酿造变为智慧酿造。一瓶茅台酒要经过30道工序、165个工艺环节的锤炼，至少要经过5年时间。在传统企业面临发掘和利用新增长动力的窗口期，在全球工业4.0的背景下，茅台建立了一套针对酿酒生产数据采集、统计、反馈的信息化系统，促进茅台酒精细化生产，充分展现茅台酒工艺的无穷魅力。

第三，建大数据茅台，再造茅台数千亿大数据资产。我们将深度推进大数据革命与创新，更好地服务全球消费者从传统空间向互联网空间延伸，从服务消费者向全球消费者实时互动延伸，把互联网思维、大数据融入企业战略与生产经营中，利用3—5年时间建设大数据茅台，加强与消费者的无缝连接，形成茅台全球化的制造、交易、互动全产业链，多元化拓展的大数据平台，让茅台的优质数据成为企业最重要的数据资产，不断提升核心竞争力、产业竞争力、品牌影响力、市场占有率。

数据创造价值，创新驱动未来，贵阳市作为“知行合一”哲学思想的发源地，要让梦想之花结出事业之果，靠的就是“以知促行、以行促知”。贵州省委陈敏尔书记说，打破才能出创新，创新就会有前途。1915年，茅台酒在巴拿马万国博览会上留下了“怒掷酒瓶扬国威”的佳话，因为打破和创新，茅台已成为全球蒸馏酒单品牌销售额最大和盈利能力最强的世界知名品牌。茅台愿意和更多企业一起搏击大数据的浪潮，迎风起舞，从头跨越。

最后，欢迎你们到茅台去做客，可以体会茅台酒之香，可以体会赤水河的神奇，可以体验茅台镇的神韵。

谢谢大家！

云时代，挖掘数据新动力

阿里巴巴集团技术委员会主席　王　坚

非常感谢，在这里见到很多老朋友，其实我是不记得来过多少次贵州贵阳了，但是每次来还是有很多新的感触。每次到贵州贵阳来就想起大概七年以前，我在阿里巴巴成立了云计算公司，我们都知道那时候中小企业创新创业非常困难。大家都知道一个基本数据，在美国大概中小企业平均的寿命是7年，在中国只有2年多一点。如何帮助这些企业成长发展是非常大的挑战，所以当时我们做了云计算。

三年前，我们将杭州的云栖小镇作为创新创业的基地。去年10月份，我们在云栖小镇开了一个开发者大会，来了2.2万人，其中80%是80后，就是我们说的创业创新的主体。更重要的是，这2.2万人来自包括中国31个省市自治区在内的世界各地，由此看得出有了“云”以后，它的技术对整个社会经济发展的作用。

前几天看到财富杂志的一个统计，全球大概有170多家创业公司估值超过10亿美金，在这170多家里面中国占了35家，排在第二，第一位是美国。我很高兴，因为这35家里面有一半是用阿里云的，这也是我们当时做阿里云的目的。当时我们说要在阿里云上长出一家比淘宝还要大的企业来。我想，有了这35家企业以后，让我们离这个目标更近。这一切反映出今天发展三个非常重要的特点：

第一个特点，是告诉大家互联网在经过技术发展和简单的产业发展后，变成了整个世界经济社会发展的基础设施，使得我们有机会把贵州和其他省市跟世界拉得那么平。

第二个特点，也是反映了这次大会的主题，就是在人类发展历史上，人类一直在消耗大自然赐给我们的资源，但是有了互联网之后，人类第一次自己在产生今天大家叫作数据的自然资源。

第三个特点，数据也给了技术一个非常大的机会，因为数据这样的自然资源要产生价值唯一的途径就是靠计算。今天计算已经变成了一个非常重要的动力，它会发生形态变化，变成一种非常重要的公共服务。

将这三者加起来可以看到，今天大家无论是在讲云计算也好、大数据也好、人工智能也好，还是讲机器人也好，其实都离不开互联网数据和计算，这是产业发展非常重要的转折点。这个转折点使得阿里巴巴这样的公司可以用技术来帮助更多的中小企业做它们过去不敢想，也做不了的事情，这也给中国企业为世界的发展提供了一次独特贡献的机会。所以，无论是欧洲的数字经济和工业4.0，还是美国的分享经济和工业互联网，其实背后真正的推手实际上是计算经济。

我们有幸生活在一个非常有意思的时代，刚才主持人讲阿里巴巴是最早跟贵州结缘的，每次到贵州来开会，有一件事情非常打动我，可能跟在座的很多人不同，我听到“云上贵州”这四个字跟大家感受是不一样的。我是少数几个跟贵州的同事共同讨论过是不是该叫“云上贵州”这个名字的人。2014年我们邀请贵州的同事去了杭州的云栖小镇，贵州同事第一次在那么大范围跟全中国人民讲我们有一个美好的愿望，就是“云上贵州”。我在贵阳见过“云上贵州”，后来又在北京见到了“云上贵州”，更有意思的是在德国汉诺威我再次见到了“云上贵州”。贵阳的同事之外，我想我是少数几个贵州以外分别在贵阳、杭州、北京和德国汉诺威见到“云上贵州”的人，所以“云上贵州”不只是贵州的骄傲，也是我个人的骄傲。

昨天我在看巡馆的时候，看到英特尔那么大公司对面有一家公司的展厅叫货车帮。我第一次见到货车帮是在贵阳一个小胡同里面，当我知道这家公司也是在阿里云上面，我找到这家公司，真觉得他们在为社会做一件非常了不起事情。所以，去年年初中央电视台要拍一个节目叫《云上的中国》，我推荐了货车帮，让货车帮上了中央电视台新闻联播。这家企业在贵州、在“云”上能发展到今天这个样子，其实对我来讲也是一个非常大的鼓舞，从中也可以看得出这个产业发展的情况。

最后，对我们和贵州的缘分很有感触，前几天碰见阿里钉钉的几个同事，他们告诉我贵州航空就是用了钉钉把他们传统的工作方式给改变了。我是国际航空的老乘客，这次到贵州来，我自己订了一张机票，到机场的时候才发现不知道什么原因被取消了。更加不可思议的是，我让旅行社当场又帮我订一张票，结果国际航空告诉我这张票不能用。我到现在还没有搞明白为什么这两件事情会发生在那么大的航空公司。我当时就想，如果国航能够像贵州航空那样拥抱大数据、拥抱互联网，来改善它的工作方式的话，也可能我这次碰到的事情就不会发生。所以我想贵阳不只是简单地在大数据方面走在了前面，其实贵阳的很多企业都为我们做了非常好的示范。

大家在这里相聚，不只是为了在贵州贵阳做大数据，我想这是全中国的事情，也是全世界的事情。我们在杭州也做了同样的事情，也想着这是一个世界需要的东西，所以大家如果有机会去杭州的话，会看到我们怎么第一次把企业的数据、政府的数据以及公共的数据结合在一起，解决一个城市世界性的问题——交通问题。

一生能有这样一次机会跟在座各位同行，用数据来使得这个世界更美好，创造更多的价值，是一件非常高兴的事情。最后祝大家在大会期间愉快，祝大会成功。

谢谢大家！

与贵州携手共闯数据蓝海

惠普中国区董事长　毛渝南

尊敬的各位领导，女士们、先生们：

大家上午好！

时隔一年，我非常高兴能在这次贵阳峰会上与各位再次相见。许多人都了解，去年底惠普公司正式拆分为两个世界五百强公司——HPI和HPE。HPI负责打印机和PC的业务，而我们HPE专注于企业级解决方案与服务。新的HPE是全球IT新形态和业务新形态的领导者，专注于企业的转型与创新。通过更强大、更敏捷、更具创新性的云计算、大数据、移动安全等解决方案和服务，帮助企业应对转型的挑战，实现创新与突破。我们在全球拥有25万多名员工，在中国有1万多名员工、9个分公司、8个全球交互中心。HPE始终在帮助客户加速转变，加速创新。我们的战略发展与中国的经济发展一直保持一致，借这个机会我向大家汇报一下这一年多来我们在贵州的一些工作成果。

医疗改革一直是中国最重要的国策之一，我们在贵阳与市政府、市卫计委建立了基于 HPE Helion 云平台的人口健康信息云，这是目前为止全国唯一一个以全市为单位把健康档案和电子病例整合在一起的云平台，服务于470万人口、1000多家公立医疗机构，未来还会聚集超过10个 PB 级的医疗健康大数据，将帮助全贵州近4000万人的医疗保障。“互联网 +”也离不开云，我们在贵州建立了行业领先的开源 HPE Helion 云平台，它可以承载数以千计的应用，与各个行业相衔接，支持医疗云、农业云、媒体云、教育云等大数据，帮助贵阳成为全国大数据产业的先锋。比如基于该云平台，我们建立了贵州农业云，逐步地打通跟全国70个一级农业批发中心直接连接，为农业数据收集与管理提升效率，更重要的是提升农民的收入。

在大数据方面，基于 HPE 贵阳人口健康信息云的医疗大数据平台，为贵州和贵阳医疗大数据的运用开发奠定了基础，是贵州和贵阳医疗改革的一个重要组成部分。比如在慢性病监控方面，我们可以预期帮助贵州节约8%–15% 左右的医保资金，这是根据我们在世界各地的经验推算。此外，它还能提高政府的治理能力，通过医疗大数据跟农业云、国土云配合来推动精准扶贫。因为扶贫不只是农业、国土的问题，几乎40% 的住在农村的贫困人口有健康问题，所以脱贫跟健康也不能分开。

在新兴产业方面，我们在贵州建立了全球服务外包中心，来帮助贵州发展外包服务产业。更重要的是，我们招收85% 的员工都是本地人。举一个例子，在一些比较贫困的地市，如果我们能够创造一个服务外包的工作岗位，那么一个家庭里三四口人就能够脱贫。

在人才教育方面，我们不但与贵州大学开展了卓越班系列培训服务，包括服务外包、大数据及电子商务的培训，我们还积极支持在线教育，来帮助解决教育资源不均的问题。

HPE 看好中国市场长期持续的发展机会，希望能够继续深化一系列的合作，发挥我们的国际视野和行业领先的解决方案及服务能力，与各位客户及合作伙伴共同创新，携手向前。

在此，祝我们这次峰会取得成功。

谢谢大家！

用大数据方法解决大数据安全难题

奇虎360科技有限公司总裁、360企业安全集团董事长　齐向东

各位领导，女士们、先生们，朋友们：

上午好！

我们是做安全的，安全是踩刹车的，所以我今天主要还是谈谈安全问题。非常荣幸参加这次大会，这次大会的主题叫作“数据创造价值、创新驱动未来”，和我们去年举办的IFC中国互联网安全大会主题“数据驱动安全”如出一辙，不谋而合。下面我谈三个问题：

第一，大数据是把双刃剑，可以造福社会和人民，但如果被一些别有用心的人利用，同样会损害社会利益和公众利益。刚才百度的李总讲了人工智能，它确实令我们冲动和向往，像自动驾驶、无人飞机，但是要实现自动驾驶就需要把大数据源源不断地从端传到云，再从云去指挥端。在这个过程当中如果被网络劫持数据，那么无人机和自动驾驶的汽车将遭到破

解，而且它的方向将失去控制。智能家居是我们向往的生活，也将给我们生活带来方便，比如说下班路上可以用手机遥控烤箱、豆浆机、洗衣机等去工作，但是如果这些大数据被黑客通过数据欺骗的手段进行替换的话，一些智能家居硬件就有可能变成傻瓜硬件，也可能成为伤害我们的利器。比如当你回到家的时候，黑客可能遥控你的洗衣机，以90度的温度、1200转的转速转了一天了。

前一段时间，广东警方破获一起网络诈骗案件，一个叫叶世广的黑客，17岁，通过网络攻击获取了多家银行用户姓名、卡号和密码，然后组织人在网上大肆盗刷信用卡，涉案金额15个亿人民币，涉及银行49家。今年2月份，发生了全球有史以来最大的网络盗窃案。孟加拉国央行在纽约联邦储备银行的账户被黑客攻击，盗走了8100万美金。孟加拉国央行的负责人说，如果当天黑客不发生一个拼写错误的话，还有一笔10亿美金的交易要发生。所以，如果不能很好地解决安全问题就会影响发展。习总书记在4月19日网信工作座谈会上说安全是发展的前提，所以各级政府和企业发展大数据的时候不要忘记考虑安全问题。一个云的大数据中心一旦发生重大安全泄露事件，有可能导致中心失去客户。

第二，传统的安全思路已经没有办法解决大数据安全问题。传统解决网络安全方法就是划分边界，我们把内网和外网隔离开，把业务网和工作网隔离开，用终端设备来隔离风险，守住网络边界来解决安全问题。但是随着移动互联网、云技术的出现，我们的移动终端在4G、Wi-Fi和有线电缆当中穿梭，网络边界实际已经消亡。360安全中心每天监测到新的木马样本超过1000万个，每天发现的软硬件和网站漏洞超过120个，每一个木马、每一个漏洞都可能用来攻击我们预先部署的安全设备和安全软件。

去年12月31日，乌克兰电力公司网络遭到攻击，造成有史以来第一次因为网络攻击导致停电的事故。今年3月，与叙利亚有关的黑客组织，通过网络攻击控制一个水厂化学物品的配方，导致这个水厂停止供水。假如没有发现这样的攻击出现的话，我们喝的水有可能是毒水。事实上，网络攻击每天都在发生，中国是网络攻击最大的受害国。360天眼实验室去年监测到一个海莲花的黑客组织，专门针对中国海事机构、海域建设部门、科研院所和行业企业展开精密的定向的网络攻击，时间长达3年。这些例子都说明传统的网络防护方式已经失败，解决大数据安全问题已经刻不容缓。

第三，用大数据方法解决大数据的安全难题。习近平总书记在“4·19”讲话中首次提出了新五条网络安全观，其中谈到网络安全是动态的不是静态的，依靠安装几个安全设备和安全软件就想永葆安全的想法已经不合时宜，需要树立动态、综合的防护理念。针对如何面对变幻莫测的网络攻击，总书记就提出来要“聪者听于无声，明者见于无形”，要求具备全天候全方位网络安全态势的感知能力。这些论述归结到一点，就是要用大数据的方法解决大数据的安全问题。现在黑客想进入我们系统已经不是难题了，但是他们进入网络之后一定要寻找他们认为有价值的数据，如果在他们找到数据、拿走数据之前能够及时发现，我们就可以切断攻击，找到源头，并且举一反三，采取措施，这样我们的网络也是安全的。

一个人可以把他的面容、声音乃至指纹伪装起来，但是他没有办法伪装他的行为，这就是数据。所以，数据能看穿一切，数据也能说明一切，在网络上任何的网络行为都会留下痕迹。一个黑客在互联网上的行为和正常员工的网络访问行为是不一样的，利用大数据我们就会发现我们是否被攻击，我们被谁攻击了，攻击者对我们什么样的数据比较关心，我们应该采取什么样的措施掐断这样的攻击，这种方法就叫数据驱动安全思维下全新互联网安全体系。新的安全体系包括漏洞挖掘技术、网络攻击技术，还有软件样本分析技术，以及网络地质解析数据库、网络访问数据库、文件黑白名单数据库等由各种大数据组成的庞大的大数据体系和大数据分析技术，它是“传统安全＋互联网＋大数据”。

10年以前，360抓住了互联网发展的大机遇，率先以免费杀毒的创新模式普及了国产安全软件，用户覆盖度达到96.1%，我们由此也掌握了全球海量的恶意软件大数据库，有了这些大数据，再加上360强大的大数据分析能力，我们研发出了国内唯一的一套全球网络安全态势感知地图——天眼。基于这个感知系统，2015年我们发现了29个针对中国政府发动APT攻击的境外黑客组织，它的攻击范围遍布31个省，控制了中国境内重要的系统里面的数万台电脑，最长的潜伏时间达到8年之久。

总之，用大数据的能力对网络攻击能够做到看得见、管得住，这次我们也把这套地图带到了数博会，下午有机会大家可以去看，今天下午我们还借助数博会这个平台发布保护智慧城市的三款大数据产品，也欢迎大家能够莅临指导。

谢谢大家！

迎接大数据时代助力全球企业数字化转型

SAP 全球高级副总裁、大中华区总裁　纪秉盟

尊敬的领导和来宾，女士们、先生们：

我非常荣幸今天能够来到这里代表 SAP 参加这次重要的峰会。数字化经济时代已经来临，新的数字技术让企业开始重新构建业务模式，颠覆现有的市场，现在这场变革正在加速席卷每一个行业，促使每一家企业都必须实施数字化转型，不仅是为了生存，更是为了企业的长足发展。

44年来，SAP 始终致力于帮助企业实现转型。作为企业资源管理的创新者和工业4.0实践的先行者，我们通过内存计算平台 SAP HANA 重新定义了数据分析，并且为企业提供实时分析和实时应用开发的强大支持。每天世界 GDP 的75% 都会运用到 SAP 的技术，我们相信大数据就是未来，它将推动中国的经济发展、产业升级以及转型。随着中国的“互联网 +”和“中国制造2025”以及“十三五”规划中提出的国家大数据战略，我们

已经身处数字化转型的浪潮之上，我们也已经准备好构建一个由创新驱动的业务增长模式。我们进入中国市场有23年之久，现有客户数量达到10750个，我们的战略与中国政府计划高度契合，我们将支持中国企业创造机遇，覆盖价值链的方方面面。

数据是数字经济的燃料，要想在数字经济时代取得成功，企业就必须确保员工、合作伙伴和客户能够及时访问所需要数据的相关信息，从而及时解答每一个问题，全面了解企业状况并且充分抓住每一个新的机遇。遗憾的是，大多数企业尚未实现为所有人提供洞察这一承诺，仅有10%–20%的企业员工能够使用访问分析工具，并且为企业带来切实收益。过去只有数据科学家能够使用分析工具，而现在企业必须将数据分析工具普及到每一个人，而不只是分析师。现在我们来看一看大数据和分析工具如何让我们的世界变得更加美好。

首先，我们看看卫生行业的大数据。与癌症做斗争是一个很大的挑战，德国国家癌症中心开发了一种医疗数据模型，让医生能够及时查看全面的患者数据，包括临床结果、基因组序列以及患者病历表记录，等等。美国临床肿瘤学会利用个性化医疗应用，通过平台将3.5万家会员里的数百万的癌症患者信息聚集到一起，这让我们能够将海量数据进行汇集分析，从而为患者提供更好的治疗。

其次，在体育行业，它也已经迎来了一个新的时代。大数据已经渗透到各个体育项目当中，包括篮球、足球、橄榄球、乒乓球等，如今凭借着对海量原始数据的超强处理能力，SAP 正在颠覆体育的各个层面，从比赛场地到粉丝体验等。我们现在能够帮助体育团队将从社交媒体当中收集来的大量数据与大量历史数据进行整合，从而为运动员的健康和表现给出合理的建议。这样选手和教练能及时采取行动，做出最佳决策。

第三，在智慧城市方面我们也运用了大数据。比如说南京市政府采用了一款交通拥堵指数系统来洞察每年该市传感器所产生的约200亿个交通数据点，从而主动地应对交通拥堵，为交通规划提供支持。通过利用大数据和内存计算技术，南京市也能够从清晰的指标当中实时了解该市的交通流动速度、流量和拥堵的情况。他们也能够及时发现拥堵情况并且预测交通状况。所以SAP认为，如果要在竞争当中保持领先，实现大数据战略的时候就不能只用千篇一律的方法，我们应当将洞察运用到每一个业务流程当中，以建立更具创新性的业务模式，实现颠覆性的成果。

在这样一个快节奏的经济环境下，竞争越来越激烈，只具备感知和响应能力已经不够，所以企业还需要预测趋势，采取行动，化被动为主动，从而在竞争当中脱颖而出。SAP希望能够利用技术创新来降低复杂性，为我们的客户创造更多的机遇。我们知道，通过帮助客户推动数字化转型，SAP能够帮助推动企业全球业务的转型，通过帮助全球企业实现更好的运营，我们也能够让世界变得更加美好，这样我们就能够提高全世界人民的生活品质。SAP期待与贵州省在未来进行合作，能够进一步支持中国的大数据战略。

我祝愿此次峰会取得成功。

谢谢各位！

立足从芯到云战略助推中国大数据产业发展

紫光集团有限公司董事长　赵伟国

尊敬的各位领导，各位业界同人：

大家好！

紫光集团是一家重科技企业，可能和参会的大部分企业不太一样，他们偏互联网，而我们是技术驱动的企业，主要战略是“从芯到云”，芯是指芯片，包括芯片设计制造，云是大数据、大互联、大安全和云计算。为什么我这里要特地讲一下芯片呢？因为大家知道，芯片是大数据中非常基础性的一个东西，是产生和存储数据的基本单位、基本的元器件。

紫光集团是目前中国最大的芯片设计企业，年出货超过10亿颗芯片。其中，手机芯片领域去年出货6.5亿套，在全世界20多亿部手机中我们大概占将近1/3，市场占有率27%，仅次于高通和联发科。展讯和锐迪科这几年发展的结果是，高通的市值从1300亿美金下降到800亿美金，联发科的市值从220亿美金下降到110亿美金。

此外，在FPA领域我们在中国是第一，在智能卡领域我们也是中国第一，在座诸位每10个人中有4个人的身份证芯片是我们生产的。从今年开始，我们大概要投资300亿美金来做存储器芯片制造，300亿美金大概是中国有史以来最大存储项目。为什么做这个项目呢？因为大数据的发展需要海量的存储，而中国在这方面是空白。在云和大数据方面，紫光旗下有新华三集团，有网络设备服务器存储系统和云操作系统、大数据安全系统，在除运营商以外企业网络运营领域，紫光新华三在中国排名第一、全球排名第二，仅次于思科。紫光集团是中国新兴的具有世界级影响力的科技产业集团、重科技集团，旗下新华三、展讯、锐迪科都是重量级企业，目前紫光集团拥有国家科技进步一等奖三项，国家发明和科技进步二等奖四项，拥有专利一万多项，每天新申请专利五项。

在大数据和云计算方面，紫光新华三有很多成功案例，基本上前面各位领导讲过的各种云新华三都有。具体来讲，新华三和贵阳市政府合作做了一个农业大数据的农业云，大概覆盖贵阳市1500个行政村、120万人，能够使农产品直接销往全国各地，提高农民收入。新华三和国家扶贫办合作，在做精准扶贫大数据方面的工作。我想，如果把大数据比作一座金矿，紫光是给挖金矿的人提供挖掘工具和对挖出的矿石进行提炼和深加工，所以我们是帮助做大数据这个产业的人成功和发财的。

刚才各位企业家讲了大数据安全和开放问题，我在台下听的时候感觉到一个趋势，随着大数据发展，可能有一个现象会发生，就是大数据的垄断。大数据将来可能主要掌握在政府，还有若干行业的央企以及在座的互联网巨头手中，刚才王坚说这是一种新生的人类资源，而这种资源会被某些巨头所垄断，这是一个趋势，我想值得大家注意。

最后替贵州做一个广告，因为我刚才发微信给一位领导，他是一个天文爱好者，他告诉我说贵州正在建设直径500米的射电天文望远镜，是全世界有史以来最大的，据说一天的观测数量可以把过去好几年的都覆盖掉，我想那可能成为贵州大数据新的源泉，在座如果有天文爱好者也可以去看看。

谢谢！

加强数字教育拥抱数据新时代

印度国家信息技术学院 NIIT 全球首席执行官　帕特·瓦尔丹

尊敬的各位领导，各位朋友：

大家好！

我代表印度国家信息技术学院非常荣幸来到这里参加这次会议。刚才李总理做了非常精彩的发言，他提到了孔子的哲学思想，提到了约翰·肯尼迪的技术愿景，也提到了甘地的一些思想。女士们、先生们，现在数字变革正在迅速发生，我们的大数据、互联网企业方兴未艾，但是大数据技术也给我们带来了一系列的挑战。大数据、人工智能给人民生活带来很多的便利，大数据就像新的原油一样宝贵，而大数据利用也是一个新兴的领域，如果我们能够妥善应用大数据的话，我们可以拥抱更为美好的未来。从这个角度来说，我们可以更好地利用大数据上游以及下游的价值，充分发挥它的潜力。

中国过去三四十年发展迅速，使得数亿人摆脱贫困，成为中产阶层，在这过程之中，中国一直在发展服务业以及电商产业，中国的制造业正在迅速实现现代化，这些产业已经比较成熟了，中国现在需要新的增长点。我很高兴看到中国政府现在开始关注大数据、互联网产业，把它们打造成中国经济新的引擎。现在中国致力于让更多公民利用互联网，更加公平地发展互联网，更好地提高人民的生活水平，而大数据在这个过程中可以起到重要作用。我们希望有更多人可以参与到大数据产业中，而大数据这个产业本身就是一个多层次、多纬度的产业，它需要基础设施，需要创新者加强创新，需要企业开发产品与服务，也需要在座的决策者为产业的发展做出正确的决策。

总之，我们现在是处在新的时代，有越来越多的人可以拥抱这个全新的时代。在这个新时代之中，人们需要的技能与过去截然不同，需要一系列的核心技术、核心技能才能适应这个时代。在这个过程中，传统产业以及制造技术也是非常重要的，应当把传统和现代融合起来。新的技术、新的产业、新的发展都需要我们有新的思维。在数字时代，我们正在拥抱新的未来，许多工人需要进行再培训，需要掌握新的技能，

我认为，从初中、高中开始就应当加强数字方面的培训，这样的话，这些年轻人真正成为劳动力的时候就可以更好地适应新的时代。中国现代化飞速发展，中国也应当在数字新时代成为弄潮儿。而中国现在已经打下了很好的基础，未来前景光明，政界、商界以及普通民众都可以更好地利用这个数字时代，拥抱更加美好的未来。在印度，我们也高度重视数字时代的发展，我们的学院一直与中国的政府、企业以及大学加强合作，帮助中国培训 IT 方面的人才。

最后我想说的是，我们的研究院愿意成为你们忠实的伙伴，愿意帮助你们培训更多的人才。我祝愿这次峰会取得圆满成功。

谢谢大家！

人工智能时代滴滴打造“潮汐”智能交通引擎

滴滴出行创始人、董事长兼首席执行官　程 维

各位领导，各位来宾：

大家好！

这是我第一次来贵阳，这两天大数据产业峰会给了我很多震撼，让我仿佛置身中关村甚至是硅谷。也很感谢组委会，感谢贵州，感谢贵阳。

滴滴是一家很年轻的企业，再过几天就是滴滴4周年生日。我本人也是一名“80后”创业者，4年前我和同事带着80万人民币和改变世界的梦想在中关村开始创业，我们相信互联网会让出行更美好，感谢这个时代，感谢国家对于互联网的支持和对于创新的包容，因为有这样的大环境，滴滴4年来才敢于不断创新，勇于突破，也得以高速发展。上周，滴滴专快车日均服务订单超过1000万单，平台总体订单超过1300万单，这是全世界范围内移动出行第一次突破了千万量级。4年多的发展，滴滴拥有了3亿多注册用

户和1400万司机，按照相关就业标准，在滴滴平台上实现个人直接就业司机超过100万，带动相关产业就业数百万之多。这些数字大概是美国移动出行市场的5倍，远远领先于欧洲、日、韩、印度等国家。

“互联网+”交通，我们从规模到创新能力开始走到了世界的前列，所有交通工具都被互联网连接到了线上，专车、快车、顺风车、代驾、巴士，三年多以来层出不穷的创新缓解打车难、出行难，提高汽车利用效率，缓解拥堵和污染。滴滴是分享经济代表，原来我们在大城市因为打车、坐公交都不方便，所以只要有能力我们一定要买一辆车。发展了十几年，中国已经有非常多的汽车，以北京为例，北京有500万辆机动车、3000万人口，大概16%的人口拥有了汽车，这个数字在美国是50%。

中国整体机动车的拥有比例只有美国的1/3，但是所有的城市已经拥堵不堪，这是因为中国人口的密度和原来路网建设基础的薄弱，中国不可能走美国的老路，汽车总量再翻三倍，人人都买车。现在所有大城市都开始限号摇号、拍卖、限购、限行。但是光堵不是办法，出行是刚需，正因为这些交通领域的瓶颈，所以开始酝酿分享经济。我们相信，未来社会并不需要每个人都买一辆汽车，而是大家共同分享一辆汽车，按照使用付费，汽车总量不变的情况下满足更多人的出行。

滴滴希望能够整合资源，为大家提供高效、稳定、好体验的出行服务。大家会慢慢开始思考，我为什么一定要拥有一辆汽车，买一辆车只有4%的时间在开，却要付出100%的成本，开车很辛苦，停车也很难，城市要为6%在闲置的汽车修建大量的停车场。所以滴滴不仅仅是在推动出租车产业和整个出行行业变革，我们也希望通过我们的努力能够改变未来汽车拥有的方式。

这场变革的另一侧是司机，滴滴平台一共有1400万注册司机。专车、快车司机是一个新的社会群体，他们中80%是兼职干专车和快车。我们做过调研，专快车司机里面，绝大多数是男性，以70后和80后为主，大多数在承担家庭主要经济责任。不久前，我们去武钢调研，有很多职工已经开始兼职干起了专快车贴补家用，也有很多下岗职工是全职在干滴滴养家，光一个武汉钢铁就有超过5000个专车快车司机，滴滴是他们收入的来源和希望。分享经济降低了就业门槛，像这样的司机全国超过了1000万，服务好他们也是滴滴的责任和使命。过去3年的时间，滴滴让乘客的出行更美好，未来我们希望通过我们的努力能够提升司机的幸福感和社会地位，让劳动者有尊严，让司机这个职业受人尊敬。

滴滴也在致力于打造世界领先的智能交通引擎，智能地把用户的需求和所有交通工具联结在一起，我们相信，未来每个人的出行和交通资源会像飞机一样统一接受调度，从而实现整个城市效率最大化，也提高每个人出行的体验，降低成本。

让出行更美好，就是轿车不用等，路上不用堵，一路好心情。滴滴才刚刚开始，我们建设的智能交通引擎滴滴命名为潮汐，因为出行需求像潮汐一样一波一波的。我们努力推动滴滴体系内电动车的普及和投入无人驾驶的研究，我们相信，工业时代是机器替代体力，而信息时代机器将会替代脑力。滴滴希望能够打造一家世界级科技企业，我们会全力以赴投入建设潮汐系统。我们非常钦佩贵阳对于大数据时代的前瞻性和投入，举办这次数博会，引领时代发展，我们也期待与贵阳在交通大数据方面展开合作，惠及市民。

感恩这个时代，感恩中国“互联网 +”的国家战略，大众创业、万众创新才有了滴滴这样一个年轻的“互联网 +”创业公司，感谢分享经济的国家政策。听到李克强总理刚才演讲中对于分享经济的阐述，作为分享经济前沿的实践者，我们备受鼓舞。滴滴还很年轻，我们的使命是让出行更美好，让司机受人尊敬，打造一家世界级的科技公司。梦想才刚刚开始，感恩中国的发展，我们坚信，互联网时代新经济大有可为，谢谢大家。

虚拟现实技术将推动大数据前进

宏达国际电子股份有限公司董事长兼首席执行官　王雪红

尊敬的各位领导，各位来宾：

大家好！

今天非常高兴再次来到美丽的贵阳，与各位共同展望未来的科技发展，共同探讨大数据与虚拟现实对我们生活和工作带来的影响。

HTC VIVE 的精神传达我们对虚拟现实的愿景，这个等边三角形象征人文、科技及梦想，也代表未来的新世界是共同创造、共同分享、共同拥有。今年 VIVE 生态圈在全球诞生，而国际科学界认为2016年是虚拟现实的元年，我们相信，HTC VIVE 的虚拟现实科技将使得大数据搜集应用大幅度往前推进。荀子说，“听到不如见到，见到不如知道，而知道不如吸收到”。现代科学研究也证明，当我们听到的时候，大脑只能吸收10%，当我们看到的时候大脑能吸收20%，但是当我们经历到的时候，大脑就能吸收90%。

VIVE 创新性的优秀沉浸感能让我们犹如亲身经历场景。让我们想象一下，当我们置身于太阳系中心，可以自由走动、观察和体验行星之间的实际距离，我们走在土星轨道上，可以身临其境地了解太阳系是如何运作的。

有人说一张照片胜过千言万语，数分钟的 VIVE 体验更是精妙绝伦。科技发展以及大数据推进，将颠覆以前被束缚的思想，也能让我们梦想成真。VIVE 将颠覆每一个行业领域，VIVE 会应用在最大的行业——零售业领域，像过去10年电子商务改变我们购物的方式一样，VIVE 将给零售业带来革命性的影响。VIVE 也将应用到教育领域，VIVE 实验室将替代今天传统的地理、天文、语言、物理、化学等实验室。2011年，我到贵州来参加贵州盛华职业学院创校开学典礼，这是一所公益大学，目的是帮助贫困的贵州优秀子弟接受先进的教育，学成之后帮他们找到一份工作，从而帮助这些纯朴善良的孩子们改变命运，贡献社会，进而帮助家乡贵州的发展。学校紧扣时代脉搏，响应贵州省发展大数据，开设了大数据互联网营销学院，并共襄盛举建立贵州百鸟河数字小镇，集聚许多大数据创新企业。

贵州省领导富有远见，集全省之力举办大数据。国家支持贵州大数据试验区，把一个较偏远的省份一下子带到了世界的前沿，这样的创新和 HTC 的创新理念是不谋而合的。我们相信，创新是王道，数据是真理，人才是核心，虚拟科技和大数据的结合是未来，我们期待越来越多的人加入大数据和 VIVE 生态产业，共创美好未来。HTC VIVE 在展区1号馆设立展台，欢迎大家亲自体验，HTC VIVE 要和大家一起梦想成真，我们一起 VIVE，祝大家健康快乐。

谢谢!

未来物流将是无人物流

京东集团首席执行官　刘强东

我们直奔主题，从我所在的行业，谈谈大数据和电商的结合能够为社会创造什么价值。

首先，我相信大数据将来能够对整个中国零售消费品行业带来极大效率的提升。我们前段时间在进行某个手机品牌首发的时候，很多消费者最快13分钟之内收到货，当天发了5万部手机，平均每部手机不超过2小时就送达。怎么做到的，其实这是京东第一次利用大数据分析改变了过去供货商把货送到我们库房，被动接受订单，有订单之后再生产，然后配送到消费者家里去的方式。我们现在是提前通过各种各样的数据分析，实际上已经把货送到小区边上，只要消费者下订单，我们配送大概十几分钟就能送到家。我相信这种大数据应用将越来越深入，现在中国每天社会库存金额大概十几万亿，这么庞大的社会库存余额永远产生不了任何价值，只会产生巨额社会成本。我坚信有一天通过大数据在电商行业的应用，一定能够消灭社会上这些没有价值的库存，真正实现社会零库存，这是第一。

第二，现在大家都说互联网已经从PC时代进入移动时代，京东在去年第四季度已经有超过70%的订单来自于移动互联网。但是我也坚信，未来5—10年，这种购物场景会再次发生改变。因为新技术的应用，数据的应用，很多商品本身可能就是一个购物终端。比如说汽车，我相信有一天当汽车某个配件磨损的时候，可能车主还不知道，其实已经下订单了，我们已经给你送过去了，你直接更换就可以。如果不幸发生事故，可能在事故发生的瞬间，实际上订单已经生成，因为我们已经知道这次碰撞汽车哪些零部件已经损坏掉，需要更换，哪些零部件只要维修就可以。今年下半年，我们还要发布一个京东的智能冰箱，智能冰箱将来也会变成一个购物的界面，改变了过去冰箱只是用来存储的功能。

我们有大量的各种传感器、图像识别技术，能够对你家里每天各种牛奶、鸡蛋、蔬菜、水果、肉类等多维度不断进行分析，可能在你自己还不知道的时候我们就把鸡蛋送过去，把牛奶送过去。你也可以通过远程去孝敬父母，让父母生活更加健康，吃得更加健康。所以，随着数据技术不断地进步，我相信有一天我们购物中心平台可能会面临比较大的压力。因为很多商品、很多品牌其实并不需要所谓的电商平台进行销售，商品本身就是一个销售界面和管道。但是不管界面怎么发展，有一件事情永远不会改变，那就是物流的服务总是需要的。有人说也不一定，如果要是3D打印的话，就拿3D打印机打印出来，那我告诉大家至少你需要墨盒，京东可以给你送墨盒。

对于电商未来基础的物流服务，我们去年在京东内部成立了一个无人事业部，面向四个方向研发：

第一个是无人物流中心。我们现在所有技术已经全部准备好，两年之内在北京建立全球第一个上线运营无人物流中心，从商品收货到上架、理货、盘库、出库、打包，甚至连物流中心大门口负责供货商送货车辆调度的也是智能机器人负责，一个人都没有。

第二个就是无人驾驶汽车。无人快递车，我希望有一天我们京东的送货不需要快递员，大家汽车都是智能化。无人智能快递车开到车库，我们可以经过你的授权把你的车打开，把物品放到后备厢，然后你下班开车回家，不需要跟快递员接触。我们现在在全国布置了一万多个智能终端自提柜，要是没有汽车，可以把货物送到小区楼下，你下班在进入电梯前一刻打开柜门，把快递拿回家，不需要接触快递员，也没有任何支付环节，一切都自动化。

第三个就是无人机项目。不仅仅是中国，全世界所有人口不是很稠密的偏远地区都面临着巨大的送货成本问题，特别是中国的农村，现在有时候一个村子一天就一个包裹、两个包裹，车一去一回，司机、油钱、时间各种各样的成本，导致两个包裹快递费在农村物流成本是北京、上海的500%。无人机送货可以解决这个问题。

最后一个就是无人客服。通过精密机器人不断地深度学习，我们希望在消费者跟我们联系那一刻我们就知道发生了什么问题，解决方案已经全部有了。再往后延伸就是希望在客户没有联系我们的时候，我们就已经发现了问题，我们主动联系客户。有人说，如果都是无人的话，这么多失业的人怎么办？大家不用担心，我相信未来10年技术进步会超过过去100年，人类对美好生活的追求永远不会停止，那么就一定有无数工作需要我们去做。

在新的浪潮下，对我们每个国家、每个公司、每个行业甚至社会治理可能都会带来巨大的变化，变化就是机会。最后，祝福今天在座各位都能够抓住这次机会。

谢谢大家！

实现数字化未来希望和繁荣同行

戴尔公司董事长兼首席执行官　迈克尔·戴尔

各位领导，尊敬的女士们、先生们：

我们现在在一个非常重要的时刻，聚集在一起来探讨一个重要的议题，我们的处理能力、带宽、存储正以每年10倍的速度成倍增长。未来15年，我们的技术将会比现在强大1000倍。今天解剖一个人类基因组大概需要26个小时，到2031年将只需要94秒，成本不到1美元。每一个新生儿在医院都将有一套完整的DNA 电子数据以及贯穿一生的个性化医疗。而电脑的处理能力将超过人脑，成本将不到1美元。一半以上的汽车将会是无人驾驶的，而且还会有数十万我们意想不到的发明出现。

现在进步的步伐在不断加快，而相互联通的设备和节点会发展得更快，因为制造智能设备成本现在越来越低，我们从物联网包括能源、电力、汽车、家庭自动化、工厂、机器、照明等发展到万物互联，包括食品、农业、管道、医疗设备、服装、列车、零件等，到2030年相互联通的设备数量将会从80亿增长到2000亿，甚至更多。这些新的设备和节点将创造大量新的信息来源，实时地利用这些信息以创造更好的愿景和更好的世界，这就是我们这一代人所面临的挑战，也是一个机遇。我的朋友们，这就是大数据，这也就是今天我们为什么来到这里的原因。

随着世界加速进入一个完全互联互通数码化的状态，我们的挑战和机遇都将是全球性的。在实现这样一个共同的数据化未来的过程中，中国也将发挥关键作用。中国是世界上第二大经济体，也是戴尔在美国之外最大的市场。我对中国的经济前景充满信心，而且戴尔也致力于支持中国继续取得成功。去年9月份我访华的时候宣布了我们在中国的4.0战略，这与中国促进经济增长和就业的目标高度契合。我们承诺到2020年投资1250亿美元，我们要通过戴尔中国的商业生态体系维持100万个就业岗位，进一步融入中国的IT生态系统。

另外要加大研发投入，尤其是为中国市场，距我上次访问仅过去8个月，戴尔风投已经和中国好几个新企业开始合作孵化新技术，而且戴尔金山云启动云服务的试运营。戴尔HPC平台让中国科学院的科学家得以开展先进的大脑科学和人工智能研究，我们已经帮助了中国数百万名青年获取IT知识和技能，我们也与贵阳政府和当地的伙伴进行合作，帮助启动了一个云服务平台，我们将会与各位共同发展技术，以推动进步。

我们将会成为可信赖的创新伙伴，共同开辟一条成功的道路。我们与EMC结合，这将加快实现我们的愿景。我们两家公司在技术和能力方面高度互补，我们将会是当今技术的领先者，包括在服务器、存储、虚拟化和云技术设施方面，我们将带来产业新的解决方案以及未来技术，包括物联网、原生云程序开发、基础设施、软件化高度融合的基础设施、混合云、云平台及服务、大数据、移动和安全，等等。通过戴尔与EMC的合作，我们也在努力建立基本安全能力，从边缘到核心，一直覆盖到整个云，我们希望能够共同实现所有可能性。

我们知道中国致力于创新和创业，这将会继续推动增长和繁荣，这样的繁荣将会来自创新。这不仅对中国，对全世界来说都有益。我们将会共同治愈癌症，为世界提供粮食和水资源，我们将创造就业，为全球带来希望和繁荣。我们现在站在世界技术基础设施的中心，也就是在人类进步的中心。

谢谢各位！

技术与趋势

- 大数据之博大精深
- 玩转黑科技——VR 对市场的影响
- 金融科技的未来

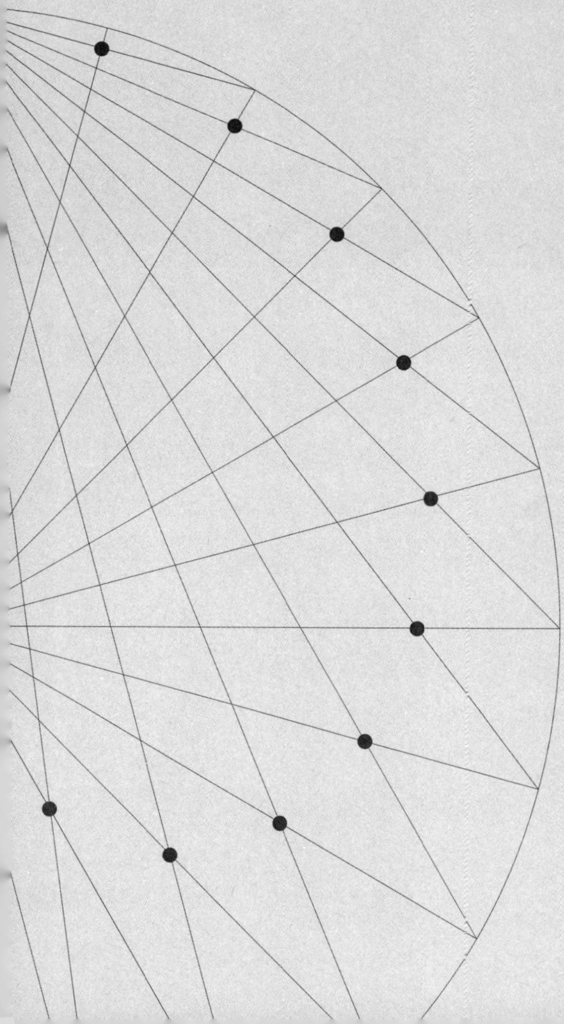

2016年5月25日，“2016年中国 ICT 市场趋势论坛——虚拟现实（VR）生态高峰论坛”在贵阳国际生态会议中心召开

2016年5月25日，“第一届大数据科学与工程国际会议（2016）——大数据科学认识与理解论坛”在贵阳万丽酒店召开

2016年5月25日，“第一届大数据科学与工程国际会议（2016）——大数据分析与管理论坛”在贵阳万丽酒店召开

2016年5月25日，“第一届大数据科学与工程国际会议（2016）——大数据系统论坛”在贵阳万丽酒店召开

2016年5月25日，“第一届大数据科学与工程国际会议（2016）——大数据安全论坛”在贵阳万丽酒店召开

2016年5月25日，“第一届大数据科学与工程国际会议（2C16）——大数据学科与人才论坛”在贵阳万丽酒店召开

2016年5月25日，“智能城市大数据与基础设施建设论坛”在贵阳中天凯悦酒店召开

2016年5月25日，“2016颠覆技术——区块链论坛”在贵阳国际生态会议中心召开

2016年5月26日，“区块链与共享金融——中国大数据产业峰会·中国区块链金融分论坛暨全球共享金融100人论坛贵阳峰会”在贵阳国际生态会议中心召开

2016年5月26日，“区块链与共享金融——中国大数据产业峰会·中国区块链金融分论坛暨全球共享金融100人论坛贵阳峰会”在贵阳国际生态会议中心召开。图为“贵阳瀚德金融创客投资有限公司与深圳农村商业银行区块链金融研发战略合作’签约仪式现场

2016年5月26日，“第一届大数据科学与工程国际会议（2016）——学术报告论坛”在贵阳国际生态会议中心召开

2016年5月26日，“区块链——从金融科技到数字社会治理论坛”在贵阳国际生态会议中心召开

2016年5月26日，“人工智能遇上大数据论坛”在贵阳国际生态会议中心召开

把握趋势，才能赢得未来

大数据战略重点实验室

科技创新正加速推进，并深度融合、广泛渗透到人类社会的各个方面，成为重塑世界格局、创造人类未来的主导力量。颠覆性技术层出不穷，将催生产业重大变革，成为社会生产力新飞跃的突破口。当今世界，国际竞争日趋激烈，谁掌握了先进科技，谁就掌握了经济社会发展的主动权，谁就掌握了综合国力竞争的主动权。世界主要国家正抓紧制定新的科技发展战略，抢占科技和产业制高点。科技发达国家强化知识产权战略，主导全球标准制定，构筑技术和创新壁垒，力图在全球创新科技中保持主导地位。中国正处在科技创新快速发展的历史进程中，面对新一轮科技革命和产业变革的机遇，只有认清趋势、前瞻规划，才能顺势而为、抢抓机遇。

针对未来科技创新和发展趋势，2016中国大数据产业峰会暨中国电子商务创新发展峰会期间，先后成功举办了“2016颠覆技术——区块链论坛”“区块链——从金融科技到数字社会治理论坛”“人工智能遇上大数据论坛”“智慧城市大数据和基础设施建设论坛”“2016中国 ICT 市场趋势论坛——虚拟现实（VR）生态高峰论坛”等。众多大数据领军人物、专家学者、领军企业在区块链与共享经济、人工智能、虚拟现实、智慧城市等方面，分享了其独到的见解和思考，共同探讨如何抓住与把握科技创新浪潮，抢占全球科技变革机遇。

一、虚拟现实，下一个产业浪潮

虚拟现实 VR 技术目前已经进入了快车道，发展迅猛，商业化、市场化和产品化的趋势日渐明显。随着具有雄厚技术创新实力的跨国巨头的资本力量介入，加速了虚拟现实创新产品的商业化。在这样的创新竞争国际格局下，我国高度重视对 VR 技术开发和产业化的战略布局。2016年3月18日发布的《国民经济和社会发展第十三个五年规划纲要（2016—2020年）》中，新科技、新产业、新经济成为贯穿整个纲要的最大亮点，虚拟现实等六大领域均列在新兴前沿领域中。纲要强调，大力推进虚拟现实等新兴前沿领域的创新和产业化，形成一批新增长点。2016年8月30日，国家发改委印发《关于请组织申报“互联网 +”领域创新能力建设专项的通知》指出，我国要建设虚拟现实／增强现实技术及应用国家工程实验室。支撑开展内容拍摄、触觉反馈、新型显示、图像处理、环绕声、（超）高清晰度高处理性能终端、虚拟现实等技术的研发和工程化，实现对行业公共服务水平的提升。

5月25日下午，由数博会组委会主办，IDC 公司承办的“2016中国 ICT 市场趋势——虚拟现实（VR）生态高峰论坛”吸引了众多业界专家学者。贵阳市人民政府副市长高卫东致欢迎辞、北京市贸促会副会长林彬致辞、

IDC 中国区总裁霍锦洁、IDC 公司助理副总裁王吉平、超威半导体产品（中国）有限公司市场营销副总裁纪朝晖、NVIDIA 中国区 VR 业务发展负责人周为志分别进行了精彩的主题演讲。论坛围绕大数据时代 ICT 前景、VR 对市场的影响、“沉浸式”计算新时代和 VR 生态等方面进行了深入探讨。

超威半导体产品（中国）有限公司市场营销副总裁纪朝晖表示，2016 年是 VR 元年，VR 将人们带入到了个人计算的第三个浪潮。第一次浪潮是 PC 平台上的互联网革命，解决了连接的问题，通过浏览器和互联网，用 PC 作为平台把人和人、人和物、人和世界联系起来。第二个浪潮我们正在经历，也达到了顶峰时期，是手机加 APP 时代，解决了随时随地上网的问题，到哪里都可以看到数据。领袖级人物觉得个人计算正在进入第三次浪潮，这个浪潮叫“沉浸式”计算浪潮，会把人和数据结合起来，让你有沉浸感、存在感、现场感。现在大家对体验越来越重视，我们已经进入了“沉浸式”的时代，也就是 VR 时代。

什么是 VR？ IDC 公司助理副总裁王吉平进行了详细的解答，尽管用户戴着一个头盔，但是看到的是另外一个世界，甚至是一个真实的世界。VR 分为三种，第一种是需要与硬件设备连接的 VR；第二种是本身就代表芯片处理功能的智慧 VR，它不需要与其他的终端和计算设备进行再次连接；第三种叫多重视窗管理程序 Screen，比如三星的设备，它也有计算处理功能。这三种类型的设备都叫 VR 设备。

超威半导体产品（中国）有限公司市场营销副总裁纪朝晖认为有四个核心的技术功能，对 VR 的开发很重要。首先是实时追踪，VR 和普通的电脑最大的区别是用户要沉浸在其中，带上之后不是像看显示器一样，而是穿戴设备会随着用户的转动而转动。如果画面过几秒钟才转动，就脱离了现实存在感。其次是异步计算引擎，可以理解成今天处理器多现场，要同步渲染很多图画，转过头要看另外一幅画。第三个是多 GPU 支持，今天显卡只能达到低端的要求，需要把两个显卡放上去。过去对于显示器来讲一个显卡就够了，今天需放两张显卡，一张显卡分别显示给一只眼睛，这样效率会大大提高。最后一个是 VR 硬件直驱，今天 VR 开发商需要有一个真正的 SDK，做 VR 应用编程时可以直接进行。

VR 未来会怎么样？NVIDIA 中国区 VR 业务发展负责人周为志认为，VR 会渗透到生活每一个角落，游戏只是 VR 当中一小部分。VR 当中一个非常大的部分，就在于它与传统行业的结合。比如说 VR 看车，VR 看房，VR 的一些艺术创作；比如说今天的画家，他们做一些雕塑的时候都要拿石膏去打模，非常麻烦，未来有一个软件，可以在360度环境当中去进行艺术创作，可以去画想要的任何模型，然后再把这个模型通过3D 打印出一个真实物体。VR 会变成我们每个人都需要的设备，会变成一个社交的工具，就像很多年前智能手机不普及，传统的诺基亚小屏手机很好用，但是现在大屏手机很好用，它是一个社交工具，改变了我们的生活，VR 也将是一个改变生活的工具。

二、区块链，继互联网之后最具颠覆性的创新技术

区块链技术被认为是继大型机、个人电脑、互联网之后计算模式的颠覆式创新，很可能在全球范围引起一场新的技术革新和产业变革。2016年10月18日，中国工业和信息化部（MIIT）出版了国家关于区块链技术及其应用的第一份官方指导文件——《中国区块链技术和应用发展白皮书》。白皮书指出，区块链的应用已延伸到物联网、智能制造、供应链管理、数字资产交易等多个领域，将为云计算、大数据、移动互联网等新一代信息技

术的发展带来新的机遇，有能力引发新一轮的技术创新和产业变革。

作为新一代颠覆技术，5月26日，“区块链与共享金融——中国大数据产业峰会·中国区块链金融分论坛暨全球共享金融论坛”“区块链——从金融科技到数字社会治理论坛”分别在贵阳国际生态会议中心召开。贵阳市委副书记、贵阳市政府市长刘文新致欢迎辞，银联电子支付研究院院长徐燕军，钱包金服董事长赵国栋，德国央行首席经济学家Paolo Tasca，中国区块链研究联盟副主任、厦门国际金融技术有限公司董事长曹彤，“千人计划”专家、北航教授蔡维德，中国人民大学法学院副院长杨东，京东金融副总裁金麟，南京市信息化投资控股有限公司总经理周怡安等嘉宾出席并做了主旨演讲。论坛围绕区块链的金融应用、金融科技未来、区块链在公共服务中的运用等方面进行了深入探讨。

目前，区块链技术已得到发达国家的广泛关注，其中一些国家已将区块链上升为国家战略。千人计划专家、北航教授蔡维德指出，英国已经将区块链技术上升为国家战略。区块链被列为国家战略的第一件事情是要被科学所证明，第二件事情是这个技术带来了经济力量。他们已经承认区块链可以带来经济力量，认为区块链可以影响各个领域，产生新的法律行为。第一个概念是以后法律由数字和代码执行，其中区块链是很重要的地方。代码社会将造成全新的数字社会，会造成全新的数字信用机制。第二个概念是区块链会带来全新的监管技术。

银联电子支付研究院院长徐燕军对区块链技术进行了通俗解释，认为区块链用通俗的话来讲就是大数据的一种技术。只不过过去的大数据技术、数据库技术是集中统一的记录、存储、修改、查询，而区块链是一种分布式的数据库技术，也就是说过去的数据都是存储在中心数据库里面，现在区块链技术采用分布的方式、链的方式，将数据存在不同的节点上。简单地来看，这样的技术是由集中存储变成了分布存储。

去中心化的动力来源于什么？中国区块链研究联盟主任、中国社科院金融研究所所长助理杨涛表示，去中心化的主要动力一个是技术层面，另外一个是技术变革有可能给经济活动、金融活动的规则带来深刻影响。这样的规则有比较正式的、法律制度层面的，也有非正式的规则，包括商业文化、金融文化、金融心理等。金融中介的出现是为了解决信息不对称、搜寻成本高、匹配效率低、交易费用高、规模经济风险控制等问题。出现新技术需要看能否对中介存在的必要性产生替代和迭代，如果真正产生了影响，改变了它的基础，中介是有可能被弱化的。否则不是简单的替代中介，而很有可能在现实当中出现大量新的互联网中介代替传统银行中介。

基于区块链的特性，区块链有对未来经济、社会、生活造成颠覆性影响的潜力。京东金融副总裁金麟表示，区块链在四大类场景方向上有可能找到非常有价值的应用场景。第一是数字货币，区块链技术有可能发挥比较好的作用，特别在非高频的交易场景下，机构间或者跨国间的场景下，区块链技术有可能带来更有效的解决方案。第二是股票债券，特别是高客单价机构间的市场，比特币可能提供一些跨越公权力或者跨境的解决方案。第三是智能合约，数字产权是很有效的例子。第四是登记保存，比如房地产登记，听起来和区块链要做的事情直接相关。有很多行业，如公证行业可以运用区块链来优化和提升服务，有很多的想象空间。

三、人工智能，未来制胜之道

2016年是人工智能历史上一个具有纪念意义的年份，它是一个时代的结束，也是一个时代的开端。这一年距离1956年麦卡锡、明斯基、罗切斯特和香农等人提出人工智能的概念正好60年。经过60年的发展，人工智能在深度学习、海量数据和高性能计算的支撑下，现已进入产业化应用初期。2015年7月，国务院《关于积极推进“互联网 +”行动的指导意见》中指出，将推进人工智能产业在技术和应用层面加速发展，人工智能作为重点布局的11个领域之一，将会在智能家居、智能终端、智能汽车及机器人等领域进一步推广应用。为落实该指导意见，加快人工智能产业发展，国家发展和改革委员会、科技部、工业和信息化部、中央网信办制订了《“互联网 +”人工智能三年行动实施方案》。方案指出，到2018年，中国将基本建立人工智能产业体系、创新服务体系和标准化体系，培育若干全球领先的人工智能骨干企业，形成千亿级的人工智能市场应用规模。

作为数博会的重头戏，5月26日下午，“人工智能遇上大数据论坛”在生态中心3楼国际会议厅召开。论坛围绕人工智能的本质、人工智能的路径、方向和未来、人工智能与产业应用正向循环、量子革命以及数据应用助推产业发展等主题，贵阳市副市长徐昊至欢迎致辞，中国人工智能学会常务副理事长杨放春，中国电子协会副理事长、秘书长徐小兰分别致辞，卡耐基梅隆大学计算机科学学院正教授邢波，中国科学院院士、中国科学技术大学物理学院院长杜江峰，微软全球公共事业部总经理 Mark Day，Nuance 全球副总裁兼企业事业部总经理 Robert Weideman，小 i 机器人创始人总裁兼 CTO 朱频频，IBM（中国）投资有限公司、业务拓展总经理周振，韩国高丽大学电子工程学院教授 Hanseok Ko 分别进行了精彩演讲。人工智能论坛，汇聚了全球人工智能领域领先的专家学者和企业家代表，共同探讨了人工智能应用、路径及未来。

随着大数据量的不断积累达到了质变的奇点，使得人工智能发展到了一个新的高度。卡耐基梅隆大学计算机科学学院正教授邢波指出，人工智能作为一门科学存在不同定义的可能性。一种是功能性的定义，即制造一台机器，去消化大数据，然后产生预测、假设，或者各种各样的推理，帮助人们实现一些决策上的功能，或者是帮助人们寻找一些事实，以及一些有用的东西。另一种定义就是，制造出一种设备去模仿人，甚至去替代人。现在，功能性的人工智能把我们带到了一个高度，使我们重新燃起对人工智能的愿景。

量子计算机将助推真正的人工智能诞生。传统计算机无法像人类一样做出决策，但量子计算机可以，并将在10到15年时间内，助推真正意义上的人工智能诞生。中国科学院院士、中国科学技术大学物理学院院长杜江峰提出，随着过去二三十年技术的积累，我们已经可以主动掌控量子效应，可以对单个原子进行调控。在微观程度上，我们有自动调控能力，有了这种调控能力，我们可以产生一系列新的技术。量子计算提供了一种指数型加速的可能性。有了这个条件后，做成量子人工智能的话，如果是指数加速，那么原来需要1000台或者需要10000台，现在4台就可以了，这就形成了一个快速的计算能力。量子计算机和人工智能有什么关系？量子计算机天然带有机器学习的属性，将更有利于推进人工智能的发展。再考虑到量子计算机海量的数据处理能力，即便是模仿人类神经网络的各种互动，也会比现有计算技术拥有更多优势。也就是说，它可以对所有状态下的数据进行同时计算，具有计算机无法比拟的超级计算能力。

人工智能真正产生大的影响，需要整个社会智能化，不仅仅是造出一个个机器人。中国电子协会副理事长、秘书长徐小兰在演讲中表示，“人工智能＋制造业”就形成了智能制造。“人工智能＋医疗”，用机器人做手术包括做骨科手术、心脏手术等，还有“人工智能＋教育”“人工智能＋娱乐”，就构成了智能社会发展的模式，所以说智能制造和智能社会最根本的就是人工智能。

未来，在人工智能加互联网的驱动下，各行各业都将会越来越服务化。不管是硬件厂商还是服务厂商，都在整合设备、云和服务来给用户提供集成式的创新。在智能互联网时代，客户选择一款产品，不仅是看这个产品本身，更是看产品所连接的服务。没有内容、没有服务的话，设备就是苍白的。设备加上人工智能、加上服务，已经成了大势所趋。云服务才是智能终端的未来。

四、智慧城市，城市信息化发展新的战略制高点

伴随着城市信息化的发展，智慧城市发展成为城市信息化发展新的战略制高点。智慧城市是城市数字化、网络化、智能化发展的新形态。在2015年的政府工作报告中，谈到城市建设时，李克强总理强调："要发展智慧城市，保护和传承历史、地域文化，加大公共设施建设。"这是"智慧城市"一词首次写进国家层面政府工作报告。2015年6月24日，国务院办公厅发布《关于成立国家制造强国建设领导小组的通知》，该小组的主要职责是统筹协调国家制造强国建设全局性工作，审议推动制造业发展的重大规划、重大政策、重大工程专项和重要工作安排等。2015年10月22日，国家标准委、中央网信办、国家发展和改革委员会联合发出《关于开展智慧城市标准体系和评价指标体系建设及应用实施的指导意见》要求，到2020年累计共完成50项左右的智慧城市领域标准制定工作，同步推进现有智慧城市相关技术和应用标准的制修订工作。

5月25日下午，"智能城市大数据与基础设施建设论坛"在中天凯悦酒店举行。论坛以"城市大数据聚集、联接和战略规划"为主题，汇聚了中

国工程院院士刘韵洁、同济大学副校长吴志强、国家信息中心信息化研究部主任张新红、中国电信创新部副总经理陈力、中国联通信息化与电子商务事业部总架构师范济安、北京市城市规划设计研究院规划信息中心副主任茅明睿等专家学者，就大数据新技术和关键问题，大数据在城市建设中的运用，大数据开放安全以及管理，还有智能城市大数据解决方案等方面进行了探讨，吸引了国内外数百位嘉宾热情参与。

国家信息中心信息化研究部主任张新红提出，无论是将来的智慧城市、智能城市还是信息化城市，都有一个前提和基础，首先是数据化。他提出了三个关键词：数据化、数据化的城市、数据开放。大数据在智慧城市建设中有五个方面的作用：第一，识别，可以识别身份、位置、状况、真假；第二，重现，再现过去的场景，实现追溯性；第三，关联，通过相关关系分析，进行联想分析，这样可以使我们产生无限的联想，找到数据之间的联系；第四，溢价，大数据可以产生一些新的数据，能够有利于我们发现数据内在的一些新的规律；第五，预测，可以对经济、天气、疾病、灾害以及人类行为进行一些预测的分析。

在智慧城市当中，首先我们要面临三个主要的对象：企业、市民与政府。第一，面向企业，要解决产业结构调整优化，怎样去提高企业的竞争力以及科技研发能力，要创造有竞争力的产业环境。第二，面对市民，要解决市民衣食住行的基本诉求问题，其中包括安全稳定的生活环境，绿色、健康、便捷的公共服务，要创造有吸引力的生活环境。第三，面向政府，要帮助政府解决现代存在的城市病，交通拥堵、能源匮乏，等等。

从总体的发展情况来看，数字化、网络化、智能化是我们整个城市化发展必须坚定不移走的一条道路。智慧城市是中国新型城镇化发展、现代科学技术不断融入城市化行业、社会不断创新发展背景下的必然产物。坚持走城市信息化发展之路，有序有效地推进城市信息化由数字化向网络化及智能化发展，是我们必须要坚持的。

在整个智能化、智慧城市的发展中，“大城市、大数据”，城市是信息数据集聚的重点，是大数据的重要来源，城市大数据也是最重要的大数据，那么利用大数据技术，采集、整理、分析、挖掘大数据，特别是利用大数据技术提高人们的生活指数、政府的公共服务水平、推动各领域的发展，是实现智慧城市的核心。城市借助大数据的智能，实现智慧城市是我们共同推动发展的目标。

“大数据、大计算”，云计算是大数据的平台，是智慧城市的基础设施。云计算、宽带、资源池、弹性、自主服务、度量以及虚拟化，我们所讲的云服务都是大数据所需的特性及所要使用的基本功能。未来网络是智慧城市发展的重点，智慧城市的发展，可以说与大数据、云计算、未来网络发展共生共长，未来5到10年是大数据、云计算、未来网络发展的黄金时期，也是智慧城市发展的黄金时期。

智慧城市的建设是自上而下推动的。搭建智慧城市，有四大技术要素，包括今天的移动互联网、物联网、云计算和大数据。这四大技术要素在底层实际上是网络基础设施，要依靠云计算，才能挖掘出数据的应用价值，才能让城市发展更科学，管理更高效，让生活更美好。

大数据之博大精深

中国工程院院士　邬贺铨

各位专家：

早上好！

我发言的题目是"大数据之博大精深"。

先说大数据之博。大数据有多个来源，有物理空间传感器收集的数据，有网络空间的数据，也有政府、企业、学校的数据，还有原来就已收集的数据。网络数据可以分为自媒体数据、富媒体数据、基础网络数据等。据资料显示，在2013年全球的数据来源中，政府、企业和消费者各占三分之一。现在大数据分类主要分为与国家安全有关的数据、与商业秘密有关的数据和关于隐私的数据，当然这三方面的数据是不能开放的。开放的是其他方面的数据，开放数据是大数据的一部分，也是政府数据的一部分。

大数据从结构上可以分为结构化数据、半结构化数据和非结构化数据，大数据是多来源多类型的。关于大数据的结构化、半结构化、非结构化，有的要求是实时性的，有的要求是非实时性的，它们处理的速度要求是不一样的，非结构化是指不能用表格来表示的数据。

大数据有什么特点？第一是增长性。比如医疗大数据，中国有千万人口的城市所积累的医疗数据量已达到10PB级，每天都会有大量的数据导入医疗数据中心。第二是长期性。按照医疗行业的相关规定，门诊患者的数据保存不得少于15年，住院数据保存30年，CT、X光的数据保存50年，影像数据无限期保留。第三是颗粒性。医疗数据具有多样化和碎片化的特征，颗粒性大小差别很大，所有的数据都应该有标签，包括患者的医疗史。第四是关联性。不同的医疗信息服务需要不同的视角来观察这些数据。第五是隐秘性、隐私性和生命性。大数据处理好可以换回生命，处理不好也可能损害生命，医疗大数据的特点较为丰富。

网络上的非结构化数据主要是视频，全世界网络视频的流量从2014到2019年，每年大概增长23%，其中互联网流量每年增加27%。目前，互联网的流量里视频已经占到一半以上，而移动视频流量增长更快，前几年增长了百分之五六十。2015年移动视频已经占到移动数据的55%，2020年将会达到75%。

对于中国的安全管理部门来讲，一个很大的烦恼是如何识别网络上的暴恐视频，这影响着社会的稳定。现在已经开发了一种算法，扫描照片之后附加一种文字，然后将照片和文字同时存储下来，解说照片的时候就可以检索出视频。

当然，更重要的是把非结构化的数据转化成结构化数据。针对很多人不懂其他国家的文字，目前已经开发出了一种算法，可以下载一个APP，对着路标一拍，就可以把文字直接翻译，据说可以翻译成26种语言。这不是简单的文字翻译，而是把照片上的文字进行翻译，并且通过音频来识别，这就是把非结构化变成结构化来处理。大数据之博是多维度的。

大数据之大，全世界网民每天下载的流量，2008年是1G，2014年达到了10G，五六年翻了一个数量级。现在互联网的数据流量每年新增40%，所以每两年的数据量就翻两番，到2020年，全球的数据量要超过40ZB。

关于政务大数据。政务大数据包括多个部门的数据，一个8Mbps 的摄像头每小时产生3.6GB 的数据，很多城市的摄像头多达几十万个，一个月的数据量达到数百 PB，若保存3个月则存储量达到100个 EB。税务部门前两年存储的结构化数据有260TB，每个月收集4TB。北京检察院的每个案件都用视频录下来，法院所有的庭审全部录音录像，深圳公安局收集了进入深圳的所有数据，仅电话号码就有1.39亿个。

另外，消费者也有大数据，中国移动每天的话单数据10TB，信令数据100TB，上网记录500TB。在中国联通方面，用户上网记录每秒83万，对应的年数据量3.6PB。北京的公交一卡通每天4000万人次，地铁1000万人，北京交通中心每天数据增量30GB，存储量20TB。另外淘宝、百度都是大的数据源，淘宝的单日数据产生量超过50TB，百度每天处理100亿次搜索请求，新增数据量800TB。

企业也有大量的数据，比如很多的交易和各式各样的数据。2012年平均每家企业10PB，平均每家中小企业500多 TB，未来将增加178%。再比如飞机汽轮机压缩器叶片的监控数据为588GB/ 天，波音787飞机每一次飞行来回产生的数据是 TB 级别的。一个风厂每年能产生2TB 的数据。企业大数据会超过消费者大数据。

大数据需要的数据量很大，当数据量较少的时候，采用的矩阵储存聚类分析的误差较大，只有当数据大于一定量的时候才可以用。大数据也不仅是数据量大，更多的是多维度与代表性。

麦肯锡曾评价大数据的价值堪比石油，但矿产资源因不可再生，会随时间而增值，信息资产随着互联网的发展会越来越多，折旧很快，所以数据并不见得存的时间越长越好。我们不需等待数据量达到PB级别才去分析，很多小数据也有挖掘的价值，所以不以数据小而不为。国内外大数据成功应用的案例很多都不能到达PB级，但是也足以作为分析决策的参考。

当然，大数据不能以大概全，大数据是已经发生实践规律的总结，能否用于预测取决于后续事件的发展有无新的重大因素。谷歌公司能成功预测美国阿特兰大中部地区2008年春夏之交有关流感的情况，它根据搜索词频率异常提高而成功判断即将爆发的流感，但流感疫情的前兆与有关流感搜索词突发的相关性的逆命题不成立，不能说搜索词突发就一定是流感，只能说流感可能导致搜索词突发。谷歌对2012年底美国流感的预测结果比实际情况夸大就是一例。但这不是大数据的失效，如果谷歌能更多关注搜索引擎之外的大数据，以大数据之博观察大数据之大，可能会有所不同。

大数据之精。通常说大数据不追求数据精准，但强调规律。这应理解为对于一个大数据集而言，我们很难要求所有的数据都精准，只要大多数数据具有代表性，就不妨碍数据的集合得到较为准确的结果。

由这个长三角微博签到的密集图可以得到微博的城际联系图，我们要排除一些不精准的数据，但是大部分数据还是有关联的。大数据计算本身不精确，是近似的，所有的大数据分析都是一个建模和近似的过程，所以本质上不能要求大数据绝对精准，但它分析的结论是准确的。最近UNC夏洛特图像可视化中心已经有了相关的软件，利用这个软件可以进行建模，它可以为交通疏导的大数据提供米级的精度。谷歌的无人驾驶车，这个精度要求米级精度，它可以应用于各式各样的地图以实现高精度的交通，这个地图是通过实时扫街而产生的地图，比现在的高德地图和百度地图的精度要高很多。

另外，大数据有助于提高分析精度和速度。用大数据可以进行语音识别，谷歌的翻译众所周知，它是根据大量可以参考的数据来实现自动翻译。所以，最近10年，语音识别的错误率和机器翻译的准确率都成倍地改进，其中20% 的改进是靠方法，而80% 是靠大数据。

大数据之深。大数据的分析不仅需要大量的数据，还需要建立模型。例如语音识别，在特征提取后，采用 GMM 静态概率模型描述发音的不确定性，采用 HMM 动态概率模型描述发音的时序特性，然后用数据来训练模型和优化模型参数，数据越大训练的效果越好。现在利用 GPU 可模拟超大型人工神经网络，最近百度、谷歌在这方面都取得较好的进展。

抓好大数据标准体系建设
助力国家大数据战略实施

全国信标委大数据标准工作组组长、中国科学院院士　梅　宏

下面我代表我们工作组，当然也结合个人的一些想法，在这里做一个报告，报告的题目就是“抓好大数据标准体系建设，助力国家大数据战略实施”。

国家大数据发展战略发布以来，昨天，最高领导出席了活动，把中国的大数据推向了高潮，同时也对贵州的大数据工作给予了充分肯定。这次我们选择贵阳做一次论坛，既是我们全工作组所有成员单位的聚会，来共同研讨下一步怎么走，特别是更好服务于国家大数据发展战略，也是我们标准工作组对贵州举办大数据活动送上的一份贺礼。

我今天讲两个方面的内容，一是大数据发展现状和国家战略；二是关于一些实践和思考，包括我们工作的介绍和一些个人的思考。

信息化第三波浪潮正在到来。第一波从我读书开始，20世纪80年代前

后，从PC机开始进入市场到广泛地使用，带来了信息化的第一波浪潮。第二波浪潮是在90年代中期，就是以互联网的商用为表征，以联网应用为特征。第二波浪潮是以数字的单机应用为特征。第三波是我们正在开始的信息化浪潮，我们称为信息化3.0版，是以数据的深度挖掘和融合应用为特征的智慧化阶段，也是大数据催生的新阶段。据统计，2020年全球产生的数据量将达到440亿TB。大家可以想象这么一个指数级增长的状况。由于信息技术的低成本化，给互联网以及延伸的领域所带来的信息技术无处不在地应用累积了大量的数据，我们有大量数据应用的成功案例。从数据得到真真实实的价值，也引发了数据应用的需求，这给我们带来了一波新的信息化浪潮。

大数据带来新思维和大价值。我们从传统科学领域的三大范式，即实验观察、理论推导和计算仿真，到现在基于数据驱动或者数据密集型的科学。在商业领域，强调从随机样本到全体数据的使用，从精确求解到近似求解的方式，以及从追求因果关系到关联关系也有一些规律，这种商业模式，可以带来科学、技术和生产等各个行业的形态变化。这几年也有很多成功的案例，应该看到在全球范围内大数据产业生态已经基本成型，从提供计算能力的基础设施到分析方法，再到各领域的大数据应用，以及开源社区领域和数据产生领域等，构成了一个全球大数据生态链。

从我们国家的大数据发展情况来看，取得了一些成绩，但是应该客观看到我们与发达国家相比还是有一些差距。过去几年来，尽管我们的应用定制能力明显加强，但我们的大数据基础设施和分析技术，主要依靠开源，大数据分析的基础与核心算法，也基本上是源自于国外的研究工作。我们主要在做面向应用的优化，互联网、大数据应用已经达到国际先进水平，但政府行业的数据开放程度还很低，在全球排行偏低，学术界的核心技术与算法理论研究也大多数针对特定的案例，缺少对核心关键技术的应用。如果我们把美国大数据称之为工业化阶段，它还是初步阶段，没有达到真正设想的信息化阶段，那么我们的大数据可能还相当于在农业时代，还有很长的路要走。

国家高度重视大数据的发展。2015年8月31日，国务院印发了《促进大数据发展行动纲要》，标志着大数据已经上升为国家战略。2015年底的城市工作会议，对加强智慧城市建设，打破信息孤岛和数据分割，提升城市治理能力和服务水平，也提到大数据的支撑技术。2016年初，在政府工作报告里面提到要推行“互联网+”，实现部门间的数据共享，让居民和企业少跑路、好办事、不添堵，为政府数据开放提出了要求。

《促进大数据发展行动纲要》主要是三大任务：一是加快政府数据的开放，推动资源共享，提升政府治理能力；二是推动产业创新发展，培养新兴业态，助力经济转型；三是强化安全保障，提高管理水平，促进大数据健康发展。

纲要是从国家信息化发展的层面对大数据的概念和内涵范畴进行界定，强调的是开放、共享、安全，其中出现了59次“共享”，36次“开放”，还有12次“安全”，体现出国家层面的统筹布局，形成了国家层面的分阶段实施计划。2017年要实现跨部门的数据资源共享，共享共用的格局要基本形成。到2018年要建成政府主导的数据共享平台，在部分领域开展应用试点，以及实现政府数据级的应用。到2020年要实现普遍开放，形成有国际竞争力的大批产品和企业，实现关键部门、关键数据的自主可控。

在这样的背景下，标准工作该怎么做？我们全国信标委大数据标准工作组2014年12月2日正式成立，负责制定和完善大数据领域的标准体系，组织开展大数据相关技术和标准的研究。目前的成员是178家，来自全国22个省市，也对外对接ISO（国际标准化组织）的JTC1/WG9大数据工作组。

目前的工作进展。2016年4月，推出了大数据技术参考架构，进一步完善了大数据标准体系的架构设计，大数据标准工作已经立下10项国家标准，申请立项国家标准19项，覆盖大数据共性技术标准。在大数据开放共享和大数据应用领域，参与了ISO相关的对接工作，中国提交了大数据术语和参考架构相关工作6项。除在国内开展工作，在国际化的工作中也取得了一些进展及成绩。

今天，我们在贵阳数博会发布了《大数据标准白皮书（2016版）》，它涉及大数据的基本态势，包括大数据生态圈规划、大数据标准化，以及一些成功案例等，这些相关的内容，大家可以带回去好好研读一下。

除了以上这些工作之外，我们标准工作组的一项核心工作就是怎么样面向国家的大数据战略，优先开展相关支撑国家大数据战略实施标准的研制。实际上我们已经部署了相关的工作：第一，大数据开放、共享标准的研制，面向政府的需求，研制支撑数据开放共享的技术及管理标准，推进大数据资源建设。第二，应用领域的标准研制，就是面向产业、行业的需要，选择典型的领域来制定相关的标准，助力产业创新发展和新兴业态的培育。第三，相关的安全标准，面向信息化时代国家安全保障的需求，包括个人隐私保护的需要，制定相关的数据标准。

我从以下三个方面汇报我们已经开展的工作：

一是应用研究方面。设立电子商务大数据与工业大数据的技术专题组，面向产业、行业的真实需求，选择典型的领域，制定了相关的标准。比如在工业大数据方面，已经准备立项的国家标准，包含工业大数据服务标准化与实验验证系统，制造业产品源数据规范，制造对象标识的分配注册与解析要求，以及制造对象标识编码和存储规范。从电子商务方面准备立项的数据，涉及电子商务大数据的采集规范和仓库模型的规范，以及应用的指标体系。

二是大数据安全方面。涉及内容安全，隐私保护标准，规范数据的共享、使用、管理的整个流程。大数据安全标准工作组制定了相关工作的路线图，包括从基础的安全问题到大数据安全的相关技术问题，大数据产品和平台的安全，以及业务安全和业务连续性，还有安全管理及评估等。

三是开放共享。《促进大数据发展行动纲要》最重要的工作就是大数据的开放共享，这是国家的大战略。总理在很多场合讲过，希望能够推动政府数据的开放共享，加快融合各类政府平台信息，避免重复建设和数据“打架”，深化大数据在各个行业的创新应用，催生新的业态、新的模式，形成与需求紧密结合的大数据产品体系，依法依规打击数据的滥用和侵权、隐私侵犯等行为。大数据的共享开放，一个是对公众的开放，另一个是部门之间的相互共享，涉及资源的聚集、管理和应用，也是大数据产业发展的基础。

因为所有人都看到数据的重要性，就都把这个重要的东西握在自己手里，增加自己的话语权，这种情况无可厚非，但问题是这些数据在你那里重要，拿出来开放共享可能更重要。所以，怎么实现数据的开放共享，是一个非常有挑战性的问题。

从信息技术发源以来，有一个主题一直没有变过，那就是技术上的互操作。早期就有信息技术标准，刚才说到标准的强制性，必须实施。长期以来，研究互操作一直是信息技术领域非常重要的方向，因为每一家都要求使用自己的产品，每一家产品都具有独特的能力，所以即使有了标准，也可能会出现自己的“方言”。在这个前提下，我们说信息孤岛、数据孤岛，几乎从信息化建设以来就一直在提，却一直解决不了。现在到了大数据时代，对数据分割进行整合的要求更为迫切。毫无疑问，标准还是要做，因为数据的开放共享有技术层面的东西，更多人还是希望有个标准，如果大家都不讲同样的语言，不使用同样的格式，你是永远无法完成交流的。

从标准层面，我们需要解决数据基本的描述。怎样基于这种描述和模型管理数据，辅以相关的技术手段，来解决大数据标准可能带来的数据孤岛，需要我们的工作做在前面，一边建设一边推进标准工作。标准化就是从数据的表示描述和管理流程等多个视角来建立相关标准，同时需要技术上加强相关研究，从互操作技术入手，解决跨系统间的数据交互和共享，两手都要抓，才能建设形成数据资源开放共享的基本保障。

我们在大数据开放共享标准里面，围绕相关的技术标准、管理标准、安全标准开展相关工作，2015年借鉴了英国开放数据白皮书中数据开放程度的重要标准，并将数据的开放共享作为工作组的一项重点工作。

针对大数据资源开放共享的目标，重点列了四项国家标准，申请国标立项，第一部分是大数据开放共享的准则；第二部分是政府数据开放共享的基本要求；第三部分是开放程度的评价；第四部分是政府资源的目录体系。此外，对研究大数据交易流程和评估的标准，有两项国家标准已经申请国标立项，包括数据交易服务平台、交易数据的描述，还有数据交易平台中通用功能的标准，这个也是标准方面的工作。

大数据开放共享面临技术上的很大挑战。大数据时代，我们遗产系统的保留以及孤岛危机都带来了很大的挑战。比如我们网站数量357万，网页数量1899亿，还有基于 Web 的业务系统，数量大概千万以上，PC 的应用在10万以上，APP 数量在400万以上，其中深层的 Web 数据大概占96%，浅层网页上的数据占4%。怎么把深层的数据挖掘出来，深层的数据基本上没有现行的技术标准，基于网页的 Html 模式描述的基本都有相关接口标准，但很多深层数据是自由的形式，怎么办？我们看到在大数据领域面临的问题。第一，企业把90%的时间花在数据的采集、清洗、组织和管理，只有10%的时间用于真正产生数据价值的业务分析。第二，完成数据的简单开放，既是一个市场区域，也是一个用户的痛点。开放数据涉及几个问题：一是不愿意，因为大家都觉得数据很重要，要留在自己手上，最好能卖个大钱；二是不敢，因为涉及政府部门，没有法规支撑，到底什么数据可以拿出去，哪些数据最好是保密的；三是技术上没有支撑。我们调研了很多企业，完成一个数据接口的采集开放，大概需要100万的成本，因为数据开放需要对原有系统进行修改，难度比较高，风险也比较大，还有原系统的开发商可能由于人员流动、业务转型等原因就不接着做了，开发商因为技术锁定也掌握了相关的溢价权。实际上要做下来需要6到24个月的时间，而且有的是数据驱动，而不是根据应用驱动，而且协调相关数据利益方和系统方也需要时间。

这个怎么解决？这几年我们团队和同行，就怎么实现数据的开放共享提供了一套系统，实现高效的数据互操作系统，把现有的理想信息系统当成一个黑盒，我用一套方式走一遍，就可以抓好整个系统结构，抓好这个结构后我就可以抓住所有数据的访问接口，封装成一个相关的API，构建了现行的架构。同时，可以不碰源代码，在现行系统运行之后拿到这些东西，再通过分析，就可以访问所有数据，基于这些数据接口，可以重新塑造新的业务流程。这样的技术就是把运行系统通过黑盒的方式，拿出结构，就可以访问所有的数据，这样我不碰你的数据所在的地方，也不碰源头，你有你的数据权，你只需把我所需要的数据、加工过的信息反馈给我，这个已经形成了有效的解决方案，叫“燕云”系统。我们也做了一些成功的实践，已经在22个省189个“互联网＋政府”应用中成功试用，这个将对万亿级的大数据工业化生产起到推动作用，这是我们设想的一个目标。从成本测算来看，投入成本可以降到1/10。

我做过一个测算，我们政府的系统大概在10万以上，几十万的数量，如果系统要完成数据的开放共享，按照几十万或百万的数量来搭建，这个就是千亿的市场，但是这个成本怎么解决，如果技术要完成数据的开放共享，哪怕减少到一半的成本，都会是一个巨大的挑战。

最后，我们标准工作组，围绕国家大数据战略，做好我们应该做的事情：一是立足本职，抓主要、抓重点。二是整体布局，按需规划，根据需求形成一个宏观的布局，一步一步走，有一个轻重缓急。三是应用创新要注重实效。最后还是要自主可控、长效发展。数据资源既是国家的基础性资源，也是战略平台资源，我们相关技术体系一定要有自主可控的能力，也要为自主可控的技术体系的建立做出我们应有的贡献。

未来网络的发展趋势和前景

中国工程院院士　刘韵洁

各位专家：

大家好！

非常高兴有机会和大家进行交流。关于这个主题，我认为在基础设施中，网络是一个重要的组成部分，因此，我想就网络发展的趋势与大家交流。

大家知道，互联网发展到现在已经走过40多年的历程，前20年主要是针对科研、军事方面的应用，从1990年开始在消费领域取得了快速的进步，所以现在大家都离不开它。从2010年进入第三个阶段，第三个阶段就是互联网在消费领域开始跟实体经济深度融合，解决实体经济当中的一些问题，例如用什么样的网可以满足需要，这对互联网的架构提出了新的挑战。关于这个阶段，有人叫第三代互联网，也有人叫互联网3.0，或者未来网。

“互联网＋”是互联网用在什么地方就“+”在什么地方。现在“互联

网 +”的真正内涵不仅是互联网应用的扩展，更强调互联网与实体经济深度融合。不管是中国“互联网 +”，还是美国的工业互联网、德国的“工业4.0”“英国制造2050”、日本的机器人新战略等，这些提法和思维完全是一脉相承。全球都在重视互联网与实体经济的深度融合，这次金融危机后，大家总结轻产业发现了一个很大的问题，并开始扭转、调整。调整的主要技术思路就是利用互联网技术为实体经济解惑，这是一个新的制高点。可以说我国在互联网方面有很好的基础，就2013年来看，我国的互联网经济占 GDP 的比例第一次超过美国，我国达到4.4%，美国占4.3%，预计从2013年到2025年，我国的互联网经济占 GDP 的比例大概会达到7%－22%，这是一个很大的发展空间。

我国现在做的“中国制造2025”同工业互联网一样，对于工业互联网，现在的互联网能不能满足其要求，安全性、实时性、服务质量等一系列问题都将带来新的挑战。工业互联网4.0首先要解决企业和企业之间的信息互通问题，这不是总公司跟分公司的问题，这是让全球的部分产业能够互联互通，通过大数据分析，能够随时调取资源，哪个资源好就调取哪个资源。通过互联网让各行各业实现这样一个效果，所以对于互联网，我们的挑战是很严峻的。

当然，纵向企业的整合也会采用一些新的网络技术，通过智能化来解决。这是西门子一个厂的例子，通过对工厂进行改造，大概缩减了3/4的员工，而工作量和产能提高了8倍，同时还可以实现24小时的定制化服务，不是批量生产，品质也可以达到4个9以上。所以 GE（通用电气公司）从2011年开始就非常关注纵向企业的整合，并且大量地投入资金，3年大概投了15亿美金。一个企业投入15亿美金专门做一件事情，说明这个决定很大，企业对此很重视。GE 同 AT&T、思科、IBM、英特尔成立了工业互联网产业联盟。

最近看一个报告，预测产业互联网在未来10年大概占几十万亿的GDP，整个中国一年的GDP也就十多万亿，可见这个空间是多么巨大。当然，能源互联网也具有很大的发展空间，它是一个分布式的再生能源（太阳能、风能等）。大家都知道智能电网，电力系统内部有一个专网，电力系统通过这个专网就能解决智能电网的问题，但是再生能源能利用专网吗？比如线入到每家每户，入到每个地方，入到每个太阳能的点，那怎么利用互联网来确保安全和可靠性？我举一个例子，在2014年的时候，德国的工业互联网做得比较好，但当时仍有一个德国钢铁厂出现因黑客攻击工厂钢铁熔炉控制系统造成钢铁熔炉突然无法正常关闭。我国大型的石化公司在智能控制、系统建设等方面存在很多空白。目前，就美国制定了一系列的法律法规，以及一些技术措施来解决网络安全问题。当然，整个系统要解决安全问题，就面临一个非常大的网络挑战，就是什么样的网络能适应产业互联网的需要。美国、欧盟、日本都从国家层面高度关注未来网络，像思科、IBM 这些大型公司也都在做这样的事情。我国在这个方面应该怎么做？这是一个很大的挑战和机会。

也许大家很熟悉 SDN 软件，但大家对该软件都持不同的观点。最近有一些专家提出，SDN 是一个局部的技术，并没有把它看成是一个特别的机遇。对此，我简单说一说我的看法。从屏幕上可以看到，左边是传统的互联网，传统的互联网是通过路由器、光缆成为一个网络，所有的功能（控制的功能、调换的功能）、协议都是在路由器里做，所以路由器越做越大，以至于现在难以为继。在功能上，大家都说互联网是一个傻瓜网络，很难适应产业变化的需要，所以提出 SDN 的思想。对于 SDN 的出现，有一个解释是互联网要从傻瓜网络变成智能网络，从没有大脑变成有大脑。对于互联网，现在路由器充其量是一个小脑的功能，没有大脑的功能。这个大脑的功能就是我们说的控制空间，从原来一个小脑的功能变成整个互联网的大脑的功能，而且要用“大脑”来集中控制，整个过程要简单化、标准化。这是一个非常先行的理念和思想。

美国的SDN产业链都是一些大公司，整个产业也都是全国性的。我们说的“大脑”——网络操作系统，在互联网第二阶段，也就是在互联网2.0的时候，是由美国主导的。在互联网3.0的时候，思科、IBM、微软在主导ODL（Open Day Light），斯坦福大学主导ONOS，这两个系统的“大脑”也都是美国一些大公司在主导。

再看看数据平面，Google公司是一家非常了不起的公司，它在2004年到2012年这8年时间里研究了大数据中心。以前都是用传统的技术形成一个树形的架构，这样成本很高。因此，Google公司就研究怎么能够通过扁平化和软件定义的方式来完成。但是大家会有疑问，软件定义网络刚出来不久，怎么会在2004年就开始利用呢？其实，以前行业都在做软件定义方面的事，只不过当时没有提出这个概念而已。在它成功以后，Facebook提出了Open Compute Project（OCP）这样一个标准的、开源的数据平面。数据平面在开源，而且通过软件化来降低成本，同时提高效率，英特尔等公司都在带头做。

下面给大家分享一下基于数据中心的网络架构。目前，国内还没有引进基于数据中心的网络架构，这个网络为什么要用数据中心的网络架构去引进和发展呢？主要是因为现在的流量问题，原来跨界的流量都是在大的运营商之间进行交换，现在跨界的流量已经从运营商过渡到搭建数据中心，搭建CDN。它们成为跨域流量的主要来源，而且这个流量越来越大。所以网络的架构要从原来传统意义上的架构变成一个大的数据中心的架构，这是它最基本的一个技术。以谷歌公司为例，它把一个数据中心的架构扁平化，而且跟全球其余的大的数据中心用现代软件定义的思想来进行控制以后，其效率从30%提高到95%。在这个基础上，谷歌公司从2014年开始，在100个国家的大的数据中心建立全球的基于SDN思想的一个新的网络架构。后来，我就问谷歌公司为何要这样做？100个国家的大的数据中心要建这样一个网络，每年投资92亿美元，连续投3年，他们为什么要这样做？其实很简单，就是因为所有的运营商的网络都满足不了他们的要求。现在运营商的网络就是普通的马路，刚才有管理局的同志说到，贵州之前搭的数据中心，出省的带宽可以无限的宽，但是出了省以后要进到全球的互联网，全球的互联网就是一条普通的马路，你解决不了这个问题，这不是局部的带宽可以解决的问题，所以要保证谷歌的服务是最好的，同时要建立全球的网络。

当然，我们国内大的数据中心也在面临改造问题。怎样搭建数据中心？应该像阿里、腾讯那样，用SDN的思路。依个人来看，首先是底层的硬件先不动，通过SDN，充分地、更好地调取整个资源。对于国家数据中心的流量，是怎样从运营商迁移到大的数据中心呢？就是从全国的数据中心向省的数据中心、向世界的数据中心、向别的数据中心迁移，用这样一个组织来搭建，构建一个以数据中心、云架构为主的网络。比如说，通过云架构把本地的数据中心、别的数据中心和全国的数据中心联接起来，通过DCI把它们形成一个网络。所以，将来的网络架构要根据你的流量、应用和需要来灵活布置及建设。

其次，运营商要把整个网络的功能云化，构建数据中心。目前，我国已经开始做这个运用，并且取得了一些成功，比如在江苏和河北部署大的数据中心。另外就是城域的数据中心，也是采用“云”的思想构建城市运营化的解决方案，这个思想是学术的一个思路。以AT&T为例，AT&T就是按照数据中心网络的架构，构建全国的网络，并提出Domain2.0网络转型计划，AT&T原本计划在去年有5%的业务量迁移到基于SDN架构的平台上，但实际上是5.7%，它今年的目标是30%，到2020年计划有75%的业务量正式用新的架构来做。所以AT&T说，2020年以后它就是一个软件公司，它的开源软件从5%提升到10%，它的数据中心在2015年是69个，现在已经达到74个。因为它的职工主要是做一些传统的电信服务，对于现在这样的架构变化，员工不适应怎么办？对此，AT&T对13万员工进行再培训，而且提出每周要培训10到15个小时，其中，有的是组织培训，有的是个人培训，如果有员工跟不上进度，就会被裁减。AT&T计划5年之内要裁员30%，也就是从28万人中减去8万多人。AT&T的这个计划并不是说着玩的，正在一步一步地实施，包括人员的培训和变化。德国电信也是这个思维的主导，全球的运营商都认同这是一个发展方向，但仅一个AT&T肯定是完成不了的，因此，它联合1000多家企业一起来做这个事情。

最后，谈一谈未来网络架构与试验。不管我们是为了适应产业互联网，还是未来网络，抑或是解决安全问题，什么样的架构可以满足这个要点，我觉得大家对此已有共识，比如说简约、开放、可扩展。但我认为最重要的是要高效和灵活，但是高效、灵活是在两个维度上，一个维度是网络的资源，另外一个维度是现行没有的资源。这就类似于大数据的资源一样，能高效、灵活地被运用。根据这样一个思想，我们提出了服务定制网络的概念，就是说你将来希望获得什么样的服务，我就给你配置什么样的网络。为什么我们会提出这样的想法，是因为交通系统有普通马路，有高速公路，有普通火车，有高铁，有航运，还有海运，人们根据不同的需要有不同的选择，互联网发展了40多年，不能像交通系统那样根据需求进行选择。这个问题是因为技术障碍、硬件障碍还是软件障碍？都不是。是因为原来人们没有想到互联网能发展到这么大，承担这么复杂的业务。所以我们提出SDN的网络架构。但是，这个架构不能解决网络的所有问题，因为它只讲了物理资源，我们需要一个能对信息资源智能调度的平台。

另外，网络有很多非常有价值的数据，但是运营商未对其利用，没有把这些数据用在部署指挥人员和发现安全问题上。通过运用大数据来网络控制和调度，基于这样一个思想，我们从2007年开始就组织三个团队分别对三个部分进行探索，到现在已经9年了，我们的研究成果已经得到应用。2013年8月8日，我们在我国20多个城市做了未来网的实验架构。为什么要做这个事情？下面我会讲到未来网是国家重大科技项目。这个网跟传统的互联网有什么不一样？如果传统的互联网是普通的马路，我们这也有普通马路，当然我们可以在这个普通网络（普通马路）中适时开通高速公路、高铁和航空，这个都是可以秒记或分钟记的。工业互联网需要什么网络，能源互联网需要什么网络，车联网需要什么网络，我们可以试着根据需求对其进行配置。目前，这个网络已经有80多个团队（包括一些国外的团队）在做试验，同时，也在与欧盟的未来网进行试验。

我们为什么要从2007年开始做未来网？这是我们对互联网的判断，尽管那时候互联网如日中天，但是我们预测网络总是要有边界的，只是我们没有想到这个边界出现得这么快，其发展速度出乎我们意料。我们跟国家建议，建立了一个国家未来网的重大科研技术支持项目。这个是2013年2月国务院的8号文件，把未来网作为16个重大科研基础设施之一反馈出来，当然这也是经过大家多年协商的结果。最后，国家确定由江苏省牵头，由中科院、教育部等共同把这个未来网络的创新观念建立起来。这个观念大概覆盖全国400多个城市，目前已有100多个城市建立了网络，这是政府的一个重大科研项目，是为大家服务的。同时，我们也可以在这个网上实现一些新的业务，包括大的数据中心的互联互通，以及4K、8K 等业务。

可以说未来网是我国非常难得的一个机遇。对于传统的互联网，我们主要是供给，美国在主导。但在这样一个新的机遇面前，我国有没有机会可以分享一些信息？首先要问的是，互联网的价值怎样进行评估？其实，互联网的价值评估有一个梅特卡夫定律，即互联网的价值是随着用户数量的平方数增加而增加的，它跟用户数的平方成正比。中国互联网的用户数是多少呢？在2013年的时候，中国互联网的用户数就已经比美国＋巴西＋印度＋俄罗斯＋日本的互联网用户数总和还要多，是美国互联网用户数的2.5倍，可见中国互联网的价值是多么巨大。如阿里，它是中国企业，在中国上市，因为我们的价值和网络，它的价值就达到了现在的级别。但我们的网络问题比美国互联网的问题要复杂得多，挑战也要大得多，我们不能再指望别人，要自己去解决这些问题。所以，国务院有一个重大的科学技术设施——“天地一体化网络”，这个网络很大，科技部和基建委都在做，地方政府也非常关注。

尽管我们从2007年开始做未来网，但因为当时我国大部分同行还不知道未来网络会不会成功，是不是一个值得发展的方向，所以我们的工作得不到大家的理解和支持，但江苏省政府在2011年给予了我们支持，使我们能够快速发展。当然，现在除了江苏省以外，北京市也成立了未来网络的协同创新中心，深圳、珠海、青岛等城市也都在做这方面的规划。在国家重大项目的引领和地方政府的高度关注下，我们一定不会错过未来网这个机会。

最后我谈一点感想。未来网确实是我们国家的一个机遇。对于网络的变革，我想有的专家会认为这是一个噱头。但就像我刚才所讲，未来网是一个非常大的机会，我们应该联合起来，抓住这个机会。另外更重要的是，我们还要进行人才的引进和配比，因为这是一个重要的事情。各行各业都说："软件第一引线"。我认为确实如此，利用软件的思想来解决问题，可能是多快好省的一个手段，所以我们需要在观念上和技术储备上做好准备。我想我们一定会抓住这个机会，使得我国从一个网络大国变成一个真正的网络强国。

我的汇报结束。

谢谢大家！

玩转黑科技——VR 对市场的影响

IDC 公司助理副总裁　王吉平

各位嘉宾：

大家下午好！

我是 IDC 公司助理副总裁，今天主要跟大家聊一聊 ICT 公司未来的发展，和未来 VR 市场对我们有什么样的影响。

过去30年大家知道有一个联盟就是英特尔联盟。当他们做了一个 CPU 以后，紧接着微软就会升级一个系统，你出一个技术我就出一个操作系统，一直带动着第一平台、第二平台的发展，这个业界把它称为安迪·比尔定律。但是就在5年前，大家发现这个全球定律好像不灵了。

全国 PC 市场近两年都在下滑，每个季度以12% 到13% 的速度在下滑，所以未来的方向到底在哪里，我们有什么新的方向，它能带给我们什么？我们看到比尔走了之后，更多强调的是 VR，当这种处理计算和硬件结合的方式，新的一代方式更多是说它的操作系统，计算性能加强的时候，反而带动了另外一个设备就是VR设备，所以安迪提供了新的计算，VR提供了更多新的体验。

什么是VR？刚才主持人已经用最生动的方式，告诉大家什么是VR，尽管他戴着一个头盔，但是看到的是另外一个世界，甚至是一个真实的世界。我们把VR分为三种、第一种是需要跟硬件设备连接的设备，比如说游戏机，跟PC连接。第二种是本身就带芯片处理功能的设备，它不需要跟其他的终端和计算设备进行再次的连接。第三种叫Screen，比如说三星的设备，需要把手机放在上面，但是这个并不是完美的，有的新产品就真的是塑料框，然后把手机放上去，没有任何计算在里面。另外就是即使把手机放上去，但它也有计算处理功能，这三种类型的设备叫VR设备。刚才讲的那个只是一个简单的具备计算功能的VR产品。

大家想知道VR市场有多大？这是IDC前不久发布的全球VR市场预期，2015年这个市场还非常小，只有40万台左右，2016年VR有一个爆发式的增长，全球达到960万台左右，这个市场还会继续发展，2020年预计全球规模会到6400万这样一个销量。

这个市场当然比不了手机，手机一年可能是20亿的出货量，也比不了PC，PC一年最少是2亿到3亿的出货量。但是你可以看到，我们与PC、手机到2020年的时候出货量会越来越接近，差距越来越小。

刚才我们说有几个坎需要VR迈过，第一个坎就是计算性。VR需要很大的计算性，我们在2D基础上看一个图片，当你看一个全景的时候，简单扫过就是几百张、几万张的图片，所以它的计算是几何形式增长，这个时候需要很强大的计算功能。今天很多芯片厂商，都预计未来一到两年有非常大的突破，也就是说，可能英特尔结束之后有一个新计算的过程开始萌芽。

再一个就是自然接口的方向，也可以看到我们有很大的突破。当然还有一些其他的方面，我们可以看到，一个一个坎，在未来几年都会被人类进行一系列的突破。今天VR的产品在我们心中可能是YES加一个小问号，有一点点小疑问。但是我相信这些门槛被突破以后，人们对这些疑问可能就会变成肯定，未来两年会给你更好的一些体验。

VR的生态系统，可能大家觉得就是VR的初级厂商，其实这只是一部分。我觉得VR这个产品正好是一个非常好的结合。今天的IT界有两种人，一种是第二个平台来的人，就是传统硬件，有软件厂商、硬件厂商。还有一种是从互联网转型过来的，有内容商，有互联网的各类厂商在里面。我们看到VR里面有处理器厂商，有传感器厂商，有语音的厂商等都在里面。还有很多硬件在里面，有日本的厂商、台湾地区的厂商，还有新兴起来的厂商。同时，在下游也有很强大的链条，比如说游戏的提供商，优酷、爱奇艺这些网站，以及乐视和阿里云，还有一些设备，比如说摄像头。我的一句话是说恰好把所有人都揽进来了，大家在这个平台上可以看见未来的发展方向，对于在座每个人都是有机会的。

我们说VR最重要之一，或者说今天起步的时候大家都谈VR游戏，其实游戏也有演变的过程。过去人们活在非常真实的世界里，通过打猎去愉悦自己，或者去看别人的争斗过程愉悦自己。换句话说，上一代或者我们童年时期玩丢手绢，是更真实的过程。

逐渐地，我们向抽象和虚拟过渡，下棋产生娱乐感。再后来，中国从20世纪80年代起，更早是俄罗斯方块这样的产品，人们逐渐从室外进入室内，从真实进入虚拟。当然，有些人对这个发展过程褒贬不一，认为之所以进入虚拟世界是人类的退化，因为虚拟的游戏便宜一些，游山玩水可能要花几万块钱。确实，最近几年人们更加向这种虚拟的方式发展，越来越需要通过虚拟的方式愉悦自己。所以到了今天，我们需要一个真实的现实，当虚拟到一定程度的时候，你会发现周围全是虚拟的，所以你需要一个现实。这是今天虚拟现实在游戏产业的真实状况，确实人们也需要这样的诉求。

当然了，对于中国的游戏来讲，其实也是一个非常大的市场，尤其对于中国“80后”“90后”，游戏伴随着他们的成长。我们看到今天游戏产业涉及的人数已经达到了5亿左右，一年带动的金额是1400亿人民币。平均每个玩游戏的人每年给游戏产业贡献的费用是246块钱。中国这么多玩游戏的人，带动这个产业有非常快速的发展。

我们来看硬件和游戏之间的关系，游戏有几种类型的硬件，第一种是手机，有1亿左右的人通过手机的终端玩游戏。同时有游戏的 PC，比如说笔记本，一年是2000多万的规模。还有游戏机，大概是600多万的规模。最后就是 VR，2015年已经有9万台 VR 用于游戏。还有一批设备，不算 VR 但形似 VR，也用于游戏。所以整个 ICT 市场人很多，带来的硬件也很多。VR 在今天只有9万台，在大的硬件里面只是很小很小的一部分，小不怕，可以说这是非常大的方向，以后人们会渐渐放弃 PC，放弃手机，而转入玩 VR 产品。

今天 VR 给我们带来了很多新的东西。今天的“90后”“00后”不谈这个词了，已经把这个词变成二次元粉丝。这些爱看漫画和小说的人，已经成为未来 VR 最大的潜力客户群。二次元粉丝数量在中国2016年我们预测是6000多万。按照人口结构来讲，“90后”可能有1/3是二次元粉丝。而随着他们的成长，也会影响带动新产业。

人类发展到现在，从真实到虚拟，再从虚拟到真实，体验的变化有不断递进的过程。比如我们看一部恐怖片，可能通过 VR 的体验，比通过电视和电影给你更真实的恐惧效果。过去我们体验失重更多是在游乐场，今天足不出户就能体验游乐场给你带来的失重效果。对于这些二次元的粉丝们，他们从出生以来接受的教育，完全可以改变他们的行为，更多可能以后都不会去游乐场了，就是通过 VR 去体验诸如失重的效果。

还有就是360度的体验，2D 体验变成3D 体验，或者360度的体验，这是未来一代人逐渐会接受的方式。体感和互动，过去是鼠标、键盘这些产品，人和机有沟通的过程，今天我们看到，体感和互动可以尝试更多的终端穿戴产品，无论是手套还是手环，还有语音语意的传递，人和机可以进行更多的交流。

目前，业界也存在很多问题，大家有很多困扰，以及对于行业未来发展的考虑。我们有三个问题，第一个问题业界很多人会问，游戏是大的制作好还是小的制作好，该开发什么样的制作，上来就开发“使命召唤”这样大的游戏，还是“愤怒的小鸟”这些小的游戏？

在中国的游戏史上，2010年以前大部分的开发者都是开发大游戏，随着手机的发展，“愤怒的小鸟”出来以后，所有的开发者都向小游戏转型。今天 VR 的产品到底是大游戏还是小游戏？通过我们的调查，67% 的人认为是从大游戏转到小游戏。

我觉得这是很聪明的思考。为什么呢？ VR 的场景，“愤怒的小鸟”没有办法驾驭，2D 的产品也很难驾驭 VR 这样的设备。而随着游戏的碎片化和人们忠实度的下降，大型游戏的成本很难与今天的市场和世界结合，所以更多是大游戏向小游戏转型，很多大游戏慢慢转到小游戏短平快的节奏。最近这一两年，设备还不能完全支持大游戏向小游戏的转换，有很多的 VR 感觉很重，所以体验并不是非常完美。这几年大游戏向小游戏转型，快速带动一些游戏的体验，在VR出新的产品，这是明智之举。

第二个是谁来开发？由大型游戏公司开发，还是说一些小的独立游戏工作室开发。70%的人认为以小的工作室开发为主更好一些。刚才讲到vivo开发的“愤怒的小鸟”，以及塔防的游戏，还有电影开发的一些游戏，都是由小的独立游戏工作室开发的，由此成为知名工作室。从现在看来，我们更倾向于VR平台由小的独立游戏工作室来开发，而大型公司干什么呢？大型公司已经开始试水，像互联网一样由小的公司开发，大的公司就会瞄准说这个公司不错，这个游戏不错，可能就会收购过来成为自己的产品，大的公司可能用这样的方式去做，这也是现状决定的。

最后是在哪开发？85%的人考虑会在云平台上开发。为什么我开始就讲到，一个图片一组可能是几百个图片，我需要光影的制作、图片的制作，以及3D的制作，各种素材都要比以前的数据量大很多，可能是几百倍。传统的IT架构很难支持这种协同模式，有很多公司在创造这样的平台，想开始部署自己的工作室向云的方向发展。很多企业开始针对VR提供帮助，比如金山、阿里、腾讯等，都在结合VR的平台打造自己的产品。

人生就是一场游戏，人的一生如游戏的过程，人生又不仅仅只是游戏，人生是由方方面面组成的，衣食住行每个行业都存在虚拟和真实的场景。今天主要说说教育行业。

过去教育行业的沟通，更多是老师在讲台上，或者是坐在电脑前和孩子们沟通。随着大数据的发展，VR可以进入教育领域，或者有些方案引入教育的时候，孩子们看到教育的过程就不那么枯燥了，未来可能还会有新的发展变化。比如说上天文课，戴上VR星星就在那里，这颗星是地球。讲文物古迹，老师带着大家到故宫第一个点、第二个点，哪个皇上在哪个时候做了什么事情。讲朱自清的《背影》，看到父亲的背影走到月台下，可能通过 VR 的场景会带给你身临其境的感觉。VR 可以带给我们更多美好真实和虚拟的过程。

谢谢在场的嘉宾，也感谢贵阳市政府给 IDC 这样的机会。

谢谢大家！

金融科技的未来

钱包金服董事长　赵国栋

各位领导，各位来宾：

大家下午好！

非常感谢有这个机会，来分享一下金融科技方面的想法。我的演讲主题是“金融科技的未来”。今天我主要讲三个部分，第一是金融科技的未来，第二是钱包金服在金融科技的一些战略规划，第三是钱包金服在区块链方面的一些研究。

我们先看传统金融行业在未来5到10年的一些外部环境变化。

第二我们先从利率市场化来看。现在存款利率上限被废除掉，利率市场化进程已经完成。利率市场化的影响非常大，主要在于过去我们的传统金融机构是银行，银行非常低廉地获得了负债端的成本，利率市场化会造成什么变化？银行会把它的风险提升。我把贷款放给一些央企和有抵押担保的组织，这样可能没有风险，没有风险收益率也不会太高，没有关系，因为我的成本很低。但是未来利率市场化挤压着银行要往风险偏高的方向发展。

第二我们看金融脱媒。一个是融资的方式从间接金融变成更多做直接金融，这是一个变化。在支付领域，我从2013年开始做支付，这几年支付领域变化很快，我们发现很多地方人们不用卡了，直接用微信和支付宝支付。我们投资了一家公司，发现80%的餐饮交易来自微信而不是刷卡。这带来什么变化？银行不会发现客户越来越多，客户消费什么东西，在哪儿消费的，这些数据它都不知道，所以金融脱媒的风险很大。

第三再看一下风险合规与安全。政府对金融的监管逐渐加强，前一阵银监会刚出台一些新规定，过去银行可能靠一些监管套利，以后跨部门监管的收益会逐步减少，部门监管会向整合监管变化，这是一个趋势。风险合规与安全监管方面对传统金融来说将会是很大的挑战。

第四还有行业的颠覆者。现在很难说颠覆，有一些打着颠覆的名义到传统金融领域去做互联网，他们在科技上投入很大，也逐步地投资参与传统金融牌照的获得，参与到金融领域中。

第五是消费者的期望值越来越高。未来“90后”“00后”成为主流的情况下，你会发现年轻的一代想法和我们完全不一样。过去我们习惯去银行办事情，可能未来大家没有这个概念，手机就可以把很多东西实现了。“90后”和“00后”时代，消费者是伴随BAT的产品一步步成长起来的，这些人在看到传统金融机构非常差的用户体验和交互体验的时候，他们还会继续用传统金融的服务吗？我觉得很难。例如现在很多银行配色很难看。整个消费者的期望值在提高，如果传统金融没有跟上，将会是一个非常大的挑战。

在未来新的竞争格局和社会分工下，金融科技在重新定义金融行业。可以观察到美国的一些互联网银行的发展趋势，互联网银行是一种新型的金融科技公司和具有牌照的金融机构结合形成的一种新的银行，不仅仅是成立一个有互联网银行牌照的银行，而是它利用了一些先进的技术。

我刚才讲的银行不再是一个地点了，更多是场景化，一切金融、银行的服务是在我们的场景里面，我们可以去ATM机自助存款，可以直接在手机银行上贷款，理财更是这样。未来大家不用说去银行办什么事情，可能银行无处不在。

过去我们和很多银行打交道，它把电子银行部作为一个渠道部门，把电子银行、手机银行还有电话银行，包括自助设备变成一个渠道。在新的形势来看，这完全是不对的，拥抱互联网一定是整个产品服务和流程的再造，而不是渠道，渠道更多在意它的成本和获客问题。

和互联网深度融合是银行的一个大变化，还有一个是互动。讲一个简单的例子，过去我们使用电子银行，它的功能数一数有几百个，但是其中用的功能不会超过5个。我们应该更多地去提升用户的体验。很多人会发现在手机银行和电子银行翻了很多页都找不到你想要的东西，用户体验非常差。一定要打破边际还有认知，通过大数据来分析。银行利用大数据，更多是在营销领域，精准定位用户来推一些理财服务，未来更多的是信贷，除了微众银行在做用户体验这一块，目前还没有看到一些银行推出体验更好的产品。现在很多传统金融服务，还是一个表格让你填一大堆东西，然后告诉你会审核几天之后告诉你结果，这样的体验太差。现在很多年轻人根本等不及，等十几分钟都是多的，最好几秒钟，这些都是痛点也是机会。

目前行业的参与者可以分为四股力量。

第一是传统的金融机构。很多银行意识到这个发展趋势，包括像平安也好，包括银联我们也在自己做移动支付，在这个领域里，传统金融机构是非常重要的力量。互联网金融企业、金融科技企业会颠覆传统金融企业。前几天在网上有一些人辩论应该是互联网金融还是金融互联网。我觉得互联网金融在某种意义上讲是偏重互联网属性，金融互联网偏重金融属性。民营的金融互联网公司我觉得应该退回参与金融业务，更多的是做信息中介而不是系统。并不是说互联网企业不可以做金融，而是要符合监管。金融的属性是风险特异性，同样做一个事情，如果金融机构是这样的标准去要求它，其他的则是非常松的标准，这就会出问题。

从去年和今年上半年来看，会发现不遵循这个规律，出的问题很多，最终损害的是整个互联网行业。去年我们看到一些上市公司改名叫 P2P，今年来看 P2P 成了一个过街老鼠。为什么叫过街老鼠？因为它没有遵循这种金融的规律，中国创新型互联网企业不要想着去做监管套利和灰色地带，应该把更多的精力和资源投向科技创新，投向用户体验、数据分析、风控防范。

第二是 BAT 的互联网。它因为有流量、用户和数据，我们可以看到 BAT 也在投资参与传统金融。

另外，还有互联网的新兴创业者，未来还会不断看到潜在的金融行业的竞争者。

这几股力量我觉得最底层还是基于云服务、物联网、大数据，包括社交网络和人工智能，还有我们今天讲的区块链，我认为这是未来金融行业的基础。

我们看一下金融科技怎么改变金融的服务模式？右边这张图是汇丰银行的网站，这些 logo 是先行的金融科技创业公司，上面是消费金融这一块，下面是企业这个板块。在每一个细分领域里，都在出现通过技术去改良它的体验和流程的东西，比如说像支付和汇款方面，包括职能理财方面、信贷方面，这些都在变化。我们发现每一个传统金融机构里面，每一个新的领域都有一些非常好的用户体验公司进入。在国内来看，感受最深的是支付领域，如微信支付和支付宝支付。

整个的金融服务模式也在发生非常大的变化。很多人去过美国回来跟我说，发现美国没有那么多的互联网金融公司，我们认为这种专注做技术、不断用技术改变用户的体验、提高风控、提供新型产品的公司更好，而不是一股脑地做 P2P。

未来科技型金融机构的架构和模式分前端和后端，前端怎么做？金融机构在客户端跟金融科技公司合作这是一个趋势，很多银行说我们自己做也可以，但是我们看到一些大行，目前客户端用户体验效果真的很差。传统的金融机构在获取客户端更多的是把自己的服务通过金融科技公司的渠道铺设到各种场景里去，未来无场景金融，没有场景金融就没有附着点，需要给客户全天候的金融服务。未来的金融机构一定是以专业金融机构为主，进行轻资产运营，客户通过不同的界面设备介入到里面去。

后端，我们看过去其实银行也好，很多金融机构也好，过去后端的 IT 架构是一个非常庞大的架构，每年投入的资金也很多，未来在后端一定是利用新的技术，例如区块链这样的技术，还有 API 的架构和一些新的流程，将会降低银行整个的 IT 成本，不断提供更灵活的金融服务和产品。这些技术对传统金融不管在前端还是后端，都会有非常大的影响。

科技型金融机构的优势，在用户验证方面，第一个是人脸识别，第二个是语音识别，第三个是指纹识别，简单这么看好像也不是太难，但是这其中有很多细节，有大量的工作需要去做。比如人脸识别，目前没有看到中国任何一家银行是用自己的技术做这件事情。更多是和一些科技公司合作，因为人脸识别模型算法，更多是通过深入学习来训练。人脸识别还包括活体的识别，我打印一张脸在这里，你怎么鉴别我是不是活的。我们发现已经出现这种诈骗，打印一张我的脸，把嘴巴和眼睛抠出来，让我张嘴就张嘴。人脸识别每一块都需要大量的科技投入，需要大数据和人工智能。

更好的用户体验不讲了，未来一定是一个看脸的时代，高颜值的肯定受欢迎。而且要统一的用户界面，可能是三屏四屏的用户界面的结合，从移动端手机、pad、电脑包括智能数字电视给用户是友好和统一的界面体验。

我们设想未来传统的金融机构应该怎样去和金融科技公司结合。可能每一个业务单元都会把自己抽象化了以后通过 API 和某一个领域最强的公司合作，像信用、授信、交易、汇款等。未来这是一个很大的趋势，一定是开放性的模式。单单在人脸识别的领域就要有非常深厚的技术积累和资源投入，我们公司也在不断地看，我们也想去寻求一些投资机会，我们发现中国能做到顶尖的公司非常少。

这个调查是全球范围内的调查，我们从国内来看，这种替代会更快，银行和保险这个比例还是比较高的，目前国内还是早期阶段，我相信随着社会的发展，整个的互联网银行和保险领域一定会不断涌现一些新的金融科技公司去和传统金融机构合作和竞争。举个例子，钱包金服已经和30多家银行展开了互联网银行合作，他们的互联网银行从 PC 到 APP 端都由我们来构建。

未来五年金融科技对传统金融的影响主要有哪些？

第一是对边际利润的影响，如果传统金融机构采取了和金融科技融合的方式，利润的提高将会很明显。大家可能看过微信的一些信贷，年化利率是18%。我们合作了很多银行，30多家银行过去最大的贷款利率是多少，8% 都是非常高了，其实用互联网放贷年化利率可以达到18% 至20%，这对银行利润的提升是非常大的，过去都不敢想象，也做不了。为什么？因为高频的交易都是小额的，可能做一笔贷款就两三千块钱，使用过去银行的体系来运作2000多块钱的贷款，成本就会到1000左右。传统的银行在很多地方，如果不进行改造，没有成本优势和效率优势。未来传统银行结合金融科技，市场份额可能会提高，还有信息安全方面也会提高。

在未来五年金融科技对传统金融的帮助在哪些地方？

调查结果第一个是成本的降低，前端获客成本降低，还有后端架构的重塑。

第二个是产品的差异化。中国金融业最大的特点就是同质化，你去工行、建行和农行有什么区别吗？除了 logo 不一样，几乎没有什么区别。同质化是非常严重的问题。

第三个是客户留存。在注意力经济时代，获得用户的成本非常高，怎样留住用户？我认为更多要靠科技手段来做这件事情。

看国际上几个银行，拥抱金融科技已经是一个趋势。德意志银行与技术合作伙伴合作创建了三个创新实验室，摩根大通投资了超过300家初创科技企业，这是一个非常明显的趋势。中国也能看到这个趋势，就是投贷联动，要把银行的资金投到创新型科技里面去，而不是另外的路径。

最后打一个我们的广告。我们的战略是这样，在金融资产方面，一些金融化资产的包装我们在做，如何去做？我们的合作机构除了有30多家银行，还有一些其他的小贷和消费金融，包括证券公司未来我们都将展开合作。我们自己也在去年设立了一个保险公司，还有公募基金公司，今年还会投入更多方面，拿更多的金融牌照。在中国必须面对一个现实，你纯用技术是一方面，最好还能拥有更多的金融牌照，更多参与到金融领域。在技术布局方面，区块链上我们是新来的学生，也是不断地在学习，我们也做了一些自己的尝试和产品开发，包括人工智能方面，然后主要在小额信贷方面做一些布局和尝试。

我们也在不断地扩展我们的场景。我们有上市公司的平台，有几块有自己的产品，如钱包生活是O2O领域的平台，这是非常重要的场景。钱包信誉主要是做企业报销方面的场景，做了一些授信产品，希望未来给白领做信贷。投资方面成立了一个基金，希望把我们的场景通过投资方式做得更深，这是我们的布局。

目前我们钱包金服在区块链方面做了哪些研究和布局呢？在金融领域有一个比较重要的点是金融数据领域，现在给很多银行做的理财产品是通过票据，票据资产作为基础资产来做。我们做了一些产品，是通过票据资产来做的。从去年开始很多银行爆发了票据方面的风险，票据变成了一堆废纸，从纸制票据到电子票据，未来一定是这样的趋势。

现在有一个非常好的技术手段，用区块链的技术来做电子票据。首先票据一定要有流动性，流动性很重要，从出票方到持票方，票据一定要流动起来。流动的过程中，传统票据最大的问题是克隆票、假票，包括一票多押的问题，这怎么解决？通过票据的区块链，票据从出票行流转到下一个行，再到下一个行，流转过程中间可能流转了四五个银行，如何鉴别这个票据是不是真实的，有没有被克隆？这需要利用信息的可追溯性，对整个票据的流转过程有非常清晰的展示和控制，同时防止重复抵押的问题。

我们打造了票据交易所，有信息模块、风险模块、产品模块，里面通过区块链的回溯功能，充分发挥分布式数据存储的作用，对风险预警、风险处置、风险信息等通过大数据挖掘评估、模型建设等积累经验，防范票据风险。做好票据这个事情能解决中小企业融资难的问题，很多供应商在上游核心企业里面拿到的就是一张票据。如果有非常好的风险鉴别，包括流转的机制，可以让他的资金更快回笼，更多地支持实体经济。

我们的交易方式是多元化的。智能合约通过代码来实现，对整个票据交易和线下交易共同做保证，避免执行过程中出现违约。这是我们区块链的基础构架，我们是一个分布式的账本，中间也不是要消灭票据交易的数据中心，这是账本存储的地方，这里会有票据的交易中心，还有监管部门，每个银行和票据交易所都是我们的参与方，把整个流转真正做成分布式票据的机制。

量子革命：从 AlphaGo 到量子人工智能

中国科学院院士、中国科学技术大学物理学院院长　杜江峰

大家下午好！

我这个主题大家可能会觉得非常复杂，一听到量子，很多人都搞不懂，包括发明的人也说他不懂量子科学，大家知道计算机是从经典计算机到量子计算机，同样，人工智能也有这样一个过渡。我下面主要给大家介绍一下这方面的内容。

我们知道人工智能已经取得了很好的成绩，虽然机器下棋赢了人，但是我比较赞同邢教授的看法，实际上，我们设计的任何机器都会超过人的能力，但是从本质上来说，人工智能不会走到一个有情感、有思维的境界，它往往只是去学习经验性的东西。经典人工智能面向的对象，直观上是根据数据和计算机的绘图，是不是通过人工智能理解图片中的一些概念？一般来说，我看到一幅图像，如果让机器来描述的时候，它会按照像素展开

形成一些数据。人工智能能不能进一步对这些数据有一些感官上的更深入的了解？比如说我们看到这个东西，是毛茸茸的、美味的、可爱的，我看到这些图像，还会得到比传统意义上更多的信息。

人工智能的来源是什么？我们今天会议的主题是大数据，这个“大”就是一个动态的过程。我们的数据量越来越大，信息量也越来越大，也就是说，传统的数据从单一逐渐走向复杂。人工智能的核心资源是计算能力，大概在20年前，制造的深蓝机器人用的是120兆赫兹的速度，30个 GPU，我们现在看到它的计算速度大概是2000个 CPU 或者是300个 GPU。通过计算能力的提升，它处理学习能力得到比较大的增强。如何过渡到量子这块？计算能力能否无限提升？是不是可以得到更好的人工智能？实践上是可以的。

摩尔在半个世纪前预言了经典计算机的速度每隔18到24个月会增加一倍，集成度也会往小型化发展。我们现在看到这种经典信息里面的能力，实际上是从2010年的32纳米到未来的4纳米。我们知道，从物理科学的基础上讲，一个电子是不可再分的。我不可能从以前的90多纳米到30多纳米，甚至到几纳米这个层面。而且从科学的原理上来讲，在宏观物体上，我们是按照牛顿三大定律来主宰科学技术的。但是，到了纳米这个层面上，牛顿定律不再适用了，它是一个新的科学技术，也就是我们经常说的量子力学。

另一个是热耗散问题。我们在研究领域也发现经典计算机器件的原理，热耗散是不可避免的，这是原理所决定的。为什么早期买到的计算机有一个风扇散热，而且集成度越高，热耗散越高？量子力学来做这块，原理上保证可逆计算，它没有热耗散，可以在里面自循环，这样一个没有热耗散，也遵从量子力学规律的技术，将是一个非常好的前进方向。

量子力学是近代科学的一个支柱，从一百多年前量子理论的提出，到现在的晶体管、激光，再到核磁共振，这些都是量子力学产业发展的结果。在过去很长的一段时间里，我们对量子力学的理解都是被动的观察和解释，我们不能按经典的方式来描述，于是，我们根据这个现象进行了应用，比如说最典型的激光，现在无所不在的激光就是基于量子力学的发展而发现的。现在传统的学界把它称之为第一次量子革命，这里面出现有晶体管和激光，它支撑了过去信息革命的发展。随着过去二三十年技术的积累，我们已经可以主动去掌控量子效应，可以去对单个原子进行调控，在微观程度上，我们有自动调控能力，有了这种调控能力，我们可以产生一系列新的技术。目前，在量子信息领域，我们分三个方向，一个方向就是量子通讯，大概7月份，中国的第一颗电子卫星在500公里轨道开始发射，实现了安全的密码输送，同时，发改委的京沪干线在今年年底到明年开始在城市间建成网络系统——从北京到上海、上海到合肥、合肥到济南的一个有线网络，形成地面上的有线网络、空中的无线网络。

最近几年，精密测量得到了非常好的推广和应用，大概一个月前，欧盟通过了《量子宣言》。其中无导航的GPS量子传感器以及精密测量的这个方向，在2020年大概会有十几亿欧元的投入。总的来说，现在我们有了一个非常好的发展前景，为什么说量子力学的发展近年好很多？原因很简单，我们想象一下，计算机的经典存储单元是什么？一般是一个电容上的高电频和低电频，量子力学告诉我们，高电频与低电频可以在同一瞬间同时存在，就是所谓的量子叠加和量子相干。如果我有一个16位的计算机，或者是32位的计算机，它的输入就是从所有的低电频到高电频里面一个高电组合，但是在经典计算机里，任何一个瞬间做计算的时候，它都只能对一个状态进行计算。但是，那样的时候，由于它使用这样的力进行相干和叠加，它是把所有可能同时做计算的进行计算，所以这时候它速度的来源就是在这个地方，就是真正意义上的量子变形。也就是说，它可以同时计算2的多少次方的所有状态和指数空间，我们称之为量子意义上的变形计算。在这个基础上，我们可以做量子计算、量子密码、量子失踪，或者是量子传感器。在量子计算这块，微软和IBM都有了比较大的投入，中科院在2005年也有一个国家计算机的规划纲要，并且做了比较大的投入，最近企业界也开始逐渐往这个方向发展。总的来说，量子力学跟人工智能有什么关系呢？事实上，量子计算提供了一个指数型加速的可能性。有了这个条件后，做成量子人工智能的话，如果是指数加速，那么原来需要1000台或者需要10000台计算机，现在4台就可以了，这就形成了一个快速的计算能力。另一个能力是，量子力学在模型里面解决传统没有的模型。量子用于计算就是量子计算，用于通讯就是量子通讯，用于人工智能就是量子人工智能，我认为这也许就是“量子 +”，它利用相干、叠加的方式实现信息的高效存储和处理。也就是说，它可以对所有状态下的数据进行同时计算，具有计算机无法比拟的一个超级计算能力。实践证明，它可以把很多NP问题变成P问题，这里我想提醒一下，对做技术的人来讲，不管是经典还是量子都是处理可计算问题的手段，区别在于它们的效率，就是把一些遥遥无期的内容变成一些触手可及的结果。快速处理海量数据集，一是可以快速处理，另一个是节省资源。因为在量子人工智能里面有很多参数需要调节，这时候要培训指数加速的学习能力和它的处理速度，使它在这里面得到一些应用。

在人工智能这块，谷歌和NASA开始建立量子人工智能实验室，包括微软、MIT、中科大都在做一些人工智能的东西。这几年开始，甚至在AlphaGo出现之前，学界就已经有一些研究。例如人工智能里面的分论问题，它是大数据中常见的任务，要求根据已有的数据体现规律，并判断新数据属于哪一类，实际上就是一个分类算法。常用的分类算法就是SBM，它的复杂度跟N是M的三次方有关，理论上给出了一个量子模型解决同样问题。在同样的条件下，它的复杂度是指数加速的，如果以10为底求指数，1亿的单位时间，现在等于变成只有8个单位时间，这是在我们这个领域里面做的一些理论工作，包括在高纬度的样本数据中可以使用主成分分析算法去做主要特征，降低问题的复杂程度。比如说，可以使用主成分分析算法提取人脸的特征，量子的人工智能可以实现指数加数这一特征的提取过程，这也是在我们这个领域里面比较顶级的开发。

总的来说，在人工智能量子研究领域，从2009年开始，有越来越多的算法实验，但它们基本上都停留在0的模型上，在实验上能不能实现这个算法又是另一个问题，所以从这两年开始，每年逐渐有一些实验去实现。

未来，随着数据量越来越大，现在人类每年生产信息量大概是2的60次方，按量子比特的要求就是60比特可以存下这样的海量数据，2的300次方这样的信息，今年的比特资源是不可能存储的。不得不指出，现在尽管原理上非常清晰，但是技术挑战还是非常大的。IBM在20世纪末公布的比特数就是5个比特，今天我们在实验室能看到大概10个比特左右，所以，在未来3—5年里面，如果我们能够达到30个比特左右，那就是非常了不起的成就了。

今天讲的主要内容是生命科学方面。在医院层面，磁共振成像的时候，我们也有一些国外的销售收入。我们销售出去的产品灵敏度大概是10次方，空间分辨率提升了100万倍，我为什么说是量子革命，你会发现在一个传统的领域里面，想把这东西改进一些，有百分之几的提升、有几倍的提升就已经非常不错了，但是你想以一种不可思议的方式改进，那是一种探测的技术。回顾一下当年的电学和热学，英国的蒸汽机革命，使得海上的运输和铁路的运输大大推动了社会的发展。这一步过去之后，信息产业革命从半导体工业，到现在的计算机、人工智能等新一轮的产业，到目前每个人都在用手机通讯，我上学的时候还没有意识到可以有微信和视频通话，小时候打电话还用手摇。第一次量子革命导致了半导体和激光的发生，第二次量子革命对人类一定是一次巨大的促进。我认为，我们不应该惧怕科学上的一些进展，毕竟机器是人造的，目前并没有看到一个机器用人的情感来毁灭人。

谢谢大家！

大数据基础技术与智慧城市建设

北京邮电大学数据科学中心主任科学家　高 升

各位专家，各位朋友：

大家下午好！

非常高兴今天能够参加城市大数据论坛，刚才听了前面几位，不管是运营商的介绍还是规划院的介绍，他们都提出了很多运用。今天借助这样一个机会，给大家提一下，我们作为学术界，或者说计算机学科领域，我们提出一些怎么做这些运用，怎么运用大数据的想法。

关于城市化进程我想大家都能够明显地感觉到，这些年来中国城市化的进程非常快，在未来的20年时间里会出现超大规模的城市，也存在很多问题，包括人口激增、交通拥堵、环境污染、产业能耗，很多的工业能耗比较高，还有一些关于食品安全。公共安全信息都是随着城市化进程带来的一些问题。为了缓解这些问题，我们提出了很多智能城市的概念，从中国城市化进程来看，从早期的所谓架构化的发展，城市基础设施建设，到后面随着技术的进步，出现了数字化城市、网络化城市。到今天，随着移动互联网、大数据、云计算、物联网的发展，出现了智慧化城市、智能城市的概念。我们希望借助智能城市这个概念，能够让生活变得更美好，社会、生态、各种资源配置更加合理。

我们提到所谓智能城市建设的时候，从技术的角度，我们期待智能城市，希望它能够依托原有的数字化城市的基础架构，充分利用遍布城市的传感器网络，跟城市进行对接。同时利用我们在城市运营和管理当中出现的数据，借助云平台，借助人工智能的分析平台，能够更好地进行大数据的存储计算以及分析和决策，最后用这些输出结果实现对城市、各种设施一种制度化的管理，最终希望能够为每一个市民提供智能化、个性化的生活服务。

这个里面谈到智能域市的宏伟目标，找到一些落脚点，一些落地的应用，希望从城市行业应用的角度去观察，或者去看所谓的城市大数据的产生。实际上，当我们再去观察城市的经济发展，观察城市的规划，包括我们讲的智能城市、智能交通的发展，甚至每一个市民在城市当中生活的时候，我们会发现我们会拥有各种各样的大数据，比如人口流动的数据，各个工厂生产的数据，还有智能交通建设当中的路网数据，很多车辆的 GPS 数据。每个人都可以通过社交媒体来表达意愿和观点。数据很多，当我们用这些数据的时候，数据处理存在很多难点。最明显的，比如观察智能交通的时候，有了城市交通路网的数据，有了车辆 GPS 的数据，同样一个环路上观察这些数据，发现这些数据的来源是多种多样的。甚至观察来自不同信息源数据的时候，数据类型也是多种多样、非结构化的。再看一下社交媒体，很多用户会产生大量的自由文本、很多图像，上传很多视频，这些社交媒体数据是多模态的数据。对于城市数据，很明显是一个时空动态的数据，我们使用这些数据，完成或者尝试去构建一个智能城市的时候，希望可以适时检测每一个城市特定区域一些环境指数的变化，希望能够更加优化地去配置商业设施、居民居住点，希望获取大气污染的指数。我们很关注每一个地区，甚至每一个地区在不同时刻雾霾的变化，希望找到大气污染源的一些数据，从而找到针对的控制措施。当我们想去实现城市建设应用的时候，我们有气象数据、交通数据，有各种空间的图数据、点数据，社交媒体上的多模态的数据。这个时候会发现城市大数据处理起来难题很多，有多元性、异构性，我们拥有城市大数据的钻石矿，希望能够去构建一个智能城市，尤其希望能够把来自于各个数据源的数据，在各个行业运用的时候可以实现信息融合、关联的挖掘。也希望可以通过关联挖掘，数据分析对于政府的决策提供一些辅助性的参考，优化决策，对生活在城市当中的居民可以提供个性化服务，可以精准定位到每一个城市居民需求，在城市生态当中希望可以获取信息。这个时候怎么来填补数据处理的鸿沟？

我们尝试提出人工智能技术，这个是大家讨论得比较多的热点。人工智能技术应该是一个比较旧的概念，60年前的时候由美国学术界提出，覆盖了模式识别、数据挖掘来统计学习。随着技术的成熟，不断地运用到计算机视觉，比如说刷脸支付、语音识别、自然语言处理上。在相关领域的一些成熟的运用，能否运用到城市大数据的处理上？

我们希望一直能够利用我们的技术构建一个人、网、物的大数据融合智能分析平台。随着我们的积累，目前也初步搭建出一个融合多数据源的分析平台，能够初步实现数据的采集、传输、处理到可视化的过程。我们中心利用一些相关的技术，提出关于面向城市大数据模型的技术。关于城市大数据的处理，我们怎么样更好地存储？我们可以建立数据中心，存储海量数据。所谓的城市大数据，是指我们能够降低存储空间，减少存储能耗，这是每一个运营商、每一个电信企业都愿意做的工作。针对多元数据，或者是多模态数据，提出一个对应大数据的算法，能够把像出租车的GPS数据，人的移动信号这个时空多位型数据，通过这个算法把非结构性的数据表现为二进制的数据，从而实现大大降低数据的存储空间，满足大数据的解锁。这个是我们提出来的，通过这个算法不仅能够实现对多元、多模态数据的处理，同时对海量的音频和视频进行压缩。这对城市的视频监控数据来说是一个很好地降低存储空间的解决办法。

对于采集到的或者形成的数据，我们采取流数据管理技术和图数据管理技术，能够快速实现对大数据的解锁。下一步我们需要针对各种各样的，或者说各行业的运用开展数据的分析。当我们再进行数据分析的时候，我们能否很好地处理或者能否很好地提取处理不同类型的数据特征，对此我们采用了大数据多模态深度学习技术，这是一个热点。在我们看来，人工智能技术能够在今天再一次爆发，很大程度上归功于深度学习技术的成熟。我们利用了这个强大的特征学习能力，实现大数据与多模态的特征提取及融合。我们通过对视频、音频、图像，包括人的移动性数据，经过深度神经网络，通过异构的数据特征的学习，实现多媒体内容的融合和分析。

在这个基础之上，我们尝试开发了一个基于多模态数据分析的曾是热点事件的视频监控和分析，通过对城市居民在社交媒体上讨论的热点，形成一个热点事件库。同时我们把城市视频监控的数据通过深度学习的模型，建立多模态数据之间的特征融合，最终实现对很多城市突发性热点事件的监控和预测。在实现了多模态数据特征融合的基础之上，可以更好地实现对一些更加庞大，或者类型更加复杂的数据的处理。这个里面我们采用多种算法，尝试去实现大数据的磨合和智能分析的这样一个基础，尝试能够解决多元数据信息融合和关联的挖掘。基于深度神经网络模型我们提出了一个灵活的、用来存储多模态数据的模型。我们利用这些相关的算法，可以更好地处理大气污染的预测，城市舆情的分析，可以处理交通流，人口流动性的数据。在这个基础上预测出某一个特定的时间点上的交通信息，大气质量的持续相关性，我们可以利用空间模型，做一些道路的结构，兴趣点的分布，还可以做一些数据相关性的预测。最后，可以通过结构复杂的一些算法，实现多类型数据的迭代，促进智能城市和行业应用上的发展。

利用各种城市大数据，我们可以给城市管理者提供更好的决策支持。对于城市居民，同样可以根据每一个用户的个人数据，利用社交媒体，以及公开的数据，实现对用户的个人画像。同时结合城市各个服务行业的大数据，能够实现面向居民的、个性化的城市生活运行。其中可以融合推荐的算法，实现对城市居民打车的推荐，城市路线的推荐，甚至包括旅游线路也可以做出这种推荐。

最后，我想对于智能城市建设，更多需要落脚在城市的特定点、行业的运用上。我们面对每一个特定领域的行业运用，可以采集全网性的大数据，借助大数据，我们可以迈出坚实的一步。希望通过人工智能技术，让城市变得更美好，让生活变得更美好。

谢谢大家!

健康大数据进入认知计算时代

IBM（中国）投资有限公司业务拓展总经理　居 振

非常感谢小 i 机器人邀请我来本次论坛做分享。我的主题是健康大数据进入认知计算时代，为什么要谈健康？专业医疗有什么挑战？通过人工智能遇上大数据，能不能成功解决这些挑战？这就是我今天想分享的内容。

大家从不同维度对健康都有不同的理解。站在 IBM 的角度，IBM 是一家专注于技术的公司，为什么我们在近几年对健康产生了浓厚的兴趣？特别是在2015年的4月，我们专门成立了一个以行业为导向的事业部。我们为什么要做这件事情？其实，这跟我们对健康行业的理解有深刻的关系。据统计，医疗健康的花费与 GDP 之间的关系——医疗行业总的花费与 GDP 之间有5倍相对链的差距，在绝对值的维度上差距就更大了。以2015年为例，美国的 GDP 大概是16万亿美元，有17%～18% 就花到了医疗保健行业上。中国的 GDP 将近11万亿美元，花在医疗保健行业的大概占到7%，也就是有7000多亿美元花在这个上面。从分析可以看出，在美国，17%～18%的GDP，也就是大概2.8万亿美元当中，有1/3都被浪费掉了。因为我们没有很好的技术来提升效率，或者是因为数据的不完整性。然而，这2.8万亿当中，有3000多亿美元是可以通过技术来解决的市场。如果你关注IBM财报的话，你会发现IBM一年的收入还不到1000亿美元，但是我们在健康行业的市场是3000多亿美元，这就是我们关注健康行业的原因。

李斌主任在世界卫生组织大会上做了一个演讲，他有一个非常重要的观点，就是未来是以促进健康为中心，而不再是以治疗疾病为中心，换句话说，我们就是要防未病。这个产业根据世界银行的估计会达到8万亿美元，所以到2020年，我们产业的市场容量会达到双倍，在这个市场中，有一些细分领域是我们非常关注的。

中国是一个即将步入老龄化的国家，人口结构的变化带来了很多挑战。从一个方面来讲，人老了以后他就不再工作了，也就不交社保，不交医保，与此同时，他们会有很多疾病。这个负担就会转移到社保、医保上面去。所以，有人担心社保基金亏空或者医保资金不够用等，这些问题也是一个挑战。世界卫生组织对慢性病有一个定义，即非传染性慢性病。其实，它是衡量一个社会医疗水平民主化的指标。

我想强调一条信息，对于慢病管理这项投入，如果我们在心血管上能有所提高的话，那我们在未来30年（2010—2040年），能够使慢病的死亡率降低一个百分点。除此之外，我们能够创造的额外价值高达10.7万亿美元，相当于2015年中国一年的GDP。由此可以看出，该领域巨大的市场机遇。

大数据和人工智能是否能为刚才的那些挑战提供某种程度的解决方案？关于医疗大数据，我想重点给大家讲两条。一条是从医疗知识角度来谈。我认识的一些医生讲了一个“80、80原则”，对一个主任医生，如果他整天都是专家号的话，他最多能看80个病人，也就是上午40个，下午40个，这是第一个“80”。第二个“80”是，如果某一个专科的医生想要跟自己领域最新的知识同步的话，他每个星期要花80个小时去阅读跟他专业相关的报告。从人类的角度来看，这个大数据又体现在哪些方面呢？从健康的决定因素来看，医院可以决定你的健康水平的百分点占到10%。实际上，占到最大的还是外部因素，其中还有30%是你的基因决定的。这个数据量是非常大的。比如说，外部的数据在人的一生中就会有1100T。另外一个就是说，整个数字化进程也是为整个医疗全过程服务的。它在疾病的检测、诊断、治疗和康复中，都提供了很多机会和手段。这也促进整个医疗产业发生了很大的变化。

刚才提到大数据，前面的专家也谈了大数据与认知计算的关系。那么认知计算在健康领域可以提供哪些帮助呢？首先，消费者会变得越来越聪明。我用一个不恰当的例子说明一下。新闻报道中出现越来越多的医闹，原因有很多。其中一个原因是患者不讲道理。另一个原因是医生也有可能是一个庸医。消费者会利用搜索引擎来判断医生开的方子的准确度。消费者会变得越来越聪明，这也促使这些医生更智慧、学到更多的知识。

其次，消费者需要更多的个性化治疗。现在基因检测越来越普及，它使精准医疗成为可能，但这也是有前提的。我们知道乔布斯患胰腺癌活了7年。如果换作一般人，可能只有一年寿命，不会超过3年。他为什么能坚持这么久？主要原因是他对基因做了测试，并针对他的基因有一些专门的靶向药。如果这个过程由医生来做会花多长时间？医生朋友告诉我大概需要两周。一个专门做基因分析的医生，人工来做人的肿瘤基因分析，他两周只能做一个案例，但是用认知计算的技术一秒钟却可以做上百个案例。另外，监管的变化也提出了更多挑战。卫计委2015年10月发了〔2014〕15号文件。其中有一条对应用于医疗诊断的计算机软件，在中国是被当作医疗器械来对待的。从另外一个角度来看，认知计算也是大数据分析的下一个阶段，为大数据分析提供了更高维度上的降维攻击的一个工具。

讲了这么多，我想讲讲 Watson 在医疗健康行业的实际应用。现在 Watson 是实实在在在生产环境中帮助医生为大家做一些诊断和治疗。跟我们合作的单位是美国的一些顶尖的医疗机构。第一个就是 MSK，它是美国第一家肿瘤治疗机构。

接下来我为大家讲一下如何利用大数据进行辅助诊疗。现在这个系统在美国收费标准大约是500美金一次，你把你的病例数据传上去，系统会自动将其变成可视化数据，这个数据不一定全，它需要手工再输入一些数据。这些具体的图例我就不给大家看了。

Watson 给你推荐一些临床上用的药，你要考虑是否试用。接下来就让你做一个查询，这里出现一个绿色的图表，会告诉你最佳治疗方案是什么。绿色的这个是 Watson 最自信的一种方案，先做手术，再做化疗，你点进去它会告诉你为什么要采用这个方案，这个时候你可以把整个治疗方案打印出来。

我刚才讲过一个“80”原则，这里再用几分钟给大家简单讲讲认知计算在医疗行业的应用。我们也举办了全球的 spark 竞赛，希望大家能够参与竞赛，去领取这个大奖。

谢谢各位聆听！谢谢！

观点再现

邬贺铨（中国工程院院士）：大数据之博是多维度的，大数据不仅是数据量大，更多是多维度与代表性；大数据之大，大数据具有多个来源，包括政府大数据、消费大数据、企业大数据、社交大数据等，并且数据量的需求与产生都是非常巨大的；大数据之精，大数据不追求数据精准，但强调规律；大数据之深，大数据的分析不仅需要大量的数据，还需要建立模型。

高光荣（美国特拉华大学电子与计算机工程学院终身教授、ETI 公司创始人与首席科学家）：大数据的到来，有三个门槛需要解决：第一个门槛是现在大数据和高性能的生态系统之间的分离；第二个门槛是如何把大数据变成知识；第三个门槛是如何解决把知识变成真正的价值，变成钱。

俞士纶（美国伊利诺伊大学芝加哥分校特聘主任教授、清华大学数据科学研究院院长）：这是一个大数据的时代，我们需要关注如何融合不同的数据，要了解到底什么数据是有意义的数据，如何将数据应用到实际生活中，从而获得价值，实现目标。

张晓东（美国俄亥俄州立大学计算机科学与工程系主任）：大数据的本质并不是数量大，而是分析结果的科学性。大数据分析主要是学到知识，从巨大、不规则和零散的数据中找到新知识。要完善科学决策，消除感性、教条和口号式的决策，对经验和直觉提供重要的参考，减少违背客观规律和人的本性的决策。

郭毅可（英国帝国理工学院数据科学研究所终身教授、所长）：科学研究有三个要素：理论、计算和实验。从理论出发，利用这三个要素，可以建立模型。对模型的模拟可以产生一大堆的模拟数据，而通过实验、模拟、观察，可以得到数据，所以，数据驱动是当今科学研究的新特点。不是计算机发展太快，而是科学的数据发展太快，这些特点导致了今天的科学研究主要是通过模拟产生了数据，或者是科学产生了数据。

华云生（香港中文大学常务副校长）：大数据其实是一个工程解决方案，需要一个很好的理论基础，很多都是基于原来已经有的方法去做的，基于基础找到数据代表性的特性。在大数据里面可能有很多核数据，有很多代表性的数据，但不一定每个核数据都是有用的，要在核数据里面能找出有用的数据，对目标有用的数据，不太容易。

方滨兴（中国工程院院士）：云安全有四个层面。第一个是可靠的云，云本身是安全的，不能崩溃，能够始终可靠地提供服务；第二个是安全的云，保障用户及租户在云中不会因攻击而受到损害；第三个是可信的云，保障云服务商不会对租户的运行进行侵害；第四个是可控的云，不能让别人拿你的云做木马，要保障租户不会利用云来运行恶意程序。云监控与云加密，打造可信的云，我们提出的目标有两个，一是防止云服务商作恶，保障云中数据安全；二是防止运营商不作为，降低泄密风险，保护云用户数据安全，防止非法窃取和恶意滥用。

梅宏（中国科学院院士、上海交通大学副校长）：大数据的运用不是数据量有多大，数据量肯定要大，但更应该体现在挖掘的深度和多元数据、跨界数据的融合管控，而不仅仅指海量，这才是所谓的大数据的运用。

霍锦洁（IDC中国区总裁）：在未来5G大数据时代，中国将引领全球开创一个全新ICT时代，朝着大数据、云计算、互联网、移动通信等四个方向纵深拓展。ICT与“中国制造2025”“互联网+”、大数据、“一带一路”、智慧城市、自主可控正在相互关联，未来这六大方面将是ICT发展的重中之重。

王吉平（IDC公司助理总裁）：VR还将给人们的生活带来全新的改变，一是新维度，拓展生活空间，体验更多的新事物、新业态和新产品；二是新体验，给人们带来更多反传统、创新性的生活体验；三是新互动，实现体感和互动的有机结合，实现人与机器之间的深度交流。

程学旗（中国科学院计算技术研究所研究员、所长助理、副总工程师、中国计算机学会大数据专家委员会秘书长）：大数据的价值要从大数据分析流水线来看，不能孤立在某个点上，未来大数据要与块数据结合起来全视角挖掘数据的价值，数据的商业价值会随数据分析时间增长而降低，要以流式数据处理为核心追求数据商业价值的最大化。大数据分析、计算模式与框架、异质数据的管理将是大数据生态追求的三个方向。

陈文光（清华大学计算机科学与技术系教授、ACM 中国理事会副主席）：高性能计算机比大数据处理平台系统可靠性高、通信延迟小，大数据平台需要支持廉价的硬件，软件需要支持自动容错和自动负载平衡。大数据系统的设计需要从性能成本、容错、负载平衡三方面综合考虑，并优先考虑性能成本。今天规模有限的大数据问题会成为明天的小数据问题。

钱岭（中国移动苏州研发中心大数据产品部总经理）：数据已成为行业热点，但是行业发展并不平衡，点状应用建设模式已经无法满足发展，需要建设统一的企业级大数据平台，因此，大数据平台整合需要优先考虑管理、业务和技术要求，有针对性地进行组织管理调整、业务流程设计和平台技术实现。

陈世敏（中国科学院计算技术研究所研究员）：目前非易失存储器主要研究方向包括事务日志和故障恢复、索引、查询算法、编程接口和运行时系统、文件系统、虚拟内存、存储，将来比照 Flash 的研究方向，基于内存的大数据系统会是发展方向。

刘睿民（柏睿数据总裁兼 CTO）：现有大数据实时分析工具选择包括 spark、数据网格、SQL（结构化查询语言）。从 Spark 本身的工作模式来说，并不太适合对大容量的精准数据做实时的分析；数据网格，不能做非常复杂的类似于表和表之间的子查询，包括数据库的查询；SQL（结构化查询语言）扩展可以持续、不间断地对数据进行实时分析。

仁奎（美国纽约州立大学布法罗分校电子和计算机工程系教授）：不同领域的敏感数据集中起来时，人们希望保护自己的隐私，就需要数据加密，但是数据加密不是目的，是为了使数据发挥价值；对于一些对称加密的工具，好处在于非常方便，坏处是有一些漏洞，需要进一步强化网络安全技术开发。

张卫明（中国科学技术大学网络信息安全系（筹）副教授、副主任）：人类一方面想让机器更智能更强大，解决各种难题；另一方面，又必须寻找机器解决不了的问题以保证安全；可逆图像变换与密文加密，云端可以自由选择明文水印算法实现图像管理；隐私保护本质上是人与人智力的对抗，需要发掘隐私保护作为消费需求的价值。

翁键（暨南大学信息学院教授、院长）：数据生命周期可分为四个阶段，第一个阶段是数据产生；第二个阶段是数据传输；第三个阶段是数据存储；第四个阶段是数据使用。

陈振冲（香港理工大学教授，学务长）：目前数据科学人才需求失衡，学校能提供的人才数量远远小于社会的需求量，对于数据科学人才需求最多的企业是移动和互联网企业。同时，数据分析师和数据科学家存在区别，利用工具绝大部分都是数据分析师的工作，但是数据科学家懂得怎么去管理数据库，然后在数据统计、推理分析这方面，数据科学家的要求比数据分析师的要求更高一点。

翟成祥（美国伊利诺伊大学香槟分校教授）：将来大数据的价值很大一

部分体现在人的感知能力和判断能力，是一种扩充、智能助手。在教育界根据收集的学生数据来判断学生的状态，这个学生对哪个概念掌握得比较好，对哪个概念掌握得还有缺陷，这些都可以通过大数据来探索并改进。

武永卫（清华大学计算机系教授，副系主任）：大数据强调实践和创新，从学习的角度来说，不管是通过慕课，还是通过网络上各种各样的系统和开源平台完成自己的需求，各种需求都要强迫自己培养一种通过网络学习、解决问题的能力。

陈学文（韦恩州立大学计算机科学系教授，大数据和商务分析中心主任，IEEE 计算机学会计算生命科学技术委员会主席）：什么是数据科学？它是一个跨学科的领域，涉及了很多内容，比如说统计学、数据挖掘、机器学习等。数据科学家需要掌握的技能，包括编程、分布式系统、数学基础、机器学习等。

熊贇（复旦大学计算机科学技术学院教授，上海市数据科学重点实验室主任助理）：总体来看，虽然数据科学研究机构不断增加，一些专业的培养也越来越多，但是整个学科体系还是没有全面建立起来。原因是对数据科学的认识还不够，同时现在的知识结构并没有统一框架，每个高校都有不同的知识体系。

裴健（IEEE TKDE 学报主编、太平洋蓝十字健康信息学实验室主任）：从异构大数据到关键技术到核心应用，数据技术需要中间引擎；从数据转化到技术转换到应用，数据中间需要集成。一是以大数据承载灵巧新应用；二是形成关键业务流程；三是超越业务临界量；四是业务手段和内容创新。

黄锦辉（香港中文大学工程学院教授、副院长）：从使用者和管理者两个层面对大数据进行分析。在使用者层面，存在数据不足、数据动态变化、以偏概全的问题，这些问题可以通过数据开放解决。在管理者层面，可通过共享经济提高经济效益，如 C2C 模式，但其中要供应者和消费者二者兼顾。大数据是把双刃剑，带来方便的同时也带来危机，因此应该考虑通过立法保护消费者的权利。

周傲英（华东师范大学数据科学与工程研究院院长、长江学者特聘教授）：大数据时代需要对数据进行实时分析，需要实时注入，以支持实际应用，最大限度地保证容错。数据库是数据管理的温饱阶段，大数据标志数据管理进入时尚阶段。数据理念的核心是：语义抽象和业务抽象。大数据时代需要协同创新，以应用驱动创新，需要面向实际问题、学科交叉、创新发展，只有解放思想、开放结构、开源社区，才能解决问题，助力 IT 发展。

王腾蛟（北京大学文理大数据研究中心常务副主任、北京大学信息科学技术学院教授）：数据方面的关键技术，一是主动感知的 web 数据提取；二是大规模分布式数据库环境中动态数据迁移方法；三是基于深度学习的 web 短文本立场判定，并做了相关案例运用分析。希望通过学科交叉等方式让大数据实现合作共赢。

Ray Vadle（Gartner咨询公司副总裁）：区块链带来了去中心化，比如比特币区块链能够规避中央化的金融系统，这将颠覆传统行业。区块链仍存在四个问题，一是对于区块链的炒作比期望大很多；二是人们对于区块链持有恐惧的态度；三是"新瓶装旧酒"的方式并不是云计算；四是区块链的发展愿景多是假设。比特币区块链在7年的开放环境中长大，与一些银行打造的私有的、封闭的区块链相比具有更强大的免疫力。作为一个软件开发团队，Gartner在私有链的软件工程开发过程当中，有3个选择维度，或快速，或廉价，或正确地完成该项目，但是在质量成本方面只有一个指标可以优先化。

张新红（国家信息中心信息化研究部主任）：一是所有能数据化的都将数据化，数据是人类智慧的原始宝藏，大数据是数据化的集中体现，数据化是信息社会的重要标志；二是数据化城市是城市升维的标志，数据能力是信息时代城市竞争力的核心要素；三是数据开放是数据化城市的突破口。

陈力（中国电信创新部副总经理）：一是助力旅游管理部门从事后分析到事前预测；二是助力交通管理部门利用运营商大数据实现路网监测；三是基于大数据的空间模型分析助力"新城镇化"；四是从房地产开发初始实现对用户需求的把握；五是在公共管理方面绘制人流热图，助力客户更精确的决策以及更快的反应。

范济安（中国联合网络通信有限公司信息化事业部副总经理及总架构师）：面向企业要解决产业问题，面向市民要解决居民基本诉求，面向政府要解决"大城市病"；搭建智慧城市的四大技术要素，分别是大数据、云计算、物联网和移动互联网，要依靠云计算将数据的应用价值挖掘出来，让城市“发展更科学、管理更高效、生活更美好”。

曹彤（厦门国际金融技术有限公司董事长）：在供给侧改革当中，金融侧的改革起到非常重要的作用，最核心的原因是金融侧的改革时间标准，因为供给侧改革不管从哪一个视角看都是创新。通常意义讲创新，有制度的创新、科技的创新和金融的创新，科技创新的时间标尺过长，制度创新关键也靠包容、靠试错，在当前的情况来看也比较复杂，所以金融供给侧改革在整个供给侧改革里面承担的作用非常重要。

肖风（中国万向控股有限公司副董事长兼执行董事）：从投资的角度看，区块链的结构主要分为四个层次：最底下是网络层，有共有链、私有链和联盟链；网络层之上是数据层，数据层有共识算法、非对称加密，分布式数据库；第三层是通用协议层，在区块链之上，要运用到区块链技术的时候需要一些特别的协议，否则不能很好地应用区块链网络；第四是应用层，应用到区块链分布式网络和分布式账本，包括金融、互联网、医疗、知识产权保护等。

杨涛（中国社科院金融研究所所长助理）：历史上的中心不是与生俱来的，它是一个逐渐演绎的过程。在经历了长期的中心化机制发展过程中，如果中心化模式出现了问题，会不会向另一个方向转移？去中心的转移是非常漫长的过程，这不是简单的过程。如何影响这种演进的逻辑，主要是三角制约，就是利益、效率与安全。任何一个项目和阶段的变革，最后衡量的都是技术带来的效率，还有伴随着安全稳定和不同群体的利益协调。

赵波（中国电子技术标准化研究院院长）：如何推进大数据应用，使大数据落地真正发挥作用，涉及大数据的理论、技术、产业和管理等多个环节、多个领域的创新与实践。而标准化是固化大数据创新成果，推动大数据产业发展，促进大数据应用，使大数据战略落地生根最有效的措施。

谷保中（国家标准化管理委员会总工程师）：标准化改革的目标就是要让强标更强、推标更优、团标更活、企标更高，进一步激发市场的活力，调动企业和社会团体制定标准的积极性，建立政府和市场相互协调、相互补充配套的新型标准化体系。

宾军志（大数据标准工作组数据能力成熟度评估组专家）：通过数据能力成熟模型组织，可以清楚定义数据当前所处的发展阶段以及未来的发展方向。通过该模型可以为用户识别自身存在的数据能力不足，找到应对措施，帮助企业建立数据管理、应用体系，提升数据价值。

汤劲松（中国移动通信集团浙江有限公司大数据中心主任）：精细化企业运营，共享数据需要成熟的数据治理体系与管理；传统元数据、数据质量在大数据阶段外延扩大，需要数据体系治理；对外变现和数据能力开放要求提供准确的数据服务交付。

吴培群（北京电子科技学院副教授）：教育内容分析是教育研究领域大数据发展的一个标志，大数据为教育实证研究提供了丰富的科学方法和工具，但是还远未达到其应有的高度、广度和深度。

王朝霞（后勤工程学院后勤信息与军事物流工程系）：构建决策支持系统技术框架既要考虑到传统的小数据管理，也要发展大数据的管理模式。要把决策支持系统开放在综合管理系统架构里，从数据收集、资源共享、数据应用等方面着手，积极搭建大数据分析平台，进一步细化基于数据挖掘的分析决策研究。

杨放春（中国人工智能学会常务副理事长）：从智能的角度来说，人工智能无非是解决两个问题，一是人脑能做的事机器能不能做；二是机器是不是像人脑一样在做事。第一件事情我们关注的是机器做的外在行为，第二件事情我们关注的是人脑的内在机理。

邢波（卡耐基梅隆大学计算机科学学院正教授）：人工智能是不是对人本身能力的挑战？我们应该理性地看待这个问题，因为机器的功能跟人的感情不是一回事，所以大家大可不必担心人类会受到人工智能的威胁，恰恰相反，人工智能在长时间里会跟人产生和谐的关系，帮助人们实现很多有用的功能，提高人的生活质量和降低生活风险。

杜江峰（中国科学院院士、中国科学技术大学物理学院院长）：第一次量子革命导致了半导体和激光的发生，第二次量子革命对人类社会的进步一定是一次巨大的促进作用。我们不应该惧怕科学上的进展，毕竟机器是人造的，目前并没有看到机器用人的情感来毁灭人的案例。

金麟（京东金融副总裁）：近两年国内的新金融形态如火如荼，主要有四个因素在推动：一是中国经济进入新常态，新常态呼唤突破金融压制困境，有新的金融产能供给；二是中观层面，金融改革进入深水区，金融改革利率市场化开始推进；三是治理结构问题，民营银行和民营金融公司批复越来越快，国有的金融机构中心也在快速更新，治理结构在不断优化；四是越来越多的金融活动在线化，线上可以提供更便捷的用户服务手段和渠道。

徐燕军（银联电子支付研究院院长）：区块链技术可以解决价值流通问题。金融的核心是价值的流通，金融追求的是流通效率，流通的速度越快、流通的范围越广、流通的行业越深，流通离我们越近，流通的价值就越大，而区块链技术可以解决价值流通的问题。

经济与社会发展

—共享开放实现数据真正作用

—大数据——推动社会发展的新动能

—国家大数据综合试验区建设的相关问题思考

2016年5月25日，“超级对话——供给侧改革背景下的‘政企面对面’论坛”在贵阳国际生态会议中心召开

2016年5月25日，“‘块数据城市’——供给侧改革的大数据区域实践论坛”在贵阳国际生态会议中心召开

2016年5月25日，“中国市长与大数据论坛贵阳峰会”在贵阳中天凯悦酒店召开

2016年5月25日，“2016中英（贵阳）大数据合作交流 · 英国日峰会”在贵阳国际生态会议中心召开

2016年5月26日，"'数据开放与立法'高峰论坛"在贵阳国际生态会议中心召开

2016年5月26日，“国家大数据综合试验区建设论坛”在贵阳国际生态会议中心召开

2016年5月26日，“大数据时代政府治理创新论坛”在贵阳国际生态会议中心召开

2016年5月27日，“中国大数据产业投融资发展论坛”在贵阳国际生态会议中心召开

2016年5月27日，“专家解读：探索数据深海，引领全球成功论坛”在贵阳国际生态会议中心召开

大数据——经济与社会发展的新动力

大数据战略重点实验室

20世纪80年代，著名未来学家阿尔文·托夫勒就在其经典著作《第三次浪潮》中提出，“如果说IBM的主机拉开了信息化革命的大幕，那么‘大数据’才是第三次浪潮的华彩乐章。”但是大数据真正成为高频词，是最近几年的事情。近年来，随着物联网、云计算、移动互联网等网络新技术的应用和发展，大数据正成为信息技术的新热点、产业发展的新方向，对当前乃至未来的经济和社会发展产生着巨大的影响和冲击。

2012年，美国奥巴马政府推出“大数据的研究和发展计划”，宣布投资大数据领域，表明大数据正式上升到国家战略层面，大数据在经济社会各个层面、各个领域都开始受到重视。2015年，党的十八届五中全会公报提出要实施“国家大数据战略”，这是大数据第一次写入党的全会决议，标志着大数据战略正式上升为国家战略，这对我国社会经济发展有着重要意义。

大数据蕴含的经济、社会、科研等多方面价值已经引起了科技界、企业界甚至世界各国政府的高度重视。如果能有效地组织和使用大数据，其必然成为推动经济转型发展的新动力，成为重塑国家竞争优势的新机遇，成为提升政府治理能力的新途径。

在此背景下，针对数据驱动的经济与社会发展，2016年中国大数据产业峰会暨中国电子商务创新发展峰会期间，先后成功举办了“中国市长与大数据论坛贵阳峰会”“数据开放与立法高峰论坛”“国家大数据综合试验区建设论坛”“大数据时代政府治理创新论坛”“中国大数据产业投融资发展论坛”等。大数据领先企业和领军人物、学术界专家学者齐聚一堂，围绕大数据在城市发展中的应用、数据开放的需求和风险、国家大数据综合试验区建设、大数据治国理政、大数据产业投融资发展等与经济社会发展相关的话题进行了深讨和经验分享，并针对大数据发展的挑战、机遇和趋势进行了思想交流。

一、以大数据驱动城市发展，以创新重塑竞争优势

2015年8月，国务院常务会议通过了《关于促进大数据发展的行动纲要》，该文件从国家大数据发展战略全局的高度，提出了我国大数据发展的顶层设计。在这一政策的指引下，各大城市竞相掀起了大数据发展的热潮，我国多个城市政府为了抢占经济与社会发展的制高点，纷纷出台了大数据建设与发展的各类规划措施。利用好大数据，开发好大数据，使大数据成为实现产业升级转型的强有力抓手，这是城市创新与发展的新路径。

为了促进城市之间大数据发展经验的相互学习和借鉴，推动各个城市之间政府、产业、学术界和各种机构之间更紧密的互补和协作，更好更快

地实现以大数据驱动城市经济与社会发展，2016年5月25日下午，由中国信息协会大数据分会承办的“中国市长与大数据论坛贵阳峰会”在贵阳市中天凯悦酒店举行。论坛以“大数据重塑城市竞争优势”为主题，围绕“大数据时代的技术、模式、体制的创新如何驱动发展”“各城市如何加快大数据部署，深化大数据应用，以大数据产业的发展促进本地增长与改革，实现本地结构调整和惠民目标”等话题进行了深入探讨。贵阳市委常委、副市长杨赤忠，中国信息协会大数据分会会长李凯先后致辞，并共同为论坛进行揭牌。克拉玛依市政府副市长童中华，本溪市大数据局局长付明刚，渭南市政府副市长王建平，济宁市委常委、济宁高新区党工委书记白山，保山市委常委、市政府副市长王力，廊坊市政府党组成员张春生，软通动力董事长兼 CEO 刘天文分别发表了主题演讲，分享了各城市在大数据领域取得的成果和经验，以期共同探索大数据发展的新途径。

在探讨怎样以大数据应用创新为引擎，推动经济社会发展和产业转型升级时，克拉玛依市政府副市长童中华表示，克拉玛依依托大数据和云计算，开展云计算应用示范建设，取得了显著成果，信息产品让克拉玛依消除了产业结构单一的隐忧。下一步，克拉玛依还将以云计算产业园为载体，加快推进云计算数据中心基地、大数据应用基地、云计算应用示范基地和中亚信息服务外包基地建设，助力丝绸之路经济带建设。此外，本溪市大数据局局长付明刚指出，本溪市按照“借力推进、借脑前行、借源融资、创新平台、创新专项、创新标准”的原则，建设智慧城市，利用已建立的数据平台提高了制造企业处理海量信息的能力，通过大数据产业激活了本溪市传统制造业的转型升级。

“数据正记录我们的世界，改变着我们的生活。未来大数据建设已经起步，机遇与挑战并存，迫切需要社会各界集思广益，合力助推。”渭南市政府副市长王建平如是说。对于渭南市在大数据领域实践与探索的经验，他指出，一是不断夯实信息化基础，切实增强大数据发展动力；二是大力推进智慧城市建设，及时探索大数据发展规律；三是加快公共平台项目建设，实现大数据信息落地应用。同时，他还表示，“十三五”期间渭南市将进一步发挥大数据在经济发展与城市转型进程中的支撑作用，一是加快数据资源的共享开放，联动推进新型城镇化、工业化、信息化和农业现代化的发展；二是依托信息化综合服务平台，推进数据性、服务性政府建设；三是利用信息化服务平台建设，推动工业数据创新发展；四是创造政策环境优势，促进数据型网络经济发展。

当然，一个城市在发展大数据时，除了机遇，也会面临挑战，其中就包括来自各界的质疑，对此，保山市委常委、市政府副市长王力表示，“我们在各种质疑声中坚定不移地高位推动数据资源整合共享各项工作”，保山市通过重构信息建设的体制和机制、搭建政务数据交往共享平台、建立部门公共基础数据库、对企业共享政府数据资源等四个方面促进了大数据发展，提升了政府社会管理和公共服务的效能，培育了新的经济增长点，可谓是成果显著。

二、建设大数据综合试验区，发挥示范带头作用

2016年2月，国家发改委、工信部、中央网信办发函批复同意贵州省建立国家大数据综合试验区。试验区的建立，对加快实施国家大数据战略、促进区域性大数据基础设施整合和数据资源汇集应用、发挥示范带头作用有重要意义，而且，试验区的红利不仅仅属于贵州，更属于全球的每一个企业家和创业者。但要意识到，大数据是新事物、新业态，大数据综合试

验区的建设是一项具有高探索性、开拓性、示范试验性的工作。作为首个国家级大数据综合试验区的建设者、实施者，贵州虽然已取得初步成效，但还有很多问题需要深入研究和探讨，可以说是任重而道远。

在此背景下，“国家大数据综合试验区建设论坛”应运而生，该论坛由贵州省大数据发展领导小组办公室、贵阳市大数据发展领导小组办公室、《财经网》共同承办，于5月26日上午在贵阳国际生态会议中心召开。贵州省委常委、副省长慕德贵致辞。全国政协委员、国家行政学院原副院长、中国行政体制改革研究会副会长周文彰，国家信息中心信息化研究部副主任单广志，中国社会科学院法学院研究所教授周汉华，北京大数据研究院院长、中国科学院院士鄂维南，国家发改委城市和小城镇改革发展中心主任李铁，中国电子集团长城网际系统应用有限公司总经理贺卫东发表了主旨演讲。众多业界专家、学者围绕国家大数据综合试验区建设的相关问题进行了探讨和交流，以期完善试验区建设的方向和路径，为国家数据强国提供更多可复制、可推广的经验，形成试验区的辐射带动和示范引领效应。

对于大数据综合试验区，既然是试未知，就会存在很大的挑战，需要利用智慧来探索一条没有实践经验的路径。“在这个过程中，允许试错是必要的，我们不能要求所有的事情都是完全正确的，这不符合当前情况。我们要有改革创新的精神，要做好失败的心理准备，要放下包袱，要有宽容的态度，才能真正推动试验区有序地推进。”国家信息中心信息化研究部副主任单广志表示，贵州采取弯道取直战略，需要更深的思考和创新，需要更多的制度设计，需要遵循科学发展观。同时也建议，贵州创建大数据综合试验区应该从信息中心体制创新、财政审批机制创新、人才激励创新、政府统筹协调创新等方面下功夫。

大数据在国外也只有一些成功的案例，没有成功的模式，需要我们自己探索。实际上，大数据行业的许多问题就是学科的前沿问题，学科发展对于大数据是一个非常好的机会。北京大数据研究院院长、中国科学院院士鄂维南提出，大数据行业的发展与学科建设的配合和人才培养是密不可分的，大数据行业的学科应走在应用的前沿。

那么，在探索和研究大数据的时候，应该遵循怎样的原则呢？国家发改委城市和小城镇改革发展中心主任李铁强调，发展大数据要以人为本，在发展移动端的基础上，更多地重视市场的作用；要推进政府数据开放与市场数据结合；要实现企业间的数据结合；要校正思维方式，不能让大数据发展成为一场政绩运动。在谈到对大数据综合试验区建设的建议时，李铁主任给出了自己的五点看法：一是率先通过大数据试验区推动数据的开放，数据界定风险之后进行深度开放；二是搭建平台，实现政府数据跟市场数据结合，给更多的企业创造机会；三是支持企业和数据的整合；四是政府可以通过大数据来支持企业实现技术创新，但如果企业没有数据源的吸引力，也就没有办法实现创新，所以，政府可以通过补贴的方式、创造平台的方式、协调的方式在大数据试验区开展这项实验；五是通过平台把企业引进来，实现购买方式，实现制度创新。

2016年10月，国家发改委、工信部、中央网信办发函批复，同意在京津冀、珠三角、上海市、河南省、重庆市、沈阳市、内蒙古建设国家大数据综合试验区，这是继贵州之后的第二批获批区域。他们将在大数据制度创新、公共数据开放共享、大数据创新应用、大数据产业聚集、大数据要素流通、数据中心整合利用、大数据国际交流合作等方面进行试验探索，以此推动我国大数据创新发展，支撑跨区域公共服务、社会治理和产业转移，促进区域协同发展，实现经济提质增效。

对于贵州来说，大数据综合试验区的建设是机遇，也是挑战。京津冀、珠三角、上海市等地区的经济和基础都强于贵州。对此，贵阳朗玛信息技术股份有限公司董事长王伟表示，贵州应努力打造更好的基础，让更多优秀的企业家到贵州来。复旦大学国际关系与公共事务学院院长助理、数字与移动治理实验室主任郑磊则认为，在试验区的任务里，第一条是数据开放，并期望贵州下一步在这方面做更多的实践。

三、以开放拓展发展空间，以立法达成共赢格局

“目前，我国信息数据资源80%以上掌握在各级政府部门手里，‘深藏闺中’是极大浪费。”李克强总理在全国推进简政放权放管结合优化服务改革电视电话会议上强调。长期以来，以部门为中心的政务信息化发展模式，形成许多条块分割的信息孤岛，数据的分割已经制约了我国经济的发展，影响我国的创新能力，制约着政府的治理。改变目前数据割据、程序冰封的状态，数据开放是必走之路，这不仅可以推动政府数据资源优化配置和增值利用，还可以促进经济与社会发展。但是，大数据是一把双刃剑，用得好是扶持，用不好是祸害，趋利避害的法宝莫过于实施法制化数据应用。

5月26日上午，由中国政法大学承办的“‘数据开放与立法’高峰论坛”在贵阳国际生态会议中心举行。论坛上，中国政法大学党委书记、教授石亚军，贵阳市人大常委会党组书记、主任李忠致辞。国务院法制办研究中心副主任李富成，腾讯公司法务部副总经理王小夏，最高人民法院审判监督庭副庭长冯果，中国政法大学科研处处长、教授施正文等围绕“开放数据的立法”做了主旨演讲。众多来自立法司法机关和法律实务领域，对于大数据立法具有深入思考、广泛影响的专家学者汇聚一堂，共同探讨数据开放的需求、数据开放的风险、立法的意义、立法的机制等，旨在实现“以

开放拓展发展空间，以立法达成共赢格局”的目标。

大数据具有政治、经济、文化、社会等价值，但是在中国大数据的价值还没有被充分挖掘，主要是由于大数据的分散和割据，具有价值的数据大部分集中在政府内部。人类社会即将进入数字时代，开放数据将会是巨大的生产力，从企业的角度来讲，政府开放数据到底对企业有何价值和意义？阿里巴巴集团法律研究中心副主任顾伟认为，一是可以降低成本，减少重复采集，减少重复核验，减少重复加工；二是可以增加资源；三是使企业能够更好地提供公共服务，提高服务质量，提升服务效能。然而企业对政府开放数据又有哪些现实需求呢？顾伟表示，一是需要加强政府数据整合管理；二是需要扩展政府数据的开放范围；三是需要提高政府数据开放的质量。最后，顾伟强调，开放数据不是政府的自我革命，而是需求驱动，也是创新驱动。

随着大数据产业的发展，大数据用于政、民、商等各个方面已经不是一个空泛的概念。伴随着数据的开放，政府治理能力逐步提升，企业发展得到助力，公众获得更多赋权，数据的价值也得到更加充分的挖掘，从而带动了整个经济与社会的发展。但与此同时，数据开放也会带来一系列风险问题。例如，个人隐私数据在开放前已经过脱敏处理，但随着数据量的增大以及大数据风险技术的发展，匿名化的处理还是会导致敏感数据泄露，使得个人隐私被二次利用。面对这一风险，中国人民大学法学院副院长、教授杨东认为，政府在数据开放过程中应当建立相关的数据管理保障制度，建立事后追责制度，建立相应的投诉机制，以保障数据主体在面临隐私被泄露的情况下有投诉的通道，其次对泄露个人隐私的行为应给予严厉惩处。

面对大数据时代的数据风险，立法无疑能护航大数据健康发展。国务院法制办研究中心副主任李富成认为，立法能够清晰界定数据资源有关的产生关系；能够把数据开放和开发利用涉及的各方权利义务从法律上确定下来，为行业的发展提供一个坚实的制度基础；可以让政府决策建立在科学数据的基础之上，来实现精细决策、精准施策；能够为政府进行有效的监管提供法律依据。

四、加快数据资源共享开放，助力社会治理创新

当前中国经济社会进入重大的转型期，国家治理面对着前所未有的机遇和挑战，国家治理的开放性、多样性、复杂性程度越来越高，必定要求寻求更多更有效的治理工具。大数据是一次颠覆性的技术革命。大数据时代是政府治理理念转型、治理模式创新、决策科学化、服务效能提升的重要历史机遇期。在政府治理领域，大数据带来了巨大的变革潜力和创新空间，为实现国家治理的现代化提供了新的技术平台和实现路径，同时也带来了很大的挑战。

基于此，中国行政体制改革研究会作为承办单位，于5月26日下午，在贵阳国际生态会议中心召开了“大数据时代政府治理创新论坛”。论坛上，全国政协委员、国家行政学院原副院长、中国行政体制改革研究会副会长周文彰致辞。国家信息中心信息化研究部副主任单志广，国家工信部电信研究院互联网法律研究中心主任李海英，贵阳市委副书记张平，北京大数据研究院院长、中科院院士鄂维南，北京市信息资源管理中心总工程师穆勇，广东省佛山市南海区数据统筹局副局长林莉，复旦大学国际关系与公共事务学院院长助理、数字与移动治理实验室主任郑磊，观数科技创始人、阿里巴巴原副总裁涂子沛，阿里研究院副院长宋斐，中关村大数据产业联盟副秘书长陈新河，中国电子投资控股有限公司副总经理、贵阳移动金融

发展有限公司总经理刘建华，第一财经传媒有限公司首席执行官周健工围绕国家大数据发展战略、大数据推动政府治理的路径、大数据治国理政的实践和经验等话题展开研讨，以期助力政府提速自身改革，实现从管理型向服务型、精准服务型转变。

“十三五”时期，中国将大力实施国家大数据战略，把大数据作为基础性战略资源，全面实施促进大数据发展行动，加快推动数据资源共享开放和开发应用，助力产业转型升级和社会治理创新。国家信息中心信息化研究部副主任单志广提出，在推进大数据发展时，应注重和反思八大关系：一是大数据与政府治理的关系；二是大数据与信息化的关系；三是大数据发展中政府体制机制、管理模式和管理理念与大数据技术的关系；四是大数据的拿来主义与中国化的关系；五是大数据发展中领导与基层的关系；六是以人为本和领导满意的关系；七是大数据发展的理想与现实的关系；八是大数据人才与大众的关系。

众所周知，城市包括政治、经济、社会三个主要方面，作为城市信息化发展的新方向，智慧城市建设受到各国的高度重视，建设智慧城市的首要任务是建设智慧政府，智慧政府先行，带动智慧经济、智慧社会等其他领域的建设。广东省佛山市南海区数据统筹局副局长林莉认为，数据统筹是智慧政府、智慧城市建设的必经之路和核心基础。数据统筹主要解决政府工作的四大问题：一是打破数据孤岛，促进信息共享和应用；二是推动治理和服务，从以部门为中心向以公众为中心转变；三是促进政府决策，从经验决策向循数决策转变；四是开拓创新，共建智慧城市。

从管理的角度来说，政府是个服务型的机构。“传统政府管理的工具主要是财力工具、权力工具、组织工具和信息工具。在这种情况下，政府决策更多是依靠政治精英和业务专家的知识、经验和直觉。政府的服务难以做到精准，权力的运行透明度也不高，大数据时代的到来为政府治理的创新转型和提升带来了新的机遇，提供了无限的可能。”贵阳市委副书记张平表示，贵阳在加快大数据产业发展的同时，深入挖掘政府数据，把它变为政府的重要资产，作为政府治理重要的手段。例如通过构建以财税、国税、地税部门为主要应用的大数据综合治税系统，查补税款13.48亿元；通过推进数据扶贫、数据信访、数据维稳和数据禁毒，提高了政府效能服务，为各级党委政府提供了决策支持；实施“数据铁笼”反腐行动计划，用大数据加强对权力的管理和制约。另外，复旦大学国际关系与公共事务学院院长助理、数字与移动治理实验室主任郑磊提出，开放数据是一种政府治理的创新，以数据为原料的众筹众包，形成了政府作为数据的供给侧开放数据，市场利用端来利用数据的模式，最后共同解决社会问题。

在政府借助大数据治国理政的过程中，企业也扮演着重要的角色。从大数据推动政府治理的路径来看，阿里研究院副院长宋斐表示，阿里研究院和其他集团部门都在努力支持宏观决策，在协同政府治理方面，阿里巴巴主要从大数据打假着手，在过去半年时间里，公司通过大数据技术向执法机关推送了售假团伙线索717条，立案300多条，查获的窝点600多个，抓获犯罪嫌疑人700多人。可见，大数据确实为解决老大难问题提供了很好的路径。

五、推动投融资落地，促进大数据发展

新兴产业的发展离不开投融资体系的支撑，互联网在全球的崛起正是各种资本与技术创新融合发展的典范。国务院在《促进大数据发展行动纲要》中明确要加大财政金融支持，鼓励金融机构加强和改进金融服务，鼓

励大数据企业进入资本市场融资，努力为企业重组并购创造更加宽松的金融政策环境。同时，引导创业投资基金投向大数据产业，鼓励设立一批投资于大数据产业领域的创业投资基金。据资料显示，2015年中国大数据领域的创新公司总共获得近50亿元人民币的投资，其中融资上亿的大数据公司达到19家，占35.8%，A 轮以上融资均为千万以上级别，融资金额不足100万的不到3%；此外，目前国内成立了780支政府基金，其中2015年新设立的政府引导基金为297支，基金规模达15000多亿元。可见，大数据已经成为各路资本投资的热点。

在这一背景下，中国大数据产业投融资发展论坛于2016年5月27日在贵阳国际生态会议中心举行，论坛由工业和信息化部工业文化发展中心、中国投资协会股权和创业投资专业委员会联合承办。论坛上，工业和信息化部总工程师朱宏任，中国投资协会股权和创业投资专业委员会常务副会长沈志群，工业和信息化部工业文化发展中心副主任孙星致辞。金融和管理学教授、著名经济学家刘李胜，联想乐基金总经理、联想云服务业务群组战略业务发展和战略投资部总经理宋春雨，国信证券 TMT 首席分析师刘翔围绕大数据产业投融资的需求、问题和创新等话题发表演讲。希望通过各界行业专家、资深投资人、企业家的分享和交流，共谋大数据产业投融资发展，帮助政府、资金供给方和中小微企业走出融资难、发展难的困境，助力中国大数据产业的发展和创新，促进整个经济社会的发展。

今年是我国“十三五”规划的开局之年，经济下行的压力依然十分严峻。如何来扭转这个趋势和局面？中国投资协会股权和创业投资专业委员会常务副会长沈志群认为，顺应互联网时代的大方向、大趋势，加快发展大数据产业，落实投资，争取资本的支持，是当下经济社会发展迫在眉睫、势在必行的大事之一。同时，加快发展创业投资，是支持“双创”事业、促进供给侧以及个性改革的需要，是保持投资稳定增长的重要举措。

对于我国目前的大数据产业投融资现状，工业和信息化部总工程师朱宏任表示，我国发展大数据基础好，潜力大，对大数据领域的投融资热情已经点燃，但是还需要扎实开展工作，既要呵护投资者的热情，又要防止泡沫，同时还要不断完善政府与社会资本合作投资的体制机制，强化政府资本的引领作用，引导资本投向大数据战略性、基础性、前瞻性的领域，不断提升大数据发展水平。

在大数据时代，企业投融资将面临大众创业、万众创新、全能投资、天网监管的局面，然而创新具有风险，大数据、云计算、互联网技术却能精准连接资金需求方和投资方，建立全面的监管体制。那么，对于中小企业来说，大数据投融资可以有怎样的创新思路呢？金融和管理学教授、著名经济学家刘李胜指出，大数据投融资创新有六个方面，分别是大众筹资、网络借贷、供应链金融、区块链金融、募集收购公司、交易所的跨境互通互联。

在大数据产业投融资方面，投资人的想法对于创业者而言是至关重要的，联想乐基金总经理、联想云服务业务群组战略业务发展和战略投资部总经理宋春雨表示，联想创投的使命就是希望能够依托联想集团的产业资源创投出优秀的创业企业，以资金、人才、思想加速被投企业的快速成长和发展。同时，他认为，中国大数据产业投融资将会有很好的发展，未来的二三十年，最大的投资机会、创投机会在中国。

共享开放实现数据真正作用

北京大数据研究院院长、中科院院士　鄂维南

我对块数据的研究不算多，虽然知道一些简单的概念，但谈不上是行家。

我们参加这么大的大数据方面的一个活动，我想在座的每一个人，尤其是坐在前排的人，都有一个共同的目标，就是要把大数据从一个很有发展空间的未来行业变成现实，将之落地。我本人是来自学术界，应该说在大数据方面，我们国家还没有走在前面，从这次贵阳大数据会议可以看出来，主要是企业界在推动。企业界也有两个重要的推手，一个是政府，政府的推动应该是非常重要的；另一个就是资本市场。刚才看到天弘基金跟中关村大数据产业联盟联合建立这个基金，关于这两点我想谈一点自己的看法。

大数据产业链是一个非常长，也非常复杂的链条，它从数据的采集到存储，再到分析应用等，这个过程非常复杂。现在我们碰到很大的困难，就是数据没有真的流动起来，有数据的人、能做数据分析的人和懂应用的

人，这三个行业的人没有真正地结合在一起。这里面有很多困难，比如技术上的困难、数据孤岛等。也有一些人为的困难，我们都希望人为的困难越少越好。

对于人为的困难，我就讲一个方面，就是数据资源。数据资源当然很重要，实际上我们很早之前就已经提出数据是一个重要资源，是跟人力资源和自然资源同样重要的第三类资源。但是数据是一种特殊的资源，它跟矿产资源不一样，跟我们桌子上喝的水不一样，水的特点是如果我喝了这一瓶水别人就不能喝，而数据不一样，数据是我用了别人还可以用，不产生什么损害，所以这种特殊的资源在于它流动的特殊性。现在我们走向了另外的一个极端，就是说有数据的人没有把数据拿出来，尤其是我们的政府部门，今天早上，李克强总理提到80%的数据掌握在政府部门的手里，这个数据没有真的拿出来。

这里面很重要的原因就是我们人为地把数据资源的重要性炒作放大，我觉得资本市场起了一个非常怪的作用，这是我个人的感觉，当然不见得全面，就是资本市场在这方面对整个大数据产业链缺乏深刻的认识，盲目地追求数据资源的重要性，把数据资源炒作起来，使得有数据资源的人觉得奇货可居，我希望我们新成立的这个基金能够在这方面起到一些作用，真正地把数据利用起来，把数据价值挖掘出来。别人的数据已经用起来了，你的数据跟别人的数据可能没有什么特殊性，那么你的数据可能就没有价值。所以，我们的数据持有方应该主动开放自己的数据，真正发挥数据的价值。比如，现今医院的数据就面临这样的问题．大数据没有真正地做起来，很重要的一点就是医院的数据没有真正的流动起来．现在我们国家有很多好的医院，如果好医院的数据都利用起来了，那么，没开放数据的医院所掌握的数据可能就没有价值了，可能就会被淘汰出市场，这一点应该有所认识，这只是一个方面。

数据资源肯定是非常重要的，像数据堂这样具有非常独特的数据采集与处理能力的企业，肯定是有价值的。我举这几个例子就是想说明，盲目炒作数据资源的重要性，尤其是单一数据资源的重要性，这是非常危险的一件事情。

接下来讲跟块数据稍微相关的事情。我刚看了一个美国咨询公司的报道，它主要讲的就是这种单一的数据源对证券市场可能造成的危害。大家可能知道美国有三大征信局，这三大征信局都是收集数据的，他们的数据都要归集到一家机构做分析，所以真正做数据分析的只有一家企业。为什么美国会产生这样的模式？设想我们做另外一个模式，也就是我们国家现在采取的模式，就是征信局自己来做数据分析，那么每一个征信局收集的数据都带有一定片面性，它能够开发的市场也具有片面性。日本的征信市场是分成了两块，一是金融机构，二是贸易机构，如果经济下滑了，贸易下滑了，那么金融机构对它们没有任何了解，它就相应地减少放款的量，这样就造成了恶性循环，这是日本面临的问题。

在我们国家也面临同样的问题，尽管像腾讯、阿里巴巴这些互联网企业有很多的数据资源，如果我们走上日本这条路子，由于它们的数据不是整体的数据，以后就会造成消极的、片面的负面影响。这里面跟块数据有点关联，就是我们片面地强调单个数据资源的重要性是有危险的，应该把所有的数据拿出来共享，形成块数据，才能真正发挥数据的作用。而且你不做，等别人做起来，那么你手里的数据资源很可能就没有意义了。

谢谢大家！

大数据——推动社会发展的新动能

中国信息协会大数据分会会长　李 凯

尊敬的各位来宾：

大家下午好！

我们非常荣幸地与贵阳市政府共同主办“2016年中国市长与大数据论坛”贵阳峰会，我代表中国信息协会的大数据分会对论坛的成功举办表示热烈的祝贺，对各地城市的领导和嘉宾的光临表示诚挚的欢迎！大数据是当今社会最热议的话题之一，原因在于它充满了想象力，大数据在云计算、物联网、移动互联网等新一代信息技术的推动下，正在对当前乃至未来的经济和社会发展产生巨大的影响和冲击。众所周知，政府部门是数据资源最集中的一个汇聚点，据统计，在很多领域政府占有数据的比例超过了80%，如何挖掘政府数据的潜在价值，使之成为推动下一阶段经济社会发展的又一个重要新动能，这是我们今天想探讨的一个主题。

我想给大家举几个例子来看在我们日常生活中遇到的一些困难，在这些困难中，如果政府能够相应地开放数据，就有可能理想、便利地解决这些困难。

第一个案例，我们前段时间遇到一个海归专家，他在国内做医疗数据方面的开发，他采集了大概上千万个医疗病例，在这些病例基础上他可以利用搜索技术和智能的挖掘技术，归纳出患某一种病都有哪些具体的征兆，找到同一类患者。另一方面，治这个病各个医院都有什么样的治疗方案，有什么药方，进行大数据归纳以后就能总结出来这些高效便宜的药方都有哪些。这样，他就推出了电子医生的系统，这个系统能解决我们医院70%到80%的常见病的诊断和医治，这样就解决了咱们看病难，解决了大医院人满为患的困难，真正的疑难杂症留给真正的专家去处理。这样可以过滤掉很大一部分普通的病人。

第二个案例，我最近在参与统筹北斗导航应用的工作中遇到一个企业想做这样一件事情。我们现在时常遇到盗取个人信息进行金融诈骗或者其他诈骗的问题，这个时候我们在享受很多电子服务的时候都需要口令和身份认证，而这个认证最终依赖身份证或者某一个密码很容易被别人拿到，在服务器端也很难确认在网上输入的正确密码或者正确身份证的输入者是不是真实的身份证持有人。在这种情况下他就想与本人的位置绑定，显然服务器端不知道这个位置是不是这个人所处的位置，这就需要开放本人的持续位置。简单说，每个人都有一个手机，它能标志机主的一段行动轨迹，这种行动轨迹在短期内很难作假，如果突然有一个人在另外一个地方输入一个口令或者是身份证号，可能就跟身份拥有人不一致，就很容易识别出来。

第三个是金融领域的一个案例。很多金融机构现在都在头疼所谓的不良贷款、不良债务，要控制不良率，控制风险，就需要对每一笔债项或者每一个债务人进行画像，画像包括两个内容：一是对债务人的信用情况进行基本描述；二是对债务人所借债项所处的区域或者所处行业的背景进行画像。而这个画像的大量信息是掌握在政府手中，比如说年检信息、银行记录、各种公共服务的费用支付情况，这三组信息虽然不一定都在政府的管理部门，但是都是在政府相关的事业单位、国有企业或者是公共服务的提供单位，如果政府能够出面引导这些数据资源向社会开放，那就解决了日常生活中遇到的一系列难题。我想这是政府数据资源进一步开放，促进整个社会加快发展，提高效率，同时能够更顺畅地进行发展的一个案例，是政府数据开放主要考虑的问题。我觉得上午李克强总理已经基本谈到了，就是说这些数据资源在不影响国家安全、保护个人隐私、不伤害商业利益的前提下应该尽可能对社会开放。这三个标准很清楚。当然这三个标准在不同领域的数据资源里面应该怎么去具体处理、具体规范，这需要各级政府进行研究、规范、实践。我们今天这个会议恰好就是各地政府根据自己实践的成功经验在此交流，我想这有助于整个大数据产业的发展、大数据社会的建立，以及大数据效益的实现。

大数据标志着一个飞速变革的时代，变革呼唤着各种各样的创新，创新也能推动整个社会的进步。本次论坛邀请了各地各行业的专家与大家分享在大数据时代的技术、模式、体制的创新如何驱动发展。各城市是如何加快大数据部署，深化大数据应用，并且以大数据产业的发展来实现本地的经济增长，促进本地改革，实现本地产业结构调整，实现惠民的目标。论坛还将介绍大数据的应用如何推动城市生产要素网络化的共享、集约化的整合、协作化的开发及高效化的利用等各种成功案例。探讨改变传统生产方式和传统的经济运行机制来提升经济运行水平和效率的各种成功的途径。我们希望通过各个城市交流大数据领域取得的成果和经验，以促进城市之间相互学习和借鉴，推动各个城市之间政府、产业、学术界和各种机构之间实现更紧密的互补和协作。让我们一起期待本次论坛各位领导和专家为我们奉献在大数据应用领域的真知灼见和成功经验。

最后预祝本次论坛圆满成功。

谢谢大家！

大数据洞察驱动城市发展

软通动力董事长兼CEO 刘天文

各位领导，各位来宾：

大家下午好！

我觉得有这样一个市长大数据的平台是非常好的事，未来也希望能够积极参与到这样的平台中来。过去，软通在近40个城市帮助做智慧城市。我们讲智慧城市，智慧一定要有大数据、云技术，否则就谈不上智慧。所以我们以前做的都是项目型的，最近几年我们开始跟政府合作，通过智慧城市，以大数据为抓手，共同帮助城市转型，助力产业和民生发展，提高政府的效率，最主要的是抓住大数据的机会使产业落地。最近几年我们也跟华为，包括一些大的厂商在很多的地方通过智慧城市打造大数据绿色产业园。也就是说，我们不仅做项目，还帮助政府将产业落地。所以我认为大数据是一个比较大的抓手，但它对于各个城市的挑战都非常大。大家都讲互联网，互联网很多技术方面的东西可以委托厂商来做，政府能做的就是让这些产业留下来成为新的驱动。所以我想分享一下，作为厂商，过去这几年跟政府一起打造产业的体会和建议。

一是政府的公共事务是一个资产，这是能做的。首先，政府开放公共数据非常重要，大数据最重大的是社会数据、移动数据、互联数据，这些数据非常多。法人的、人口的、宏观经济的以及地理信息等整个城市数据都在政府的手上，如果我们能够打开它并充分利用，它就能成为城市的一种竞争力。

去年6月和10月我们陪政府到欧盟、英国去考察，看到欧洲做得比较好的城市数据已经开放了，开放以后围绕这些数据打造了很多的产业。例如英国伦敦通过交通平台开放了地理信息系统，包括交通数据以后，有近60家企业围绕这些数据在做本地的创业创新，而且做得非常好。这就是比较有效地利用了公共数据。过去这几年，我们与近20个城市合作，第一步是把政府的数据打通，使之能够开放出来，从而吸引企业来投资，这也是智慧城市的一个基础。正如刚才所说，无数据不叫智慧城市，刚才我看到各位市长在讲话时都谈到了数据开放，这一块非常重要。

二是数据开放以后产生的一些好的政务服务，这有很多的例子。我觉得通过网站一站式的政务服务项目将越来越多，成熟以后就可以便民了。另一个就是昨天李克强总理谈到，他的西服是国内做的。因为这家公司有几百万的数据，所以公司本身就是一个数据公司，通过不断积累的数据，该公司已经从传统的服装企业转变成一个与互联网真正融合的企业。企业老板表示，“如果我有2000万的数据就很了不得了，未来生产就会很精准”。大家都知道服装业更新是很快的，不能有库存。怎么能够精准，做的东西实现定制化，包括营销这一块，需要根据数据实现整个企业的转型。所以李克强总理讲的就是数据能帮助产业转型的例子。

三是民生。讲智慧城市，没有数据就很难做到民生。我觉得各个城市都面临怎么保民生的挑战。比方说，各个城市的交通环境都是一个很大的问题。在北上广我们能够看到很多的交通数据，但是目前尤其是三线以下城市的交通数据是没有打开的。昨天滴滴打车讲到他们已经做到在400个城市运营，明年希望做到1000个城市。出行数据本身就是一种交通数据，这样三线城市也能有一个本地的交通数据了。当然这就需要多方合作，其中最基础的就是政府的数据开放。

四是精准扶贫，包括政府也在大力推进的扶贫。这里面含有大量的数据，我们在这一块做了很多工作，很多地方政府做得非常精准，包括致贫原因，包括结合本地的产业帮助贫困户脱贫，这些方面我们都做了跟踪。

最后讲一下，因为各个市长都在急着做智慧城市，都认为大数据、互联网、云计算是一个抓手。怎么做？找供应商、运营商很重要。刚才讲了很多例子，大家一定不要把大数据、云计算、智慧城市的建设当成项目来做，当成项目做是没有生命力的，这样做也很难成功。刚才讲的 Wi-Fi 的模式、无线城市，通过市场化投入非常好。再一个是互联网和大数据是生态，大家要看供应商和运营商的好坏，要看它能否落地，要看它有多大能力去带动生态。原来做项目，比如在北京招标做项目，这只是工作，所以未来希望公司本身要落地要运营，能带动各个生态，能把整个产业留下。

最后是我的体会。不是每个城市都有资源可以做大数据中心，大数据中心包括我们讲的基础这一层其实还需要很多的条件。有一些地方可以把重点放在应用上，大数据还是得用起来。有一些城市没有条件，却花很多钱做大数据中心，这既没有经济规模，也没有刺激性。它的人员成本很高，地理位置覆盖也不是最优，也没有好的区位优势。这样的投入都是花钱，而真正的赚钱，能对城市有帮助的还是运营。所以我觉得后者有很多优势，没有数据中心也能做数据产业，未来很多服务器在什么地方并不重要，未来中国投资已经过剩了，包括3大运营商、CP 中心等，所以未来可能会有很多城市把重点放在应用上。整个大数据的产业链非常长，从获取数据、分类、存储等，但最重要的还是运用，运用真正能使产业转型，能带动高端服务业，这是非常重要的。

今天，市长讲得非常精彩，确实很有帮助，软通愿意为各个城市服务，作为一个合作伙伴，作为生态的一部分，积极参与大数据城市的建设，帮助城市转型升级。我们也是一个服务商，软通有近3万人，我希望一个城市能把我们运营开发的团队带进去，也能带动本地的就业。互联网的运用长期是迭代更新的，不断地发展数据，没有本地的团队，通过创新创业能够起到拉动作用。未来我们建设一个城市，我们跟政府说我们在平台上参与建设运营，我们希望带动更多的上下游，带动生态，使本地的创新能够有发展。

我就分享这么多。

谢谢大家！

加快发展大数据，打造经济新引擎

渭南市人民政府副市长　王建平

尊敬的各位领导，各位嘉宾，各位专家，媒体界的朋友们：

大家下午好！

首先感谢大会组委会给渭南市提供参与交流学习的机会，很高兴有机会与来自全球大数据领域的精英代表、领军企业、知名机构和创新创业者、兄弟市一起学习交流，共同畅想大数据发展。

渭南地处陕西关中渭河平原东部，历史悠久，人杰地灵，史圣司马迁、大诗人白居易、老一辈无产阶级革命家习仲勋等都是渭南杰出的代表。渭南是关中天水经济区、晋陕豫“黄河金三角”产业转移示范区、陕甘宁革命老区唯一的政策优势区，特别是“一带一路”战略实施渭南的“丝绸之路”经济带核心区域优势越显突出。随着互联网、云计算等信息技术的迅猛发展，数据资源成为不可或缺的生产要素，影响着每个人如何加快推动数据的处理和分析，实现数据资源的优化利用。对于掌握互联网时代先机，完善城市管理，提升政府服务具有重要的引领和支撑作用，也是把握新一代信息技术变革机遇，加快向数据化城市转型发展的必然要求。下面我将和各位嘉宾交流一些渭南发展大数据的实践与探索。

第一是不断夯实信息化基础，切实增强大数据发展动力。渭南的带宽、通讯机站、无线网络等网络基础设施逐步完善，通信网络的承载能力逐步增强，发展云计划产业时机成熟。目前渭南市宽带速率与西安市齐平，已达到我国2015年宽带实施目标。城域网输出宽带达到300G，城市家庭宽带接入输率最大可达20兆，农村接入输率可达4兆，城区和乡镇宽带覆盖率100%，光网或3G、4G 覆盖在全省处于领先地位，为我市建设云计算数据中心提供了基本保障。

第二是大力推进智慧城市建设，及时探索大数据发展规律。从2013年起，渭南市将智慧城市专项资金纳入市级财政预算，发挥财政资金杠杆效应，引导企业、金融机构创新项目投资融资方式，逐步构建长效支撑机制，紧跟国家智慧城市建设方向，积极争取终审支持，获得了国家住建部、陕西省智慧城市试点城市，启动了智慧华山、智慧公交、智慧农业等一批重点项目，为管理者、经营者，尤其是普通群众提供了更加便利的信息化服务。

第三是加快公共平台项目建设，实现大数据信息落地应用。目前渭南市正逐步建立和完善人口基础数据平台，法人基础数据平台，基础食品资源共享平台三大数据平台。其中渭南市法人技术信息数据库正逐步实现法人单位信息资源共享和动态更新，以及政府对企业综合监管和公共服务。这些必要的数据信息所蕴含的价值正在通过传输、收集、储存、分析得以实现。各类公共数据库平台建设将为未来云计算数据中心发挥作用提供重要支撑。

“十三五”期间渭南市将进一步发挥大数据在经济发展与城市转型进程中的支撑作用。

一是加快数据资源的共享开放，联动推进新型城镇化、新型工业化、信息化和农业现代化的发展。在创新社会管理、促进经济社会发展、信息惠民等方面努力实现创新突破，利用地缘政策优势为大数据中心营运奠定基础。渭南市建设云计算数据中心地缘政策优势十分明显，享有关中天水经济区等三大区域的财税、金融、土地、投资等优惠政策。渭南及其周边城市利用信息化手段进行转型升级势在必行，为渭南市发展大数据产业提供了巨大的市场前景。

二是依托信息化综合服务平台，推进数据型、服务型政府建设。依托渭南市信息化综合服务平台，按照统一的标准共建共享，直属管理，授权使用的原则统筹实际，构建政务大数据中心。建立政府部门和事业单位等公共机构，数据资源承担，界定实施政府数据，开放共享标准，形成政府数据统一开放平台，制定政府数据资源共享管理办法，整合公共数据资源，提升政府数据的一致性和准确性，全面整合医疗、教育、食药、旅游等部门信息资源，推进政务大数据开发利用，充分发挥信息资源的综合价值。

三是利用信息化服务平台建设，推动工业数据创新化发展。继续完善中小企业信息化服务体系，以工业大数据建设为核心，依托省级工业园中心，建设渭南工业园服务平台。促进产业转型升级，全力打造结构优化、布局合理、创新能力强、资源消耗低、环境污染少、经济效益好的现代工业体系。以渭南丰富多样的农产品为基础完善农业类基础信息采集渠道，建立“三农”基础信息库，通过对协同部门的管理和基层信息整合，形成农业农村信息化服务体系。充分利用现代农业园区已有的信息基础资源，构建现代农业园区，信息化管理平台，延伸农业产业链，带动协同相关产业健康快速发展，实现社会的经济效益持续提升。

四是创造政策环境优势，促进数据型网络经济发展。利用大数据引导互联网企业向小微企业和创业团队开放，建立开放型创新创业联盟，努力搭建资源共享平台。参与建立国家信息经济试点示范区，推动互联网医疗，互联网教育等新型业态快速发展。探索网络金融服务模式，鼓励金融机构建立大数据金融服务平台，提供高效金融服务，建立电子商务综合管理信息平台，鼓励大众创业、万众创新，利用数据集中集权分析探索和推动信息电子商务的发展。

各位领导、各位嘉宾、各位专家，数据正记录我们的世界，改变我们的生活。未来大数据建设已经起步，机遇与挑战并存，需要社会各界集思广益，合力助推。真诚邀请各位嘉宾、各位专家来渭南市考察，来渭南爬华山，来渭南市兴业。在数据化发展的潮流中，我们共同创造一条政府服务便捷、社会管理高效、百姓生活舒适、产业发展健康的大数据建设之路，让无处不在的数据服务我们的城市和生活。

最后预祝大会取得圆满成功，预祝各位专家、各位嘉宾身体健康，工作愉快。

谢谢！

国家大数据综合试验区建设的相关问题思考

国家信息中心信息化研究部副主任　单志广

尊敬的各位领导，各位来宾：

上午好！

非常荣幸有这个机会谈谈我的观点，十天前我来过贵阳，十天之后又来到贵阳，充分感受到此次数博会的魅力。我今天的演讲分成三个方面，第一，谈一下大数据综合试验区的几个问题；第二，谈几个思辨；第三，谈谈我们的基础和可能执行的做法。

我是国家信息中心信息化研究部副主任，国家信息中心是国家发改委下属的一个研究性单位，同时我兼任了国家信息中心生活智慧城市发展研究处秘书长，还兼任了43个部委组成的国家大数据会研会议秘书处秘书长和25个部位组成的国家新型智慧城市建设部级协调工作组秘书处秘书长。我从实际工作角度谈一些关于贵州省创建大数据综合试验区的看法和观点。

首先我谈几个问题，关于创建大数据综合试验区，是否有一些问题需要破解？刚才有谈到现在的大数据研究是摸着石头过河，我不太同意这个观点。因为随着信息化的发展，我们的大数据已经到了一个深水区，贵州省在大数据的发展上是摸不到石头的，这是一个现实情况。现在有几个本质的问题：

第一个问题，是试验区还是实验区？贵州省大数据试验区是国家发改委牵头的大数据部级联席会议，会同工信部和中央网信办批复的第一个国家级大数据试验区，它叫试验跟实验是不同的。试验的英文是“test”，实验的英文是“experiment”。试验是尝试未知的事物，事物处于一种未知的状态；实验是把已知的东西再做一次。试验是对未知事物的探索，国家需要一些地方经验自下而上能够跟国家层面的行动纲要自上而下相结合，来推动国家大数据的发展。

既然试验是未知，就会存在很大的挑战，现在的核心是要想人所未想。在整个细化发展的过程中，我们的“互联网＋”和电子政务发展了这么多年，特别是电子政务从2002年的试效到现在，已经有十多年的时间，我们有很好的发展基础，但是在进入深水区之后也会有很多问题。大数据是我们当之无愧的整个经济发展的蓝海，但这个蓝海是一个没有航标、没有领航员的蓝海，需要我们利用自己的智慧来探索一条没有实践经验的路径。在这个过程中，允许试错是必要的，我们不能要求所有的事情都是完全正确，这是不符合当前情况的。我们要有改革创新的精神，要做好失败的心理准备，要放下包袱，要有宽容的态度，才能真正推动试验区有序地推进。这是第一个疑问，是试验还是实验。

第二个问题，贵州省做大数据综合试验区是优势多还是挑战多？这是一个开放性的问题，我的观点是挑战比较多。

第三个是时间的问题。发改委批复的综合试验区，贵州省提出了三年的实施方案。三年，大数据综合试验区能做成哪些事情？是不是能够完成，还是需要更长的时间去完成？三年可能只够打基础，大数据综合试验区的建设必然是一个攻坚战和持久战。现在我们已经进入深水区，信息化领域有很多好做的事情都已经被我们掌握了，剩下的无论是智慧城市的本意、“互联网 +”的本意，还是大数据的本意，都是真正促进跨部门、跨区域、跨系统的数据融合、信息共享、业务集合和智能化的管理服务，这是所有新概念一个共同的主题，虽然马甲可能不一样。从时间上来讲，我们要做好打持久战的准备。不仅如此，我们还要对困难有充分的准备。很多瓶颈不是在于我们的技术和实施方案，不是在于一些物联网、云计算、大数据、移动互联等新技术的使用，而是在于这些新的技术如何跟我们现有的城市管理体制、产业模式、政府治理机制更好地衔接，特别是后者如何进行更好地优化重组，更好地改革创新以适应新技术的发展，这个非常重要。

我是从“十一五”就开始了国家信息化的研究，以及智慧城市的规划设计实践。从我个人的观察来看，我看到了很多相关的实践结果，也参与了很多政策的制定。在我们政府写规划的时候，常要写一个完美的案例。但是理想可能跟现实情况不太一样，可能我们三年回头看的时候，往往效果跟当初的预料并不完全一致。有个例子，比如2002年中办发的17号文件，定了电子政务发展的体系，有一个目标是要用一年左右的时间形成统一的国家电子政务内外网的平台，并且在运行中逐渐完善。国家电子政务外网的建设是国家信息中心承建，我之前参与了设计。但是外网的一期建设是2007年才完成，用了5年的时间，现在国家内网的建设还没有完成，这就是目标和结果之间的差距。

我们国家“十二五”的政务信息化工程建设规划做得非常好，所有规划都是跨领域的，是以我们经济社会发展的需求出发，然后构建一些跨领域的系统，是所有部门相互衔接、配合的信息化工程，而不是原来的每个部门自己单打独斗。但是现在“十三五”规划已经开始了，而“十二五”规划的任务可能还没有完成一半。

还有一个例子，就是现在北京市做的《智慧城市北京市行动纲要2012—2015》，在2012年制定的时候提了八个方面从数字北京向智慧北京跃升的目标，其中一个是交通实现智能的管控、拥堵得到解决。但是，今天我们回头去看，这个目标并没有完成。

所以，我们在起跑线上刚开始的时候，要看清楚未来的任务，要避免目标扩大、眼高手低，否则回头看的时候会很难看。

第四个是关于成败的问题。试验区3年以后或者10年以后能够得到一个什么样的评价？贵州省做大数据更容易成功，还是更容易失败？或者是更容易小范围的成功，还是小范围的失败？这是留给大家的一个问题。

从这几个基本问题出发，再结合贵州省的一些做法，我谈几点不成熟的思考。

第一是关于弯道取直与改革创新的问题。今天在大多数地方都能看到弯道取直这个词语，弯道取直这个概念就是不走寻常路的意思。不走寻常路就会有条件，比如打隧道需要有更好的挖隧道技术、更好的探测技术、更好的规划技术等。不走寻常路要求我们在大数据的做法上更智慧，比别人想的更深、更透、更到位，还要付出更多的辛劳。

第二个是关于我们谈得非常多的强行起飞与厚积薄发的关系。贵州省属于落后地区，贵州要发展大数据需要强行起飞。强行起飞，一个很关键的条件是要放下禁锢的包袱，与原来倡导的厚积薄发属于不同的发展模式。大数据综合试验区的发展从本质上来讲，无论是强行起飞还是厚积薄发，一定要秉承科学观的理念，一定要务实推进。如果强行起飞和厚积薄发这两者要做成统一体，贵州省要有更好的制度设计和创新理念。

很多专家认为，全球的大数据主流技术完全成熟要5年以后。相关部门做出的研究证明，推动大数据的发展效果需要2—3年以后才能够展现。我们今天用大数据、做大数据，得到成熟的结果至少是5年以后。现在我们国家智慧城市的发展、大数据的发展、“互联网 +”的应用，在地方领导的心目中有一个很大的误区：对这些新技术的应用、近期的成效，它的效果估计不好，对这些技术长远发展的战略意义认识不足，或者没有耐心等到8年以后摘这个果子。这方面需要我们做好心理准备。

第三是关于“云上贵州”与风潮共用的问题。“云上贵州”是贵州省作为政用的一个平台，是一个很大的创新，同时也是一个很有挑战的创新。现在要求把所有政府部门的数据全部统计到“云上贵州”的平台上，实现数据的融合，打造数据的红利和价值。现在还在路上，有的部门已经把数据统计到平台上了，但是这个平台有点像风潮，现在还处于中间过渡的状况。这需要我们在现实的推动过程中解决平台的价值、效率，扶植部门原有对数据管理的意识，对原来权责的认识，对利益边界要求的一些把握。如果没有做到这些的话，把整个贵州上到云上去还需要走很长的路。

第四是需求导向与强力推动的关系。例如“云上贵州”，最开始在技术上是根据大数据的需求做不同的交换和共享。但是按照领导的想法，不管你是不是有需求，都要先把数据集中上来。水到渠成和强力推动两种模式怎么有效融合，需要我们辩证地思考。

现在在国家大数据部级联席会议的推动下，国家信息中心将发布两个文件，一个是政府信息资源目录体系编辑指南，另一个是共享管理规定。这里就对数据分了三类：第一类是基础的信息资源，包括我们现在做智慧城市的一些部件，这属于基础数据，基础数据一定是整合共建；第二类是主题的信息资源，比如说我们维稳类的、经济类的、产业类的、教育类的，它是一个大的应用背景，需要应用驱动、按需共享。在“十二五”国家战略规划中，对大型的信息化工程设计，要做好项目间的信息共享，一起构建信息化的体系；第三类是部门的信息维护，要按照需求进行有效的交换。这几个思考是值得我们关注的。

最后再谈一下，既然我们有这些挑战，有这些需要明确的问题，贵州省应该怎么来做。根据长期调研的观察，需要做好以下五点：

第一，要做好适应大数据的改革创新。这不是一个口号，现在讲的双轮驱动，一个是技术创新，一个是制度创新。我们在管理制度和相关机制设计上的挑战或是需求，大于技术创新的需求。因为在技术创新上，我们看到了这么多的好的公司，世界最好的团队来为我们出谋划策，这些通过数博会汇集到了贵阳。但是，在贵州怎么适应大数据发展的内升体制的优化、结构的优化和整合，不是外力能够做到的。美军打造信息化的军队，首先做的是规模和结构优化的措施。它采用了7个措施来优化规模和结构：一是瘦身，二是优结构，三是增新制，四是减层级，五是精机关，六是保资源，七是调比例。通过结构的优化实现了整体功能的强化，最后实现一体化和模块化。在今天中国的改革中，我们也在学习这样先进的理念。

我们在贵州省也做了一些机制的研究，前期的调研数据确实是值得跟大家做一个汇报。贵州省现在的情况，跟理念中的大数据和数据强省真的有非常大的差距。例如，我们对贵州省的40个政府单位做了调查问卷，这些单位有专职信息化管理的机构占65%，40家单位中有9家没有专职信息化人才，有11个单位没有在编的专职信息化管理人才，每个单位有专职信息化管理人才1—10个不等，有部分单位因为缺乏信息化人才无法自主开展信息化系统正常的运维，这是我们在政府信息聚通用方面的现实。另外，有23家单位，只有57.5%的比例纳入了全省的统筹建设。在信息中心建设中，其中有20家是自建信息中心，2家脱管，1家自建和脱管均有，有4家单位表示未经统一的外网，有15家表示带宽不能满足用户需求，有24家单位没有明确如何提供数据的量级，有20家没有做到内部的数据共享，这是我们调研现实的情况。政府带头做整个数据聚通用，存在的问题：一是没有聚集，二是没有完全通，三是没有用好。如何进一步统筹管理的力度，如何进一步完善长效应用机制，都是非常关键的问题。

第二，信息化制度有待完善。

第三，信息系统共享尚未完全形成。

第四，数据责权利不明，顾虑较多，缺乏数据共享和相关保障。

第五，人才缺乏。大数据拼的是人才，这两天开会云集了很多精英到这儿，但是三天之后都走了，谁能长期为贵州省大数据工作是一个现实的问题。我们可以有外来的和尚，但是本地的和尚更重要。谁来收集数据、保证数据的质量，谁来做好省市数据共享、整合和信息化建设方式的改善，是大数据发展的关键。所以，人才的问题是最大的问题。

财政制度和采购机制。现有的财政制度要做整个数据的统一，从本质来讲相互之间是矛盾的。原来政府出钱做电子政务工程的招标采购的方式，与现在倡导的社会多元化模式不相适应。还包括一些法律标准的问题，都是冷冰冰的现实。在大力推动大数据试验区的时候应该基于现实去考虑，而不是踏在空气上或者沙滩上。未来贵州省要做好大数据综合试验区，核心是怎么在现有条件下真正地放下包袱、改革创新、想人之所想，怎么结合地方的情况做出一些效益。未来贵州省大数据综合试验区面临的真正挑战或出路，是怎么利用大数据的发展环境真正改变现有信息化的管理体制和应用模式等。既然大数据的核心是人才，现在人才的问题如何来解决？是否可以把整个大数据办和委办数据中心人员统筹起来，让这个机制既能够贯彻上面的方针政策，又能联系内部的业务。对本地人才采用怎样有效的激励机制，很多信息中心分为三类，其中大部分人员涣散、水平不高、待遇很差。在这种情况下，现实的问题不解决、不以人为本，这个试验区是不可能做好的。

既然大数据重要，管理大数据的相关人员更为重要，在政府人员方面应该设置一些管理数据、应用数据的领导。从事大数据的工作人员需要有话语权，需要有人事和财务方面的决策权。如果信息化是给别人做助手、做手段、做支撑，而不是做引领和助力，那么和我们的理念南辕北辙。未来需要一些很重要的创新，比如信息中心体制的创新、政府采购机制的创新、财政审批机制的创新、人才激励机制的创新、政府统筹协调机制的创新，这些开放性的课题都值得在座的各位一起来思考，为贵州省创建一个值得期待的大数据试验区做出贡献。

谢谢大家！

大数据建设如何发挥市场作用

国家发改委城市和小城镇改革发展中心主任、
智慧城市发展联盟理事长　李 铁

我今天参加数博会，明显看到在政府推动这一块比较热，市场也比较好，展览里面有300多家大数据企业。我们在做智慧城市的研究中，与华为建立了大数据研究院，现在面临的主要问题在于我们和他们打交道的时候，到底是发挥政府的作用还是发挥市场的作用。

过去研究大数据有两类系统，一个是政府的数据系统，跟大量的个人信息以及上报数据有关，准确性有待进一步的斟酌。另一类就是移动端，是互联网带来的一些变化，而移动端数据更多的是在市场。前几天我们举办大数据论坛的时候，更多的来分析两类数据的区别，即传统数据库在大数据应用上到底有多大的发展空间，这是第一件事。第二件事刚才鄂院士讲了，就是研发。到底政府有研发的动力机制，还是市场有研发的动力机制？我更倾向于市场有研发的动力机制。互联网的变化、AlphaGO 的变化都是来自市场和企业的需求，政府则更多是完成公共服务的目标、机制的建立健全。

另外，在推出大数据研究的时候，我们强调以下几个基本的目标和原则：

第一个原则是实现大数据以人为本，从上报数据到更加重视移动端的作用。我们移动端有大量的个人信息，每个移动端都是重要的信息源，而这些信息源中的重大资源并没有得到有效的发挥。

第二个原则是在促进以人为本、发挥移动端作用的基础上，信息源要更多地重视市场作用。在这个问题上，以人为本会在未来起到反过来推动政府数据的作用，从而更加发挥市场优势。举个例子，前几天我们去一个省会城市帮助他们做交通规划，他们的交通规划思维方式还是建立在测绘系统和交通录像上。实际上，我们可以通过中国移动、微信、百度移动端得到每分每秒交通情况的变化。

刚才讲到了反推移动端会带来数据的变化，同时我们还要考虑传统数据怎样与未来海量的移动端结合。在做产业规划的时候，大家还是在用上报数据的方式。但是以移动端为主体的空间变化，可以清晰反映产业化的问题。比如所有工业的分布、服务业的分布、人员的就业变化都可以清晰展现出来。在过去，我们完全没有考虑到这部分蕴藏在市场中的资源。

第三个原则是实现政府数据和市场数据的结合，促进企业和企业之间数据的结合。昨天，我在博览会问了很多企业的数据来源，基本上都是从开放数据中来的，他们的信息量是有限的。我也问了阿里巴巴和华为，华为没有自己的数据源头，阿里巴巴有支付宝、电商，但是没有更多地向市场开放。刚才提到了政府数据源的开放，为企业提供资源。而企业数据源的开放为政府提供服务，为社会提供服务也是需要深入研究的问题。在国际上，大量与数据、智慧城市有关的资源实际上都被公司所掌握，政府大多是购买自己所需要的信息。

第四个原则是研究信息开放推进技术改革。第一，政府怎么发挥作用，这需要校正思维方式。现在全国各级政府都要做智慧城市，各地政府从上到下都要成立大数据中心，我担心这是一场政绩运动，而不是真正建立在科学基础上的发挥市场作用来带动大数据、企业和广泛社会公众的联系。如果不解决这些问题，而仅停留在政府层面上，一定会严重浪费资源。第二，人才的能力不足以支撑大数据更广泛的应用。第三，政府的效率和企业的效率还有较大的差距。在这样的情况下，怎样来建设未来的数据中心，怎样来实现规模数据化的应用，怎样来实现政府和市场之间有效结合，还需要我们进一步研究。但是，从移动端出现的海量信息变化，会反过来推动我们的改革。

我更多地希望，所有的地方政府在大数据背景下要给企业搭好平台，充分发挥市场作用，这才是我们的前景。

谢谢！

大数据思维与共享经济

观数科技创始人、阿里巴巴原副总裁　涂子沛

各位专家，各位嘉宾：

大家好！

很高兴来做这个分享。很久没有参加这种密集的讨论关于政府数据开放问题的论坛了，我感想很多。四年以前我的第一本书《大数据》讲的就是开放数据，刚刚这位先生谈得很好，我补充一下今天为什么要开放数据。开放数据不是信息公开，信息公开是知情权，今天开放数据的目标是为了推动智慧经济、互联网经济、知识经济的发展。为什么首先要开放政府的数据，因为政府的数据是整个数据大厦的基础设施，天气数据、交通数据、人口数据，没有这些数据其他的数据都很难开放出来，所以我们说首先要开放政府数据。两年前我出版了《数据之巅》，我今天感触特别深，我们今天确实已经跟全球同步，我正在写第三本书，我想是不是第三本书用英文写，因为要把

中国的故事告诉全世界，我们今天在有些方面已经做得很不错了。

今天跟大家分享的话题是“共享经济”。李克强总理在开幕式之前召集我们开了一个大数据的座谈会，马化腾提的一个关于共享经济的建议，总理说这件事情要放一放、要看一看，因为前两天有一个新闻背景是太原举报一辆滴滴专车就奖励一百块钱。我想共享经济跟数据是有根本关系的。共享经济的本质是什么？我认为共享经济事实上在消灭传统的卖方。共享经济典型的例子，比如你要坐辆车，可能不是叫辆出租车，而是在滴滴平台上叫辆车。它的本质是什么？举个例子，我有一个朋友前段时间去美国，两个星期没住过一天酒店，都是在 Airbnb 上租的。Airbnb 现在全球192个国家共有600万用户，有1.2亿家房产，你住的不是酒店，而是住在别人家里。原来需要到酒店、到出租车公司去享受这个服务，但是今天不用了，今天是另外一个消费者为你提供服务，消灭了传统的卖方，电子商务让原来买方跟卖方不断的信息变得更加对称，那么今天信息的对称到了这个领域，我们今天的革命是消费者自己为消费者提供服务，这叫共享经济。

我再讲一个例子，这是杭州最近的创新，图书馆的创新，很有意思。读者在新华书店看了一本书，只要下载图书馆的 APP，一扫图书馆没有这本书，或者图书馆不够馆藏量，他就可以直接带回家，图书馆来买单。原来的图书馆是要雇一批人来采购图书，读者要借哪本书，需要图书馆先把它采购回来，今天把这个权利完全交给了读者，读者读完了书可以交给周院长，周院长读完了可以再还给图书馆。我总结这就是共享经济，羊毛可以出在牛身上，原来图书馆为了羊毛需要养一只羊，养很多的采购员，今天不用了。共享经济是把整个社会分散的、闲置的资源盘活，如果一个滴滴出租车司机把开车作为自己的全职工作，那就不是共享经济、不是闲置的资源，也不是分散的资源。如果滴滴把自己变成了一个出租车公司，那也不是共享经济。实际上，共享经济和传统经济已经在融合，两边都在往中间走。本质是什么？我认为是数据化。

第二，数据化驱动共享经济的发生。什么叫数据化？数据化就是把我们今天一切商务、一切生活都用数据记录下来，都变成数据。什么是数据？我对大数据有一个定义，数据不仅仅是测量，还是记录。测量是传统的小数据，记录是把今天图片、音频、视频、商务过程、酒店消费和吃一顿饭都保存下来。今天大数据的爆发不是因为测量而是因为记录，我们记录的手段变得越来越廉价，越来越普及，导致了这种爆炸。它是怎么驱动共享经济的？因为它把供方和需方都数据化，然后把它放在一个平台上，在滴滴平台上有无数的车也有无数的人，当一个人需要打车的时候把这个东西数据化，然后有很多车，平台可以把正确的数据用正确的方式传递给正确的人，完成一个快速匹配的过程，但是前提是什么？前提是要把供应方和需求方都数据化，传统供和需都数据化，共享经济就出来了，这种数据化正在快速地发生。

大家看看，这是我拍的照片，卖葫芦串的也有一个二维码，这就是数据化，只要你扫码交易，这种行为就被数据记录下来。我们以前用现金交易是没有记录的，我认为我们政府应该快速推动数据化进程，如果一切交易都被记录下来，还能洗钱吗？还能偷税吗？还有黑钱吗？都没有了。所以它对整个社会是有好处的。我们要看到电商跟线下的交易区别是什么？其实就是数据化，在电商平台上留下数据，在线下掏钱没有留下数据，数据没有被留下就没有被记录下来，没有被记录下来就没有被分析和预测。为什么有大数据，大数据价值在哪里，它可以预测未来，当你在我们平台上买了东西，留下了一条数据意味着你和我之间建立了一个数据连接，我有了这个数据连接之后，通过这些数据记录分析你的行为，预测你的购买。

放大到整个社会，我就能看到整个社会的运行规律，一切交易都在数据化，一切业务在数据化，所以一切业务数据化是所有企业、所有组织的命运，是逃不过的。所有组织的未来就在这里，你要把自己所有的业务过程变成数据，把它变成数据之后，就会有越来越多的数据资源。因为被数据化了，它就能够被自由交换、流动跟整合，整个社会的效率越来越高。

最后谈一个问题，我们今天谈共享经济，谈的还是服务业，未来我认为会向工业这个领域延伸。我在阿里巴巴工作一段时间，阿里巴巴在做一个淘工厂，淘工厂把工厂的闲置能力进行数据化后放在平台上，证明我能生产那个，但是现在没有生产那个，平台的另一方说我需要那个，双方直接在平台上达成交易。这是共享生产设备。那下一步，3D打印在快速普及，大家如果留心的话，飞机上看报纸时不时会看到3D打印的消息，3D打印能打印的东西越来越多，每天都在更新。3D打印就是数据化生产，有一个数据包就可以生产，有数据包，3D打印机和原料就可以生产，现在一台3D打印机只要几千美元。一双鞋子就是这样打印出来，这是数据包，如果你想换个款式，一双鞋子的模型可以千变万化。一个花形可以是玫瑰花、茉莉花、山茶花，所有改变在数据包里面就是一个代码。

未来怎么样，未来要生产一双鞋子不会去工厂买。总理在座谈会上举了一个例子，他说他的西服是定制的，他得出一个结论，收集数据就是新经济的动力。当时很巧，我的这个西服也是定制，我第一次穿定制的西服，我的感受是什么，我穿上这套西服之后，我不想再穿以前我买的西服，因为这件西服特别贴身。所以当前个性化的需求被抑制住了，它就像海洋下的冰山，非常巨大，一旦打开不得了。衣服是个性化的，红领集团已经在做了，我到那里去看过，整个工厂里，几千件西服没有两件是一样的，鞋子也是，现在鞋子怎么生产呢，你可能说我需要一双鞋子，我在互联网上搜索，把这个数据包搜索到，搜索到了之后修改数据包，把它变成我想要的鞋子。如果我不会，我可以找设计师，请他在互联网上找，然后修改好之后把数据包发给我，我在互联网上再寻找谁有打印机，谁有材料，很多家庭都有打印机，它能够打印鞋子，能够打印杯子，找到一个离我最近的去打印，这就是共享生产。未来的制造有很多都不会在传统的工厂产生，而会在家庭。一个工厂生产一样东西，可能要想一想哪些东西是大规模，有成千上万的需求，哪些东西是几百个人、几十个人甚至就几个人想要的，这些长尾需求工厂都不能生产，它没有办法生产，未来这些需求都会交给家庭，由共享经济生产，而且可以预见个性化的需求会越来越多，无论是什么产品。

总理昨天告诉我们，大数据是“钻石矿”。我想我们还要转型，我两年以前就说了，如果再说大数据是黄金、矿产，是不准确的。为什么呢？因为数据这种资源是不会消耗的，是越用越多，而黄金这种资源是会消耗的，矿产也是会消耗的。互联网3.0时代我认为数据是什么？数据是土壤，数据是我们迈向智能社会的土壤，没有数据就不会有智能，数据之所以是土壤还有一层意思，就是数据也需要我们的保护，我们不能滥用。我长期关注这个领域，我也办有一个自媒体，我一直在输入我对大数据和新经济的看法。这是我的公众号，欢迎大家跟我交流。我也非常关注中国政府数据开放，在大数据的应用方面的一些创新，而且希望把这些创新，无论是哪个城市，只要有这种创新请给我留言，我希望把这种创新带到国际上去，这是我的分享。

谢谢大家。

用大数据金融支撑信用社会建设

中国电子投资控股有限公司副总经理、
贵阳移动金融发展有限公司总经理　刘建华

各位嘉宾，各位朋友：

大家下午好！

今天是讨论大数据时代政府治理创新的话题，我是贵阳移动金融发展有限公司的总经理，贵阳移动金融发展有限公司是国家发改委和人民银行在贵阳做移动试点平台的建设单位，所以我选择的题目是“用大数据金融支撑信用社会建设”。

首先谈谈这个选题的背景。各位朋友应该知道，信用社会建设是政府治理的一个基础工作。这次政府创新研讨会第一个讲座是涂子沛老师讲的“大数据思维与城市治理”，涂老师给大家宣讲了很多大数据的理念，但是在对话环节仍然有很多人提出了三个问题。第一是反映数据不够，这涉及顶层设计的问题。第二是反映数据分散在各个部门，相互之间联通很费劲。

第三是数据上云集中起来以后的安全问题，本身网络各种各样的问题就很多，鸡蛋放在同一个篮子里面可能更加不安全。

这一次论坛参会的同志都是城市治理方面的一线专家，能够积累出这些问题，自然与建设信用社会体系、大数据建设的基础环节中存在的数据采集处理方面的问题有很大关系。大家也注意到，包括互联网金融行业在内的全行业整顿，包括个人征信牌照的“难产”，从去年到现在一直发不出来，这些情况都反映了在大数据时代信用数据建设和政府治理过程中微观领域存在的一些问题。2014年国务院发布了《社会信用体系建设规划纲要(2014—2020年)》，2015年7月国办还发布了《关于运用大数据加强对市场主体服务和监管的若干意见》，但是两年以后，这些问题依然存在。我相信各位在一线工作中也有很深体会，要实施这些规划真的是很难。

为什么会这样？在城市治理中，除了物联网领域，还有一些企业，它的基础还是来自于对人和企业数据的把握。信用社会底层，数据从源头上来说是五个基本要素：主体、客体、债权债务关系、工具以及信用关系的时间间隔。这五个要素要搭建起社会信用体系，实际上可以从中抽取出三个基础数据采集环节。第一是身份主体的问题，不管是授信方还是受信方。第二是支付交易的问题，也就是我们说的行为数据、交易数据。第三是数据库建设，这些数据汇聚起来应该怎么样建库、建模。在移动互联网应用之前，这些数据是什么状态呢？线下增量数据体现在除了生物设备之外的各种各样的证件，交易数据体现在各种各样的支付工具中，还有其他各种各样的小数据。所有这些线下数据确实是五花八门，非常分散，没有办法采集，从事一线数据工作的同志会感到很费劲。

现在移动互联网时代来了，我特别强调移动互联网而不是PC互联网，移动互联网来了以后，在数据的采集、处理、增值、安全方面发生了翻天覆地的变化，因为移动互联网本身是基于移动终端接口的，天生的云和端的架构，后台的云计算、云存储等技术支撑了我们可以把线下分散的东西通过云端架构采集起来进行组合。做组合的时候我们注意到，移动互联网上身份数据体现的是电子身份，交易数据体现的是基础支付，不只是某一家支付方的工具，不仅仅是某家支付商的支付数据，网络征信可以用海量数据处理。所以这三个基本的要素，在应用到信用服务里面的时候，我把它叫作信用服务移动互联网的三基色。这个三基色在线下是无法融合的，做支付的、征信的、证件的各自分开。但是在移动互联网时代，这三个要素是可以融合的，因为都是一个移动终端。就像光的组合一样，这三个要素组合起来能够延伸出五花八门的金融类服务、政务类服务、商务类服务等，构成移动社会的基础。大家说这样仍然很难，因为线上各种各样的身份和数据也很难采集，那就要牵“牛鼻子”了。在人联网环境下，两种情形下每个人都会自愿把数据贡献出来，第一种是行使某种权力的时候，比如要进家门的时候用门禁，门禁就是一种身份应用，再比如享受市政服务、飞机登机，需要亮明身份的时候；第二种是找钱，找钱的时候你肯定要给人家讲自己真实身份和自己的情况。所以牵到这两个“牛鼻子”，我们在移动互联网时代就可以建立基于移动互联网的信用社会体系。

接下来再谈谈用大数据视角看国家移动金融试点。我们在贵阳做移动金融试点过程中，筹划了基于三基色建立的图景，实名支付分为四个象限，延伸出智慧信用商圈、社区和行业，时间关系就不细说了。我们有一个基础工具，这个工具很好，我介绍给大家。国家发改委和中国人民银行在全国确定了五个试点城市，包括贵阳、合肥、宁波、成都、深圳。贵阳现在做得相对比较快一点，叫移动电子商务的金融科技服务创新试点，我们简称“移动金融试点”。它的基本要求是为移动电子商务搭建一个可信的交易环境，主要是搭建三个层次的可信服务网络，人民银行总行是可信的中央平台，中间是地区性的可信服务系统，末端是发到移动终端的安全客户端，基于硬件云的网络，在移动互联网上架设可信的交易环境。这个东西很有用，这是我们在贵阳实际做的一套系统，分为三个层次，中间就是我刚才说入网端的三个层次，左边是 MTS，中间是贵阳的可信系统，底层是贵州安全客户端，这三个层次为贵阳本地的上层应用服务商做贡献，包括银行、银联、公共事业单位、企业和园区社区。其中最核心的是电子身份应用和支付应用，银行卡是一种电子支付应用，市民卡是一种身份应用，通过可信服务系统发到手机安全客户端里，所以客户端可以刷银行卡，也可以刷市政的市民卡，这样就具备了电子身份电子支付和数据积累的架构。

在此基础上我们还做支付的市场，包括银联第三方支付都做了一个集成的支付和收单，这样就具备了电子征信、支付和数据积累之后的信用架构。这个系统从大数据观点来看，实际上首先它是数据的采集系统，对联网的数据进行采集，主要采集身份数据和交易数据。第二它是数据的联通系统，因为银行数据、政务数据、商务数据是不同结构的数据，是异构互联的一个数据联通系统。第三它是达到金融级别的数据安全系统，而且是基于移动互联网的数据安全保障系统。第四它是一个数据增值服务系统，为各种各样的应用提供一个安全可行的公共发行平台，是数据采集、联通、增值的大数据应用系统。这是不是可以把前面数据不够怎么办，数据异构怎么办，数据集中起来不安全怎么办，这三个痛点解决了？

在此基础上，我们进一步策划了智慧信用城市，来适应城市治理的需求。基于基础设施的电子身份证发行、电子征信发行等系统，我们开发的要点就是“一卡一照一端通”“双库双台双征信”。“一卡”就是市民卡，可以从交通卡起步，居民健康卡和社保卡都可以融合，大家不要忽视交通卡，大部分的交通卡都是匿名，但它是百姓生活中黏性和频度都非常高的卡种，如果做实名制改造之后，它会是政府治理过程当中解决市民的基础数据采集的一个非常好的抓手。但是当然它必须上线，做成移动的副卡，而不是线下的实体卡，线下实体卡即使实名也没有大数据的价值。那么“一照”是什么？是企业的电子营业执照，企业的电子执照过去是分散的三证合一的电子芯片卡，现在通过人民银行的这套系统可以发到手机上。通过这个发电子营业执照，把后台的工商数据、电子政务数据都放到线上来。落脚就是“一端通”，运用一个客户端把居民的便民服务一站式解决。“双库双台双征信”，“双库”是作为国家的公用信息库，建设两个配套的信用数据库，一个是非银行类的信贷机构信用信息数据库，一个是中小微企业的白名单机制信用信息数据库，这两个数据库是国家公用信息数据库没有覆盖的，作为补充，我们在人民银行的指导下正在做。“双平台”，一个是信用信息共享平台，一个是企业的融资云平台，因为我们解决了电子身份上线、电子支付集成和网络征信上线的问题，所以能够支持企业融资全流程，从贷款申请到审核贷款、风控授信和放贷的全流程都在线上完成，可以在线上完成企业融资、信贷机构和企业与居民之间的连通，技术手段上可以完成，最后当然是征信来支持。这是在智慧信用城市建设方面提出的解决方案，目前在贵阳正在试点。作为智慧信用城市建设一个局部的应用，还包括智慧信用社区，以物业门禁一卡通为基础，结合电子身份、集成支付、网络征信来做便民社区服务。还有智慧信用商圈，通过电子会员实名制实现集成支付和网络征信，延伸商圈的网络营销。

以上是我带给朋友们的一系列解决方案，供大家参考。欢迎大家和我交流，提出指正。

谢谢大家！

发展创业投资迫在眉睫、势在必行

中国投资协会股权和创业投资专业委员会常务副会长　沈志群

尊敬的各位领导，各位来宾：

大家上午好！

很高兴在全国瞩目的中国大数据产业峰会期间，参加中国大数据产业投融资发展论坛，首先代表主办方中国投资协会股权和创业投资专业委员会向论坛的成功举办表示热烈祝贺。

今年是我国“十三五”规划的开局之年，从前几个月的统计数据来看，今年是历次五年规划当中比较困难的一年。突出的表现是：经济下行的压力依然十分严峻。如何来扭转这个趋势和局面？通过打造经济发展新引擎和改造传统引擎，实现经济发展的双中高，也就是保持中高速的增长速度和实现中高档的发展质量。其中我觉得有两件迫在眉睫、势在必行的大事情要做。第一件事就是顺应互联网时代的大方向、大趋势，加快发展战略性的新兴产业。毫无疑问，大数据产业就是急需发展的互联网经济、信息产业的基础。前天克强总理提出，大数据深刻改变了世界，也让我们站在了同一起跑线上。我们曾屡次与科技革命失之交臂，今天要把握这个历史机遇，抢占先机，赢得未来。贵州省贵阳市将大数据产业作为全省全市发展的重要战略，也正是把握了这个历史机遇。第二件大事是要在准确及时地选准了产业发展方向之后，落实投资，争取资本的支持。没有巨大的资本力量的支持，包括大数据产业在内的新兴产业的发展，也就成为一句空话。我们的论坛是投融资论坛，并不是所有的资金都适合新兴产业，适合高风险、高成长性的创新需要。只有对风险具有高度识别能力，又有足够的承受能力的资本才更适合支持大数据的发展。其中一个重要的资本力量就是我下面要说的，要促进和加快创业投资的发展，这件事同样迫在眉睫，势在必行。为什么这么说？

第一，大力发展创业投资，是支持正在蓬勃开展的“双创”事业的需要。近十年来我国的创业投资虽然取得了快速增长，据不完全统计，在全国已经有近万家创业投资机构，大概有1到2万支创业投资基金管理创业投资，总规模达到了4万亿，有人说到了5万亿人民币的规模，发展得很快。但是这还远远不能满足大众创业、万众创新蓬勃发展对创业投资形成的巨大投资需求。我们觉得必须要形成新的格局——双创2+1的格局——创业创新＋创投这样一个发展的格局。要大力加快创业投资的发展，这样才能为大数据新兴产业、创业企业、创新项目提供更多的资本支持和增值服务，从而为提高“双创”的成功率发挥积极的作用。

第二，大力发展创业投资也是促进供给侧结构性改革的需要。供给侧四大要素：劳动力、资本、资源、技术，这四大要素中，资本供给的结构性改革尤为重要。大数据新兴产业的发展，不可能再走过去依赖银行贷款的老路子。创业投资就是为上市企业进行股权投资的新型投资方式，大力发展创业投资对完善企业的融资结构，提高直接融资的比重，实现去杠杆的目标任务具有直接作用。

第三，大力发展创业投资是保持投资稳定增长的重要举措。从今年经济下行的前4个月数据来看，一个突出表现是投资的增速，特别是民间投资的增速在急剧下降，已经持续下降一段时间，这已经引起了从上到下的广泛关注，国务院、国家发改委都派出了督导组、检查组去了解为什么下降这么快？为什么缺乏积极性？大力发展创业投资，培育包括机构投资人、天使投资人、多元化的投资主体，一定能够有力地推动更多的民间资本、社会资金投入创业投资当中。这样在新的模式下，新时期的投资增长，保持一定的稳定的增长速度，就会产生非常重要的作用。

我从这三个方面来理解发展创业投资是迫在眉睫、势在必行。

因此，国务院从3月份开始就由国家发改委牵头，国务院的14个部委共同参加起草《国务院关于促进创业投资发展的若干意见》。这个文件是10年前国务院39号令关于创业投资企业管理暂行办法之后，又一部具有全局指导性的纲领性文件。这个文件征求意见稿正在向全国各地区各行业征求意见，有望下半年出台。这个文件从培育创业投资的多元主体，拓宽募资的渠道，加大政策扶持，完善相关的法律法规，退出机制等各个方面提出了新的一系列措施。文件的出台，对于我国投融资产业新一轮的快速发展将发挥新作用。在这个大背景下，贵州省、贵阳市也抓住机遇，来促进本地区的创业投资的发展。

数据显示，从全国来看贵州贵阳的创业投资还相对滞后，要注重引进全国创业投资发达地区的投资机构，与大数据等产业创业创新项目来实现资本和项目的对接。这个论坛还有两个实际的事情。一个是创投委，是我们联合几家中央单位下面的投资机构共同来设立一个“双创投资的母基金”，有一个签约仪式。这个论坛上还要举行资本和项目对接的活动。这些活动，项目路演，也在尝试项目和资本的对接，我希望能够取得实际的效果。这是我们创投委坚持为投资机构服务，为被投企业服务的重要任务之一。创投委成立了6年，作为我国股权投资和创业投资的全国性协会组织，做了一系列工作，主要作为沟通政府和企业之间的桥梁纽带，推动政府对行业政策的研究和出台，反映行业的呼声和诉求，保护投资者的合法权益，推动一系列的政策制定与行业重大问题的研究，为全国中小微企业提供金融服务咨询服务，开展与全国新三板公司的合作等。这些工作，取得了一定的成效，得到了社会的认可，我们希望通过今天的机会，能够进一步加强与贵州省、贵阳市的联系与合作，共同推动创业投资的发展，从而加快包括大数据在内的新兴产业的发展速度。

创投委还有很多工作要做，希望参加会议的各个部门和企业代表能积极加强跟我们的联系，来探索合作的渠道，共创新常态下贵州、贵阳经济发展的新局面。最后预祝今天的论坛取得圆满成功！

谢谢各位！

大数据时代中国中小企业的投融资创新

经济学家、金融和管理学教授　刘李胜

各位领导，各位来宾：

大家好！

今天和大家分享大数据时代中国中小企业的投融资创新发展，我一步一步来阐述这个主题。

最近的十多年，我主要从事并指导企业的融资和上市。在20世纪90年代前后重点研究系统科学，包括系统论、信息论、控制论、协同理论，等等。我在读博士期间，主要接受了美国经济学家西蒙教授的观点，他认为我们能够获取的信息是有限的，因此决策理性程度也是有限的。我当时非常赞同这个观点，因为常识告诉我们，你要想买一朵鲜花，没有必要跑遍所有的花店，如果你想谈一场恋爱，也不一定要和全世界的女人一起。我认为要在有限中寻找无限，相对完美中寻找一个最好的决策。现在看来，在大数据时代这个观点还是能够得到支撑的。

依据互联网、云计算、大数据强大的职能，特别是人工智能可以无限扩大人脑的功能，充分放大计算机的功能，这样可以省出很多的推理分析，直接获取结论，所以能够做出更好的决策。大数据时代提供了技术上的可行性。物联网是互联网的延伸，是物与物的关系，这样一些新技术之间有什么样的关系呢？它向人类提供了怎样的世界图景？按照我的理解，大数据、云计算、互联网、物联网依然是系统论、信息论体系的深化和拓展，由哲学层面、科学层面向技术层面进步，向可视画面来迁移和演变。

再看大数据，大家都知道数据是信息的基础，大数据是一种原始的信息，是对所有可以记录的信息的一种激活。它的特征概括为几个：海量、高速、多样、有价值。对客户来讲，信息资源或者系原始信息，需要通过一种新的处理模式，一种专业化的加工方法，把这个信息宝藏挖掘出来，变成更有洞察力和程序化的高效益信息。要做到这一点，需要通过云计算。

什么是云计算？用一个比喻来讲，云计算就像天空云海一般的分布式的计算价格，通过分布式的处理、分布式的数据库、云储存和虚拟化的技术，把海量的信息库分成不同的存储、碎片化，满足不同的决策管理和运营需求。从这个意义上讲，大数据是云计算的新能源，云计算是大数据新能源的开发方式和技术手段。至于互联网很好理解，平均计算集群至少两台以上，它可以提供一种网络的渠道、智能的载体，大数据和云计算要通过互联网的工具得到处理传输和储存，这是一种立体、非线性、符合虚拟结构的美产生的巨大性能和功能形成的新的机制，这个机制就是结构和功能的结合。但是我们要看到这种结构不是单纯设计出来的，而是经过不同的发展阶段，有一个艰难的演化过程。今天我们的大数据、云计算、互联网、物联网，都不是一天之内的突发奇想，都是经过一个演化的过程。

接下来谈谈在大数据时代，我们企业投融资将面临什么问题？或者说会出现什么样的局面？现在大家都知道，国家大力倡导大众创业、万众创新，这是具有非凡前瞻性的一个大的战略性布局。按照我们的理解，大众创业、万众创新，只是这篇大文章的上篇，还应该有全能投资、天网监管的下篇。我觉得这样强调、这样布局才是完整的。

在提法当中，刚才沈会长也讲到了要大众投资。这个提法与大众创业之间存在着内在的严密的逻辑关系，大众创业不仅是号召，更需要从13亿人口中抓住数据，解决他们的创业决心和态度，创业的业态、路径和成效，建立创业的数学模型。大众创业、万众创新除了少量的业态和模式需要复制，单纯量的扩张外，主要是需要创造。创业主要需要创造，创业就是创新，把创新分为五种情况：开发新产品或者改良原有产品，使用新的生产方法，发现新市场、新原料和产成品，把新的要素组建成新的生产体系，建立新的生产函数。这些都是创新。

在每一个环节都会涉及创新，我们现在所做的企业转型升级，不仅是结构性改革、经济结构调整、发展战略性新兴产业，而且是管理和制度的改革。但是创新有巨大的风险，特别是对于中小企业、小微企业，成立前几年都是死亡的低谷，随时面临失败，技术研发不成功，市场开发没有打开，资金链可能断裂，管理层可能会跳槽和散伙。这些都需要我们企业在不同的阶段进行不同的、阶梯性的融资。

第一个阶段，有好的创业书、好的激情和理想，但是没有钱，需要天使投资。什么是天使投资，传统意义上讲就是三个F，就是家庭的投资、朋友的投资、傻瓜的投资。所以说范围非常有限，在后续阶段需要产业投资、策略投资，等等。我们看到由于信息不对称，需要大数据、云计算、互联网把资金需求方和投资方精准连接起来，尽可能地直接让他们对接。

那么就需要天网监管，也就是全面监管，大家可以想象，连资本市场非常发达成熟的国家，如果市场监管不好，也会出现很多问题，发生次贷危机。

如果在一个新市场实行全面投资，风险有多大？监管应该是多么困难。这就需要建立一种权威、高效、全员统一、灵活的监管体制，还需要借助大数据、云计算、互联网等手段依法监管、全面监管、严格监管。这三个监管是刘主席在两会期间答记者问的时候的提法，我认为讲得非常到位。所以通过体制和技术手段，尽可能地消除监管空白、监管重复和监管套利。最后要回到大数据投融资创新的主题，看看有什么创新的思路，至少可以在理论上研究和思考，提出这么几个方面，抛砖引玉。

第一，大众筹资。众筹是创业者或者是他的团队利用中国互联网等非标准化的金融机构向大众募集资金，把自己的创业梦想变成视频文字向大家展示，目标金额在目标期限内完成，算是众筹成功，网站抽取一定比例的服务费，投资者获得一定的报酬，这是一对一的融资模式。众筹主要包括项目众筹、股权众筹、股权交易众筹、证券众筹等类型。

2015年3月25日，美国的证券交易委员会发布了初期创业企业推动方案，这个方案的第四章允许成长性企业面向大众融资不超过5000万美元，美国去年允许的众筹，中小型成长性企业不超过5000万美元的众筹资金。2015年9月25日，我国发布关于加快大众创业、万众创新的文件，世界银行预测到2025年全球众筹融资达到3000亿美元，其中中国500亿美元。

第二，网络借贷。网络借贷成为P2P模式，不以银行为媒介，以互联网为平台，第三方平台为交易，自由竞价，撮合成交，不要求资产担保和抵押，只是通过人员设备技术和大数据信用评级发放贷款，借款人到期偿还本金，网贷公司抽取一定的比例。那么这种运营模式主要有传统的P2P、债权转让模式两种。2015年7月，我国央行等10个部门和三会联合发布《关于促进互联网金融健康发展的指导意见》，12月28日发布《网络借贷信息中介机构业务活动管理暂行办法（征求意见稿）》，2015年9月，网络平台达到2471家，贷款余额3000多亿元，环比增长40%。

第三，供应链金融。通过信息流、资金流、物流，三流合流共享，对供应链的内部结构进行分析，利用信贷模型对供应链的不同节点、结果授信支持，这是一种创新产品，具体包括电子商务交易、在线支付、交易融资和物流管理等多个环节，把单个企业不可控的风险转变为供应链企业总体的可控风险。目前主要有银行、供应链金融2.0、电商供应链金融，还有基于电商平台的银行供应链金融，业务方面有应收账款融资、对冲融资等业务类型。据有关产业研究院报告，目前我国金融市场规模已超过10万亿元，预计到2020年，可能会达到20万亿元。

第四，区块链金融。许多年前就听说有人建议，要把所有的货币编号，这样的话货币在每一个流转的环节都有据可查，可以消除金融犯罪包括贪腐。大数据时代可以轻易地解决这个问题。区块链金融可以理解为一个计算机程序的金融账户，可以记录在这里的所有交易，包括交易的每一个节点和痕迹，去中心化，信息高度透明，不被恶意篡改，最适合证券交易、登记、结算和清算。如果采取区块链金融技术，可以大大节省交易和清算的费用，还可以有效地查处违规犯罪记录。目前在国际上，美国银行、瑞士银行等40多家银行正在组织研究，澳大利亚证券交易所、纳斯达克、伦敦证券交易所也在研究，把它用到证券市场的交易和清算、登记业务。

第五，特别募集收购公司。这种方式是美国采取的一种证券发行方式，借助于互联网来进行。简要地讲，这种方式就是有资格的金融家可以自己出钱来组建公司，这个公司里面没有业务，没有商业计划书，但是通过批准可以发行，要在18个月内找到合适的企业进行并购，如果还没有完成这个并购，那么这个公司就被注销，投资者的钱就得偿还，自己的钱就得打水漂。这个当时出现的时候，出现了很多的泡沫，但是也有几家公司是采用这种方式在美国上市。这种方式使我们想到新三板，我们的私募股权结构先期成立公司在新三板挂牌，筹到钱然后再和企业并购，这样可以降低实体企业的风险，把风险让投资机构承担起来，避免太多的新三板上市公司，现在有6000家，90% 都是没有融资的，可以避免这样的问题。

最后一个问题是交易所的跨境互通互联。我们去年已经实行了沪港通，还要进行伦敦交易所和上海交易所的互联互通。大数据时代可以考虑在取得经验的基础上，实现更多更广的交易所互通互联，不仅仅是二级市场的交易，可以到一级市场，这样可以利用两个市场、两种资源更好更快发展，也有利于中国的居民跨境投资在全球配置资源，进行多元化的投资组合，对冲风险。相信在大数据时代，基于以上的这些工具，企业投融资会出现更多更好的新生事物。

观点再现

柳超（金堤科技董事长）：数据垄断是制约数据型创新企业发展的瓶颈，而供给侧改革是唯一的出路。目前，金堤科技正在构建数据买卖层、数据交换层、数据服务层、数据产品层，让任何企业都有机会走上数据链的上游。大数据行业，只要敢想、敢做，什么事情都有可能。

张灏（亚信数据总裁）：有些数据非常静态、不活跃，但是却有很大价值，而困难在于市场化和城市管理的差别较多。因此，用数据创造价值，需要进行大数据场景的应用创新、大数据的应用价值与数据伙伴合作，最终达成实现数据的价值。

余丹琛（核工业计算机应用研究所副所长）：现在的中国是名副其实的核电大国，但还不是核电强国。要想实现核电大国到核电强国的转变，必须要实施创新驱动战略，要有自己的核电技术，以增加自身在全球的竞争能力。我们是核工业行业，跟企业不同。我觉得在企业里运用大数据的问题有三个方面：一个是体制和机制的问题，因为我们在数据集成和推广过程中，发现实际上组织内部的流程、管理的壁垒是分割大数据里头非常关键的要素，但是这些关键的要素很难改变，所以大数据在集合的过程中管理变革和工作流程化是非常重要的问题；第二个我觉得大数据的知识产权非常重要，数据的隐私也很重要。如果知识产权的保护和交易不能形成很好的良性循环，这个交易也很难做到；第三个是技术平台，但是这个技术平台大数据必须跟云计算、跟移动互联结合起来，才能很好地发挥作用。

孙世友（中科宇图副总裁）：未来的大数据应该有三个发展的转变：第一，从现在的好看甚至好玩走向好用、实用；第二，我认为大数据的分析会从现在的平面、侧面分析走向立体化的分析；第三，大数据的分析从现在的定性的方向性分析走向真正的定量的分析。我相信大数据的发展会推动整个经济的发展，同时，我也相信大数据离我们老百姓不远，会慢慢地在老百姓中运用起来。那时候大数据才真正起到它的作用。

王璐（美林数据总裁）：块数据的形成，需要数据的运营来做基础，即无限放大单一数据资源的作用，这样才能真正实现数据的价值。总结企业自身，数据运用主要包含三个板块，第一个板块是企业内容的数据挖掘和分析，第二个板块是运用数据资源来进行应用，第三个板块是进行数据资源的融合，形成横向、纵向的数据连接，这样才能无限放大单一数据资源的作用，产生新的数据运用模式。数据融合是块数据形成的一个重要环节。从当前的发展现状来看，对企业而言，数据资产的管理是企业内部形成数据运营价值的当务之急，只有先做到这一步，以后才能进行数据交换，或者是实现数据的变现。当然，最后还是要走数据融合的道路。在这个过程中，企业要实现两条线的支撑，一是数据运营管理体系的支撑，二是数据融合的支撑，这是企业由 IT 过渡到 DT 的重要路径。

刘怡（易观智库总裁）：无商业不数据，离开了商业谈数据都是纸上谈兵，在迅速抢占大数据市场时，把控数据应用场景是当前整个数据产业的关键点，而数据的增值是未来的发力点，可以让整个数据价值得到更好的发挥。

吴明辉（明略数据董事长）：数据交易之所以进展困难，原因之一是数据孤岛，但更大的原因来自于技术和业务之间的鸿沟。构建大数据平台其核心是帮助客户存储、管理数据，把数据联系起来最后再做数据挖掘。

倪时龙（福建亿榕信息技术有限公司总经理）：构建一个以数据为中心，以人为本，通过数据可信、管理可控、协同共享，实现驱动运营，实现政府、企业、民众业务全互联模式。而驱动运营就是倒逼机制，需要业务凭证化、凭证资产化、资产价值化。

齐红威（数据堂创始人兼CEO）：制约数据交易的原因，一是涉及数据隐私和数据安全，二是数据需求方和供给方不对等，三是数据的价值在于多种数据深度融合，而现在还停留于简单融合。

刘天文（软通动力董事长兼CEO）：大数据正在引发经济社会发展的变革，是智慧城市建设的关键。只有让大数据充分发挥城市、城市群乃至国家整体布局的真正价值，让大数据成为构筑创新型城市的重要抓手，赋予城市“智慧”，并让服务城市创新发展成为检验智慧城市建设提供商、运营商的唯一标准，才能真正推动智慧城市建设。

王建平（渭南市人民政府副市长）：数据资源是当今发展不可或缺的一个要素，是完善城市管理、提升政府服务的重要引领和支撑。渭南市智慧城市建设的关键在于，逐步构建长效支撑机制，利用信息化建设推动工业数据创新发展，不断创造政策环境优势，建立开放型创新创业联盟，打造资源开放平台，从而增强大数据发展动力。

洪婷娜（英国驻重庆领事馆总领事）：大数据的发展会改变我们的生产方式，也会改变我们服务的提供方式，比如像医疗。它会改变我们思维方式以及生活方式，通过发展大数据产业，会掀起新一轮的产业以及科技的革新，这会帮助我们双方在企业以及在社会发展方面创造各种机遇。现在，贵州成了这些深入变革的前沿阵地，已经在社会以及经济发展方面扮演了非常重要的角色，中国必将从中获益。英国也想和贵阳一起合作，来实现这样的目标。

郭毅可（数据科学研究所（BDI）创始人，英国帝国理工大学教授）：所有的科学研究都离不开大数据，数据科学的一项重大研究任务，就是以大数据作为科学技术研究的工具和基础。第一，研究数据的集成和理解；第二，研究感知和交互；第三，研究机器的学习、将数据转化为知识最终实现数据整合、数据和谐，即数据的统一化、标准化。

冯嵱（软通动力副董事长兼首席营销官）：城市是人生活的地方，城市的数据应该是最多元的。数据的工具和能力前所未有的丰富，可以推动一个城市规划的变革，从规划的变革带来城市治理的变革。城市规划到现在是一个新的阶段。以前的城市规划是以经验、抽样为主，现在变为以仿真、定量、模拟等为主。通过新的数据方法，重新规划城市建设，城市规划会有一个新的展示方式。未来的城市规划，是一个城市动态的仿真模型，我们可以知道基于现有的工业、人的活动，对交通、环保产生的影响。我们有新的方法和新的理论来支撑新的城市规划。

程建国（财讯集团副总裁、财经网CEO兼总编辑）：综合试验区的成败还在于政府方面。因为这是一个政府高度推动、高度组织的项目。但是我们也应该看到，首先，这是一个高科技的概念、高科技的产业。其次，这是一个外向型的产业，贵州在这方面的基础比较薄弱。我们本身是一个内向型的经济模式，这样如何发展大数据，给政府提出了非常高的要求。

鄂维南（中科院院士）：从2009年到现在，已经7年了，我们大数据人才培养仍然是一个严重的问题。大家都知道关键是人才，尤其是企业界需要大量的大数据人才。但是人才培养有几方面的制约：第一，人才的培养必须经过教育部的流程；第二，专业人才即研究生的名额是由教育部严格控制，属于稀缺资源。尽管我们在这几年做了相当多的准备工作，但是制度上的制衡使我们的工作没法开展。我得出了一个结论，为了满足大数据行业人才的需求，我们一定要走体制外的道路。

单志广（国家信息中心信息化研究部副主任）：在大数据的发展和推进中需要注重如下八种关系：大数据与政府治理创新的关系；大数据与信息化的关系；体制机制、思维模式创新与技术的关系；拿来主义与中国化的关系；上层设计与基层落实的关系；以人为本与政绩的关系；任务目标与现实情况的关系；本地人才与外来人才的关系。处理好这八种关系，重点在于改革创新和讲究实效。

郑磊（复旦大学国际关系与公共事务学院院长助理、数字与移动治理实验室主任）：信息公开是维护公众的知情权，而开放数据则不仅仅限于信息公开，而且是对可公开数据的二次利用，能够带来社会价值和商业价值。大数据建立在开放数据的基础上，政府作为数据的供给侧开放数据，市场作为市场端利用数据，最后共同解决社会问题，同时创造一定价值。

朱宏任（工业和信息化部原总工程师）：发展大数据离不开投融资体系的支持。任何一个新兴产业的发展都离不开投融资体系的支撑，互联网在全球的崛起正是各种资本与技术创新融合发展的典范。顺应这一趋势，国务院在促进大数据发展行动纲要中对财政金融支持、大数据发展做了部署。一方面发挥市场配置资源的基础性作用，鼓励大数据企业进入资本市场融资，努力为企业重组并购创造更加宽松的金融政策环境；另一方面发挥政府宏观调控作用，引导创业投资基金，投向大数据产业，鼓励设立一批投资大数据产业的创业投资基金。

张天天（宝贝格子创始人）：到底怎么定义海外商品？我们对于海外商品的定义至少要满足以下几个条件：首先必须是一个海外品牌；第二，至少是面向当地消费者的一种消费产品，不只是针对中国消费者的一种消费产品；第三，最好能够从海外的市场直接邮给中国消费者；第四，当然在海外生产制造更好，即使中国制造的东西也会越来越好。

秦毅（HCR 慧辰咨询投融资部总经理）：我们核心的商业模型是利用

数据产生六大产品线，包括发现行业的机会、了解客户的需求、产品的开发和改善、管理渠道、传播广告、客户关系管理，其实更像在一个产品的管理中心，用客户数据说话，产生价值。

宋春雨（联想乐基金总经理、联想云服务业务群总经理）：在未来5到10年，重要的科技创新领域为“云计算 + 大数据”“人工智能 + 机器人”“互联网 +”、消费升级四个方面。大数据在人工智能和云计算的支持下，将发挥巨大价值，未来依靠历史数据的业务模型，将被人工智能部分替代。投资需要坚持人为中、事为先和顺势而为、审时度势的理念，坚持原则、坚持价值投资、坚持投资和新技术融合。

刘李胜（金融和管理学教授、著名经济学家）：大数据时代企业投融资面临大众创业、万众创新、全能投资、天网监管四个层级：大众创业、万众创新是战略布局的上篇，全能投资、天网监管是下篇。创新具有风险，大数据、云计算、互联网技术能精准连接资金需求方和投资方，建立全面的监管体制。大数据投融资创新包括六个方面，分别是大众筹资、网络借贷、供应链金融、区块链金融、特别募集收购公司、交易所的跨境互通互联。

赵立军（东软集团先行产品研发事业部总经理）：建立结合数据特点和符合企业实际的行业数据分析模型，是推动大数据价值更大化的关键所在，未来大数据更大的发展潜力在于推动跨行业数据的进一步整合，如何穷尽式发挥大数据的作用，归根结底是构建良性的生态系统，与客户共同探索大数据的价值。

李欲晓（中国网络安全协会秘书长）：科学地认识大数据这个新的发展浪潮非常重要，应进行以下方面的考虑：一是共享和流通，这是大数据价值的源泉；二是安全和规则，这是大数据发展的保障；三是融合与协同，这是优化社会经济结构的基础；四是探索和创新，这是引领互联网未来的关键。

李伽（美国甲骨文公司高级技术总监）：随着大数据的全面应用，大数据将助力企业的业务战略进行转型升级，实现业务战略从深度到实时，从专业到共享，从支撑到服务。大数据分析技术的广泛应用将帮助企业为客户创造更多价值。

周涛（电子科技大学大数据研究中心主任）：从某种意义上讲，媒体、资本对大数据的关注度远远超过了企业所创造的价值，在这个过热的大数据时代，人类需要分辨大数据真正为人类创造了哪些价值。大数据发展到今天，数据总量在爆炸式增长，数据形态、数据关联、数据服务范围发生了巨大变化。

谷立言（美国驻成都领事馆总领事）：贵阳作为当前中国促进经济和技术发展一个很重要的平台，最重要的载体是大数据。物联网的迅速发展，能够快速地收集很多信息，大数据也可以帮助医疗、航空安全和电子商务等融合发展。任何企业在大数据发展中面临的最大问题，就是没有做好面对大数据带来的挑战。大数据会继续存在，如何利用大数据促进企业发展，变得越来越重要。

汪玉凯（国家信息化专家咨询委员会委员、中国行政体制改革研究会副会长）：无论是政府、企业，还是公民，要树立数字文明意识，并使之转化为基础数字体系和政府治理模式。应从以下几个方面入手：首先，做好全社会的数据文明基础建设，从经验决策转向数据决策，从权力治理转向数据治理；其次，运用大数据技术改进政府管理，实现政府权力、责任的透明化管理，以此评估政府绩效，监督政府行为；最后，加快大数据开放与共享，以数据的流动、交互与共享，促进整个社会资源的流动、交互与共享。建设“整体政府、开放政府、协同政府和智慧政府”，关键在于数据的开放和共享。互联网时代打造了无缝隙对接的整体政府，部门之间的数据开放，让流程再造、流程优化、数据共享、资源共享，构建了网上跨部门的协同政府，这样才可以打造一个智慧政府。

安全与隐私保护

- 密码在网络空间安全中的作用和地位
- 大数据资产化立法思路与对策
- 大数据与个人数据保护

2016年5月25日，“中国智慧城市数据安全与产业合作高峰论坛”在贵阳国际生态会议中心召开

2016年5月26日，“第二届中国大数据安全高层论坛”在贵阳国际生态会议中心召开

2016年5月25日，“大数据防范金融风险论坛”在贵阳国际生态会议中心召开

2016年5月25日，“大数据时代的挑战：数据安全与个人隐私保护论坛”在贵阳国际生态会议中心召开

2016年5月26日，“大数据与网络安全立法高层研讨会”在贵阳国际生态会议中心召开

安全与隐私保护：大数据发展的全新挑战

大数据战略重点实验室

大数据时代的来临，促使社会治理模式和经济发展方式发生了巨大变化，大数据打通了时空的壁垒，实现了各种资源要素的“聚通用”。从资源的角度来理解，大数据被誉为未来的石油，被作为国家基础性战略资源来管理；从国家治理的角度来看，大数据已经有助于提升治理效率、重构治理模式、破解治理难题；从经济增长的角度来看，大数据已经被作为一个产业来发展，成为经济增长的新动能；从国家安全的角度来看，大数据已经成为一个国家综合实力的重要组成部分。同时，全球数据资源呈现爆发式和多样化的急剧增长，大数据引发的个人信息安全问题已全面爆发，产生的威胁、侵害和影响，已经远超越我们认知的范畴，信息安全与隐私泄露给我们带来了严重困扰。因此，我们既要顺应形势，抢抓机遇，共谋发展，也要高度重视大数据给国家安全、社会稳定以及个人隐私带来的诸多安全挑战和问题。

在此背景下，2016中国大数据产业峰会暨中国电子商务创新发展峰会以《促进大数据发展行动纲要》为基础，为推动大数据的健康发展搭建了数据产业国际化、专业化的交流平台。第二届“中国大数据安全高层论坛，大数据时代的挑战：数据安全与个人隐私保护论坛，中国智慧城市数据安全与产业合作高峰论坛，大数据防范金融风险论坛，大数据风控发展论坛，大数据与网络安全立法高层研讨会”六大高端论坛，邀请了政府、学界、企业的重量级嘉宾，汇聚了互联网业界和法学界的专业人士，围绕互联网金融风险控制、个人隐私保护、数据跨境流动、关键信息基础设施等话题，共同探讨了大数据领域的安全问题，并思考了大数据发展带来的新挑战，一起寻求最大共识。此外，还探索了数据开放和个人隐私保护的平衡之道，为中国智慧城市数据安全建言献策。这对于全球范围内大数据的安全、产业可持续发展具有重要意义。

一、大数据发展与安全治理“并驾齐驱”

如今，人类社会已经进入了大数据时代，数据数量和价值快速攀升，持续创造出巨大的经济和社会价值。当然，这也是个充满挑战和险峻的复杂时代，随着互联网向其他行业的融合发展，大数据将加速从互联网向更广泛的领域渗透，与此同时，大数据安全威胁也将全面辐射到各行各业。

5月25日至27日，在贵阳国际大数据产业博览会暨全球大数据时代贵阳峰会期间，由中国信息安全测评中心、贵阳市人民政府联合主办的“第二届中国大数据安全高层论坛”在贵阳国际生态会议中心举行。论坛开始，贵阳市副市长刘春成和中国信息安全测评中心主任朱胜涛做了会议致辞。

接着，中央网信办网络安全协调局副局长卿昱、中国信息安全测评中心专家委员会副主任黄殿中、中国工程院院士倪光南、国防科技大学计算机学院副总工苏金树等专家学者，围绕“数据创新驱动发展、数据治理保障安全”这一主题，从战略、产业、学术、技术、应用等多个视角深入探讨了大数据领域的安全问题，解读了各个领域大数据发展带来的新挑战，并提出用新思维应对大数据安全挑战，以减少大数据时代的隐私泄露风险，提升大数据治理能力，为大数据的发展提供安全保障。万物互联时代，大数据规模空前，数据流动更加频繁，大数据日益成为国家的基础性、战略性资源。从顶层的战略视角来看，国家已经将大数据视为重塑数据新机遇、提升政府治理能力的新途径和引领经济腾飞的新引擎，大数据的价值在于其推动思维方式的改变。中国信息安全测评中心专家委员会副主任黄殿中指出，我国大数据发展呈现3个特点，一是大数据安全面临新挑战，一方面，大数据与国家主权安全紧密结合，威胁挑战日渐增多；另一方面大数据与国家治理体系深度交织，风险冲击日趋复杂。二是大数据安全呈现新特点，数据时代的安全问题纷繁复杂、变化多端。三是大数据治理需要新思维。因此，我们应乘势而上，主动作为，积极借鉴发达国家在大数据安全治理上的经验教训，并从战略设计、政策规划、科研创新、人才培养等方面结合我国大数据安全实际，加强探索创新。

大数据环境下，不同行业的企业对于数据安全的实际需求发生了重大改变。随着企业数据资源的进一步增长和集中，这一完整链条中的数据安全受到了来自各个方面的威胁，对数据安全隐私的有效保护也变得日益困难。公安部网络安全保卫局副局长赵林认为，要解决好开放机制和安全责任的问题，才能够保证大数据安全有序和广泛的开放。在数据获取、存储和应用的过程中，数据的采集能力、存储能力、应用能力、传输交换能力和安全能力，构成大数据处理能力的五个方面。在大数据的发展过程中，首先关注数据来源——数据每天都在爆发式产生，由无数网民、无数单位产生。这些数据具有多元、异构、高速、海量等一系列特点，造成传统的数据获取和数据处理方式难以适应，所以要把住数据的入口，“不仅要敞开口子让数据进来，更要把好口子让数据更有质量地进来。”政府要建立一个开放的机制，通过合理的设计保障大数据安全有序和更大的开放。

在经济、社会、安全等领域，基于数据决策将会逐步取代基于经验的决策，这些特性使得大数据成为将传统安全与非传统安全深度融合的媒介，固有的安全风险和新型安全威胁挑战因为数据时代的到来而面临着更复杂的问题，以信息为基础的现代社会由此步入了一个风险多样、挑战多变的新阶段。中国电子科技网络信息安全有限公司董事长李成刚认为，目前我国大数据处于发展初期，解决开放融合条件下的数据安全问题、建立安全监管机制、完善大数据安全配套措施，是最核心、最迫切的发展需求。此外他还提出，目前发展大数据有四个方面的安全问题需要解决，一是在政府数据开放过程中，由于规范及保护措施缺乏，导致各委办局采用禁止敏感数据流通的保守方式进行数据保护，严重阻碍了数据的公开、共享与流通；二是在大众数据开放过程中，数据非法利用面临舆情监管的困难；三是在行业数据融合过程中，数据挖掘泄露了敏感及隐私信息；四是在配套措施中，标准与法规欠缺，人才需求缺口较大。

对于一个大型网络，在网络安全层面，除了访问控制、入侵检测、身份识别等基础技术手段，需要安全运维和管理人员能够及时感知网络中的异常事件与整体安全态势。国家密码管理局商用密码管理办公室副主任安晓龙认为，要大力推进密码应用，保障大数据安全。数据安全威胁着国家网络空间安全，密码是保障大数据安全的有效手段，密码技术与核技术、航天技术一直被视作国家安全的三大支撑技术，在身份认证、安全隔离、信息加密等方面它有着独特的、不可替代的作用，采用密码技术对大数据进行安全保护大有用武之地，社会各界应知行合一地推动密码应用，保障大数据安全。随着大数据的发展，密码技术被赋予了更重要的内涵，国家密码管理局正在全面深入贯彻落实中央要求，引导密码研究，包括产业的推进、加固基础设施、规范密码服务、健全密码应用安全性审查评估机制，推进密码标准应用和国际化，大力推进密码应用保障大数据安全。

二、开放与保护："数据天平"的两端

随着大数据时代的到来，人们的衣食住行、健康医疗等信息被数字化，可以随时随地通过海量的传感器、智能处理设备等终端进行收集和使用，实现物与物、物与人、人与人等之间在任何时间、任何地点的有效连接。然而，在享受大数据挖掘得到的各种各样有价值的信息给生产、生活带来便利的同时，也不可避免地泄露了人们的隐私。因此保护人们的隐私是大数据时代急需解决的重要问题。

5月25日至27日，在贵阳国际大数据产业博览会暨全球大数据时代贵阳峰会期间，由中国互联网协承办、阿里巴巴集团协办的"大数据时代的挑战：数据安全与个人隐私保护论坛"，在贵阳国际生态会议中心召开。论坛主题聚焦于数据安全与隐私保护的产业实践，既包含企业内部数据安全实践，又包含政府与企业合作的模式探索，主要面对大数据产业生态各相关方，政府部门相关领导、高校及科研单位、法学界等单位专业从业人员。论坛上，中国互联网协会理事长邬贺铨院士、北京航空航天大学法学院院长龙卫球、阿里集团安全部技术副总裁杜跃进等与会嘉宾围绕如何在全面

推动数据开放、应用、共享的同时，完善产业标准体系，有效保护公民、企业隐私，让各类市场主体公平分享大数据带来的技术、制度和创新活力进行了交流。嘉宾们站在不同的角度分析大数据产业面临的威胁和挑战，探索数据开放与个人隐私保护的平衡之道等一系列重要问题。

中国工程院院士、中国互联网协会理事长邬贺铨认为，大数据意味着海量数据的汇集，很容易引来潜在攻击者，为了避免黑客入侵，企业的大数据最好采用分布式存储。国家“十三五”规划着重提到了大数据安全技术，提出要加快海量数据的采集、存储、清洗、分析、发掘、可视化、安全与隐私保护等关键技术攻关，集中力量突破信息管理、信息保护、安全检查和基础支撑关键技术，提高自主保障能力，加强关键信息基础等方面的建设。此外，不少涉及国家利益、国家安全的数据都掌握在互联网企业手里，这不仅是信息社会的热点，也是信息安全博弈的焦点，企业有责任通过提升技术、管理等来保障这些数据的安全。

大数据本身的安全属于信息安全的范畴，当然，它也与运营管理有关，因此就涉及法规、标准、制度、管理等方面的问题。由于大数据是新事物，因此相应的法规、标准、制度等必然落后于实践。中国互联网协会秘书长卢卫在会上强调，我国在大数据发展和应用方面已具备一定基础，拥有市场优势和发展潜力，但也存在数据开放共享不足、产业基础薄弱、法律法规建设滞后等问题亟待解决。他呼吁，应尽快完善大数据相关的法律法规，营造互联网数据产业发展的法治环境；互联网企业要切实履行社会责任，共同促进大数据产业持续健康发展；网民要加强个人隐私保护意识，培养健康安全的网络使用习惯。

如何在不泄露用户隐私的前提下，提高大数据的利用率，挖掘大数据的价值，是目前大数据研究领域的关键问题。这个问题将直接关系到大数据的民众接受程度和进一步发展趋势。阿里集团安全部技术副总裁杜跃进在论坛上表示，为保护数据安全、用户隐私以及数据的合规使用，阿里巴巴内部已经投入一支近百人的团队来建设一套完整的大数据安全管理规范。他介绍，作为一家数据公司，阿里巴巴很早就着手建设针对数据的安全管理规范，这套规范基于企业自身的数据安全实践，借鉴国际上成熟的度量模型，围绕数据生产、存储、使用、传输、共享到销毁的全生命周期，覆盖组织建设、人员能力、制度流程、技术工具四个能力维度。

当今时代，大数据分析带来的隐私泄露问题日趋严重，如何在利用大数据为各行各业服务的同时，保护好隐私数据，防止敏感信息泄露，这已成为新的挑战。华盛顿大学教授陈一昕认为，数据安全是确保数据不因偶然和恶意的原因遭到破坏、更改、丢失和泄露，数据隐私保护是防止敏感数据遭到有意或无意的泄露或盗窃。他结合医疗大数据分析提出了基于加密技术的个人隐私保护和基于隐藏数据技术的多机构间的知识共享理论方案。

三、风控为互联网金融数据披上“安全外衣”

近年来，随着产业信息化、数字化、网络化进程的加速，互联网、云计算、大数据带来更新式革命，推动互联网与金融快速融合，提高了金融资源配置效率，“互联网 + 金融”成为传统金融行业转型“触电”的新模式。同时，互联网金融行业也饱受黑客攻击的困扰，一些技术安全防范较低的平台因此造成系统瘫痪，用户信息泄露甚至资金损失的困境，诸如此前芝麻金融被爆出8000多名用户资料遭泄露、红岭创投受攻击一度网站停摆等，数据安全成了互联网金融发展中的“绊脚石”。

5月25日至27日，在贵阳国际大数据产业博览会暨全球大数据时代贵阳峰会期间，“大数据防范金融风险论坛”“大数据风控发展论坛”相继在贵阳国际生态会议中心召开。中国电子学会副理事长兼秘书长徐晓兰、中国产学研合作促进会执行副会长兼秘书长王建华、电子科技大学大数据研究中心主任周涛、中国科学院自动化研究所复杂系统管理与控制国家重点实验室主任王飞跃等国内外政企产学研用的专家学者，一起就如何利用大数据技术创新互联网金融监管方式；如何有效预防系统性和区域性金融风险的发生；如何立竿见影打造更加健康合理的互联网金融环境等互联网金融监管领域的问题进行了深入交流，为数控金融领域的可持续发展贡献大量有建设性的意见与建议。建立健全针对互联网金融的制度和法规，建立大数据监管平台，通过数据、技术结合，对互联网金融企业进行全过程动态监管，以保障金融数据的安全变得尤为重要。中国中小企业协会副会长、金电联行董事长兼总裁范晓忻认为，在互联网金融监管上，随着互联网金融火热的同时，风险也如影随形，金电联行和贵阳市通过数据与技术的结合，对互联网金融的新兴业态进行全过程动态风控监管。首先是建立健全互联网金融方面的制度和法规，通过分类梳理互联网金融风险从制度层面规范金融业态，贯彻执行中央的相关文件精神。其次是建立大数据监管平台，监管互联网金融企业全生命过程，通过对互联网金融企业进行动态监管，对不符合市场准入条件的企业阻止其进入市场或者是淘汰，保障广大互联网金融参与者的利益。

范晓忻进一步指出，大数据监管平台可以对资金流向、参与主体进行监管，一方面对互联网金融业务的过程进行监管，比如是否违规建立资金池和服务是否合格；另一方面对关联责任人进行监管，敦促其向处于市场弱势的投资人群体进行完整的信息披露。范晓忻强调，我们正在与贵阳市开展合作，利用大数据对互联网金融进行监管，这一监管模式在全国是首创，将为整个互联网金融行业的监管提供重要借鉴。

当前，依托先进的计算机和互联网技术，金融机构采集海量的个人和企业信息，如信贷信息、信用交易信息、公共事业缴费信息、经营与决策信息、行政处罚信息等，建立起规模庞大的信息系统，涉及信息主体生活的方方面面。而与之相对应的是尚未建立起相应的信息安全网络监测系统，对于信息安全保密控制等缺乏相应制约。国家工商总局企业监督管理局副局长洪丹认为，要在法律框架下，将不涉及个人隐私、商业秘密的数据向各个行业协会公开，让行业协会发挥作用，行业协会再和会员共享这些数据，这些做法会更加可行。其次，在数据推送方面，要结合我国国情，由行业协会或者是行业内有影响力的龙头企业或者专家学者组织讨论制定规范标准，明确数据公开范围、条件。

确保金融数据的安全采集、安全存储、安全传输和安全处理，是金融信息系统建设面临的重要挑战。中国投资协会会长张汉亚认为，大数据将在金融风险控制上发挥重要作用。大数据的处理和收集技术应用，可以为金融产业提供精准营销和贷前贷后管理服务，降低金融企业业务风险，提升整体金融企业经营管理水平。同时，他指出金融业最关注的就是信用评估问题。

大数据是信息革命中非常前沿且快速发展的技术，依托大数据技术能较好地解决传统信贷风险管理中的信息不对称难题，提升贷前风险判断和贷后风险预警能力，实现风险管理的精确化和前瞻性。贵阳银行股份有限公司行长、董事李忠祥指出，第一，因为小微企业的信息不对称，造成传统银行无法解决小微客户的风险问题；第二，银行业的平衡已经被大数据风控技术打破，必将对传统小微风控模式造成冲击；第三，大数据金融是一片蓝海，是金融的高端形态，大数据将占领小微金融市场，其运用最有价值的部分就在于大数据金融；第四，大数据金融是一次红利。充分利用大数据，轻资产融资难问题、扶贫问题、金融成本高等问题将得到解决。

随着金融信息化的加速，将使金融信息系统的规模逐步扩大，同时金融信息资产的数量也将急剧增加，如何对这些大量的信息资产进行有效管理，使不同程度的信息资产都能得到不同级别的安全保护，将是金融信息系统安全管理面临的巨大挑战。中国中科金财股份有限公司董事长朱烨东认为，当前互联网金融面临的核心风险，可以从资产端用大数据做信用风险的预测和判断，平台端通过区块链技术做证据的保存和托管、登记，可以从资金端用大数据做预测风险的管控。他还介绍了央行、清算协会和中科金财一起研发的行业风险信息共享平台。平台包括行业信息共享系统、风险事件协查系统、银行卡收单业务系统。

四、立法：创新引领大数据顶层设计

随着大数据的深入应用，大数据涉及的个人信息保护、企业数据产权与安全、国家数据主权与安全等问题日益突出，相关法律问题引起社会高度关注。目前，对于大数据的采集、交易、安全等问题，国内没有统一的标准和规则，也缺少完善的法律支撑。近几年来，美欧各国都在加紧相关法律法规的研究和调整。所以，加大数据与网络空间的相关立法，以此保障数据安全，促进产业发展显得十分重要和紧迫。

5月26日，“大数据与网络安全立法高层研讨会”在贵阳生态会议中心举行。研讨会由中国信息通信研究院承办，中国信息通信研究院政策与经济研究所所长鲁春丛、贵州省人大常委会党组书记张群山、中央网信办政策法规局副处长唐磊、西安交通大学信息安全法律研究中心主任、中国网络空间安全协会副理事长马民虎等专家学者，围绕大数据应用相关的个人隐私保护、数据跨境流动、关键信息基础设施等问题进行了探讨，还针对数据主权、数据交易和数据权属问题进行了积极的讨论，寻求最大共识。

互联网不是法外之地，我们在分享互联网带来的巨大便捷和服务的同时，有义务、有责任用法治思维和法治方式守护好我们共同的家园，保护网络空间良好的生态，实现网络世界山清水秀，促进互联网持续健康有序的发展。西安交通大学信息安全法律研究中心主任、中国网络空间安全协会副理事长马民虎提出，当前的安全边界不再清晰，需要“全方位”威胁态势感知，建立第二道法律防线。他认为，“数据依赖”已经变为一种新的威胁，要加强数据的加密存储和通信，以及通过信息披露弥补数据完整性的安全短板。他指出，立法不应当回避本地化需求，应当调整关于内容安全的思维，以舆论宣传理念进行网络安全法的制度设计。

数据主权的保卫能力决定了我们未来的命运，大数据时代的到来造成了国家权力和个人隐私的新冲突，在推动大数据发展战略中，应把数据立法放在重要位置。中国信息通信研究院互联网法律研究中心主任李海英认为，安全原则的框架包括三个层面：一是国家层面，要平衡经济发展与安全之间的关系；二是个人层面，要平衡个人数据安全和商业利用之间的关系；三是企业层面，企业既有维护国家安全的责任，也有维护个人数据安全的责任。她提出，在数据发展过程中核心技术、自主技术能够维护自身数据主权，并指出数据主权具有资源维度、技术维度和法制维度。

大数据日益对全球生产要素的流通、分配以及经济运行机制、人的生活方式和国家治理能力产生重要的影响，对传统法律治理带来挑战，技术发展与网络安全屏障的脆弱性威胁着数据的保密性、完整性、可用性，同时也给国家安全、公共安全、个人隐私及产业发展造成威胁与挑战。中国法学会法律信息部副研究员刘金瑞认为，网络安全立法和关键基础设施网络立法都要从国家安全高度把握关键基础设施范围，规划设计多层次法律规范，避免重复规定。同时，应坚持国内经验总结和国外经验借鉴相结合原则，协调信息安全等级保护与关键基础设施保护制度的关系。

大数据交易在我国越来越普遍，交易数额越来越大。亟须立法予以明确数据权属和规范交易秩序，要尽快启动数据开放相关立法工作，建立数据开放标准，明确数据开放进程和范围边界、使用方式，以及明确政府统筹利用市场主体的大数据使用权限和范围，为数据开放共享建立制度基础。中国信息通信研究院博士韩涵提出，数据使用亟待突破基本理论问题，包括数据的资产属性、权利归属、利益分配和责任等问题。第三方标准符合性审查是保障数据安全的有效手段。而对于数据利益的分配，他认为，公共数据资源适用于成本法，由国家财政给予补贴，非公共数据资源适用于市场法、收益法，应该由市场的手段获取收益。

密码在网络空间安全中的作用和地位

中国工程院院士　沈昌祥

各位领导，各位来宾：

大家好！

我汇报的题目是“密码在网络空间安全中的作用和地位”。密码在网络空间安全中起着基础、核心、支撑的作用，我要讲的是怎么支撑。我们要用密码来构建可信网络，用密码支撑可信网络的安全架构。以密码为核心的工作我们做得怎么样，有什么创新？

第一，密码支撑可信网络安全的建设。用可信计算构筑网络安全，应该说密码基础设施是网络空间安全的免疫系统，这是我第一次说的。其实我在20世纪90年代初就提出了免疫系统。密码本身就是一个免疫基因，以后信息安全形态将会发生根本性的变化，信息安全融于信息系统各个环节，构成密码保障体系，是网络安全保障体系的重要组成部分，起到基础和支撑作用。

当前大部分网络安全系统主要是由防火墙、入侵检测和病毒防范等组成，称为“老三样”，这种封堵查杀式的被动防护已过时。信息安全的问题是攻击者利用设计者的缺陷实施攻击，防不胜防。只有用密码技术才能有效地抵御攻击，用密码技术构建新的安全防御体系，构建新的计算机安全体系结构。

2005年4月14日，美国政府公布了美国总统IT咨询委员会2月14日向总统布什提交的《网络空间安全：迫在眉睫的危机》的紧急报告，对美国2003年的信息安全战略提出不同看法，指出过去10年中美国保护国家信息技术基础建设工作是失败的。因此，他们重新调整了计划。是什么样的模式呢？是可信免疫的计算模式，可信计算运行的同时进行安全防护，使计算结果总是与预期一样，计算全程可测可控，不被干扰，是一种运算和防护并存的主动免疫的新计算模式。这个模式是用密码实施身份识别、状态度量、保密存储，及时识别自己和非己的成分。

我们把以前那些措施取消掉，变成一个变异的、具有防御能力的计算机结构。这样做非常适应于大数据、云计算、移动“互联网＋”等各种新的信息系统。可以实现体系结构可信、操作行为可信、资源配置可信、数据存储可信、策略管理可信等。安全防护效果显著，攻击者进不去，别人拿不到有用信息，即便拿到了也看不懂，想篡改也改不了，系统工作瘫不了，攻击行为无效。

中国做得怎么样呢？我们说中国是创新的，为什么？我们这个工作源于1992年正式立项研究保护密码，世界达成共识以后TCG可信计算组织在2003年正式成立，经过长期攻关，形成了自主创新的体系。整个体系结构是以密码为基础，芯片为支撑，主板为平台，软件为核心，网络为纽带，最后可信应用成体系。

我们跟 TCG 有什么区别呢？TCG 做的没我们的全，也没有我们的好，它有两个局限性。第一就是密码体制的局限性，他们采用 RSA，回避了对称密码。由此导致密码管理、密钥迁移和授权协议的设计复杂化，也直接威胁着密码的安全。现在采用了我国的密码体制，并作为标准。第二是体系结构的局限性。目前还主要停留在工程层面，尚缺乏比较完善的理论模型，被动调用，无法动态主动度量。我们采用国家自主设计的算法，提出了可信计算密码模块，效果高，而且安全性好，管理简单。我们自己创新了 SM2、SM3、SM4算法，组成了完整的密码支撑体系结构。此外，我们还设计了自主密码方案，主动控制层面设计了 TPCM，主动层面的计算与可信双节点融合，软件层面双系统体系结构，网络层面三元三层对等架构。我们这个方案解决问题了，可信计算构建了网络安全管理体系，坚持自主可控，安全可信。尤其是在中长期科学发展规划里面，2002年提出以发展高可信网络为重点，开发网络安全技术及相关产品、建立网络安全技术保障体系。

“十二五”规划有关工程项目把可信计算列为发展重点，逐步制定了各种条例。中关村可信计算产业联盟于2014年4月16日正式成立，经过两年多运行，已有十多个专业委员会，发展迅猛，成绩显著。应该说，中国可信计算已经成为保卫国家网络空间主权的战略核心技术，也是世界网络空间斗争的焦点。因此去年国内权威的媒体进行了高度的评价，一个是《求是》，同时新华社也做了一个评价，题目也很吸引人——《构建网络空间安全堤坝》，可见我们做的工作大家还是认可的。

第二，抢占网络空间安全核心技术战略制高点。2014年4月8日，微软公司将正式停止对 Windows XP 的服务支持，强推可信的 Windows 8，严重挑战我国网络安全。如果国内运行的2亿终端升级为Windows 8，不仅耗费巨资，还失去安全控制权。我们采用我国可信计算安全增强，可避免微软停止服务所引起的安全风险。中国国家机关政府采购中心发出要求，国家机关进行信息类协议供货强制节能产品采购时，所有计算机类产品不允许安装Windows 8操作系统。2014年10月，微软又推出Windows 10，不仅是终端可信，而且移动终端、服务器、云计算、大数据、互联网等安全执行可信版本，并在网上一体化支持管理，可谓可信全面控制一网打尽，直接威胁我国网络安全国家主权，而且它们是免费的。我们应该怎么办？

我国按照网络安全审查制度，成立安全审查组，按照WTO的规则，尊重销售国的有关法律法规和有关标准，开展对Windows 10的安全审查。要求它严格遵守我国的两个法律：电子签名法和商用密码管理条例，必须进行本土化改造，其中证书、可信计算、密码设备必须是国产自主的。为此以改革开放、合作开发、互利共赢的原则，成立了合资公司，开始了一场新的博弈，我们提出“引进必须安全可控”。

我们要坚持引进的东西实现安全自主可控，走“五可”“一有”的技术路线。“五可”：可知，是对合作方开放源代码，要心里有数，不能盲目。可编，强调的是引进以后能进行消化，会进行编码再吸收。可重构，引进的内容进行结构上的重构，比如流程处理上要创新变化，而且是要动真格的变化，这就是自主创新的部分。可信，在重构的过程中可能出现新问题不被掌握，这就需要可信计算的机制进行保障。可用，创造自己可信的、可用的软件。“一有”，有自己的知识产权，我们在以后的自主创新过程当中，一定要坚持知识产权的自我维护。

第三，构筑主动防御、安全可信的保障体系。可信计算平台，硬件上有三种形态，专用主板上重构可信密码模块、主板配插PCI可信密码模块、主板配接 USB 可信密码模块，便于新老设备融为一体，构成全系统安全可信。

我们为什么可以这么说呢？因为我们是免疫的，我们不是只做杀病毒程序，我们通过系统管理自动识别主体、客体，通过安全法律限定什么人做什么事。确定可信状况之后，即使有 UBG 也不会变成漏洞，使攻击无效。以前的“老三样”确实不怎么好，现在可以构建高安全等级的可信防护体系。上面是对专网隔离系统，下面是互联网相连系统。我们做了很多的应用，取得了很明显的效益，在重要核心系统里有了规模化建设的突破。

一是国家电力电网调度系统安全防护建设。这个系统非常重要，去年乌克兰停电就是因为这个系统出了问题，我们5年以前用可信计算就建设了电网调度系统，而且发改委确定了以可信计算架构实现等级保护四级。到现在可信计算密码平台已在34个省级以上、59个地市以下调度中心实行了可调度设备，覆盖了上万台服务器。

二是中央电视台可信制播环境建设。中央电视台播出42个频道节目，面向全球提供中、英、西、法、俄等语言电视节目，因此它不可能跟互联网脱节。要构建网络制播下可信计算安全技术体系，关键是要建立可信、可控、可管的网络制播环境，达到四级安全要求，确保节目安全播出。这个图是从生产、存储、编排和播出都可以看到可信环境的流程。

由于时间关系，我就讲这么多。

谢谢大家！

打通“大动脉”把好国家大数据安全“总阀门”

中央网信办网络安全协调局副局长　卿　昱

尊敬的各位领导，各位来宾：

下午好！

我代表中央网信办网络安全协调局对本次论坛的顺利召开表示热烈的祝贺！

万物互联时代，大数据规模空前，数据流动更加频繁，大数据日益成为国家的基础性、战略性资源，国务院先后出台了关于推进“互联网＋行动”的指导意见，以及促进大数据发展行动纲要通知，这些文件不仅涵盖了大数据发展、应用和安全的方方面面，同时更集中体现了党中央、国务院在推动大数据健康有序发展，确保大数据安全平稳运行的问题上，坚定的国家意志和明确的行动决心。

从顶层的战略视角来看，国家真正地将大数据视为重塑数据的新机遇、提升政府治理能力的新途径和引领经济腾飞的新引擎，但是我们也看到，网络安全同时成为国家主权安全的新核心，网络空间治理工作的新重点，网信事业发展的新要素。未来，我国在推动大数据发展的战略部署，落实大数据安全的治理问题上必将重实际、出实招、拿实策、办实事，真正将大数据战略落到发展的实处，落到安全的关键处，打通国家网信发展的“大动脉”，把好国家大数据安全的“总阀门”。

面对日益严峻的大数据安全问题，国家有关部门正在积极加快推动网络安全法，积极推动关键基础设施保护、网络安全审查、个人信息保护、大数据安全管理等一系列法律法规制度的增补完善，积极推动网络安全责任制的落实。在标准制定方面，国家的相关部门正在组织开展一系列的涉及国家政务、金融、能源以及互联网企业的大数据安全调研活动，启动了大数据安全标准研制工作，积极发挥标准的基础性引领作用。在宣传教育方面，我们正在积极开展国家网络安全宣传周等活动，积极向全社会普及网络安全知识，提升全社会的网络安全意识和安全防护技能，提高公众在保护个人信息等方面的意识。在交流互动方面，我们正在积极发动国内外大数据安全领域的专家学者，组织专题研讨和交流，并且成立了大数据安全专家委员会，依靠群策群力的优势共谋中国未来的大数据安全事业。在国际合作方面，我们正积极开展网络空间安全国际对话合作，积极参与国际社会大数据安全治理研讨。习近平总书记在今年4·19网信工作座谈会上提出了明确要求，为我们的工作指明了方向。在大数据安全核心技术方面，我们要把能团结的力量都团结起来，推动强强联合，协同攻关，用协同力和创新力打组合拳和合并拳，用产学研，用联盟实现联合共谋发展。在大数据发展和安全问题上，我们坚持安全是发展的前提，发展是安全的保障，坚持安全和发展的同步推进，坚持责任与担当的共同承担。在齐抓共管的机制建设问题上，网信办作为工作机制的牵头部门，我们也一定会积极地承上启下，建立交流互通的工作机制，与各部门紧密配合，实现在大数据治理环境下的安全与高效。

朋友们，大数据时代的潮流和发展不可逆转，大数据资源的价值与作用毋庸置疑，让我们共同落实好中央的战略部署，推动大数据在我国的全面发展和应用，为实现两个一百年的战略目标，为实现网络强国的中国梦保驾护航。

预祝本次论坛圆满成功！

谢谢大家！

大数据资产化立法思路与对策

北京航空航天大学法学院院长　龙卫球

各位领导，各位嘉宾：

下午好！

这个时代，让我们非常兴奋，但是数据安全的问题困扰着我们，怎么制定数据安全呢？有一句话叫解铃还须系铃人，所以数据安全在技术层面要提升技术能力。但是我们从法律的角度来想这个问题的时候，又想到另外一个层面，比如说在早期的时代，刀、矛就有了，这也是会伤人的，为什么有这些凶器却不会发生像现在这样的恶性事件呢？制度。所以法律是很重要的，有时候在安全的治理问题上，制度和技术这两个手段都需要。我今天不讲数据安全的问题，在今天数字化的时代，除了讲数据安全和个人隐私保护，我们还要讲一个背景的问题。我今天讲的是数据资产化的立法问题，要促进数据化，促进数据给我们带来的福利。怎么促进数据化？

安全和保护是一个方面，但还要有一个主阵地，这是我们经常会忽略掉的。

第一，大数据时代与数据资产化立法的问题。为什么会有这个问题？从前几年开始，我就经常去帮着写议案、提案，呼吁人大常委会早点制定大数据或数据资产保护立法权，加快数据的立法、资产化保护的立法。

大数据是一种人们获得新的认识、创造新的价值的源泉，是改变这个世界的一个方法，带来了更加智慧的可能。带来好处的案例层出不穷，大数据发展带来新的立法需求，这是我们要关注的。印第安纳大学的Maurer教授对这种需求有一个经典的表达，他说在大数据时代下，隐私比以往任何时候都更加重要。今天我们的主题就是这个，如果我们在享有大数据益处的同时，要想有效地保护隐私，就要发展出更好、更快、更具有弹性的机制，过去简单传统的办法是不行的，或者过去的思维太单一了，我们发现有四个要素至关重要，具体要素我就不讲了。互联网立法进入大数据时代以后，特别是数据经济在2012年崛起之后，一个新时代的课题产生了。

我们国家其实在深度意义上的大数据企业并不算多，不能说我们走在世界前面，世界是走在我们前面的。数据资产化的必要性，数据只有通过一系列的处理让它资产化，这个数据才能产生真正的价值。我们今天讲了数据资源是潜在的，如果不公开化、不设立制度推进，进行发展，这是空的。数据集也是一样，它需要挖掘，需要做出数据产品，才能真正带来一个时代的进步，如果仅仅是简单地卖电话号码，这是灾难。所以我们现在数据交易很多，特别核心的交易是灾难性的。

那么潜在的资源怎么变成一个实际的资源？我们在2014年的时候有一个非常重要的会议，特别注意到全球和我国数据资产化活动的开展、数据产品大量的开发和广泛的应用这个问题。首先在工业数据产品领域，德国的工业4.0，主要是数据在工业上应用，而中国主要是在商业、企业里面应用，很多人在做商业方面的数据，但是工业数据才是决定一个国家生产力最重要的东西。其次是商业数据产品的大量开发及其应用，比如说药品零售商将处方数据卖给药品生产商，这个就做得很好，这就是我们说的合法交易，不像我们把电话号码卖来卖去的。许多公司正在开始变成信息经济商，不仅仅是自己用信息来做经济商，可以看到这方面的大公司很多正在崛起。数据交易市场的形成和发展，像贵州就在做这个事，上海、武汉也在做，大家都看到了，交易在推动数据流通。

但是制度上存在滞后性，资产化的制度没有制定出来，在大数据需要不断资产化的时候，问题出现了。一方面许多人缺少行动能力和愿望，大概只有7% 的人有愿望，另外一方面有的组织存在局限性，特别是制度机制阻碍了数据的有效利用和资产化。我们现在的制度没有跟上资产化的步伐，没有这样的一个机制来促进数据资产的开发和数据的应用。

第二，数据法律架构与资产化改革的方向。目前关于数据法律的规定非常简单，大家可以看到，在我国的现行规范体系中没有系统数据立法，更没有数据资产化方面的立法，有关的数据立法规定总体上是在对个人信息保护的单一维度层面展开的。在数据化时代之前的个人隐私保护是远远不够的，更不要说同时要打造另外一个维度来促进数据资产的开发和利用。

我们可以看到全国人大常委会2012年的一个决定，这个决定已经有很大的进步。但是远远不够，就是资产化的问题，司法解释2012年也做了一个比较单一的维度，比较传统的规章文件，这些比立法要超前、要进步，包括个人信息保护指南，工信部的个人信息保护规定。

我们看一下其他国家的数据立法情况。美国关于数据立法的现状其实也不发达，因为联邦立法在商业意义上的优势，主要是有财产股权的制度，拿到普通的法律里，各州自己来决定。但是它也是做了不少的立法来解决这个领域的问题，更多是从安全、隐私保护的角度去做。它用一种比较宽松的模式，这样使得数据资产化有了一个更好的环境，特别是在普通法实践里面。欧盟从1995年的个人信息保护法到2016年的新的保护法，也是个人信息的保护模式。欧盟在法律上强化了对个人信息的保护，但对数据的资产化方面做得也不好，遭到很多学派的批评。日本介于美国和欧盟中间，日本向美国学习还是很多的，出台了新的数据法。

总结下来，美国和欧盟都采取了以个人信息保护为基础的单纯人格权化模式。这一点跟我们是一样的，但是美国鉴于互联网经济发展的实际，对于企业和互联网服务者需要经营个人信息的，尽量采取一些变通，特别是法院的普通法。企业、行业之间的努力，使得数字资产化方面的空间变大，直接作为一个制度来支撑产权保障。

20世纪末开始，特别是在21世纪的最初年，就开始提出了数据财产权的理论。哈佛的莱西格提出一个数据财产化理论，数据资产化要给数据以财产权的定位，把个人信息看成一个人格权的问题，莱希格认为应该是人格权、财产权都有，光人格权，或者是人格权的商品化是远远不够的，不过在他提出观点的时代还不是大数据时代。1999年，这套理论在美国已经发生了影响，他的理论不断修正。目前美国规范数据的一些变化趋势，融入数据资产化要求，通过变通方式，使得数据资产化和隐私安全等一体发展。包括推动大数据战略，表达了数据资产化的观念，联邦层面的立法发生了一些新的变化，出现了一些法定机构和加强规章机制。

发展数据红利共享制度，个人信息隐私保护在某些地方需要软化，奥巴马在2011年推出了“绿色按钮计划”，2011年美国首席技术官要求必须以一种可下载的、标准的、容易被使用的电子形式查询自己的能源使用信息，保障数据主体能够从对自身数据的收集和使用当中获益。很多网站特别要注意这点。欧洲数据发展确实比较保守，在2013年之后做了一些战略上的松动，不过立法中保守力量比较强大，而美国一直在改变它的立场。

然后是一些思路和建议，就是数据资产化怎么去做。数据从业者和用户的关系平衡在基础上确立相应数据财产权体系，超越莱西格的单一论，从数据经济的结构需求出发，围绕数据经济双向、动态的结构特点，建立更加复杂的数据资产化权利类型和体系。从数据到数据产品，需要借助开发的投入和努力，这与矿产资源、无线电资源、空域资源等一样，本身只是潜在资源，都需要借助技术手段和开发的努力才能形成实际资产，数据也不例外。

所以，数据权利设计不能只体现为初始数据的单边静态的财产。那么我们怎么来配置这个权利呢？原始数据，因用户主动提供或者是向银行贷款，上网或者使用网络平台而发生。其中有两种数据，一种本身就是用户才有的信息，比如我的身份证号码，传到网上的原始信息。另外一种因为上网发生了新的信息，比如我浏览留下的信息，我带着手机到哪个地方，识别这个地点，这属于新生信息。用户对原始信息具有人格和财产的双重价值。

首先，无论是原始信息还是新生信息，都要给它赋予信息人格权和信息财产权。从业者和商家们应该注意到，对原始数据可以占有和使用，但应当限制采集目的。其次，根据网络平台本身的性质决定使用方向，如阿里和京东做交易，不是为采集目的而来，一方有财产权和人格权，但是另一方拥有暂时使用权，这是第一次配置。

从原始数据到加工后的数据或者数据产品，从数据资产化的结构需求出发，以数据从业者的角度进行动态权利配置。数据从业者如果从效率和安全的角度来考虑，一定要考虑引入许可和准则制度。严格的叫许可，不严格的叫准则。所以要通过许可或者准则来取得数据经营权。基于加工原则，授予数据从业者对其加工形成的数据库、数据产品等享有数据资产权，类似于知识产权，但期限会更短，因为要打破数据垄断。数据具有很强的公共利益属性，这是数据经营权。早期为了减少过度竞争，兼顾安全，可以以扶持为主，采取更严格的许可制度，逐渐向准则制发展。

数据资产权是一个归属权，它需要建立在加工的基础上。一个简单的数据交易是不行的，脱敏交易也不行，而是需要变成一个具有加工意义的数据产品。这种数据财产权不仅仅是流通的条件机制，对于企业来说是一个重要产权的支持，而且它也是可以对数据交易提供更稳定可靠、边界清晰的法权基础。另外还有一些复杂的作用，各种资源在相互配合形成动态体系，产生一个数据行为规范体系。作为一种资产化权利的设计，本身能够立足于市场竞争，这种资源配置具有绝对性，可以作为政府对市场进行调控的一个手段，特别是对资源配置和税收调节提供行之有效的法律手段。

现在美国学者就提出来，在这个领域的国家能不能收税，作为产权可以，但是没有收税的可能性，没有作为财产税的可能性。为什么会这样？政府收税是为了达到财政上的再分配，这是不公平的，也是资源配置上的不合理，财产权制度不仅仅解决了自由的问题，也解决了公平的问题，是一种新的资源分配。

最后，有几个平衡，包括我讲的资产权、数据资产化、强化数据安全和个人隐私保护。所以个人信息保护是一个复杂的问题，未来我国个人数据保护制度，应当以数据的匿名化为基点和起点进行构建，同时要提数据安全。这不是一个简单的隐私安全，涉及个人安全、社会安全、国家安全等各个层次。

数据资产化的背景下，还有一个企业资产和数据问题。如果企业利用自己的算法对消费者进行歧视性的服务，那怎么处理？我们必须有制度，这些年已经发现很多这样的问题。数据企业应当正当运用数据，数据经营者不得借助数据优势谋取不当利益，特别是不得歧视消费者。建立算法公开规则，采取数据问责制度，建立数据活动顾问制度，这些方面欧美正在做。

数据开放、数据流动是数据另外一个价值，这个价值非常重要，垄断财产权是为了暂时的促进，但是一定要有节制、有期限，同时对很多数据必须要采取开放的手段。数据主权问题，我认为不存在积极方面，消极方面一定是存在的，在这个领域要防御。

因为时间的关系，我就讲这些。

非常感谢大会的邀请！

大数据与个人数据保护

中国社会科学院法学研究所研究员　周汉华

各位领导，各位来宾：

大家下午好！

很高兴有机会来参加这个论坛。我发现，阿里已经在很多地方有清晰的认识，而且已经在付出行动了，那么我就根据我对这个问题的认识进行阐述。

从政府管理创新的角度来说，之所以催生了大数据时代的到来，一是得益于数据的发展，使得大数据成为可能。从经济上说，其实是整个平台经济兴起使数据真正成为战略上的资源。在消费和生产两分的情况下，数据的重要性不像在平台之下，因为连接平台双方的基础全部是数据。就像陈大夫所讲的要是医疗，一端连接的是大夫这一端，另一端则是患者。淘宝的平台更是这样，连接的是大量的用户和另外一端1400万家的商家，而真正的连接基础就是数据。还有一个很重要的原因，就是政府监管制度的改变。这方面其实是有痛点的，传统的管理方式是不是适合现在新的平台经济的模式。因为有这个痛点，催生了这个时代的发展。这个可以追溯到撒切尔夫人和里根进行的公共管理的规制改革，通过改革使企业有了更大的自主权、更多创新的动力，从而促进新经济模式的产生。所以在这种技术、经济和政府管理三层因素的推动下，我们到了大数据的时代，如凯利·凯文所说，我们进入了一个大数据生意的时代。

大数据既可以由人的行为产生，也可以用机器、传感器来收集，但是其中最基本、最有价值的是个人的数据，是由我们每天产生的数据。包括刚才提到的医疗患者数据、淘宝天猫用户和商家产生的数据。个人数据的价值在于大数据，如分析流感、分析金融的走势、分析股市的变化、分析整个舆情的变化，这些信息全来自于大量的个体。

大数据的意义在国务院《促进大数据发展行动纲要》中讲得特别清楚，但可能更多涉及数据开放的问题。抛开数据开放我们直接谈大数据的意义，其实它推动着整个治理方式的变化，它在整个国家治理体系中处于一个节点的位置。有数据，对企业来说就有市场；对政府来说，有数据就可以实现管理的创新，能有效地进行监管。所以国务院在行动纲要里强调了大数据的重要性，可以说它是法治政府、创新政府、廉洁政府和服务政府这4个政府建设的基础，它不仅对企业经营模式的创新有影响，而且有利于促进整个社会的治理结构调整。

以上是我对大数据时代背景的简单认识。

第二个想和大家分享的内容是大数据面临哪些主要的法律挑战。大数据的发展面临的挑战非常多，各个方面都面临挑战。这些年我一直都在跟踪研究，通过自己的总结，我认为主要有四个方面比较现实的挑战：

一是数据封闭导致系统治理风险。克强总理在国务院常务会议上专门说过这事，比如说有用的信息80%在政府层面，但这80%的信息并不能流动起来。数据就像货币一样，货币只有让它流动起来，才能产生价值，流动越快，产生的价值越大，要是把它埋在地下，它是没有意义的，数据也是一样。所以数据封闭是现在大数据发展面临的最大问题。尤其是很多创业型公司，虽有一些新的主意想对数据进行一些开发利用，却发现没办法拿到数据，政府数据不开放，就导致大量的数据被闲置。这种闲置导致的负面后果是连锁的，对于企业来说是看到金矿不能去采，对于政府来说导致信息的封锁、信息孤岛，没法实现治理的有效性。举个例子，比如说北京市的汽车号牌摇号就实现了有效的治理。北京每两个月摇一次号，200多万人参与，每个人大概需要准备十多份材料。如果在传统的流程管理下进行摇号的话，得到相应的部门把资料打印出来，然后再报名参与摇号。可以想象一下，这得是一个怎样的状况。但北京用大数据很快就解决了这个问题，现在大家坐在电脑前就可以参加摇号了。所以我们可以设想，如果政府机关之间能够实现数据资源的互联互通和共享，整个政府的治理能力就完全不一样。那数据为什么会被封闭起来呢？因为缺乏法律依据，找谁要谁都不敢给你。

二是数据处理能力导致国家安全的风险。因为在大数据的环境下，数据处理能力的差异决定了数据的价值不同，数据处理能力强的，数据对你来说就非常有利，数据处理能力不强，那就是包袱。就像爱读书的人，家里搁很多书觉得是一件幸福的事，但对于不爱读书的人，要是家里搁了那么多书，他一定会特别的烦躁。在我们的数据处理能力距离发达国家还比较弱的情况下，必然会有安全的担忧。在发达国家数据处理能力比较强的情况下，一旦它通过数据能够预测出他国老百姓心里在想什么、他国宏观经济政策会怎么调整，对于被预测的国家来说就必然面临很大的风险。

所以我们现在讨论数据是不是一定要放在境内，包括讨论《反恐法》的时候有人说数据必须放在境内，虽然最后讨论的结果是去掉了这个限制，但这种对安全的担心，其实还是存在的。但是一旦这种安全观泛化，可能有的人就会说需要设立许可、设立认证，基本业务就变得很难处理。如果每一个业务都要经过安全的审查和认定，业务的创新会变得非常难。这个原因在于法律的基础不牢固，经济没有底。尽管我国现在制定了《反恐法》《网络安全法》《保守国家秘密法》，但是安全的担忧还是不能完全免除。如果这种担忧免除不了，那么大数据的应用将永远带着沉重的翅膀飞不起来。

三是数据鸿沟导致公平获取的风险。在大数据时代，对于企业、政府来说，消除数据鸿沟应该是很重要的目标。大数据时代应该是大家都拥有公平获得数据的机会。如果仔细观察，不光是个人层面有数据的弱势群体，在商业开发的层面上，也面临着数据获取的鸿沟不断加大的问题。就像我刚才说的，小公司就很难获得同等的机会取得数据。在这种情况下，可能会对整个竞争的秩序、对企业的创新产生负面的影响，客观上也会使整个市场产生不正当的竞争。而其实市场这一块是有规则的，但是在实施当中有时候会把规则搁到一边。但政府机关往往在最开始起步的时候，没有长远的眼光，当醒悟过来的时候，已经导致非常严重的负面影响，这就涉及法律怎样公平地执行，以保证市场公平竞争的问题。

第四点是今天的主题。我刚才说我准备的内容可能有点过时，刚才想着说数据保护的重要性，因为我们的数据保护跟国外相比确实有很大差距。比如在国内开会肯定会接到骚扰电话，还有很多的垃圾短信，但是到国外开会是不会这样的。这样会导致杜总刚才说的用户对我们没有信任，如果说用户对你没有信任，那一切新的商业模式开发到最后都是建立在沙滩的基础上。这个问题的核心在于我们缺少法律支撑，即便我们有《治安管理处罚法》等法律，但维权成本非常高，成本和收益严重不平衡，法律在实践中实施起来非常难，所以现在数据的滥用情况比较普遍。我们不能把一个大数据产业发展建立在沙滩上。这就是我说的现在大数据面临的主要挑战。

下面我想跟大家重点谈一下个人数据保护，个人数据保护是四个挑战里面其中的一个，也是现在最能直接感受到的痛点。

第一点，大数据产业发展和个人数据保护的关系。业界有一些朋友对这个问题的认识是不清晰的，有人总是把这两个对立起来。有人就问我说如果要搞个人数据保护法，那不就是我们产业发展违法了吗？建议我们能不能晚一点做，或者是最好别做，持有这种观点的人还很多。比如欧盟4月份刚刚通过的地方数据保护条例，有人自觉不自觉地就要讽刺挖苦几句，说欧盟跟美国怎么比，欧盟啥都没有。其实世界上生活质量最高的国家都在欧洲。所以当我们在评价欧洲和美国的时候，可能真的要特别小心，不能用站着说话不腰疼的态度。在这个问题上，还是需要有一个科学客观的认识。

为什么说个人数据保护是大数据发展的基石呢？首先从发展的角度来说，个人数据保护实际上是在培育用户的安全感和信心。没有安全肯定没有信任，没有信任肯定就不可能有交易。当然，信任的来源是值得讨论的，就是怎么会产生信任呢？信任的来源是多元的，市场机制可以形成信任。所以我在网上购物的时候，毫无疑问我会把我的数据给阿里巴巴，为什么呢？因为我认为阿里巴巴家大业大，肯定能够保护好我的个人数据。但是要来一个阿里东东，你说我会不会给呢？肯定不给，所以说要有市场机制。但是我们国家是市场机制不健全的国家，所以当我们在谈市场机制的时候，一定要考虑我们能跟美国去比市场机制吗？我们是一个什么样的市场机制，美国是一个什么样的市场机制？这就涉及法律发展的一些问题。当市场机制不健全的时候，法律起到的作用就会更加直接、更大。所以法律对于建立安全的信息有很重要的作用。

第二点，现在业界的有些朋友总喜欢把数据保护立法和产业发展这两个关系对立起来，其实这个缺乏实证支持。我在韩国有许多好朋友，这些年也和韩国进行了很多个人数据法律方面的合作。大家知道韩国信息化，包括在社交媒体方面、电子政务方面发展是非常领先的。韩国电子政务长期高居第一、第二，韩国的宽带速度非常快。反观日本，它在整个网络方面、互联网应用方面和韩国是存在差距的。有人说个人信息保护越强的产业发展越糟，但韩国却给了一个反例，韩国有个人信息保护委员会，有个人信息保护法，还有个人信息保护法学会。在中国找10个研究个人信息保护法的都不容易，但是韩国一抓一大把。日本刚刚设立个人信息保护机构，但是因为长期没有一个统一的执法机构，跟韩国的发展是没法比的。所以说日本在这个层面上难以说像当年它在电子厂那样独领风骚。

再看中国和美国。我们经常讲美国人不保护个人信息，这是只知其一，不知其二。美国在联邦政府层面是没有一部单一的个人信息保护法，你去跟美国教授聊的时候，他也会跟你说我们不如欧盟，因为我们信息滥用的情况比较多。但这是和欧盟比，你如果再了解一下美国各州的法律，有40来个州现在都制定了个人信息泄露通知的法律，要求非常严。一旦发生一起个人信息泄露事件，要求必须通知到数据主体，而且是写文件通知。所以当我们在讲美国人不保护这个的时候，说美国之所以发展就因为美国是冒险家的乐园，想干吗干吗的时候，真的得问一下，真的是这样吗？跟美国比，我们肯定更单一化，没有规则。我们有 BAT，但我们看一下真正在互联网产业创新方面，美国现在在人工智能、虚拟现实、无人驾驶等这些领域的创新和发展，我们是无法比拟的。

再看印度。印度到今天都没有个人信息保护。你觉得印度发展了吗？

所以阿里到印度去很厉害，小米去也很厉害。因为印度没有个人信息保护法，按我们的推理不是发展得很快吗？但其实不是那么回事，我们看一下欧盟你就知道，欧盟通过一般个人数据保护条例，其实是把这个条例本身当作推动整个产业发展、推动经济发展的抓手。它并没有说要通过这个史上最严格的条例来阻碍经济发展，就像克林顿当总统的时候说的一样：“其实所有的政治家都知道，只有经济是最重要的”。虽然推动个人信息保护节省的成本有不同的数字，但是到2020年，欧盟居民的个人数据的市场价值能达到1万亿欧元，这就是一个金矿，它建立这个规则不是要把这个富矿送给美国人的。而且大家如果注意到欧盟数据保护条例里很重要的一条，就是数据可携。原来我们是电话号码可携，号码可携是打破运营商垄断地位最有效的手段，当然经过试点后发现这个效果不太好，其中有各种原因。但是这个数据可携我们专门交流过，这个会是一个革命性的工作，就是在市场当中放一条鲶鱼进来，打破现在的整个结构。因为网络经济的外部性决定了新进入者很难撼动它的地位，数据可携进来之后，新的商业模式、新的技术，就能迅速地把这些相关的个人数据带走。你想想看，每个人在花了那么多钱建立起来的阿里信用，就是阿里最核心的资产。可是通过数据可携，一旦我把它转到京东去，或者“京西”去，这就是冲击，这就是竞争，这就是带来大数据发展的重大机会。

第三点，由于我们缺乏有效的法律保护，所以现在对于我们互联网公司来说失去了很多机会。为什么？我刚才讲了，大量的社会资源被闲置，导致我们数据的封闭和巨大的社会资源浪费。如果我们能把数据保护起来，让大家有信心，你能开发到的金矿就会比现在多得多。如果80%的政府数据能开放出来，你就能进行新的商业模式创新。

所以真正解决的方案是什么？我想就是迎接挑战，实现多赢。

一是要系统构建，全面规划。我们现在应该要在推进数据开放、个人数据保护、公平使用、国家安全等方面明确相关的规则，做到有法可依。

二是从事该行业的业界同事，更应该成为制定个人信息保护法的推动者、倡导者，否则以后会面临众多的立法碎片化的现象，每个部委、每个地方给你弄一个紧箍咒。只有这个规则确立之后，你才能避免在不同的行业、不同的领域、不同的地方，被反复地揉搓。

三是要调动地方的积极性，通过多种手段，形成一个竞争的格局。就是把底线确立好之后，推动地方竞争。BAT 也好，其他新的市场进入者也好，都可以进行竞争，免除了后顾之忧，但是底线必须要守住。

四是企业其实应该实现数据处理过程透明，而且主动采取保护措施。多宣传，宣传之后老百姓对你有信心，有信心之后，你就得到永续发展的基因。

五是保证用户享有真正的知情权和选择权，给用户一个选择权。

六是通过技术手段实现个人数据保护。哪怕监控一万个环节，没有一个人看到，这就是技术手段，技术力量的强大，技术做得越好，法律的规制就越加柔性，避免过于一刀切导致的负面后果。

当然，最后搞法律的还得王婆卖瓜，法律的威信力和可执行性同样重要。得有威慑才会让企业主动采取第六个措施，另外一个方面还要保证这个法律有可执行性，避免机械的、一刀切的、没有可执行性的一些法律。因为法律没有执行性的话就保护不了数据，而且企业也没法发展，如果这样的话，就是最愚蠢的法律。这个风险其实也是存在的，我们国家其他领域有很多法律弄出来之后，既执行不了，效果又很差，结果还产生了各式各样的负面影响。所以在这个问题上需要凝聚各界的力量。

谢谢大家！

大数据在金融信用管理的应用

美国花旗银行执行董事　陈 岩

我和大家分享一下在美国做金融风险的部分经历，主要是分享怎么用大数据来改进我们的决策。

大数据在金融领域的应用，这是一个很大的题目，我希望能够在大的课题下给一些具体的东西，不谈高大上。

我在具体讲之前有两点声明：一是，尽管我在花旗银行工作，但是我今天讲的不代表花旗银行的观点，只代表个人看法，所以对错都是我个人负责；二是，实在很抱歉，在很短的时间内，我写了点内容，但是都是用英文写的，本来想改成中文，但是自己中文水平有限，很多专业词不知道怎么翻译过来，所以最后保留英文，我尽量用中文讲，有一些词可能不能准确表达。

我讲三件事情：一是大数据，二是金融风险，三是大数据在金融风险里面的一些应用。

什么是大数据？我最早听到这个名词，或者最早在我脑子里留下深刻印象的大数据，是在2004年，当时我在运通股东大会上请了IBM公司的CEO做主题报告，他专门讲了大数据，而且下了结论。他的观点是“谁能掌握大数据，谁就能成为商业竞争中的胜者”，这句话引起了我们的重视。那么多年来真正理解了什么是大数据，什么是大数据和数据的差别。我们已经用数据很多年了，为什么在这时候提大数据，而且提大数据时代。信息现在是爆炸式增长，比如说戴了谷歌的眼镜，我相信你能看到什么，谷歌也能知道什么；你戴了苹果的手表，你身体的情况它便能预测到；我是做信用卡的，信用卡的每一笔消费我们都知道，你在什么地方消费，消费多少，买了什么东西，都清清楚楚。这些信息拿来后能起什么作用，能不能改变我们对你的理解，能不能改变我们对你的一些决策，这就是大数据跟数据的差别，差别在什么地方？数据量之大，形式之复杂，使得我们现有的方法不能很好地处理这些数据，不能很好地储存运用这些数据，这就是大数据给我们带来的挑战，也是给我们带来的机遇。所以我们讲大数据，更多是讲数据的复杂性和数据之大给我们带来的挑战和机遇。

下面要讲什么是金融风险，这又是一个大题目。30年前我被美国商学院金融系录取，我是南大数学系毕业后又学经济，在美国30年，读书、教书，然后在公司工作20年，让我现在解释金融，可能也解释的不是很清楚。因为本身这个行业飞速发展，各种新的经营模式、金融方式和产品不断产生，但是不妨碍我在学术上面明确地解释。

金融风险，我很赞同王市长的一句话，金融本质上是金融风险，所有的价格、利润都是与你愿意承担多大的风险有关系，实际上金融就是在经营风险。P2P 前一段时间引起大家的关注，等到那个人跑掉后，大家才意识到风险已经为时过晚。我是做信用卡的，如果这个人已经贷账180天，你就把它的卡关掉，那时候你说发现了风险，太晚了，你借出去的钱已经回不来了。所以这就是风险管理和监督必须从源头抓住，必须从细小的每一个决策做起。首先对金融产品或者金融业务，要知道哪几个是关键点，这些关键点该做怎样的决策，这些决策本身含有什么样的风险？然后你这个风险不仅是对你的公司，不仅是对你的产品，还是对每一个个体，因为每一个产品的风险、公司风险是由个体形成的，风险管理要落实到每一个个体，落实到每一个具体的决定。举例来说，信用卡有几个关键的步骤，一是信用卡发卡之前，怎么样寻求客户，假设你有100万的名单，你要找哪些人发卡，透过什么渠道，这就是第一步。第二步，信用卡要有一个信用额度，你要贷款的话，贷款利息是多少，这些怎么决定，如果你是高风险的人，你要付出的利息就会比低风险的人高，因为在你身上风险比较大，我不收高利息的话，从企业角度讲不可能赚钱。你要决定信用额度是多少，要决定利息是多少，要决定是否需要给他另外一些奖励或者是回馈。你要不断地观察，不断地修正你的决定。因为顾客的风险也不是一成不变的，你要不断地监督他，发现这个顾客的风险变大了，就要调整决策，把他的信用额度降下来。

我们怎么做决定？光控制风险很容易，金融产品如果不做金融的话就没有风险，如果要做就有风险，所以降低风险不是你的目的，你的目的是要扩充业务。所以说我用了顾客的价值来综合考虑给公司带来什么样的收益，会给公司带来什么样的风险。综合起来分析，作为你的目标函数来决定怎么做。具体的一个例子，怎么样决定你的信用额度，我们把整个人的信用数据拿过来，根据你不同的目标函数，也可以是风险，也可以是会花多少钱，根据这个分类，再用模型预测，对不同的信用额度，会有多少的消费，有多少的风险，最后算每一个信用额度，算出顾客价值，然后优化顾客价值决定信用额度。

怎么样用大数据改进我们的决策？刚才讲的一个例子，美国谷歌，你手指头动一动，它就知道你想做什么。一个顾客刚买了飞机票，你想提供一些有用的信息给顾客，你能不能知道他下面会做什么事情，你知道哪些信息对他是有用的？就需要通过大数据来完成。你有一连串的顾客，里面包含顾客的一些信息，包括可能提供的一些帮助，如果有几个人，今天去买了飞机票，你很难知道他下一步会做什么事。如果有几万人、几百万人，就有可能找到类似的人他们是怎么做的，就知道这个顾客一旦有这个行为后，他下面可能会有什么行为，就可以给顾客提供有用的信息，这就是由大数据实现的。

数据具有复杂性。我们讲数学模型、讲预测，都是用结构性的数据。这个人的身高多少、体重多少、年龄多少，这些信息在美国都是不允许使用的，因为涉及侵犯隐私。但是花了多少钱，什么地方花的钱，什么时候付的钱，这些都是数量与结构性的变量，这些数据可以用来做模型。我们还有很多大量的数据是文字性的，一个人写了一篇文章，你读这篇文章知道这个人的观点，知道有什么主要的信息。但是人不可能读很多的文章，我们有一个例子，一个收账部门，每天要打很多电话跟顾客交谈，有很多信息，这些信息在顾客服务的时候可以提供，但是在建模型的时候就很难用这些文字的东西来做预测。现在由于大数据有新的数据分析方法，通过读每一篇文章，可以反映一个人的思想，每一篇文章里的单词可以看成这个人的细胞，变成几万篇文章之后就有很多单词在里面，通过一些度量化的方法转化成数量化，数量化后再通过统计的方法，成为这篇文章的主要特征，通过这种方法也可以预测这个人的行为，也可以看这个人对某些问题的观点是什么样的，这不仅应用在金融风险管理上，也可用在社会政务或者民用上。

我先讲到这里。

谢谢大家。

新金融的大数据风控机遇

易股天下互联网与证券服务公司董事长、
互联网金融千人会秘书长　易欢欢

非常荣幸，我这几天在各种论坛仔仔细细、反复去听。我认为到现在为止，今天这个论坛的观众是最认真的。

实际上，我们从2011年就开始在研究大数据了，但在2013年的时候我就把方向做了一点调整。为什么？就是从互联网对金融造成的影响开始，我的判断是由于当时大数据讲了太多，但是没有看到一个非常强的盈利模式。我发现和金融结合以后，一方面互联网的本质就是数据，另一方面我们看到了金融的本质，那就是它没有实体，它就是一个基于数据的往来，就是一个交易，它中间就是基于数据而形成的、新的、定价风控决策的相应模式。

我在2010年底和2013年初的时候正好认识了 BBD 的曾途，那时候这个团队还在围绕消费品做大数据。当时我觉得这个团队特别有朝气，实力也非常不错，但是我觉得他们在这个领域里面，只是围绕着市场的一端来做数据服务远远没有抓住金融的本质。进入一个行业，一定要抓住这个行业的核心本质来提供服务。那个时候和曾途相识，我劝他进入金融领域，现在你会发现，他当年大量的技术积累，在进入一个新兴的、急缺的行业以后，这几年他们迎来了迅猛的发展。

我到哪里都会描述一张图，这张图的本质是索罗斯的反射性曲线。它描述的是技术趋势怎么围绕它的价值发生波动。我们回顾一下，现在所谓的新金融，或者互联网金融，实际上也会同样映射到我们看到的大数据领域，你会发现，在2013年以前，很多人在互联网上提供相应的金融服务。有一家非常典型的公司叫东方财富网，上市的时候公司原有的业务下滑，他们老板说要在互联网上卖基金，当时所有人都觉得不可能，怎么会有人在互联网上提供这样一个产品。当时整个公司的市值不超过20亿，但是由于整个行业的政策、制度、消费者习惯的变化，到了2013年卖了500个亿，2014年卖了几千个亿，到今年上半年超过了去年全年的增长速度。这时候大家就开始膨胀了，从东方财富让我们看到了余额宝，看到了很多的平台大规模起来了。

大家都会想这个事情有可能带来非常大的收益，那时候加上资本市场的膨胀带来的结果是什么？带来的就是第二个阶段。在一部分细分领域，部分公司的商业模式雏形正在形成，就跟现在的O2O一样，所有人都在讲“跑马圈地”这四个字，不断地抢资产、不断地抢用户、不断地抢流量，把资金圈过来就认为能够解决年化10%，或者解决更多的投资需求。这时候又遇到宏观经济的相应压力，再加上整个社会的流动性因为股灾的变化开始逐渐收缩，几个事情加在一起，大家就开始悲观了，极度的悲观。

很多事情都是这样的，在2012年以前没人看好，很多平台不得已出让

20% 到30% 的股权，才能获得微薄的一两百万的资金，才能滚动地发展。但2013年到今年的上半年，在非常火爆的时候，基本上你一创业，你的估值没有超过一两个亿都不好意思跟别人讲。现在又到了极度悲观的时候，这时候一定要看清楚每个行业真正的本质是什么。

实际上我对这个行业并没有那么悲观。第一，美国信用卡的指数跟中国信用卡的发放对比；第二，美国中小企业的融资成本与中国中小企业的融资成本对比；第三，中国储蓄的比例；第四，我们现有的巨大的创新动力。我认为这其中有很大的互联网跟金融结合的空间，或者是互联网跟金融以及具体的产业环境结合的空间。在这中间，最为关键的是什么？2013年到2015年，BBD 绝对不是在互联网、大数据领域里面最闪亮的企业。那时候它专注的是要用数据建模型、建风控，绝大多数企业想的就是去拿客户的钱投资，这时得到的回报相对来说更高。

但是浪潮过去之后，真正在中间围绕数据沉淀的数千万用户的各种各样属性的信用标签、各种企业在不同的环境下相应的业绩波动性、收益率、资产的变化，包括无形资产带来的真实定价，在未来非常重要，而且弥足珍贵。在这个过程里，我个人认为，首先低潮的时候我们不应该过分的悲观，在高涨的时候我们反而要相应地冷静，我们一定要看到大数据风控。

第一，大数据本身存在相应的泡沫过程，这中间一定要找到相应的大数据和金融结合的模式，我觉得这个是最强的盈利模式、是最可持续的模式。

第二，在金融领域怎么样调整新的风控方式。举个例子，传统银行的定价方式是什么？是收入、资产、利润、抵押物四项，这些是核心的，是评判一个企业是否可以放贷的核心要素，但是对于大众创业、万众创新新增的6000万家新兴企业来讲，这些它们都没有。它们有什么？我认为腾讯、阿里在2007年有的是用户、传播链、利益链，以及它整个的关系、整个相应的数据流量、用户的年度活跃度，但是这些数据指标不能作为债权的重要定价。

我们可以看到像京东这样的公司到现在为止，去年亏50个亿，今年亏100个亿，这种公司没有价值吗？如果用巴菲特的未来现金流折现，这些公司都是负资产。但是为什么这么多年亚马逊还在往上走？就是因为用户的购买量一直在往上走，它自然会走到相应的临界点。这些东西给我们带来的启示，就是要围绕着数据，这个数据不仅仅是刚才看到的四项指标，也不仅仅是看到的DCF，我们更重要的是用另外一些指标、模型、依据来判断这些企业真正的成长性。所以我刚才听的时候，发现这里面有一系列的指标，包括招聘和整个管理团队的外部投资、产品。

还记得当时一个很重要的案例，一个公司刚上市的时候，直接判断这个公司可以做空。为什么？因为当互联网上出现卖假货信息的时候，它的用户浏览量急剧下降。当时是我们和曾途做的很重要的研究，从30块钱跌到不及12块钱，这是一个非常重要的变化，是完全领先于整个市场的反映。而且我们现在也在尝试，能不能未来在中国的3000家A股公司、20000家新三板公司他们原有的、现在的资产负债表之外，产生新的、基于数据的资产负债表，这种负债表能不能更加有效可靠地反映这个公司相对真实的情况，这样再结合人工智能的其他东西，做到可以自我决策。

今天在数博会看了很多，有很多创新的公司，但是我觉得这中间真正把这些结合起来的公司还非常少，还需要非常长的一个过程去看。我认为，一个企业要发展，一定是三期轮动。第一，自身的行业发展高速增长；第二，利用好整个资本市场的周期，快速成为一家大公司；第三，核心技术、核心能力到达一个相应的平衡点。这些点结合起来之后成为真正的商业模式，引领模式成熟，真正成长为非常大的企业。这是第一，是我们对这个事情的判断。

第二个事情，我们现在提的互联网经济，实际上我认为已经处于一个尾声阶段。为什么这么说？因为我们以前是物理经济和虚拟经济结合形成的互联网经济，但现在的互联网经济绝大多数还是纯 C 端的，还是一个讲流量、讲用户数量，大规模“跑马圈地”的阶段。有几个核心要素来证明，一是流量红利的消失，最典型的是某家智能手机公司，之前预计1亿的销售额，但去年只做了6000万，今年下降到了第五名以外。现在“跑马圈地”的因素已经变得越来越弱。二是基础设施的成本开始大幅度降低。当年创建一个企业，一年的成本要几百万甚至上千万，但是现在通过云计算、通过新的数据手段，已经把整个成本大规模拉低。比如现在的数联铭品在做10亿条记录的时候，和以前完全不一样。三是可持续。四是大量资产的大规模冗余。经过几十年不断的生产建设，现在到处都是车、房。实际上并不是说大家紧缺，而是说合适的需求能不能与合适的供给结合起来。怎么结合？通过新的数据方式、新的金融手段，我觉得这个非常重要。

另外，个性化会成为一个普适性的要求。比如现在给我提供一个通用化的产品，我不觉得 OK 了，我需要个性化，根据我自己的使用习惯进行描述。这意味着整个供应链、供给链、金融行为、消费周期都会有很大的变化，并不是没有需求，而是在于怎么样定义这个需求。我们判断，将来会从互联网经济进入共享经济的新阶段。在这里有几点非常重要，一是信任体系。建立起一个大数据风控信用体系、信任环境。二是更便利的支付方式和支付手段。三是形成一个以数据为核心的认证机构、认证模式。非常重要的就是这几个核心。你会发现，这个过程的发展，整个 IT 的发展，最开始就是从信息共享开始的，现在我们看到每个人手上的安卓系统，它其实就是一个围绕包括系统、文字、媒体、位置的信息共享，进一步到衣、食、住、行、用，再进一步到生产的共享，走向企业端，这非常重要。

金融是共享里非常重要的核心。什么能够共享？要有规则、要制定标准，把一个非标准的产品变成标准化。综上所述，我觉得围绕大数据产生新的风控方式至关重要。所以我个人认为过去的20年，互联网主要改变的是消费品，但未来20年，真正对中国经济的拉动还是在于生产制造、流通、交付、融资。这中间非常重要的是通过互联网的方式采集数据，通过金融方式降低整个链条的交易成本。大数据风控除了防止风险，还要促进、降低整个产业的融资成本。如果产业的融资成本解决不了，风控手段做得再好，跑的人照样多。这是我们自己的小观点。

我认为"互联网＋金融"分成三个阶段。第一个阶段称之为原有产品的渠道化、网络化。2015年就是这个过程的终结点，该做的已经做完了，标准化产品已经全部上线。第二个阶段是大数据金融。通过数据的方式重新定义金融产品，这个是非常重要的，把风险、风控涵盖在产品设计里面，后端、前端一体化。第三个阶段称之为共享金融。每一个人都成为金融的提供者、服务者，在不同的产品下，去匹配他的收益、风险、波动，这是我对这个事情简单的理解。

在这样一个发展过程当中，我想表达几点。第一，这个行业无论是大数据、互联网金融还是物联网，都已经到了一个一定要找到极强的盈利模式、极强的核心能力的关键时间点。第二，在这个过程里，不要因为这个行业的大规模爆发、大规模下滑，就产生非常大的兴奋或压力，一定要看清楚这个行业的核心本质是什么。金融的本质就是风险管控，但与互联网结合之后，原有的风控手段、理论、决策、依据，要不要发生一些新的变化，我觉得这是非常值得探讨的核心。第三，我们现在已经抛弃了以前看到的流量红利。当我们面向产业端的数据和金融的时候，来看我们之前绘制的微笑曲线，以前是供研产销，研发和品牌在最两端，而且是开口向上的，现在数据和金融会在新的产业微笑曲线里面更为陡峭，成为整个产业的带动力，所以在这个过程里，我个人认为新金融定义了新风控，大数据带来大机遇。

谢谢大家！

数据立法中应予关注的若干问题

——基于科学立法原则的思考

中央网信办政策法规局副处长　唐 磊

尊敬的各位领导、各位专家、各位朋友：

大家下午好!

感谢中国信息通信研究院的邀请，今天让我有机会前来学习贵州大数据立法的经验，能够聆听专家的宝贵意见，也借此机会把我个人学习理解的一些浅见和各位领导、专家分享交流，敬请大家指正。

今天，我想交流的主题是“数据立法中应予关注的若干问题——基于科学立法原则的思考”。

之所以确定这个题目，主要有下面几层考虑：一是适应万物互联数据爆炸的时代发展，贯彻落实网络精神，加强网络空间立法，保障数据安全、促进数据发展的重要性和紧迫性已经毋庸赘述。二是数据立法是一个宽泛的案例，并不单指某一部具体的法律，所以也并不意味着建议在某一部法里就要解决所有的问题。三是选取了立法法规定的宪法、法治、民主、科学四项原则中的科学原则为视角，即“立法应当从实际出发，科学合理地规定公民、法人和其他组织的权利与义务、国家机关权力与责任。”提出我们今天想要讨论的几个问题，我今天想从数据权属、数据收集使用、数据交易、数据安全和监督管理方面提出一点问题。

一、数据权属问题。数据权属作为数据的本质性问题，能够衍生出有关数据的收集、处理、流动、交易等一系列权利。正如习近平总书记在4月19日网信工作座谈会上强调，要将党的十八届四中全会提出的健全以公平为核心的产权保护制度尽快落实到位。而体现在数据领域的核心法律问题，就是数据权属问题。在这个问题上，建议关注以下三方面：

一是科学定义。确定定义就能够确定调整范围，而我们目前提起“数据”“大数据”“信息”等各种表述，似乎还有点混淆。下文我所讨论的“数据”，主要参照2015年6月，十二届全国人大常委会初次审议的《网络安全法（草案）》，其中第65条界定的“网络数据，是指通过网络收集、存储、传输、处理和产生的各种电子数据。”

二是科学分类。在宽泛的数据定义基础上，有必要辅之以科学分类，才能够科学的设定权利。目前学理上主要是从是否涉及私有权利的角度，分为公共数据和非公共数据。公共数据是指获取和利用无须取得特定人许可，任何人可以公开收集、利用的数据，比如依法公开的政府信息。非公共数据是指个人信息、商业秘密，或二者以外虽公开但未经允许不能商业化利用的数据。

三是科学设定权利。对于公共数据不存在异议，基于开放利用的原则，任何组织个人都可以使用公共数据。而对于非公共数据急需解决权属问题，究竟是归属于人格权，还是财产权，还是两者兼具？不同主体可以在何种程度上使用数据？数据主体是否享受知情权、遗忘权？此外，对于涉及个人数据的公共数据，应该如何进行匿名化“清洗”才能够使用？在这些重要的问题上，各方面的认识都还未尽统一。尽快深入研究，凝聚共识非常有必要。

二、数据收集使用问题。数据的收集和使用涉及数据规模增长，是数据管理的核心环节。这里提出了两个问题，谁来收集数据、谁来使用数据。我们重点关注以下问题。一是数据收集方面，收集前明示用户，公开规则，数据保密，是对所有数据采集的统一性要求。二是在数据使用方面，对一般性数据和敏感性数据进行区分，对一般性数据要求依据合法、正当、必要的原则保护数据，在数据泄漏和情况发生时应及时采取必要的补救措施。此外相关规定还对党政部门数据使用进行了特殊要求，如关键信息、敏感信息禁止外传等等。

三、数据交易。前天总理说大数据被誉为新时代的钻石矿，我们今天身处全球范围内落户中国的第一家大数据交易所所在地贵阳，推动数据交易，打破信息孤岛的体会尤为深刻，明晰产权尽可能降低交易成本就成为法律制定的最优安排，归根结底要确立数据交易规则。当前数据交易面临的典型问题是产品化困难，产品定价困难，交易平台交易机制和责任问题，隐私保护问题。一般物品交易规则是否适用于数据交易、买卖双方的权利义务、数据交易的特殊规则等问题都有待解决，其中数据交易规则又包括交付、隐私保护、数据安全保护等。

四、数据安全。习近平总书记在网信工作会议上强调安全是发展的前提，发展是安全的保障，安全和发展要同步推进。技术是一把双刃剑，一方面可以造福社会和人民，另一方面也可以被另一些人用来损害社会公共利益和民众利益。随着当前大数据不断向各个行业渗透，数据安全问题不断凸显。2015年6月，十二届全国人大常委会初次审议《网络安全法（草案）》，就数据安全做了三个方面的原则性规定。一是设置专门的章节对关键信息基础设施的运行安全做了规定，实行重点保护。范围包括基础信息网络、重要行业和领域的重要信息系统、军事网络、重要政务网络、用户数量众多的商业网络。二是建立关键信息基础设施运营者采购网络产品、服务的安全审查制度。三是要求关键信息基础设施的运营者在境内存储公民个人信息等重要数据，在境外存储或者向境外提供的，应当按照规定进行安全评估。

如果上述规定能审议通过，那么在我们的数据管理立法中，势必要将制定具体的落实制度作为重要的内容。

五、监督管理。在监督管理方面值得研究的几个问题。一是如何推动多元主体参与。总书记讲，7亿多人上互联网，肯定需要管理，而且这个管理是很复杂、很繁重的。企业和政府都要承担责任，党和政府要承担党和政府的责任，哪一边都不能放弃自己的责任。面对数据具有分散性、海量性、行政资源不足以应对等特点，如何发挥行业自律、吸纳用户参与、提高管理效率？二是坚持问题导向原则。先研究具体问题，再寻找解决方案。三是如何适当保持立法的滞后性和宽容性。前天下午，总理在座谈会上讲，一个新事物诞生的时候，我们确实不能上来就管死了，要先看一看，这既是给它一个成长的机会，也是为了暴露监管漏洞，让随后出台的监管政策更加公平有效。考虑到发展的创新性和立法的保守性具有天然矛盾，所以立法工作也应当注意避免扼杀发展的创新性。

上面五个方面的问题是今天来参加这个会议之前一些不成熟的思考。希望在接下来的时间里，各位专家的精彩演讲给我们一些启发和启示。

谢谢！

对我国大数据安全问题的研究

中国信息通信研究院产业与规划所所长　胡坚波

各位尊敬的领导，各位嘉宾：

大家下午好！

很高兴在这里跟大家分享我们在大数据方面的研究情况。大数据安全问题伴随着大数据的发展取得了很大的进展，网络安全法目前正在征求意见，我们在执法中主要把《全国人大关于加强网络信息保护》当成执法依据，贵州作为地方也开展了很多立法实践，这是我们看到的情况。贵州作为大的综合试验区，从三部委的批复来看，明确提出了贵州在开展大数据综合试验区的时候要保障网络安全、数据安全、国家安全、隐私保护等。也就是说，贵州需要逐步探索和解决这些问题，为全国先行先试探索出一条路来。

我们建立了一个数据所有权多维图，包括个人数据、企业数据，还有国家层面的数据。我们围绕相关的管理维度，包括安全法规、安全规范、安全政策、安全产业、安全技术等问题进行分析。我们同时也从数据处理的角度，包括数据收集、存储、开放、交换、利用等进行相关的分析。还有就是从数据应用的领域，包括政务和民生等领域，尽量挑出一些重要的问题来研究。

我们总结了十个问题来和大家分享：

问题一：个人信息频繁泄漏。有大量数据显示，63.4% 的网民通话记录、网页上面的购物记录等网上活动信息遭到泄漏，78.2% 的网民个人身份信息曾被泄漏。我们也看到了大规模的数据泄漏事件，互联网应用蓬勃发展，用户个人信息云上聚集，个人信息泄漏问题触动公众神经。用户个人信息泄漏的主要渠道包括黑客窃取等，因此我们还要考虑个人信息安全保护法的问题。

问题二：大数据立法亟须加快。实践证明，大数据立法还面临很多挑战，包括大数据资源开发利用界限问题、跨境数据流动问题、隐私保护问题等。在大数据环境下用告知的方式很难成立，原来我们通过清洗来屏蔽个人信息，但这往往不可靠，因为通过一些非关联信息可以很快获得相关信息。还有数据权属问题以及数据交易地下产业链问题。

问题三：大数据开放安全法规不明晰。当前总体来看安全法规还是不够明晰，比如关于开放数据的安全分类、分级标准缺失。数据是要分级的，不能所有的数据都一样，有很多的分类方式，政府有很多实践，贵州也谈到了。数据开放面临的情况比较复杂，如果没有明晰的分类方式，操作起来是有问题的。还有就是责任问题，数据开放责任，过去是谁开放，谁负责，开放度马上大幅度下降，我少开放至少不需要负安全责任。数据开放以后，相关环节出现问题怎么追责？《促进大数据发展行动纲要》中也提出修改

《政府信息公开条例》。发达国家在战略层面或政策层面都明确提出要促进政府数据的开放。

问题四：大数据安全顶层设计缺失。由于长期的思维惯性等很多原因，导致了我们全盘考虑下一步具体工作还有所欠缺，无论是方向也好，前瞻性也好。现在的顶层设计也说得比较多，很多行业都搞顶层设计，但顶层设计在落地的时候有很多问题。大数据有很多新技术的迭代，在顶层设计的时候，要考虑数据迭代情况的使用。

问题五：大数据交易安全第三方监督缺位。安全监督对整个产业的发展非常必要。安全监督有利于消除公众的担忧，绝非发展的绊脚石，而是发展的一个助力器。我们看到现在有很多具体的行动在出现，但在具体的执行中，大数据安全面临监督缺失、评估缺失，包括事后追责制度的缺失。贵州省发布的702公约，以及我们联合发布的一个自律公约，对下一步推动第三方监督机制的到位有很大的帮助。

问题六：工业大数据安全将成为新问题。现在工业互联网非常重要，导致我们的数据边界比较模糊，未来万物互联必然会增加数据。有数据显示，超过80%的涉及民生的国家关键基础设施是依靠工控系统自动化作业，工控系统已经成为国家关键基础设施的重要组成部分，工控领域正成为国际网络空间对抗的主战场。

工业大数据带动各系统广泛互联，数据更易泄漏，传统工业领域现有的设施很难承载应对措施，而且工控安全设备处理海量数据实属困难，如何面对新型的API攻击，也是我们需要考虑的新问题。

问题七：数据遗痕风险水涨船高。以前说人要流芳百世很难，现在在互联网上要流芳百世很容易，你的痕迹永远被保留下来，遗忘已经变成了例外，而记忆却变成了常态。被遗忘权可作为一项人格权，是一项个人信息自决权，即数据主体有权要求数据控制者清除与他们相关的个人信息，并不得对这些信息再次传播。对合法收集的海量信息，用户几乎无法删除。我国地下产业链里非法收集的数亿条个人信息，被保存了下来，这些也无法删除。被遗忘权的问题，在未来也是需要去考虑的。

问题八：需要建立传统的安全防评体系。大数据安全防评体系显然不能适应需要，在当前的环境下还很难发现、防御、处置、溯源。各部门建立的安全防御系统和信息系统，实际上也没有相关的安全防御机制，在国家层面尚未建立大数据安全评估相关的制度要求和管理机制，建立大数据防评体系有待加大投入。

问题九：大数据安全意识薄弱。我国的网络与信息安全教育普及率较低，大部分公民缺乏网络信息安全意识，特别是大数据安全意识，而这是最大的安全隐患。国家历次网络安全检查结果表明，安全意识薄弱是造成相关技术和管理要求落实不到位的主要原因之一。忽略各类网站、软件收集信息的协议内容，公共网络连接中的个人隐私信息保护意识弱，45.29%的网民连接公共免费 Wi-Fi 浏览网页并使用即时通信工具。我们在社交媒体中的个人信息发布比较随意，这些信息很容易形成交叉信息，形成你的画像。

问题十：跨境数据流动挑战监控能力。跨境数据有一些相关的规定，这是我们国家规定的，为政府机关提供服务的数据中心、云计算服务平台等要设在境内，对跨境提供服务但收集我国境内数据，或境内提供服务但关键数据流到境外等行为没有明确的管理要求和技术标准。我国目前受限于检测手段，对大数据跨境流动难看清，难阻止。跨境电商和微信走向海外，包括国有企业走向海外，必然面对跨境数据流动问题，数据流动必然会带来一些安全、隐私保护、知识产权保护等问题。

这是我们总结的十大问题，也是前期的一些研究，不一定十分正确。最后给出一个简单的总结，当前是大数据发展最好的时机，也是大数据安全发展最好的时机。总书记谈到要依法加强对大数据的管理，一些涉及国家利益、国家安全的数据，很多掌握在互联网企业手里，企业要保证这些数据安全，企业要重视数据安全。大数据安全是全世界共同面对的难题，未来还有很长的路要走。

我的报告就到这里。

谢谢大家！

观点再现

翁志（京东集团首席技术顾问）：关于数据安全，大家知道关系型数据经常放在数据库中，它有一定的安全基准，但是更多的大数据是非结构化数据，非结构化数据处理是放在大家经常使用的一些集群中。集群的数据安全很重要，对我们是一个威胁，怎样使数据变得更安全，是我们面临的问题。因为数据越来越庞大，数据隐私泄露的可能性涉及方方面面。

异常信息的处理方式分为实时和离线两部分，实时部分可以实时反馈，及时发现流量、产出，变成决策的一些规格，帮助我们进行安全的维护；对于离线部分，则需要注入更复杂的工作。

韦青（微软中国首席技术官）：万物时代肯定会来，谁也拦不住。那我们应该知道什么时候来，和怎么应对它。我们用了两个词，英文可能更准确一些，叫 Security 和 Safety，我们要把网络做得更安全，软件做得更安全，把智能设备做得更安全。万物时代到来之后，Cyber Security 变成 Physical Safety，为什么呢？举个例子，去年"黑客"大会记者安排"黑客"在现场用 Wi-Fi 的方式"劫持"在高速路上行驶的汽车，对"黑客"来说没有什么是不能"黑"的，这是矛盾的关系，道高一尺魔高一丈还是魔高一尺道高一丈，就看你怎么看了。这个“黑客”也讲了，他“黑”了那么多车，实际上他是可以无限“黑”的。当时最难“黑”的是特斯拉，物理性接触车以后，就可以把车“黑”掉，结论就是没有一辆车是不可以“黑”的，这时候界限就模糊了。当你的 Cyber Security 受到安全威胁的时候，你的 Physical Safety 也会受到影响。

郝欣诚（艾瑞咨询合伙人兼 CTO）：大家要是没能力，就用手机中转，千万不要轻易上直联设备，因为存在的问题太多了，直联方案如果是所托非人绝对掉沟里，但是经过手机中转就不一样了，手机的安全性掌握在用户手中，它有一定的安全责任在这里，可以警醒安全防护。

张丹琦（青岛酷特智能股份有限公司智能工学院副院长）：在数据传递的过程当中，无须人工转换，也不需要纸质去传递，所以实现了高效率和低错误率。全生命周期实时协同，保障大数据的安全。我们在全球建立了4个专属的机房，用两条专线来保证数据的安全。事实上我们是把所有产业链的生产要素放在一个平台上，由消费者用手机遥控指挥这些生产要素，快速地去集成一件个性化的产品，来满足消费者的个性化需求。

韩亦舜（清华大学大数据产业联合会会长）：我想讲两个问题，第一，互联网金融发展之后存在的一些弊端，社会成本很大，很多老百姓也遭受了损失。我在想，我们是否可以在管理方式上打破过去那种“一管就死、一防就乱”的怪圈，能不能对一些新兴事物比如说 P2P，用大数据的理念，增加透明度，把选择权、更多的信息向老百姓公开，这样可能会提高双方的信息对称，同时也帮助我们用大数据的方法、手段监管起来。第二，中国司法体系一直沿用大陆法系、条文法，国家出一些规章制度相对比较难，包括定标准这些问题，是不是也可以尝试在行业里找一些标准，把门槛降低，逐渐把规矩立起来，我相信国外这些新兴事物也未必都在走很直很稳的路，那么他们的经验教训足以让我们借鉴。

郑磊（复旦大学数字与移动治理实验室主任）：一是内容，什么样的数据应该开放，什么样的数据不应该开放；二是格式，以什么样的形式，格式是可机读的、可下载的、一手的、原始的、实时更新的，等等。其实是有一系列的标准，存在两个维度，开放数据，同时便于利用。

李国（北京江南天安科技有限公司副总）：大数据的特点是快速、大量，那么数据安全也就离不开加密，从这个出发点来说就需要一个高性能、高扩展性、高弹性的加密服务，这个服务叫云加密。云加密是传统的商用密码技术或者密码技术和虚拟化的云计算结合。首先它具有高性能，只有高性能在云的环境下才有意义，才能承载大量的应用和计算。另外要符合中国政府的行业监管政策，包括商用密码的监管、云计算的监管政策。在技术方面，最核心的是在云端，云端如何做到安全的密钥管理和安全的管理，另外要具有可伸缩性。

姚宏宇（友友系统总经理）：安全是多维度的，不仅仅是从法律角度而言，从其他社会治理的角度，从技术的角度来看，它也是多维度的。说到安全，我第一个想到的是保密，可信计算，作为智慧城市最核心的是把数据聚在一起，依赖这个数据体系作为整个社会运行的大脑。假如真正成为一个社会运营的档案，第一件事就是把数据拿过来重塑和存储。第二件事是要想真正成为一个社会运行或城市运行的大脑，这个大脑不能停，怎么保证可靠、稳定持续的运行，这是可以从另外一个安全的角度来考虑的。

董贵山（中国电子科技集团首席专家）：今后的业态更多是在云密码和云安全服务产品，供给会非常丰富，同时采用第三方或者与共有云平台商结合，提供真实安全服务的业态是一个重要的发展方向。另外，基于智慧城市大数据平台，进一步构建安全的内容管控和网络空间监测，以及安全可信的服务，这种大数据的安全运营服务也是一个重要的方向。概括起来就是智慧和安全相辅相成。

刘希俭（中国石油信息管理部总经理）：信息安全整体解决方案以“三分技术、七分管理”为安全治理理念，规划了13个信息系统安全项目，其中管理类项目3个，控制类项目3个，技术类项目7个。一是建成了集中身份管理与统一认证平台，实现了用户省份唯一确认和安全认证。二是实施了网络安全域，按照先边界安全架构、后深入内部防护的思路，构建安全可靠的网络安全结构。三是搭建安全桌面管理系统。四是建成计算机网络安全检测平台，为了防止敏感数据外泄。五是实施灾难恢复备案。六是建立并运行了信息安全中心。

李吉慧（中国民生银行信息科技部资深安全经理）：通过很多平台我们发现真正运营得靠人，平台和工具只是一个手段。我们建立了一个团队，他们的职责包括四个方面，即对安全事件进行采集监控、分析预警、及时响应处理，并形成分析报告。他们要把整个事件分成对于安全事件全生命周期的一套管理流程和方法，我们用这套流程和方法对整个安全体系和预警体系进行一些总结性的工作，以此来提升整个安全防御。

韩永刚（奇虎360科技有限公司企业安全集团副总裁）：数据驱动的安全协同，我们认为应该从三方面去做协同：一是数据层面协同，二是智能防护提升，还有跟产业联合相关的话题。智能提升协同，比如机器和机器的协同，会有人和机器的协同，人和人之间的协同。三是产业的协同，无论情报也好，行业信息也好，在产业、行业之间真正共享数据和情报，联合起来做一些事情。

刘勇（国家发改委高技术产业司调研员）：数据主权已经成为国家主权新要素，要严格管理数据跨境流动。但同时我们也应当注意到，数据只有流动才能产生更大价值，只有积极获取全球海量数据资源才能提高数据掌控能力和国家控制力，才能在国际竞争和大国博弈中占有优势。我们应该加强研究，建立统一规则体系下的数据竞争和掌控能力，大数据时代不应该再出现 BAT 对 GTF 的这种产业格局。

苏金树（国防科技大学计算机学院）：网络空间有四个维度，一是实体属性，二是频谱属性，三是逻辑属性，四是社会属性。关于网络安全数据的策略，除了安全问题还有监管问题，它基本的特点可以概括为可视化监管和海量数据集成，主要效果是应对问题复杂性的同时降低存储成本。

王春伟（中基石油通信建设有限公司）：在选择数据泄露防护产品和解决方案的时候，要根据企业自身的阶段需求去选择对应的解决方案和产品，最好是循序渐进地完善企业的数据防护措施。同时在选择国产化数据泄露防护产品的时候要注意两个方面，一是当安全产品进入市场的时候，对功能和安全性的监测，有代表性的就是我们现在的安全产品专用销售系统。二是安全产品自身代码模块的后门和漏洞的检测，在满足国资委安保指引标准的同时，防止风险隐患的产品再次进入企业。

易乐天（中南大学信息安全与大数据研究院）：透明计算作为一种新的计算模式，可以解决个人隐私的安全问题。它强调把软件放到服务器端，把计算放到客户端这些智能终端上，智能终端上尽可能不存储或少存储与个人隐私相关的信息。透明计算包括三方面：一是所有数据、软件，包括操作系统都会存在后台的服务器里；二是计算下行，绝大部分计算会发生在终端设备上；三是流式计算，终端设备要进行计算的时候，会将所有代码以流的形式从服务端到终端进行执行。透明计算能跨软硬件平台，带来安全上的好处，而且使用方便和便于维护管理，以及低成本和环保等。

王海波（中山大学附属第一医院）：医学总是要问为什么，这是数据挖掘的一个过程，需要大数据的应用科学家和方法科学家来共同完成这个工作。现在最缺乏的是应用科学家，应用科学家对业务和数据有深刻的洞察，能够准确地明辨问题，以问题为导向，运用数据驱动和数据挖掘。

孟召瑞（成都科来软件有限公司）：可以从三个方面来解决大数据高级威胁的态势感知能力。一是流量鉴别，通过鉴别技术，识别或鉴别网络中有哪些应用，并识别应用。二是异常行为，用特征去检测高级威胁。最后是做全流量的分析，对所有流量都要进行分析，甚至对一个包裹都要进行关联。

张涛（中国信息安全测评中心）：大数据技术可以应用于信息安全漏洞分析，提高软件安全、系统安全和网络安全。其中主要包括四个方面的工作：一是基于代码同源的漏洞挖掘。二是基于机器学习的漏洞挖掘。三是基于海量样本的漏洞挖掘。四是基于网络扫描的漏洞检测。

程朝辉（深圳奥联信息安全技术有限公司）：国密SM9是一种标识密码算法，主要是为了解决公开密码体制中，密钥管理的复杂性问题。SM9能够应用于云安全，主要有两个解决方法：一是基于策略的数据加密应用，二是云上系统身份认证应用。

童宁（亚信安全业务发展及产品研发总经理）：大数据安全有4个方面的事情需要去做，分为事前、事中、事后、工具四类。事前主要考虑身份认证和防护控制；事中包括整个网络系统、应用系统、操作系统的安全；数据自身安全，就是敏感数据如何分层保护，事后有日志的审计以及平台的工具，有外围 API 的方式，也有安全监管的工具。

连灶华（贵州亨达集团信息安全技术有限公司）：数据安全在方式、方法、策略上，跟以往的传统安全有很大的区别，单靠一个企业或者一个产品都不可能解决全部的大数据安全问题。就目前来讲，最需要的就是如何把大数据和安全这个链条打通，如何把各个厂商、各种技术体系有机地联系构建在一起，形成新的防线，确保下一步即将全力推进的大技术产业发展。

惠红刚（北京天融信网络安全技术有限公司）：安全云服务是安全、云、服务三者的综合体，要通过安全去建立安全云，再通过安全云去帮助用户，提供新的服务。所有的安全能力一定是要有一套系统和人结合，结合的程度叫协调程度，协调程度越高，整个安全能力会越好。大数据平台是整个安全云服务的中心。大数据平台不但要做信息的采集，而且还要做分析。整个建模分析就是大数据平台的融合，它可以分为三类：一是批量分析的建模，二是流式分析的建模，三是协同分析的建模。

王飞跃（中国科学院自动化研究所复杂系统管理与控制国家重点实验室主任、中国国防科技大学军事计算实验与平行系统技术研究中心主任）：我们今天讲的深度学习，就是神经元网络的最典型的应用。现在有了云计算、大数据，不但要把计算智能和大计算结合起来，而且还要把网络数据与大数据结合起来，加上我们的众包，这就是网络智能。我觉得这个时代很短，只是一个转折时代，它会进入新的智能，这就是平行智能，是虚实互动的平行智能。将来的发展是发展软件机器人、知识机器人，实现的是知识流动化，它的基础就是进入大数据的新情报时代、社会计算、平行智能。

曾途（数联铭品 CEO）：我们试图打造从信用风险到市场风险，再到金融趋势预测的完整轨迹。从信用风险来讲，我们首先要解决征信信息的不对称性，就是用动态的方法去做静止调查，要实时的可以查询对称的企业信用信息。在这样的信用信息基础上，完善我们的信用评分产品，通过合理的基于信用的评分，给这些企业进行信贷和投融资的支持。

周涛（中国电子科技大学大数据研究中心主任、数联铭品首席科学家）：我们在想一个问题，一个很穷的国家通过什么办法能变成一个很富的国家，能不能在产品的空间中前进？或者一个很穷的省，有没有什么办法能变成一个很富的省，能够去生产一些高科技的东西？一个产品能不能在一个国家做一次成功的飞跃，它很大程度上取决于和这个产品最相似、又已经是占优的产品。相似度多是一个严格单调函数，它背后的经济学意义是什么？就是你只有去发展和现有产业接近的产业，你成功的可能性才大。如果你要跳跃发展，那么你成功的可能性很小。通过这个分析给我们一个产业的路径和方向，帮助我们的产品更好地往前走。

甘为民（重庆银行董事长）：商业银行及社会各界都应当秉承开放和共享的精神，不断深化与外部资源的融合，不断加强与外部机构的合作协同。对商业银行而言，主要包括三个方面：一是加强商业银行内部数据的开放共享，打破行业内的数据壁垒；二是加强商业银行与其他金融机构和第三方数据公司的合作；三是希望进一步推进政府数据对商业银行的开放。

易欢欢（易股天下互联网与证券服务公司董事长、互联网金融千人会秘书长）：我们现在说的互联网经济，我认为实际上已经处于尾声的阶段，有几个核心要素可以证明：第一，流量红利的消失；第二，基础设施的成本开始大幅度降低；第三，可持续；第四，大量资产的大规模冗余。

我个人认为过去的20年，互联网主要改变的是消费品，但未来的20年，真正能拉动中国经济的还在于生产制造和流通、交付、融资。这中间非常重要的是通过互联网的方式采集数据，通过金融方式降低整个链条的交易成本。大数据风控除了要防止风险，还要促进、降低整个产业的融资成本。

曾源（微众税银联合创始人兼COO）：数据风控的优势是什么呢？通

过对和我们合作的30余家银行，近万户企业因子的对比分析，我们发现出现坏账的理由，其实没有大家想象的比例高。真正产生坏账的因素有三个：一是道德风险，不是客户的道德风险，而是客户经理的道德风险。二是动态化监控，即行业发生的风险。三是在于上下游关系验证。还有很多时候，有人想套一点钱，他只是为了短期套利，这样的情况下，他不是坏人，只是贪了一点。这样的结果导致的就是极大的风险。

郑文傲（中国经济信息征信中心副总经理）：不管是风控还是征信，运用大数据的技术，其实我们最后评价的根本还是效果，不在于你把大数据技术运用得多好，而是在于最后有没有把风险控制住，这个信用的结果是否正确。

周汉华（中国社会科学院法学研究所研究员）：系统构建，全面规划。我们现在应该在推进数据开放、个人数据保护、公平使用、国家安全等方面明确相关的规则，要做到有法可依；调动地方的积极性，通过多种手段，形成一个竞争的格局。把底线确立好之后，推动地方竞争。BAT也好，其他新的市场进入者也好，都可以进行竞争，免除了后顾之忧，但是底线必须要守住；保证用户享有真正的知情权和选择权，给用户一个选择权。

郑斌（阿里巴巴集团安全部总监）：在共享经济或者分享经济下的商业模式，数据的流动成了必然，数据的流动也给数据的保护或者是隐私的保护带来了巨大的挑战。新的经济基础设施也在逐步地形成，从过去的土地、资本、劳动力、电力为基础的工业时代，迈向今天的信息经济。在今天，云网端以及物联网等智能终端设备成为经济基础设施，云计算和大数据也逐渐的替代过去的软件和硬件这样一些生产要素。

田冰（圆通速递总监）：在未来发展中继续坚持以业务为驱动、以风险为核心这样一个目标，来完善安全体系的建设，确保每一位跟圆通合作的供应商、合作伙伴，他们的数据交给我们以后能够放心。

李丹枫（[友盟+] 首席数据科学家）：隐私受到挑战已经毋庸置疑，比较关键的一点是隐私的保护实际上是从数据的属性变成了计算的属性，所以现在一个系统是不是保护了隐私，不能说这个数据做了什么处理，而是在这个上面允许什么样的计算，这个属性在计算上。我们有很多新的技术提供了解决方案，不过大部分还在试验阶段。

杜胜军（贵州省人大法工委副主任）：关于数据共享开放，要对共享开放做出非常详细的规定，除了涉及国家机密、商业秘密和个人隐私之外的所有东西，我们要做到应开放尽量开放，应共享尽量共享。

戴宏（苏宁金融集团副总裁）：通过大数据来推进征信建设，建立完善的证券市场，加速发展中间业务，降低利率类业务比重。确保前、中、后台系统的统一与衔接。提高风险的识别、计量、监测和控制能力，确保风险损失数据的完整积累，优化理论的运用，比如催收，这些都要优化，要立法。

李欲晓（中国网信空间研究院研究员）：立法本身是要解决问题，不是为了提出问题。网络安全领域的威胁从哪来，风险是什么，我们应如何面对这些威胁和风险，就是解决问题。各个部门承担什么样的责任，都需要明确。包括关键基础设施保护、网络空间的战略规划、网络空间的运行安全、重要信息系统的运行安全、信息安全，也包括网络空间的应急响应、信息共享和威胁情报的处理以及共享问题，网络空间社会性的各级政府部门、各相关组织在网络空间安全当中所承担的责任和义务，这些东西都需要逐步完善。

大数据产业与应用发展

— 大数据产业与应用发展：洞见大数据价值

— 大数据生态环境催生思维变革

— 工业互联网引领企业转型

2016年5月24日，“2016贵安·全球智能终端产业创新发展峰会暨中国大数据与人工智能院士论坛”在贵安新区北斗湾开元国际酒店召开

2016年5月25日，“医药大数据的专业化回归与突破论坛”在贵阳中天凯悦酒店召开

2016年5月25日，“工业互联网创新与发展论坛”在贵阳国际生态会议中心召开

2016年5月25日，“产业互联网发展主题论坛”在贵阳国际生态会议中心召开

2016年5月25日，“2016百鸟河数字小镇大数据服务产业论坛”在贵州省黔南州惠水县百鸟河数字小镇召开

2016年5月26日，“无线电技术与大数据融合发展论坛”在贵阳市航天大酒店召开

2016年5月26日，“2016中国（贵阳）大数据交易高峰论坛”在贵阳国际生态会议中心召开

2016年5月26日，“云计算与大数据融合发展论坛”在贵阳国际生态会议中心召开

2016年5月26日，“数据资产化发展论坛”在贵阳国际生态会议中心召开

2016年5月26日，“从理念到应用——‘健康大数据’高峰论坛”在贵阳中天凯悦酒店召开

2016年5月26日，“跨界与融合：媒体大数据创新高峰论坛”在贵阳国际生态会议中心召开

2016年5月26日，“数字领先，聚势谋远——数聚力量：‘中国汽车行业大数据论坛’”在贵阳国际生态会议中心召开

2016年5月27日，“贵州首届互联网大会——大数据助力网络扶贫”在贵阳国际生态会议中心召开

2016年5月27日，“从财经的角度看数据的价值及电子商务发展论坛”在贵阳国际生态会议中心召开

2016年5月27日，“‘大数据＋大宗商品’高峰论坛”在贵阳国际生态会议中心召开

2016年5月27日，"引领数据浪潮，创新商业价值——大数据应用高峰论坛"在贵阳国际生态会议中心召开

2016年5月27日，“大数据 · 好 DC——新一代数据中心发展论坛”在贵阳国际生态会议中心召开

2016年5月27日，“中国信息系统集成行业发展论坛——大数据时代信息系统集成行业创新发展”在贵阳国际生态会议中心召开

2016年5月27日，“2016绿色数据中心发展国际论坛”在贵安新区北斗湾开元国际酒店召开

2016年5月27日，“2016大数据时代智慧旅游发展论坛”在贵阳国际生态会议中心召开

2016年5月27日，“2016中国（贵阳）服务外包与呼叫中心发展论坛”在贵阳国际生态会议中心召开

大数据产业与应用发展：洞见大数据价值

大数据战略重点实验室

大数据正成为信息技术的新热点，产业发展的新方向，将对人类生产生活产生巨大影响，对经济社会发展带来深刻变革。大数据和传统产业的融合，能够提升传统的生产方式和经济运行机制，催生产业发展的新领域和新业态，培育新的经济增长点。加强大数据应用创新能力建设，建立政产学研用联动、大中小企业协调发展的大数据产业体系。把握大数据发展方向，统筹规划大数据基础设施建设，推动大数据开发应用，对打造经济社会发展升级版，具有十分重要的战略意义和现实意义。

针对产业与应用发展的新趋势，2016中国大数据产业峰会暨中国电子商务创新发展峰会期间，举办了“大数据创新生态体系论坛”“工业互联网创新与发展论坛”“医药大数据的专业化回归与突破论坛”“从理念到应用——‘健康大数据’高峰论坛”“2016大数据时代智慧旅游发展论坛”“跨界与融合：媒体大数据创新高峰论坛”“2016绿色数据中心发展国际论坛”等28个论坛，国家工信部原副部长杨学山、中国信通院技术与标准研究所副总工李海花、国家信息中心常务副主任杜平、中国电影电视技术学会理事长何宗就等国内外大数据领军人物、专家学者齐聚贵阳，分享大数据在各行业的创新应用，探索大数据与传统产业协同发展的新模式，助力大数据产业与应用发展。

一、大数据创新生态体系建设

促进我国大数据发展，构建健康、繁荣的生态体系是一项复杂的系统工程，需要科技界、产业界以及政府部门在国家政策的引导下共同努力。通过适应国家创新驱动发展战略，实施大数据创新行动计划，贯彻落实国务院印发的《促进大数据发展行动纲要》（国发〔2015〕50号），响应国务院关于大力推进大众创业、万众创新的号召，推进大数据发展重大工程，促进数据资源开放共享，带动社会开展大数据增值性、公益性开发和创新应用，促进创新链和产业链深度融合，建立可持续、和谐的大数据生态系统。

5月26日上午，“大数据创新生态体系论坛”在贵阳国际生态会议中心举行。本次论坛由国家信息中心、贵阳市人民政府联合承办，国信优易数据有限公司和贵阳市大数据发展管理委员会协办。作为数博会核心论坛，以构建大数据创新生态体系为主题，聚集了政府领导、知名学者、经济学家、大数据专家和企业精英等200余人，贵州省委常委、贵阳市委书记陈刚，国家信息中心常务副主任杜平出席论坛并发表致辞，英国帝国理工学院数据科学研究所所长郭毅可、电子科技大学大数据研究院主任周涛等发表主旨演讲，共同深入研讨大数据创新思维，梳理大数据产业发展现状，聚焦生态力量，推动大数据产业生态发展。

大数据创新生态体系制造要以创新为导向，贵州省委常委、贵阳市委书记陈刚表示，在未来的数据生态体系制造中有几大关键点：一是以创新为导向，以大数据的技术手段、应用手段创新推动大数据创新体系的形成；二是以产业为目标，围绕产业和价值导向，特别是围绕数据的价值体现来实现数据的创新体系的形成；三是以应用为目的，挖掘其价值，让社会、政府共享大数据红利；四是以安全为主线，处理好大数据发展必须解决的安全问题。

中国科学院院士、北京大学、普林斯顿大学教授鄂维南认为，当前大数据发展存在四个方面的瓶颈，一是大数据产业链过长，流程涉及数据收集、清洗、整合、建模和应用等诸多环节；二是交易模式不清，至今没有通用和规范的标准和模式；三是缺乏应用场景和人才，应用场景不清晰，跨学科广、业务能力强、实战技能佳的人才匮乏；四是对大数据存在误区，把大数据和信息化、云计算混为一谈，同时过分夸大了数据资源的价值，尤其是资本市场带来的误导。

谈及大数据的生态环境，英国帝国理工学院数据科学研究所所长郭毅可提出，大数据的生态环境包含三个层面，一是云计算，二是无线网，三是大数据。大数据的发展未来将朝着拟人智能方向发展，其未来生态环境就是实现普适通信下人和机器智能的交融。大数据将催生思维变革，一是个性化的“从大到小”，二是去中心化的“从聚到散”，三是虚拟化的“从有到无”，四是拟人化的“从死到活”，五是社会化创造“从英雄到众生”。

二、立足工业互联网，推动产业变革

全球信息技术革命正在引领新一轮产业变革，互联网与制造业的融合已步入从局部扩散向全面渗透、从消费领域到生产领域、从生产变革到模式创新的新阶段。作为新一轮信息技术与工业系统全方位深度融合的产业和应用生态，工业互联网已经成为各主要工业强国实现智能制造、抢占国际制造业竞争制高点的共同选择。建设好工业互联网，既是发展必需，也具备了推进的条件，一系列促进网络设施建设、云计算和大数据发展的重大政策措施陆续出台，制造强国和网络强国战略相互促进、加快实施。

5月25日下午，“工业互联网创新与发展论坛”在贵阳国际生态会议中心举行。论坛由工业互联网产业联盟、中国信息通信研究院、遵义市人民政府共同承办，工业互联网产业联盟副秘书长张雪丽主持，遵义市人民政府副市长敖鸿致欢迎辞。论坛围绕工业互联网总体发展趋势、工业互联网安全实践、工业互联网创新与发展实践、DT时代的工业互联网生态等进行了探讨。如何实现智能制造、抢占国际制造业竞争制高点，抓住互联网跨界融合机遇，促进大数据、物联网、云计算和三维（3D）打印技术、个性化定制等在制造业全产业链集成应用，推动制造模式变革和工业转型升级，走出一条工业强国之路。

工业互联网是全球工业系统与高级计算、分析、感应技术以及互联网连接融合的结果。它通过智能机器间的连接并最终将人机连接，结合软件和大数据分析，重构全球工业、激发生产力，让世界更美好、更快速、更安全、更清洁且更经济。中国信通院技术与标准研究所副总工李海花认为，工业互联网的定义有三个方面：第一，工业互联网是互联网信息技术与制造业的融合；第二，工业互联网有一个生态的概念，包括产业生态和应用生态；第三，工业互联网对信息基础设施的推动和发展非常关键。

“工业互联网引领制造业转型具体表现在以下几个方面：第一，在产业布局规划上整体趋势是推进需求，增加利润；第二，企业更加专注于核心竞争能力，非核心竞争力的产品尽量分工外包到成本最低、质量满足要求的地方；第三，生产模式上从整体的趋势向区域个性化生产发展。”中国惠普有限公司企业服务集团、全球解决方案部门中国区总经理蔡震宇认为，工业互联网将引领企业转型。同时，引用狄更斯“这是最好的时代，这是最坏的时代”来形容当下的制造产业挑战与机遇并存。

工业企业应该怎么转型？中国电信集团公司政企客户事业部、产业互联网创新发展中心主任张东认为，首先，逐步把生产线柔性化、精准管理化，不仅需要把生产线上的信息系统升级，还要改进设备；其次，不能简单地设计生产再批量铺货，要想办法接触消费者，了解消费者的个性化需求；最后，要提供高速率、泛在化、移动稳定、网络互联的通道以及生产的数据云，用于海量的数据存送。

工业互联网需要关注信息安全和传统意义上的安全，这是未来的大趋势。“从安全上看，工业互联网有两个视角、三大要素。两个视角即工业视角、互联网视角；三大要素就是网络、数据和安全保障。工业互联网安全思路有四点：第一要设纵深防御；第二自动挖掘漏洞；第三关注数据安全；第四设定被攻破的假设。”奇虎360副总裁谭晓生还提到，现在计算机系统本身有弱点，设计产品时需要考虑硬件是否会被篡改，考量设计协议，产品出厂之前进行安全检查，以保障它的物理安全。

三、医疗大数据与健康，从量变到质变

当前健康中国及大数据战略已上升为国家战略，医疗健康领域的大数据已从理念共识逐步转化为实践。《国务院办公厅关于促进和规范健康医疗大数据应用发展的指导意见》（国办发〔2016〕47号）指出，健康医疗大数据是国家重要的基础性战略资源。健康医疗大数据应用发展将带来健康医疗模式的深刻变化，有利于激发深化医药卫生体制改革的动力和活力，提升健康医疗服务效率和质量，扩大资源供给，不断满足人民群众多层次、多样化的健康需求，有利于培育新的业态和经济增长点。

5月25日上午，“医药大数据的专业化回归与突破论坛”在贵阳中天凯悦酒店召开，研讨学术与产业对接、服务与制造融合的战略途径与发展策略，发现制高点，开创新格局，为医药“互联网＋”战略和“中国制造2025”规划的落地提供建设性方案。5月26日上午，“从理念到应用——‘健康大数据’高峰论坛”在贵阳中天凯悦酒店举行，旨在聚焦大数据应用层面，分享大数据在提高医疗效率、改善医疗服务质量等方面的最佳实践，为引导健康大数据行业发展凝聚智慧。

人类疾病诊断的发展，只有与大数据相结合，才能够实现医学方面的发展。“大数据与医疗科学的融合，需要获取大量相关数据，并对数据进行关联性分析，只有这样数据才能带给人类有用的价值。在目前的医学研究当中，数据年限越久，质量就越好，数据带来的价值也会越高。”哥本哈根大学的TheisLange教授认为，促进生物还有人类疾病诊断的发展，必须结合大数据在医疗科学当中的使用，如果没有获得相关的数据，医学研究将不会得到发展。

精准医学与健康医疗大数据密切相关，很多国家已经把精准医学作为

国家科技竞争和引领国际潮流的战略制高点来对待，把发展精准医学作为国策来实施。“精准医学是转化医学、个体化医学逐渐发展的结果，可以提高医疗的准确度，带来医药体系根本性变化，实现从以诊断治疗为主体的医疗体系，转变到以健康保证为核心的医疗体系。”中国科学院院士陈润生认为，精准医学可带动相关产业的快速发展，孕育巨大的发展空间，同时也面临诸多挑战。

北京中医药大学、北京应用统计学会副会长王耘教授表示，大数据在医药领域的应用主要有两个方面。一是基于大数据技术的医药升级，主要考虑如何利用现代的大数据技术让现有的医药体系和诊疗方法升级。二是基于大数据思维的医药革新和未来发展。这两个方面合在一起构成了医药大数据完整的发展过程，称之为大数据时代的医药系统科学与工程。在大数据时代，医学和医药产业的发展是多元化体系，要以大数据思维方式完善发展基础，化解其中存在的不足，并借助互联网使医药产业快速融合发展。

国家应探索分级诊疗、远程医疗、检查结果共享、防治结合等服务，优化形成规范、共享、互信的诊疗流程，推动健康医疗数据互联融合，消除信息孤岛，积极营造促进健康医疗大数据安全规范、创新应用的发展环境。北京医院副院长许峰表示，医疗大数据的建设有利于跨区域的协同发展，有利于推进健康中国的发展。它的优势主要表现为大数据在医疗行业中的应用，包括查询、诊断等医疗模式的改变，帮助医生提高诊断正确性，通过可穿戴设备进行慢病管理，督促人们改变不健康的生活方式。

四、大数据助力旅游业：开启智慧旅游新时代

随着国家有关“互联网 +”、大数据一系列政策的出台，智慧旅游得到

前所未有的发展。2015年8月4日，国务院办公厅印发《关于进一步促进旅游投资和消费的若干意见》（国发〔2015〕62号）。2016年9月16日，国家旅游局印发《关于实施“旅游＋互联网”行动计划的通知》。在大数据蓬勃发展的大背景下，应充分发挥旅游业的综合优势和带动作用，积极运用互联网推动旅游业产品业态创新、发展模式变革和服务效能提高，大力发展智慧旅游，提升旅游服务和旅游管理的智慧化程度以及智能化水平。

5月27日，由中国信息协会、遵义市人民政府承办，中国两化融合服务联盟协办的“2016大数据时代智慧旅游发展论坛”在贵阳国际生态会议中心召开，众多专家学者齐聚，就国家大数据互联网战略、智慧旅游产业的发展等议题进行探讨和交流。论坛旨在通过研讨大数据、互联网在旅游产业中的运用，充分发挥互联网的规模优势和应用优势，推动旅游与互联网融合发展的广度和深度，提高旅游创新能力和创新优势，挖掘旅游发展潜力和活力，加速提升我国旅游业发展水平，促进旅游业转型升级、提质增效。

如何理解智慧旅游中的智慧？贵州师范大学国际旅游文化学院副院长林坤给出了这样的诠释：第一，真正的智慧不仅在于能明察眼前，而且还能预见未来；第二，智慧的获取不是一蹴而就的，需要不断迭代推进；第三，智慧的背后是人的智慧，包括管理者、服务者的智慧、旅游者的智慧；第四，智慧决策的执行需要以全域化的格局来统筹和推进；第五，大数据需要整合政府涉及旅游的各相关部门、旅游企业、社会的数据。

谈及智慧旅游的重点和建设模式，北京联合大学旅游学院副院长张凌云认为，智慧旅游的重点在于将大数据与旅游相结合，切实解决游客的痛点、痒点与兴奋点。目前智慧旅游建设主要存在四种模式，分别是以智慧旅游城市建设为依托，建设景区试点；以国家重点科技项目为依托，推进智慧景区建设；以智慧景区为依托，带动城市发展；以国际旅游城市总体战略为依托，建设智慧景区。

贵州省是一个旅游大省，在发展智慧旅游方面拥有先天的资源和优势，相比全国其他省、市、区更具发展全方位、智慧化旅游产业的潜力。如何更好地开展智慧旅游？中国科学院院士童庆禧提出了两点建议：一是应用遥感技术时时监测和评估贵州的生态环境状况，在大力发展旅游产业的同时防止生态环境的任何破坏与恶化；二是建设基于实体和虚拟现实的旅游博物馆和基于大数据分析的旅游指挥调度系统及旅游信息中心等。

五、大数据背景下的传媒发展

麦肯锡认为："数据，已经渗透到当今每一个行业和业务职能领域，成为重要的生产因素。"大数据已经全方位渗透到了人们的日常生活中，也给传媒产业带来颠覆性改变。大数据时代下，数据量的爆发式增长、数据开放与共享以及大数据前沿技术的创新与应用等又为媒体寻求新的增长点提出了挑战。《国务院关于积极推进"互联网+"行动的指导意见》（国发〔2015〕40号）中提到："发展基于互联网的文化、媒体和旅游等服务，培育形式多样的新型业态。"传媒产业在大数据的助力推动下拥有了更广阔的发展前景。

5月26日，"创新，洞见，2016大数据与传媒产业峰会"和"跨界与融合：媒体大数据创新高峰论坛"在贵阳举办，云集了国内外著名媒体、传统媒体、新媒体和自媒体等领袖人物，多维度、全视野探讨大数据时代背景下传媒行业的创新与发展。当前传媒行业正处于转型变革的关键时期，需要重视对数据的采集、挖掘和应用，得数据者得天下，只有掌握和应用好数据，才能洞察全局，使自身立于不败之地。

大数据的蓬勃发展为掌握了大量数据源的媒体提供了转型的良好契机。就媒体机构如何实践大数据的问题，中国电影电视技术学会理事长何宗就提出了六点具体建议："第一，在现有技术平台加强数据可视化的呈现；第二，在现有技术平台分装数据交互接口；第三，通过新媒体广泛搜集用户行为数据；第四，规划构建并应用媒体大数据的服务平台；第五，以经营基本单元为主体尝试大数据应用；第六，通过媒体大数据实现媒体的精准服务。"

大数据正以前所未有的速度重塑各领域的业态与人们的生活方式，未来的传媒会是什么样子？观数科技创始人、阿里巴巴前副总裁涂子沛认为，未来所有的公司都会成为传媒公司，所有的传媒公司本质上都应该成为数据公司，所有的传媒企业都是技术企业。未来传媒核心的竞争力是数据，就是处理大数据的能力。未来传媒公司的核心竞争力第一是有没有数据，第二是有没有算法。有了数据、算法和速度，就能成就一个成功的传媒公司。传媒公司不仅应该是一个传播事实和观念的公司，而且应该能够提供服务，特别是知识和情报的服务。

当前处于媒体大数据创新的新时期，进行媒体的跨界与融合，将互联网带来的新思维、新方法融入传媒行业，能够真正实现把大数据和媒体的力量聚合起来，为推动媒体的发展提供新思路。第十二届全国人大常委、教科文卫委员会主任委员、清华大学新闻与传播学院院长柳斌杰提出，在进行媒体的跨界和融合过程中，有三个障碍需要克服：一是思想观念方面，要解放思想；二是体制改革，体制问题不解决，媒体融合难以进行；三是要调整和改进阻碍媒体发展的政策规定。

六、建设绿色数据中心，推动大数据产业发展

数据中心作为大数据的载体，是大数据时代最重要的基础设施。如今，绿色低碳已成为数据中心的重要发展方向，这不仅满足企业发展的利益需求，也符合我国节能减排工作的需要。党的十八届五中全会强调树立“创新、协调、绿色、开放、共享”五大发展理念。国务院印发的《促进大数据发展行动纲要》中提到：“注重对现有数据中心及服务器资源的改造和利用，建设绿色环保、低成本、高效率、基于云计算的大数据基础设施和区域性、行业性数据汇聚平台。”工信部积极推广关于绿色化的发展理念，提出数据中心的发展应该更加节能、更加高效，用绿色理念来发展数据中心产业。

2016年5月26日至27日，以“绿色数据中心建设”为主题的多个论坛在贵阳举办，国内外大数据产业的业界精英和知名企业家围绕推动与数据中心相关的绿色节能技术、解决方案和能效提升方法、商业模式等展开讨论，宣传推广了贵安新区绿色数据中心，为绿色数据中心的设计、建设和运营，提供了具有借鉴意义的实践经验。

关于对绿色数据中心的理解，阿里巴巴数据中心基础架构专家刘水旺认为，对于一个数据中心来说，真正的绿色应该是衡量单位数据中心和单位服务能力资源。对于资源的消耗量，绿色数据中心应该强调的是可持续发展以及数据中心和环境的和谐。在绿色数据中心的建设中，除了考虑数据中心的能源效率，还需要注意几个方面：一是资源空置问题；二是水资源利用问题；三是能源回收和能源再利用问题。

发展绿色数据中心，最根本的是需要建设一个好的数据中心基础设施。面对数据中心的高速发展，华为数据中心能源高级营销经理万欣认为，建

设数据中心基础设施最核心的是标准化、产品化。现在数据中心设备厂家存在差异，厂家与厂家之间在生命周期里面的更换没有办法做到端对端的兼容，这个数据中心的基础设施可以看成是一个纯粹的物理世界。数据中心的基础设施目前来看面临很多问题，一是要产品化，二是纯物理世界向数字世界的路还非常漫长。数据中心基础设施这一块目前来看还缺乏天翻地覆的技术革新。

贵州省以建设长江经济带数据中心为目标，大力发展大数据产业。同时，贵州省秉持绿色发展理念，积极参与国家绿色数据中心试点工作。贵安新区获批首批国家绿色数据中心试点地区，进一步增强了贵州以大数据产业为基础的新一代信息技术产业实力，有助于创建形成具有自主知识产权的绿色数据中心技术体系、创新与服务体系，构建试点数据中心节能环保指标监测体系，确立绿色数据中心标准和评价体系。

大数据生态环境催生思维变革

英国帝国理工学院数据科学研究所所长　郭毅可

各位领导、各位嘉宾：

下午好！

我来自英国，我是英国帝国理工学院计算机系教授，也是数据科学研究所所长。我们研究所成立于2014年，现在是英国比较大的数据科学研究所，我们跟中国的合作比较多，华为、中国建设银行在我们那里都设有实验室。去年习近平主席访问英国的时候，我们研究所是他访问的一个参观点，我也有幸向习主席汇报我们对大数据的研究工作。

首先，讲一讲我们今天的生态环境。我个人认为，大数据、云计算和无线网构造了一个对整个人类的服务环境，也就是计算服务或者信息服务的环境。云计算提供服务可用性，可以随时提供服务，因为计算的资源在云端。无线网提供了随地服务的可能，任何时候都可以得到服务。大数据提供了服务的随意性，它的多样性，能够形成各种各样信息服务。

其次，讲一讲大数据生态环境的发展趋势。我个人认为，大数据的发展方向是拟人智能，这里我没有用人工智能，因为20世纪60年代提不出“人工智能”这样的概念，同时“人工智能”英文是贬义的，所以我今天说的是“拟人智能”。现在已经被世界不断地证明，也许我有生之年，能够看到计算机逼近人所具有的智力能力。美国的未来学家，也是谷歌的未来总设计师曾经提出一个概念，人类文明2045年将受到机器的挑战，机器的智能等同于人的智能。也许今天机器的能力基本上只相当于人类的婴儿，但不久后就会相当于老鼠，很快就会相当于人（成人）。纯粹从计算机处理能力来讲，加上现在的大数据和计算机协同处理技术，这个时间会来的更早。

前不久，英国有一个非常大的新闻，谷歌在伦敦买了一个45人的小公司，这个小公司开发阿尔法狗战胜了韩国的围棋选手李世石。上个礼拜英国又有一个爆炸性新闻，用机器做大夫。我认为未来大数据生态环境是在普适通信下，人和机器的完全交融，和物联网的概念相同，但是物联网的概念更为广阔。我们人类的发展曲线一段一段地过去，到了今天已经是第五阶段，技术与人类智能完全的结合，我觉得这才是今天大数据要有的生态环境。

下面讲大数据生态环境催生思维变革。过去我们讲科学叫大科学，国家是一个很大的科学体系、很大的科学组织，今天所有事情都变小了。

第一个变革是“从大到小”。我们输入的产品、服务，所有的工业输出都是个性化的，从工业4.0或者讲中国制造2025到个性化医疗，它的特点都是使得服务更贴切于每个个体，包括产品，也从制造面向集群产品的服务到面向某个个体的个性化服务。

第二个变革是“从聚到散”，就是去中心化。去中心化已经成为世界的潮流，我们可以从滴滴打车、优步到今天的区块链，英国帝国理工学院对此做过深度的研究，区块链很有可能取代银行、征信机构和将来的整个金融体系。当人们不需要通过第三方来征信的时候，这个世界很多东西就会发生变化，这就是去中心化。

第三个变革是“从有到无”。这句话指的是虚拟化，云计算就是虚拟的计算资源，也包括今天的 VR 虚拟现实技术。

第四个变革是“从死到活”。过去的机器是死机，都需要人来操作，今天从无人驾驶到 Watson，机器越来越跟人一样。

第五个变革是“从英雄到众生”。社会化活动，共同创造，比如说共享软件，并不是说我写的软件大家共享，而是大家一起来构造软件系统。社会化互动医疗环境，也是社会化的创造过程。

下面举一个例子，去中心化的医院，是我们在英国研究的很有意思的一个题目。再看一下，为什么会有这样历史性的变化，服务成本、收益是两条曲线，一条红线是服务的传送需要的成本，比方说过去在马车时代，我们送货物要花很大的精力，但是今天送东西就很方便，由于互联网成本大大减少了。还有服务质量的提高，随着科学程度的发展，到了一定程度以后服务质量就是这样，要改变服务的生态，这时候导致刚才我说到很多的问题，很多的新思维变革。

一个很重要的变革是原来顶层设计的组织化、工业化结构很难满足 α、β 增高，导致今天去中心化服务结构没有个性化。我们服务的提供个体跟用户个体直接联络上，这个时候互相联络的工具就是移动网，它所用到的所有的服务所需要的搜索、判断、推荐都是大数据，这样可以使得用户、个体和提供者可以以最小的代价来获得直接的联系，这就是去中心化服务非常重要的一个例子。

去中心化是很多现代服务的开始，最普遍的服务是打车，出租车公司的消亡。现在更多是医疗，医疗也在消亡。世界也是这样，分久必合合久必分，古代没有工具，所有的服务都是点对点，原来是郎中，后来通讯发展到一定的程度变成了医院，现在又变成大夫的私人化。教育，原来是私塾后来到了学校。媒体口耳相传，变成大众媒体，今天又出现了自媒体。我想，未来所谓大数据的生态将会形成一个非常有意思的结构，就是说位置的定义很重要，线上线下更容易结合，由于这样的去中心结构，使得刚才所说的服务的成本和服务的 α、β 比不断地提高。

下面拿医院来做一个简单的介绍。

我感觉未来的医院会是另外的形态即医疗社交，美国有一个非常有名的公司，所有得了相同疾病的人形成一个社交网络，在这个社交网上他们可以互相交流信息，比如什么样的医生比较好，得病应该怎么治，还可以对医院、医疗服务做评价，对病人提供个体所需，这也是今天广泛应用的医疗大数据形式。这种形式导致医疗服务、医疗 α 的提高，从而促进服务质量的提高。

微理疗，微信医疗平台和手机上的医疗平台，因为病例的电子化，每个人的病例是一张卡，病人有自己的病例，看哪一个大夫都可以，有健康传感器，不需要去医院就可以和医生直接网上进行交互，降低了 β 。然后形成去中心化医疗体系，医生不需要医院，医生可以租用医院，医院变成服务，因为医院有病房和医疗仪器，医生不用隶属于医院。医院会云化，所谓医疗云不是数据放在集中的地方，而是医院本身作为服务商、消耗者。

变成真正的共享经济、分享经济，去中心化的医疗服务，病房做一个，核磁共振中心做一个，形成一个医院生态服务体系，医院的本身 O2O 化，病人跟大夫直接交互，形成非常有意思的去中心化的医疗生态环境体系，完全由移动通讯、大数据构成。

做一个结论，大数据不是一场技术革命，很多人跟我讲大数据就是新的潮流，前几年云计算，今年大数据，我说大数据不是技术革命，而是催生人类一场新的工业革命。大数据创新不是单纯的技术创新，而是从商业模型到商业形态的革命，这些都是我们现在面临的现实社会，有很多机会和风险。有风险但我们也不用太恐惧，不用太在意刚才说的很多安全性的问题，就像有了车以后车会撞人，那我们就不要车了吗？我觉得机会和风险同在，是人类发展的必然历程，不需恐惧，应该感到欣喜。

谢谢大家！

工业互联网引领企业转型

中国惠普有限公司企业服务集团、
全球解决方案部门中国区总经理　蔡震宇

最近互联网有一句话很流行，“这是最好的时代，这是最坏的时代”。我想用这句话形容当下的制造业产业，意味着机遇和挑战并存。

传统的粗放式经营方式不可持续，新兴技术的滚滚洪流预示着新的变革，HPE 作为工业互联网的技术实践者，对于工业互联网转型的话题我想和大家分享我们的观点和应用实践。

经过三十多年的发展，现在中国制造业到了一个关键点，挑战和机遇并存，表现在以下几个方面：

第一，产业升级压力。在过去两年中有一个明显趋势，一方面单纯以中国为制造基地的代工企业遇到较大的挑战，而另一方面经过三十多年的持续发展以后，中国已经形成了一个稳定而且有影响力的中产消费群体，他们对消费品和工业制成品从数量要求向品质要求转变，他们的出现实际上构成了中国制造必须关注的一个重点。

第二，劳动力成本上升压力。受人口老龄化、生育下降的影响，劳动力成本加速上升，统计资料显示，近期劳动力成本上升速度开始超过劳动生产率的速度。

第三，能耗排放压力。中国在国家应对气候变化规划中承诺到2020年温室气体排放比2015年下降40%到45%，要求企业更加注重可持续发展。有挑战就有机遇，为了应对挑战，同时抓住发展机会，需要发展先进制造技术、实现产业升级。

要发展先进制造技术实现产业升级，制造业必须关注下面几个核心竞争力：一是制造业需要提升资源利用效率。对于制造业来讲提升效率主要为了降低生产成本，这就要求制造业在产品设计环节引入模块化设计，优先采用资源利用率高的工艺，生产环节需要提高精密生产。二是缩短订单交付周期。产品升级意味着企业需要更多的创新，企业需要通过新技术提高运行效率，快速满足客户的要求。产业升级意味着产品更为复杂、智能，为完成复杂的产品，产业分工会越来越专业化，更加强调核心竞争能力。而缩短生产周期则意味着产业链和供应链要更加高效协同，只有通过工业互联网进行信息互相联通。产业升级意味着产品制造质量更好，缩短生产周期，不能以牺牲质量为代价，需要对制造过程进行控制，通过对制造过程的大数据进行实时分析，提高产业链和供应链的整体质量管理水平。三是提高生产过程的柔性，当今世界技术发展迭代越来越快，消费者需求越来越个性化，企业需要以客户为中心，和客户互动，洞悉客户的需求，满足客户的体验。满足客户个性化需求与大规模制造其实是有点矛盾，解决这一矛盾需要提升生产过程中的柔性化。

关注核心竞争力变化，要求制造业进行改造和转型。制造业以加速度方式进行革新改造和转型，面对这一要求制造业关注要点需要进行重新定位。

一方面，前端面向客户强调以客户为中心。互联网越来越普及，中国拥有超过6亿网民，伴随互联网的发展基于互联网的各类应用日益丰富，互联网对于人们方方面面产生深远的影响。以汽车行业为例，传统的生产组织方式以产品为中心，零部件厂商按照整车厂的要求把零部件送给整车厂，整车厂结合经销商的要求进行生产和发货，经销商把产品卖给终端客户，售后服务商对终端客户提供服务，这种模式中间环节很多，过程、信息不透明，消费者地位相对较弱。有了互联网之后，消费者有了表达观点的渠道，消费者使用产品、分享使用过程中的体验能引起更多消费者的共鸣，进而促进消费者产生一致性行动。如果是好的体验，这些行动可能极大地促进企业销售；如果是差的体验，则可能导致企业一次公关事件。因此，高效、快速地管控好舆情显得非常重要。客户体验的认知来自于和客户打交道的关键接触点，任何关键接触点如果做不好，导致企业流失客户，整车厂必须管理好与客户接触的各个关键点，让客户表达他们的诉求，让客户来对各个接触点和服务水平进行点评和打分，以此来优化内部管理各个环节。我们所熟知的“互联网＋”，主要就是解决这一部分的问题。

另一方面，后端面向生产强调智能制造。客户选择自己要什么东西，要求价格是什么，厂家决定是否接受客户的要求，假如厂家接受客户的要求，交易成功，供应链过程要对客户透明。假如厂家不接受客户的要求，那么交易就失败，对厂家业务管理要求越来越高，通过工业互联网实现过程信息透明和整体协同。

客户端面向生产环节，不仅需要清楚地掌握产销流程进行合理的生产、协同，同时需要提高生产过程的透明度和可控性，确保生产的每一个产品质量是合格的，计划安排是协同的。举例来说，最近几年汽车市场竞争越来越激烈，一方面车型竞争激烈，整车的价格在下降；另一方面消费者对车辆的质量要求也越来越高，因此整车厂需要通过技术手段强化业务协同，提高供应链各个部件质量水平，提高整车质量。

行业里的一些优秀企业通过工业互联网技术逐步实现智能制造，一方面通过工业互联网技术实现计划环节高效协同；另一方面通过工业互联网技术逐步加强对整个供应链制造环节质量把控，通过实时采集生产过程信息并实时分析，极大地提高整体质量管理水平。

制造行业关注要点的重新定位需要通过工业互联网等新技术、新方法、新工具等来进行承载，首先通过物联网、服务物联网实现超级互联，一方面传感器、机器、IT 系统相互连接，扩大到价值链；另一方面产品和用户相互关联，通过社交媒体进行交流分析，分享知识，同时用户通过移动和云的方式及时获取和了解客户端制造相关信息，实现智能制造与人、资产与人之间的超级互联。

通过物联网及大数据技术等实现智能制造，生产信息和产品信息在机器之间互通，给机器赋予智能，让它们变得更加自主、灵活，节约能源，提高设备服务，让制造流程有智慧、判断的能力，及早发现和诊断问题。根据市场及产业分析报告，工业互联网引领制造业转型具体将表现在以下几个方面：

第一，在产业布局规划上整体趋势是推进需求。增加利润、侧重地方型产品的小型区域工厂，这一工厂比例略有降低，五年内工厂比例会从29% 下降到24%，服务全球市场大规模工厂比例也会降低，从46% 降低到35%。柔性制造模块化平台工厂比例有较大上升，从16% 上升到24%。

第二，企业更加专注于核心竞争能力。非核心竞争力的产品尽量分工外包到成本最低、质量满足要求的地方，这一部分的比例从9% 上升到19%。

第三，生产模式上整体的趋势是区域个性化生产。完全基于库存生产模式，五年内这类生产模式占整体生产模式的比率从21% 大幅度下降到9%，基于客户需求按订单生产比例从39% 下降到34%。完全基于客户的需求个性化定制生产模式比例从11% 上升到22%，基于客户的需求按模块化进行配置或者装配生产模式比例从30% 上升到35%，所以说工业互联网为企业转型提供了技术支撑。

为了帮助企业转型，HPE 为制造业提供先进工业互联网方案，我们有很多工程师从事相关研发，时刻掌握最新动态，以便了解社会发展动向，同时投资开展具有前瞻性、前景广阔的研究，HPE 实验室最新的研究成果重新塑造了计算基本原则，在性能和效率方面有了显著的飞跃，同时还可降低长期成本并提高安全性。通过研究开发，我们掌握了很多关键技术，这些技术在我们的工业互联网方案中得到应用。比如在云平台领域，HPE 云系统是业界首个集成的云解决方案，我们在这上面投入10亿美元。HPE 云系统全球超过2000家客户，包括1/3以上的100强公司都在使用 HPE 的云，关键技术不仅仅指云平台，还有芯片、传感器、3D 打印技术等，其中一些技术是颠覆性的，关键技术之上我们和业内技术领先者一起合作，为企业转型提供业务规划、流程咨询等解决方案。企业转型，开始规划未来产品策略，开始思考对应的生产布局、工艺、模式，HPE 提供精益运营模式，实现人、机、物互联互通。

从产品研发进行虚拟化设计、模拟仿真，并制定生产工艺，生产工艺的信息和产品信息集成在一起，可以自动下达到数字化设备，实现计算机辅助制造，帮助客户实现智慧产品以后，接下来新业务模式设计就水到渠成。企业可以从一个卖产品的公司转型成为一个卖服务的公司，HPE 帮助企业提供新业务模式设计的服务。

前面谈了我们HPE对于工业互联网引领企业核心和转型的观点，我们不仅仅是技术提供方，更是应用实践者，我希望和大家一起分享我们的应用实践。刚才华三的孙总分享了华三一些实践案例，当然华三曾经是HPE的全资子公司，我今天在这儿还有一个案例并不是华三案例，是我们美国自己的实践。我们的应用实践覆盖的工业互联网方案内容较多，今天分享的侧重点是工业互联网大数据解决方案，在工业互联网基础之上，通过实时采集和分析生产过程数据、监控生产过程的方法，确保生产过程的稳定性，进而保证产品高质量高水平。

我们有一款智能产品性能良好，功能一应俱全，运行速度非常快，这款产品非常复杂，里面的各功能单元能和其他功能单元一起协同完成业务处理，帮助客户取得商业成功。正因为产品复杂、部件多，我们需要严格高效的生产过程管理，因为即使一个小的部件质量检测的延误也会因为重新制作拦截已经组装进行中的产品甚至召回，这些都会导致巨大的开销。我们需要对生产线的数字进行实时分析，生产线的系统每天产生大量的数据，传统的解决方案不能满足部门的需求，曾有一个质量事故导致近亿美元的损失。传统解决方案主要是分析速度慢，我们过去生产过程数据分析从生产线数据到最后生成满足生产过程分析的报表至少需要7天时间，而这时候如果发现问题也是7天以前的问题，订单的生产过程往往早已结束，因此只能做事后追溯。事后追溯也很复杂，零件已用于不同的部件，部件有可能用于不同的产品，需要跨越不同管理系统和部门，分析和协调非常复杂，时间成本也很高，解决问题处理效果低下。

过去没有采用云的解决方案，没有使用分布式系统，也没有好的应对之道。其实对于历史数据的分析也很重要，我们可以从一段更长的时间内看待生产过程的稳定性，进而提前做维护保养。传统的解决方案是在商业套件、软件基础上，软件成本非常高，每年需要交一定的维护费，一旦面对大数据，传统的软件分析功能存在先天不足。面对这些问题，我们需要重新思考，从工业互联网、大数据的方向找寻解决方案。

从工业互联网找解决方案。针对业务部门管理需求和当前系统存在的问题，我们成立了一个专门的项目组织，项目成员由生产顾问、行业专家、工业互联网工程师、产品工艺工程师、质量工程师组成。我们一起调研分析，共同制订了解决方案。首先根据业务目标制订业务方案，根据生产过程实时监控管理的需求，先明确需要监控的环节及对应的业务分析模型，信息采集的点不仅包括内部生产环节，也包括外部协作方的环节。项目对有影响的重点环节进行专题研讨，结合历史已有数据进行统计分析，共同制定模式、分析模型，借助分析模型进一步细化可能影响的相关因素，分析导致结果的诱因，要采取哪些参数，控制哪些设备就清楚了。通过比对业务风险模型参数要求，当前的设备升级和改造方向就有了。

接下来，根据业务方案通过工业互联网技术来落地。根据业务方案对产线及设备进行改造升级，满足了超级互联的需求。通过工业互联网的技术将传感器、机器、工件、IT 系统相互连接起来，将生产信息和产品信息在机器互通，按照业务模型构建工业互联网大数据分析平台，结合现场不同的生产设备和传感器明确数据采集方式、数据处理、数据展现方式，把业务分析逻辑通过大数据平台进行固化，以合适的方式进行展现，可以实时评估生产可靠性，一旦某些因素发生异常，通过该模型可以快速定位，进而及早解决问题。

借助工业互联网解决方案后，我们的业务收益是显著的，表现在三个方面：第一，及时有效利用产线数据资源。在过去我们从数据采集到分析这个周期需要7天时间，现在的数据分析平台周期缩短为2秒，我们基本做到对产线实时监控，确保生产过程中的稳定性。第二，利用数据预测，降低质量风险。过去对历史海量数据只能处理保存部分数据，无法做长期过程稳定性分析，现在数据分析平台可以对历史海量数据进行分析，从更长的时间段看稳定性，可以利用数据预测。第三，从定期设备检修维护到按需维护提高产品优良率。生产设备价格昂贵，生产利用效率影响运营效率，过去我们设备维护都是基于经验，按预防性维护计划进行。工业互联网重要的概念提到云工厂，工厂里的设备现在也是智能的，它们也在不断采集自己的数据上传到工业互联网，我们可以做产品质量的预测分析，也可以了解哪些部件产能过剩。我们的解决方案不仅对类似生产有借鉴作用，对其他领域比如金融、服务行业有源源不断数据需要展现、对海量数据进行存储时，也都可以使用我们的解决方案。

HPE 从工业互联网解决方案中获得了较大的业务收益，更多的中国制造业也可以通过工业互联网解决方案实现转型。企业转型任重道远，HPE 帮助您走得更快更远。

希望各位领导、专家多提宝贵意见。

谢谢大家！

大数据时代的医药系统科学与工程

北京中医药大学教授、北京应用统计学会副会长　王 耘

尊敬的各位专家，尊敬的各位同仁：

非常高兴有这个机会跟大家分享关于医药系统科学与工程方面的一些思考和研究。

今天的论坛主要关注的是大数据在医药领域的应用，就我个人的认识，我认为大数据在医药领域的应用其实包括了两个方向。

第一个方向，现在社会上有很多公司，很多研究人员都在做基于大数据技术的医药升级，主要考虑的重点在于如何利用现代的大数据技术，让我们现有的医药体系，包括诊断、治疗等方法，能够做得更好。

第二个方向，其实是朝向医药学未来的发展，基于大数据思维的医药革新。目前，在医药的很多方面我们感觉还不够理想，希望医药未来的发展有一个理想的方向。

针对大数据技术在医药领域的应用这两个方面，大家在做的过程中，有时是基于目前的大数据技术来做一些医药方面的完善，在这个基础上逐渐演化出来基于医药领域的一些革新，希望对医药领域有一些新的突破。目前我们正走在这条路上。

另外一个角度，也有可能以大数据思维方式为基础，思考目前医药存在的不足，从而对医药进行调整。调整的基础上，可以再利用这些具体的技术不断地去完善，对医药发展形成一个突破。这两种循环方式在医药大数据领域同时存在。

上述两个方面合在一起，构成了医药大数据完整的发展过程，我称之为大数据时代的医药系统科学与工程。这里面既涉及理论层面的探索，也涉及工程领域的操作。

为了跟大家分享这方面的一些思考，我的报告分成两个部分。

第一部分是医药学的理想。我在北京中医药大学工作，在医学学术会议讨论中，尤其在中国，存在中医和西医冲突的前提下，有一些观点大家几乎难以沟通。但中西医都作为维持人类健康、治疗疾病的一种医学体系，它们之间肯定存在一个相同的思维模式。这种思维模式到底什么样，怎么考虑医药学的问题？我试图通过这个报告来反映我们的一些想法，尤其是在大数据时代，有没有可能把中医的思维和刚才两位专家介绍的精准医学的思维有效地整合在一起，找到一种医学发展相同的思维模式。

第二部分是医药发展的历史、现状和未来。针对医药大数据的革新，提出医药大数据革新 SIMPP 方法论。当然，这个方法论还只是一个初步的探讨，很多方面还需要进一步工作。

大家知道，目前存在两种医学体系，一种是以生物医学为主提出的精准医学；另外一种就是中医，中医药大学有很多研究人员在进行这方面的研究，这些研究不仅涉及传统的中国古代哲学，也涉及现代最前沿的科学。

从大数据的发展方向来看，不管是中医也好，精准医学也好，还是其他的医学方式，包括传统医学，或者一些公司提出的健康医学的新想法，大数据都是基础。大数据为这些医药的发展提供了一种新的思维方式。目前医药大数据的数据来源，主要包括四个方面：

第一个是来源于医院的 HIS 系统，医院的信息系统记录了临床上医生和患者交互过程中的整个疾病诊断、治疗过程中大量详细的信息，这些信息综合利用起来有可能为临床医学的发展提供一些原来并没有意识到的新方案、新思路、新想法，对医药的发展无疑具有重要的意义。

第二个就是刚才陈润生院士介绍的关于生物医学这个领域，关于组学的数据，大家都意识到了，它的数据以几何的速度在增长。增长的过程中，如何破译遗传密码，如何把生物医学的基础研究转化到医学的临床应用上面来，正是大家提的转化医学所考虑的重要的问题。所以针对目前生物医学，提出来一系列新的学科、新的发展方向，像组学、生物信息学、系统科学，以及系统医学，等等。

第三个医药大数据的来源是可穿戴式设备，目前有很多公司在朝这个方面做准备，昨天在贵安举行的一个论坛，就是强调智能终端设备，这些终端设备如何应用在维持人体健康的过程里面，还有很多工作需要我们探索。

第四个数据来源就是医药生产与流通和应用过程中发生的大量数据，这些数据包括了工厂里面药品生产的整个过程，我们需要针对每一个环节、每一个工艺过程进行有效的管控，这些数据为进一步提高工艺、保护药品提供了大量的数据基础。另外，流通过程中如何有效追溯每一个药品最早的起始点，使我们能够从整个流通应用的过程中更有效地管理药品的应用和安全。

针对这四个数据来源，大家做了很多探索性的工作。医药大数据的应用有很多实例，给大家分享的这些实例主要是我们团队做的工作，有一些是流行病的预测。谷歌在医药大数据领域完成的一个经典案例是基于它的搜索引擎，根据点击量进行的预测，除了这个案例之外，其他几个方面都是我们团队做的预测。

第一个方面的应用是朝向精准医疗或者个体化医疗的抗癌药的设计。大家知道，抗癌药在临床上应用的时候，往往对患者的治愈率并不是很高，为什么不是很高？后来跟这些企业的老总一起探讨这个问题，例如有的患者的基因突变跟药物所对应的蛋白根本就对不上，这对企业来讲就比较困难，这些药品在临床实验过程中，如果不考虑精准方向，治愈率只能达到35%左右。其实这些企业也很希望有一种精准化的治疗，用不同的药物针对不同的基因。这种治疗首先需要对患者进行基因检测，对突变的基因进行分析。把临床准入原则限制得更严格一些，可以大幅度提高药品的临床有效性，这方面有很多具体的工作可以做。

第二个方面的应用是对临床数据的经验总结和挖掘，尤其针对高血压这个领域。有一些知名的专家能够给患者提供一套比较有效的方案，但是年轻的专家往往做不到这一点，为什么？这涉及药物的组合利用。这些药物的组合利用不仅仅涉及中医，现在西医临床上也没有哪一个大夫来了就直接给你开药，往往是药物之间有效的组合。怎么样有效组合？这就要考虑对患者的数据做更精准的分类。同样都是高血压，可能有很多种不同的类型，对这些类型精准分类之后，可以达到一个更好的药物联合应用。

第三个方面就是在临床教学和辅助决策系统的应用。临床过程本身就是一个决策的过程，是基于这些信息的决策，这时候我们能够在临床、大数据的基础上进行系统的分析，根据系统分析所发现的规律和结果，建立相应的决策辅助系统，再对这些系统集成开发，对新入行的大夫来讲是宝贵的资源。

第四个方面是大数据在复杂疾病诊断过程中的应用，这是我们跟北京通州胸科医院合作的结果。大数据在复杂疾病诊断过程中的应用，这是我们跟北京通州胸科医院合作的结果，这种分析目前还没有一个较为准确的解决方案，因此大夫提出，针对肺结核临床案例做一个更详细的分类，基于这样的分类，进一步提供方案，这样的建议也得到了相关专家的认可。另一个应用是基于这些数据生理指标的诊断，大家知道，癫痫如果突然发作对患者来讲是很危险的。临床大夫观察，在癫痫发作之前，颈动脉会发生血流量突然的改变，抓住这个生理指标再结合临床的数据，给癫痫的预测提供了一种可能的方案。还有一个应用是针对疾病相关基因和疾病生物标志物的发现，尤其是代谢组学的领域，大家做了很多工作。

所有这些研究都是在目前已有的医药学体系的基础上做的一些升级和完善，我们在逐渐提高临床上或者基础研究领域医疗的水平。针对未来基于大数据思维的医药特性，有很多单位、很多领导都在考虑它的方向？怎么满足大家未来对医学的需求，结合医学各个领域的发展，提供一个统一的思维方式，这种思维方式有利于我们未来医学更好地发展。

为了探讨这么一种思维方式，我们需要了解一下医药发展历史、现状和未来。首先是医药学的发展，医药学是随着社会的发展而不停地进步。在古代，古人因为没有现代的科技条件，不了解这些基本的信息，所以根据当时中国社会比较流行的阴阳五行的哲学体系，结合对人体的观察，建立了一套以阴阳五行学说为基础，以观察数据为主要证据的传统的医学体系。这套体系就是中医的阴阳五行的医学体系，虽然现在感觉不太科学，但在当时一定是社会最主流的思维意识。医学的发展在任何一个阶段都结合了当时主流的思维方式。随着人体解剖学的发展，提出了解剖医学，解剖医学主要是以解剖的结构来对人体的疾患进行治疗。

接下来随着生物学的发展，尤其是人类基因组计划的完成，分子生物学的发展达到空前的高度。这时候医学的发展又跟生物学发展紧密地结合起来，也就是医学的发展结合了当前最主要的科技进展，发展了新的生物医学体系，当然生物医学体系还在不停发展。发展的过程中，我们发现生物医学体系原来主要关注的是一种药物跟一个靶点之间的关系，我们期望能够找到一种好的药物，能够非常容易治疗一种疾病，但是针对一些复杂的疾病，像糖尿病、高血压以及一些癌症等，并没有一个理想的简单的方法可以一下治愈。什么原因？因为跟这种疾病相关的要素之间不是相互独立的，而是共同构成了一套系统，针对这套系统，我们目前不是关注怎么针对一个蛋白质进行干预，而是如何对人体这个复杂系统进行有效干预。在这个基础上，又提出将系统科学的方法运用到医药领域，系统生物学、系统医学、系统药学等一系列新的发展方向。

从这几种医学体系大家可以体会，医学每一个发展阶段都是结合了当时最主流的社会意识，最前沿的科学技术，构建起一套独特的、完整的医学体系。

现在我们提到大数据在医药领域的应用，大家知道，目前通信技术的发展让我们采集数据的成本越来越低，我们完全有可能进行全面的数据采集。当然，全面的数据采集包括很多方面。从中医的角度，临床医生望闻问切等方面的信息可以比较快地采集。从生物医学的角度，也可以非常低成本采集到针对人类基因组的信息。从穿戴设备的角度，可以实时采集人体的生理信号。现在我们有了全面的数据采集，就可以朝向未来的精准医学。当然，对精准医学不同的研究领域各有不同的理解。从大数据的角度来看，精准医学其实就是在大数据采集的基础上，进行更精细的人体状态分类，在这种分类的基础上，有一套更精确的药物治疗，更精细的健康分类加上更精确的药物治疗，合在一起就是精准医学。

针对这些不同的医药理论体系，大家可以发现，不同阶段的医学体系都有自己一套完整的理论系统，包括传统医学、现代医学。正是基于这套传统的理论系统，我们可以分析疾病，疾病是临床上可以观察到的一种结果，一种现象。这种现象的原因是什么？不能仅仅关注相关要素有哪些，这时候我们要来推它的因是什么？推断原因的时候，我们不可避免地会结合自己所秉持的这套理论体系。从生物医学角度来讲，我们会找致病基因是什么，相关的靶点是什么。从中医的角度，我们会考虑中医脏腑的改变，其实它都在寻找不同的因。

由于这些致病相关的原因不是一个单独的因素，而是结合在一起的一套系统，这时候我们不能仅仅针对某一个原因来考虑，而要针对这些原因之间的关系来对系统有一个综合的干预。对系统进行干预，也是建立在一套理论系统之上。通过这个过程大家就知道，其实只要有了一套自己的理论系统，就有可能发展出一套新的医学体系。这意味着，在大数据采集技术充分发展的前提下，完全可以针对不同的信息采集模式，进行不同的健康分类，针对这些分类如果再有有效的干预方式，它就构成一套医学体系，一套针对人的健康有作用的体系。

在中医药领域，大家会讨论到底最后的发展是西医战胜中医，还是中医战胜西医，我们的观点是医学未来的发展不会是一套唯一的体系，一定是一种多元化的医药体系。大家知道，其实目前这种医药体系就是多元化的。即使在古代，中医领域也有各家学说，不同的大夫有不同的观点，都有自己的一套理论体系。基于自己的理论体系，结合临床实践，构成了各自独特的治疗实践，这种治疗实践恰恰就是中医临床上所强调的医生的个体化。也就是说，不仅患者是个体化的，医生也是个体化的，就在于这一套理论体系的个体化，所以未来的发展方向一定是一个多元化的医疗体系。当然，也不排除有某一种理论形式能把不同的医药体系高度融合在一起，加上目前互联网的高速轨道，医药的发展应该比历史上任何一个阶段都会更快速。这是我们对未来医学的一个认识，这种认识我觉得应该是医学未来发展的方向。

结合我们每个人所掌握的研究基础，或者说临床实践，怎么构建起一套独特的理论体系？接下来，我想和大家分享我们在研究过程中探索出来的一种 SIMPP 方法。这种方法，是从数据挖掘、系统建模的角度讨论问题，为了在大数据里获取价值，我们在数据可视化、数据观、系统建模和数据产品化等方向做了很多探索，在探索的过程中，大家对现在的医疗体系都在做补丁性的工作。如何针对我们手头上已有的一组数据，或者说一套经验，或者说一套完整的理论认识，来确定建立这么一套体系，我们的方法主要包括五个部分。

第一步，首先明确我们所关注的领域已有的知识和可以获取的数据有哪些，这是针对研究现状最基本的途径；第二步，要在这些数据和已有的知识基础上来构建、发现相关的要素；第三步，要建立这些要素之间的关系，不仅仅是独立，它们之间是有关系的，建立这种关系模型的方法，一个是基于我们原有的知识建模，另外一个是基于数据分析的基础上研究这些变量之间的关系；第四步，更重要的是我们不仅仅是建立要素关系模型，还要从关系模型里分析不同人的行为模式，尤其针对患者来讲，生活方式会影响他的行为模式，包括服药的方式，有没有遵从医嘱。不同的患者、不同的生活方式有不同的行为模式；第五步，制定更有针对性的干预措施，在这方面我们也进行了很多探讨。

下面有一个例子，是关于已经发表的一篇论文，就是糖尿病风险计算器，以数据为基础，构建糖尿病预测体系，目前考虑的第一步正是我们 SIMPP 分析的第一个字母"S"，就是数据来源。糖尿病相关的知识作者当然是非常了解的。美国 CBC 疾病防控中心有一组针对整个社会人群的调查数据，基于这样的调查，其中包括空腹血糖和口服葡萄糖两个重要参数，作者针对这一组数据，基于上述两个参数将人群分为三类：第一类人群是正常人，第二类人群是糖尿病患者，第三类是糖尿病前期的人群。接下来第二步要从整个调查数据里识别出其中跟这两个参数相关的一些要素，识别出这些要素之后，利用数据挖掘的方法，构建起一套不同要素之间的关系。从数据挖掘的角度来讲，感觉这种关系我们只要构建出来就差不多了，但是对医学应用来讲，更重要的是基于这些关系分析不同人群的行为模式。这个例子是针对具有妊娠糖尿病的女性来讲的，需要注意什么，通过这些例子可以给出一些更专业的建议。

正是基于这样的思路，我们认为未来大数据在医药体系突破发展方面，需要做好以下工作：第一，智能化的数据采集。第二，基于数据采集的健康模型。就是健康分类或者说不同要素之间的关系模型，这种模型对未来的医学发展可能更为重要，只是数据还不够，还需要模型的构建。第三，基于这些模型有一套能够进行个体化健康产品的设计，就是药物发展的一套设计。从药物生产的角度来讲，目前我们还不能满足未来对个体化药物的需求，需要考虑如何建立柔性的生产系统，这种柔性的生产系统可以让我们面临更复杂的临床上疾病患者的需求。这套平台我们目前正在构建，可能在不久的将来会跟大家见面。

我的报告就到这里。

谢谢大家！

大数据推动旅游供给侧创新与改革

北京大学城市与环境学院教授、
大地风景国际咨询集团董事长　吴必虎

各位领导，各位嘉宾：

大家好！

今天我主要讲如何利用旅游的大数据来促进旅游的发展。包括两点意见，第一点是多数据源整合，第二点是旅游专业性分析，我认为这两点是大数据旅游产品的关键。

大家知道，最近全世界的眼光都盯着中国的旅游，因为前两天刚刚在人民大会堂召开了由中国政府和世界旅游组织共同举办的首届世界旅游发展大会。前一段时间，李克强总理在博鳌论坛也专门讲了，旅游是跨一二三产业的综合产业。相关部门发了一系列的文件，现在旅游警察也有了，旅游工商也有了，中国信息协会还帮我们做旅游大数据。所以像克强总理说的，大众旅游时代已经到来。每个地方，包括我们贵州，陈敏尔书记把贵州旅游提到非常高的高度，亲自抓很多事情。

地方旅游发展都需要大的社会背景，这个大的社会背景就是改革开放以来，出现了一批中产阶级。中产阶级对国家发展的第一个影响就是旅游业的发展。从1984年到2015年的30多年，国内旅游人数一直在增长。可以预见，未来30年，中国旅游业还会增长。因为中国跟美国、西欧的旅游发展差不多有30年的差距。据预测，2020年有60亿人次，每个人要出去旅游5次左右。

在这个过程当中，我们就发现旅游要发展，产品供给和政策需要改革和变化，比如说我们现在观光旅游过剩、冷点和热点不平衡、远距离和近距离的不平衡、人才结构不平衡，另外科技的创新研发能力也不强，比如功夫是中国的，熊猫是四川的，功夫熊猫却是迪士尼的。韩国总人口和面积都没有山东大，但它拍了很多电影，拍一部，日本人和中国人就去看一部，就买单。中国的创意产业、旅游产业往往竞争力不够。同时公共政策很缺乏，比如说资源的所有权和经营权不能分离。另外，大家都在做规划，但是多规合一非常难。再比如说现在有一个保密法，很多部门利用保密法不开放数据，实际上那个数据根本没有保密的价值，就是为了卖钱，因为一开放就卖不了钱。信息化、互联网时代，要变成好的旅游目的地，对智慧旅游高度依赖，不管是旅游者出发之前的信息搜索，还是出来后的途中预定。中国人和欧美人消费习惯不同，欧美人提前6个月就把机票订好了，而我们是想起来才旅游，提前两天才能决定，没有提前预订的习惯，就像谷歌和携程说的，利用手机的移动端进行搜索和下单的需求越来越高。移动当中的社交媒体、旅游目的地品牌、旅游的服务能力以及移动性的旅游安全、救援和防范风险，都极大地依赖智慧旅游的支撑。

一个地方要发展旅游，一定要靠智慧旅游，而智慧旅游又靠很多东西，比如硬件、部门间的互相开放、多规合一，等等。当然，我们都是为了大数据而来，我们每一个人都给大数据添了一些数据，比如你的移动轨迹都被百度和携程跟踪了。这些大数据是智慧旅游目的地的需要，产业转型、旅游消费从过去的感性决策到现在的理性决策，大数据起了非常重要的作用。如果没有数据叠加，这个很难做。所以习近平总书记和李克强总理都说要一张蓝图画到底，怎么画呢？就是大数据支持。一个企业、一个景区科学化管理也需要数据支持。各种服务的创新，分享经济，也都需要大数据，很多角度证明大数据非常重要。

我简单讲几个角度，比如说大数据可以提升人们公共管理服务的能力，对旅游服务、旅游管理、旅游营销、旅游产品创新等一系列的转型变革都有支撑作用。在座的大数据专家很多，我就不讲一般数据的特点了。旅游大数据的来源，它的主要的构建基础，一是宏观数据库，也就是今天早上童院士讲的，不管是高德还是百度地图，都是地理信息系统。我也是学地理的，过去学地理好无聊，很没面子，现在敢说自己是学地理的，你们谁也离不开地理信息系统。二是互联网数据，各种互联网数据、大数据，包括 OTA 数据。互联网的数据，很多公司都在做单数据源的报告，但是显然不够，互联网数据要叠加和综合。三是舆情数据，大数据的旅游数据可以用于很多客户，比如说目的地精准营销。大数据可以把“不认识自己是谁、不知道对手是谁、不知道需求是什么、不知道市场在哪里、不知道营销怎么做”这“五个不”变成“Yes”。

比如说旅游景区的智慧化管理，也可以有很多这方面的用途，但是现在同样出现一个问题，就是每个数据源都提供自己的一套，但是都不全，比如三大运营商，我就想，他们都有自己的展场，产品都是一样的，但是大家知道，大多数游客都是一部手机，不管是联通还是移动，你的数据是不完整的，只有三分之一左右，综合在一起，才能真正做到智慧景区的管理。

再比如舆情监测，还有 UGC，就是游客自己产生的数据内容，这种内容通过大数据的挖掘，特别是后面专业人士的深加工，是可以告诉旅游局具体要干什么的。北京花了一些钱，从电信运营商拿了一些数据，这些数据旅游局领导看不懂，电信也弄不懂，就需要另外的部门来进行专业的分析。旅游大数据可以用来做项目推演，我们很多旅游咨询公司、旅游规划院，不管有没有甲级资质，它有很多项目，现在就是有过度策划、过度规范的现象，把每块地都填满了，显得自己工作量大。或者说画图画得好，把每个图都填上色斑，而这个色斑每个都有一种用途，不能综合使用。这些行不行，都需要进行大数据推演。同样，今天上午我们也看到很多展商都提出自己的推演，但推演是不足的，只有三分之一的用户的情况。如果是全覆盖的景区，假如说电信只覆盖了年轻人，联通覆盖了中年人，移动覆盖老年人，三个年龄段你只管一段怎么行？工信部完全可以要求三家信息全部公开，或者提供给数据生产商进行生产，因为这是国家基础设施，没有必要让三家运营商自己在那里赚钱。如果靠这个赚钱，一是赚不好，二是也起不到推演和预演的服务。

还有帮助旅游者出行之前，就目的地选择的过程，也需要大数据来进行旅游决策。到哪里去，哪个季节去，到哪个地方等车，坐什么车去，选哪条线路，这些我们可以从最近五一黄金周的数据看。小长假的时候，我们通过多数据源挖掘，你会发现自助游和跟团游，男性和女性是不一样的。独行的人在增多，就一个人走，自由行尤其流行，但这是一个趋势。小长假当然是短途为主了，独自旅行和亲子旅游占很大的比例。同时，每个人出行半径有多大，不同的省是不一样的。比如说北京人喜欢去浙江、江苏、安徽、贵州、云南，是向南走的。那么上海人呢？向西走。所以一个城市做营销，要把所有的数据拿来做分析。你会发现对面的展览馆，它做的数据跟我们的不太一样，为什么？因为它是单数据源。

通过上面的分析，旅游发展需要大量的大数据旅游产品。怎么搞呢？我觉得很简单，两个答案，一个是多元整合，一个是专业分析。什么叫多元整合？我们这两天看到，腾讯云、高德地图、联通、移动都出了这个地图，就一个地方人从哪里去，或者贵州的人从哪里来，都是单数据源，都只能呈现1/3或者1/5甚至1/10的情况。包括同程和携程，我相信他们都有数据，但同程和携程是竞争对手，拥有的都只是部分数据。政府部门都不希望把自己的数据公开，商业公司更不愿意，脱敏以后你们愿不愿意整合，我管不了，但是旅游局希望整合，这个完全可以通过大平台完成。单数据源产品只能反映局部情况，不能满足客户各种需求。那么客户需要什么呢？需要综合数据。所以，沟通第三方数据源的整合平台，提高大数据产品的可靠性，这是摆在单数据源生产商面前的一个挑战。未来数据源第三方整合平台非常重要，我觉得贵阳大数据交易中心是一个平台，不管是来自交警部门、公安部门、气象部门，还是携程、谷歌或者高德，这些数据需要整合，同行不整合的，可以交给第三方，签订保密协议，清洗脱敏后变成综合数据，我认为整合的需求非常大。

为什么说纯技术性的单数据源不靠谱，或者单数据源不靠谱？因为现在技术部门，像三大运营商，像携程都是做技术出身的，去哪儿网是做数据出身的，都是基于数据资源而非数据产品，代表性不够全面。技术团队缺少对行业的理解，虽然会挖一些人才，但是解决不了深层次的问题。最近携程在和一些大学成立内部的研究院，本来我觉得他们做得对，但是后来做得不好。我认为他们应该进行外部拓展，而不是只做内部的研究院。因为内部研究院，老大的眼睛往哪里看，下面的员工就跟着往哪里，所以内部研究院不一定能做出最好的东西。同样还是缺乏对用户需求深层的了解。另外技术人员不容易说“人话”，老是说特别高深的话。那什么叫说“人话”？就是说大众听得懂的话，所以我认为需要专业数据团队参与。客户不仅需要大数据产品，还需要对数据有深度的分析，因为数据只是一个数据，数据产品也只是一个数据产品，旅游局也好，企业也好，他们不需要技术产品，而是需要管理工具和咨询方案。

再就是大数据分析，自己培养几个分析师是不够的，需要寻求市场上专门提供数据分析的公司，因为旅游业跨学科特点非常明显，旅游学科有N个学科，自己培养的大数据分析师是不可能同时具备这么多分析知识，所以做数据分析还是要依赖专业的数据公司。

最后，对我今天的分享做个结论，那就是在一个全域旅游时代，智慧旅游已经成为旅游发展不可缺少的武器。在智慧旅游这个大的系统中，大数据分析是旅游者、旅游企业和地方政府旅游规划及旅游管理部门都充分依赖的技术。而在大数据分析过程中，单数据源产品已经不能满足客户的需要，客户需要多数据源的合作，需要第三方平台，需要旅游研究机构深度的渗透和合作。

用一句话来说，旅游大数据产品怎么搞，第一需要多元整合，第二需要专业分析。

我的报告就到这里。

谢谢大家！

大数据是媒体融合发展的新引擎

第十二届全国人大常委、教科文卫委员会主任委员、
清华大学新闻与传播学院院长　柳斌杰

各位来宾，同志们，朋友们：

上午好！

我今天主要谈一个主题，大数据是媒体融合发展的新引擎。

技术进步是人类变革的火车头，人类传播每一次变革都是因为技术引起。语言传播，几千年来还用着，接着就是印刷、广影电（广播、电话、电报、电视、电影等），现在是互联网、云计算、大数据、职场新型媒体在发展。这一点都不影响各类媒体在变革的进程中找到自己发展的前景。怎么去做，就是中央和决策者给所有媒体指出了一条融合发展道路。习近平总书记做了重要讲话，中央专门提出了指导意见，对于这个问题，我认为目前传统媒体和新媒体都产生了一些困难，理解得不深不透，做得不到位。所以，我们现在首要的问题就是要深刻学习领会习近平总书记讲话以及中

央对媒体发展的总体战略部署。要解决这个问题，打开局面，首先就要解决融合和大数据、互联网、云计算这样的关系问题。

所以我今天主要讲这三个部分，第一，媒体融合，必须直面三大问题，这主要是针对传统媒体讲的。第二，大数据是媒体融合的新引擎，这是我们的主题。第三，中国特色媒体融合发展，就是中国媒体到底怎么搞，我们要走我们自己的路。

第一，媒体融合发展必须直面三个问题。

（一）推动媒体如何发展，不仅是传统媒体、新媒体的任务，也是未来媒体的任务。我们清华大学组织了五院联合对新未来媒体空间的研究，包括大数据、第三代互联网和二、三代互联网，也包括传媒、法律、人文社科，以打破未来媒体的困境。

（二）媒体融合难以形成。不要以为传统媒体有困难，新媒体就没有问题，其实都有问题。我们研究的这个问题，不是单方面的，而是我们现有媒体的资源、传播平台、传播方式全方面的问题。现在高新技术围绕先进生产力是传统发展的必由之路，反过来说，这个融合又会对经济社会发展起到与时俱进的推动作用，但是由于种种原因，媒体融合难以形成。总书记讲媒体融合不是加，而是融，我们现在还在加，所以媒体融合需要解决三个认识问题。

1. 媒体融合是面对危机还是发展机遇。很多人认为传统媒体没有出路了，应面对危机，其实不是这样的。从传播史上看，传播领域当新载体出现的时候，往往出现两种声音，一种是欢呼，一种是哀鸣，而结果是两种声音并行。语言传播几千年了现在还在用，印刷媒体也有几千年的历史，也还在用，电发明以后有了无线电生成的一系列传播方式还在用。所以对每一个技术的产生来讲是必然的，不一定就代替和淘汰了以前的形式。从文化建设角度来看，传播对文化生产的重要关系，包括了文化，包括了信息，包括了社会交流。目前，我国的文化建设给我们权威行业提供了千载难逢的历史机遇，现在的传统媒体遇到新问题，同时也是发展的机遇。我们中国人创造的文化汇聚成先进文化，能够引领世界先进文化，这是非常强大的。和政治、经济、社会等各个方面创新一样，文化领域、传播领域也要靠创新发展。而这个创新发展与整个经济社会发展并行，所以也受到了产业方面、社会方面、国家方面重要的支持。

我们传媒产业的生态体系已经发育起来了，去年发布的传媒产值已经是1.8万多亿，所以它也是我们国家建设的一个重要方面。新闻传播本身是党和人民重要的部分，与党的命运、国家的前途、民族的命运连在一起。就如总书记讲的，我们需要传播大数据四种责任，思想文化政策法律的宣传者、记录者、推动者，社会公平正义的捍卫者，传播这个光荣的职责，实际上是与文明进步连在一起，暂时的不适应是为了将来更有活力。这是第一，媒体融合是一个机遇，不是危机。

2.媒体融合是客观规律还是权宜之计。有一些人看不清楚，以为传统媒体办网站，弄个数字化的平台就是融合。其实这根本就不融合，因为还是处在我是我、你是你这个状态。时代发展到今天，由于数字化、信息化已经是不可阻挡的大趋势，所以推动媒体融合发展，也要遵循新闻传播的规律和媒体发展规律。这就说明媒体融合是按照规律办事，是长期的战略决策，而不是权宜之计，也就不存在谁代替谁的问题，这就推动媒体生态融合发展，而不是此消彼长。

内容永远是媒体传播的根本，是决定生存和发展的关键因素，就像高速公路修得再好，没有车跑也不行，车上没有人和货也没有意义。这是规律，规律就是报、纸这两个的不同，一个是报，一个是纸。报是传播内容，纸是传播载体，报纸就由这两部分组成。新平台、新技术也是这样，它也有内容和技术两个方面，我们现在讲的大数据更说明了这个内容。让我形象地比喻一下，互联网就像现实生活中的高速公路，互联网开辟各种应用平台，它就是上面的记者，高速公路上的记者。大数据是一个技术，对媒体而言大数据就是车上的内容，载的货。现在的问题是要进入内容创造的环节，而不仅仅是高速公路建设、平台开辟。媒体融合的重点是大数据创造更好的内容。

媒体传播的过程包括各个方面，从采写到编辑到播发都有一些规律，这个我就不讲了，大家都是这个行业的人。传播这个行业，几千年来都是与技术结伴而行，技术决定了传播的效率，这一点在新媒体发展上尤为明显。新媒体凭借互联网，以数字化形成了一个时代特点，多点并发，网络覆盖高效，特别是微传播、微内容、高速流动、跨平台流动。用户随时随地能够获得信息，这就要求传统媒体在传播中抢占先机，大胆使用信息技术平台，形成自己的先发优势，努力抢占制高点。用户至上也是服务理念和互联网发展的一个新格局。传统媒体没有服务意识只有习惯说教，没有过多的自觉只有单一自上而下的告知，没有意见只是告诉读者，这种方式已经不合时宜了，内容生产必须要特色化，这是我们要看到的一个发展方向。

媒体融合发展要在媒体技术手段平台上进行深度的融合。习近平总书记讲得很明确，媒体融合不是加，而是融。就是要从现在我就是我、你就是你这样一个状态，融合为你中有我、我中有你，再进一步就是你就是我、我就是你，不分彼此。什么是主流媒体，引领主流价值观的媒体就是主流媒体，而不是说捣蛋就是主流媒体，所以总书记用了新型媒体。

3. 媒体融合是有所作为还是无所作为，这主要是针对传统媒体。2014年是媒体融合重要的一年，有三大改变：一是党通过依法治国的决定，使改革和法治成为小康社会建设的两个重要的点。二是中央颁布了融合发展的一系列新政，包括传统媒体融合的指导意见，以及新媒体发展的行动指南。三是传媒强势出击，新媒体推出了很多举措，新产品、新技术融合方面取得了很大的进步。在这样的背景下，传媒界的任务艰巨，生产、生存、发展、市场竞争甚至管理体系都考验着我们的能力，是无所作为还是主动地去适应攻坚克难，到底是在哪些方面去突破，就有这几个问题。

一个是思维方式。传播技术革命已经使新闻传播领域发生了前所未有的深刻变化，不仅改变了我们的生产方式、生活方式，而且改变了交流方式、理解方式、思维方式。新媒体与生俱来的自由表达、平等对话已经成为社会公认的普遍思维方式，表现了公民的表达权、知情权、监督权、批评权，是人类思维的重大进步。而我们一些传统媒体还是以我说你听这样一种方式，单一性的思维，结果使传统媒体的空间、影响力市场都在收缩，成为典型的媒体卡拉 OK，而新媒体恰恰深入到了人民群众心中。习近平总书记多次强调，领导干部、新闻媒体要有互联网思维，在媒体融合发展上要求强化互联网思维，可见这个问题是非常紧迫的。改变思维方式，只要你放下传统媒体的架子，解放思想，面对现实，开展平等、自由的讨论，谈论社会关注的问题，就能赢得人民群众的信任和支持，要相信大众判断的是非感和正义感。思维方式不解决，一切传播都是两股道上的车，难以融合。

另一个是体制改革。随着全球化进程的加快，包括新闻传播在内的文化生产僵化的弊端，远远不适应全民的需求。我国的传播体制是苏联模式下形成的，完善于阶级斗争时期，改革开放以来虽然有一些改革，但并未改变体制性的问题，主流媒体的广泛纠纷也未得到改变。维护市场的传统媒体和市场培育的新媒体加快创造，因为都在一个市场上很难落实。建立企业制度，加快事业单位深化改革，支持公共服务主体建设和建构，加快完善市场体系，加强版权向现实生产力的转化，继续深化管理体制，在做好宏观调控依法行政的基础上积极为改革发展提供政策支持，鼓励企事业单位和中间组织自主运行，发挥市场主体作用，通过深化改革切实形成文化创造活力持续迸发的文化体制和机制。

（三）传媒除了精神内容以外，还有物质形态的一面，也需要进行生产流动消费，要符合经济发展规律。过去我们这方面是缺位的，比较弱。所以，我们首先要提高人文化、专业化的水平，增强传播的整体竞争力，以产业跨越发展、跨界发展为先进文化传播提供有效渠道，形成与我国经济社会发展水平活力地位相协同的传播能力，这是国家建设的战略目标，也是当务之急。要加快新技术主导的新媒体、新平台发展的渠道，巩固传统媒体发展方式，加快数字化转型和平台建设，应用新技术、新媒体传播先进文化，积极实施对外传播的品牌工程，扩展对外传播的渠道，深入实施文化产品通过市场走出去战略。这一块我们也有很多典型，说明我们传统媒体转型发展、融合发展是有前景的。

第二，大数据是融合发展的新引擎。

如今，全球无论是经济、政治，还是科技、生活，或是文化、媒体，从产业的角度看，都在创新，都在应用大数据这样的新技术。在应用大数据方面，基于互联网的新媒体拥有得天独厚的优势，抢占先机，在移动互联网方面发生了很大的变化。我们的传统媒体，已经有了本质变化。2014年，我国用户44%的时间花在了数字媒体上，可以说是数字媒体时代的到来。从目前的发展势头看，预计今年年底数字媒体就会占到50%以上。在大数据基础与互联网数字化、云计算创造的条件下，融合发展的一个技术突破，直接影响到内容的生产和传播。大数据成为容纳社会集体智慧劳动的创造、成功的总汇，它的特点是聚合、储存、分类、整理、挖掘、传播、应用，渗透在人类知识生产、社会化过程各个环节。

对于传统媒体而言，大数据的个性化应用技术以及聚合、分类、分析、扩散、互动、挖掘的功能能够给新闻、思想、文化、科技、经济各界传播提供更加强大的数据池和大平台。从技术能力角度讲，谁掌握了它，谁就掌握了信息传播和舆论的主动权、主导权。形象地说，就是大数据已经进入互联网传播的层次，而且不是一般的技术问题，不像互联网只是提供一个通道，它已经自己能够生产了，已经是一个内容了。

大数据改变了传播的思路。以大数据为核心的媒体融合，关注内容的传播，以之为中心，定义着以法治谋发展，打破了传统思维，不必管高速公路是谁投资的，车是谁造的，只要安全、可靠性强，我们就能运用它，挖掘出来，传播出去，运用到我们的生产、生活中，为社会造福，这就是大数据的特性。实现这个目标才会让我们真正进入你就是我、我就是你的那种状态。大数据生产思维的信息，这个我就不详细说了，现在大家推崇AR的技术、VR技术，还有MR技术，实现了实际空间和虚拟空间混合。和虚拟人在一起去互动，参观一个博物馆，你走不走进博物馆，体验是一样的，这对新闻传播也有帮助。

大数据改善了媒体运行的质量。同时，大数据提高了媒体服务的质量。质量讲的是什么呢？传统媒体发布一个信息，只是限于记者看到的。现在大数据条件下的新闻是四面的，既有我们新闻的信息，也有新闻当事人的信息，还有社会公共平台的信息和政府参与的信息。实际上任何事件都是四维的。所以现在的新闻为什么比较难搞，就是考验你真正的传播，而不是像过去那样，记者说是黑的就是黑的，记者说是白的就是白的，所以这是提高了质量。

大数据还改善了市场影响能力。现在有好多由应用互联网联系起来的、大数据发挥巨大潜力形成的全球性的大公司改善了营销方式。比如说滴滴打车，现在这个企业已经排在全球前十位，跟马云的企业是一个等级。零散的汽车通过大数据就发挥了社会效益，一两年就发展起来了。媒体同样也是这个问题，在这方面我们在努力去做。像中央的大企业——人民日报社，就是融合发展的案例，已经列入五大发展案例。新华社建设，新的新闻传播中心，我去参观了，有很多新的感悟。贵州省也在做，贵阳日报集团现在也是在用大数据改变自身。这些事例说明在应用大数据上，我们传统媒体不但可以做，也能够做得好。

第三，中国特色的媒体融合发展之路。

中国的政治制度和西方的政治制度不一样，中国的新闻发展、舆论生态也同西方的不一样。因此，媒体发展和舆论引导要探索大数据为核心的中国媒体融合发展之路，这是我们特殊的使命。应该说中央的决心已定，蓝图已绘，现在就是落实。而落实和见效，首先要克服三大障碍：一个是思想观念方面，要解放思想；二是体制改革，体制问题不解决，媒体融合难以进行；三是要调整现在的一些政策规定，我们在研究传播方面的问题，现在是政策规定阻碍了媒体的发展。这三个问题解决了，我们就实现了深入融合。

目前就中央工作来讲，主要有以下几个方面。

第一，整合功能相似的媒体资源。当前我国媒体仍然呈现“小、散、弱”的局面，导致媒体功能削弱，为了更好地有效挖掘现有媒体潜力，需要整合媒体资源。具体思路就是用市场化、专业化的能力，以较强的传统媒体为主体，大力整合分散在不同类型、行业和不同功能的媒体资源。整合要以结合市场资源为基础，打破原有的界限，以行政推动和市场推动相结合，要发生深刻的变化。然后，进一步深化市场体系的改革，继续推进转体改制，使绝大多数传统媒体经营真正变成市场机制。

第二，积极进行股权结构的改革，变为多元化、社会化的股权结构，积极实现特殊管理制度，大幅度降低国有股权比重，更好地利用社会化的资本互联网和大数据技术，积极推动国有企业进入民营企业。要落实骨干员工股权激励机制，使骨干员工成为真正利益共同体。实施选拔一批优秀的专业化管理人才，充实到媒体队伍中来，以改变传统媒体的人才结构。

第三，打破制约传统媒体发展的行业体制机制。我们与主办单位以及所有传统媒体都分布在不同的层级上，这是第一个问题。第二个问题，新中国成立以来我们实施分业管理，国家出版的九个条例，从新闻、广播、电视、电影到互联网等，有九种媒体形态，这九个条例是不衔接的，政策尺度也不一样。所以，给目前的传播市场带来了混乱，互联网能做，其他的做不了。分业管理在不发达阶段解决了新闻传媒管理的问题。但是现在依法治国，各种传播载体要在统一的法度下去传播，要打破行业的条块界限，这也是一个复杂的问题。总书记说，现在打造几个传媒集团很难的，每一个地区都是那么多，所以实现不了。美国是什么样的，美国那么多的媒体，实际上的老板只有四五家，我们是一万六、七千家，而且媒体都有不同的主管，这个界限不打破，融合也是问题。

第四，开拓城乡传媒市场。过去传媒市场主要在城市，现在城镇化建设，农村、小城镇是一个主流，所以我们媒体行业未来的市场在这些地方。这个占的比例是非常大的，但与世界相比差得很远，说明我们还有空间。我们未来的发展方向是基层的一些城市。

第五，要抓住互联网技术升级，实现弯道超车。互联网是我国最有潜力赶超世界水平的行业，互联网的飞速发展和壮大，为各个行业带来了无数的机遇。李克强总理在2015年政府工作报告中明确说，中国2025年的战略和“互联网＋”的思路，目标是实现从制造业大国向制造业强国转变，为我国互联网发展指明了方向。我们应该把互联网带来的新思维、新方法融入传媒行业，为传媒业增加新的活力。

2016年4月，我国4G手机已经达到了5.3亿，预计到年底将接近7亿。工信部和中国电信、中国联通发放了4G的许可证，未来两年4G网络将成为我国城乡主要使用设备。但这还是一个过渡，其实5G的开放已经在全世界展开，2020年就是全世界推广5G的时代了。所以这些技术也将推动我们传媒的发展。由此可见，移动互联网和智能终端的技术进步，使得媒体融合发展，政府推动的三网联合等面临的种种障碍和阻力，在智能手机终端很容易实现。

现在，有实力的权威企业都在推自己的微博、微信和客户端。未来传统媒体在移动互联网领域的竞争将会更加激烈。互联网在中国起步比较晚，但大概20年的时间，中国已经走在世界互联网的前列。起步晚，但是我们走得快。我们长期的攻关，突破了一切核心技术的封锁，坚持自主开发赢得了世界领先的优势，这说明我们的后发优势一旦发挥出来，也能够引领世界。媒体也应该是这样。虽然是后发状态，但是我们通过融合发展，可以借鉴互联网企业成功的经验，弯道超车，赶超世界先进水平。媒体融合逐步上升为国家战略，是以出台关于推动传统媒体和新型媒体融合发展的指导意见和习近平总书记的讲话为标志，其主要目的是为了打造一批新型的主流媒体，建成几家新型的媒体集团，巩固意识形态。在用户快速转移的互联网条件下，尤其是移动互联网的大背景下，形成媒体融合发展的新思路，用大数据巩固我们的阵地。

最近中央出台的五项政策强化了党和政府的推动力。一是各级党委和政府对融合发展的支持。中央层面，中央财政加大了对中央优势媒体的支持力度；地方层面，政府也在加大对地方媒体发展的支持力度。二是培育参与体系，增强造血功能。三是财税优惠政策，最为凸显的方式是减免媒体所得税，让利发展。四是把政府公用数据资源向媒体开放，增强信息资源采集能力。五是解决传统媒体离退休员工负担问题，帮助传统媒体轻装上阵，参与市场竞争。

总体上看，我们现在选择融合的道路是正确的，媒体融合发展前途也是光明的。大家不要因为出现了问题就感到很失望，往前走还是有广阔的前景。希望媒体行业的同志们要敢于担当，善于作为，运用好双驱动，克服惯性，完成好为中国新闻传播的影响力、政府的公信力，为全球媒体生产贡献我们的力量和智慧。

谢谢大家。

数据中心制冷关键技术

中国数据中心专家技术委员会委员、
江苏省邮电规划设计院暖通空调总工程师　罗志刚

各位领导，各位嘉宾：

大家下午好!

我们很荣幸能够在贵阳做了很多大型、超大型的数据中心，包括一些达到千亩地的园区。今天我想给大家带来数据中心制冷的话题，正好结合我们在贵阳做的案例。其中电信、移动两个园区就是我们设计的，今天正好跟大家分享一下。

江苏邮电院数据中心每年的设计量大约维持在几十万平方米。因为这个行业发展特别迅速，我们也尝到了一些甜头。今天主要分享四个话题：第一个是数据中心空调水系统；第二个是数据中心与区域能源结合和应用；第三个是关于自然能源利用分析，主要讲一下贵州贵阳地区为什么适合建数据中心；第四个是这几年的经典案例。

第一，关于园区的数据中心空调水系统。我们目前做的园区都比较大，小到单体几万平方米，大到园区占地千亩，甚至几千亩地的云计算园区都有涉及，里面就涉及空调水系统，这是一个非常复杂又有趣的话题。

大家都知道，数据中心有五大特点：第一，投资大，按建筑面积算，每平方米造价2万至10万不等；第二，能耗高，现在数据中心关键就靠空调降低能耗；第三，工艺复杂，一个项目涉及十几个甚至多达几十个专业；第四，安全等级高，运维不能中断；第五，运维要求高，设计方案直接决定运维是不是能够安全进行。

对于一个园区来说，空调水系统比较复杂。因为中国地区南北气候差异比较大，每个项目特点不一样，投资方要求也不一样，所以在做项目的时候要考虑很多复杂因素。首先，能源的空调负荷决定了我们采用能源的方式。小型空调都采用风冷，螺杆型的，大型空调可能会转到水冷，甚至一些高密度的液体，所以空调规模决定空调方案。第二就是能源条件和结构。这个地区是不是有充足的电、水、天然气，以及有没有废热可以利用，这是园区如何选择空调能源很重要的因素。第三就是能源价格，天然气价格、电价、水价是不是有优惠。

关于能源环保政策，有些地区可能会有文物保护，这种地区对于环保要求比较高，我们的能源也要考虑这个因素。再就是投资运行成本、能耗，这些都决定了园区的方式。现在三联供系统在数据中心园区的使用逐渐在增加，但不是很成熟，还要拭目以待。我们还有一些项目利用的是废热，也就是说一些电厂的废热可以充分拿来作为冷源。

园区可能会有水的安全隐患，如果水中断，整个园区就不存在供冷冷源，这时候会采取一些复合方案，风冷水冷结合。初期用水冷，然后以风冷机组作为备用措施，这样安全性得到保证，同时效率也比较高。这是一个比较典型的小型园区案例，这个园区建筑面积为10万平方米，一般是3至4个机楼，加上两个动力中心和相应的制冷站，对于制冷系统来说，我们考虑的是，如果每个制冷中心单独建立制冷站，每个都要做“2N+1”，投资会比较大，有没有可能把其中每两栋或三栋连通起来作为一个连通管道，这个管道作用非常明显。比如每两个数据中心“2N+1”备份可以共用，投资可以减少，同时其中一个数据中心出现问题，串联这个数据中心的机组马上可以启动，安全性也不会降低。所以目前很多园区都是采用这种方案，有可能是两个制冷站相连，有可能是三个，也有可能是四个，对此我们叫一拖二，一拖三，一拖四。

现在关于“数据中心的废热排掉很可惜”的呼声越来越高，我们现在做的很多案例中是关于废热回收，但就目前来说，国内外大量的案例是没有废热回收的，在国内只有不超过一万平方米的热回收面积，因为很难找到这么大的用户回收这么多热。数据中心园区建设可能是远离住宅区、办公区，长距离的输送本身能耗就比较高，所以找到一个合适的热用户是比较难的，这在技术上没有问题，最主要还是商业模式的问题。热回收方式有很多，我们推荐水源热泵，它可以把水温从40度提高到60度。为此我们做了一个案例，案例中热回收大概为3000平方米，从数据上分析，无论是投资还是运营费用，都远远优于传统方案。传统方案冬夏是多联机，同冬季进行热回收方案对比，全年下来，投资和运营费用都非常高。

再看一下蓄冷，如果是断电可以用蓄冷罐代替，但蓄冷罐常年放着也是浪费；如果用蓄冷罐做系统串联，常年阻力内耗也不是一个小数。对此我们做了一些分析，有些项目不能配小冷机，要配大冷机，初期小负荷没有上满时，负荷冷机是带不动的。如果拿蓄冷来带动，可以解决小负荷和初期不稳定负荷。我的意见是，如果有条件还是尽量能够加大蓄冷量，因为很多案例显示，一些小故障是可以通过蓄冷解决的。另外在低负荷时候冷机本身是不经济的。

第二，关于区域能源。我们现在很多项目的面积都比较大，区域能源面临几百上千万的建筑面积，这里面包括数据中心，而区域能源供应单位非常喜欢数据中心，因为数据中心负荷比较稳定，而且数据中心会成为整个区域能源投资效益的增长点。如果一个区域有区域数据中心，那么能源供应单位很愿意把数据中心纳入它的系统里。举一个案例，江水源供冷，取水口到数据中心约一点几公里，这个区域的建筑面积大概为600万平方米，分3个能源站，每个能源站200万平方米，其中 A 地块建筑面积为140万平方米，数据中心的建筑面积为15万平方米，能源站建在数据中心旁边。考虑到输送的距离越短能耗会越低，所以能源站和数据中心之间做了一个连通管道，因为考虑到安全和备用关系，所以设了4根管道。这些是江水源热泵冷水机组和单独给数据中心供应的冷却槽。如果将来江水源管网出现问题，马上起用数据中心专用制冷机，同时能源站里面还做了蓄冷，为140万平方米的 A 地块风鼓电架。这个项目做完后经济性特别好，而且安全有保障。

另外一个案例是关于余热利用。这是电厂余热，它的运营方式分几个区间段，其中大于12度的用机械制冷。原理很简单，用电厂蒸汽经过管网到数据中心，数据中心做的是百分之百蒸汽消化成带，百分之百空调负荷，同时又做了同样数量的电制离心机。这种系统是负荷能源，两种能源同时作为互补，这样数据中心的安全性比传统单一能源更高。同时蒸汽本身是一种废热，如果它的价格达到一定程度，经济上会比传统用电省很多。

我们有个项目，在算完投资、管网长度等总的费用之后，发现有一个临界点，也就是当蒸汽价格超过65元的时候，电制冷比较经济；如果蒸汽价格低于65元时，我们推荐用蒸汽方案。该项目目前还在设计初期。

这是另外一个案例，在项目能源站设置污水源，同时在数据中心末端做电制冷方案，污水经过污水源管道进入数据中心区域。污水源因为常年水温在十几度，而冷却塔温度为32至37度，所以污水源效率要远高于传统方案，而且从经济性、安全性来说，4个管道双供双回，如果出现问题可以马上启动另一个，也就是说污水源泵出现问题时，制冷站电制冷机开始启动。

讲了三个案例，可以看出，复合能源有可能是下一步的方向。因为对于电制冷方案，电的价格高，而且从单一电源过来，安全性存在问题，如果周边有价格合适的能源可以利用，这个方案还是比较优秀的。

第三，自然能源的利用。贵州为什么适合建数据中心？以我们分别在贵阳、克拉玛依和北京做的三个项目为例，先看克拉玛依的气候条件，零下10摄氏度的时间比较长，夏季高于35度的情况也有，冷水温度为7度至12度的时候，克拉玛依冷却塔可以使用3885小时，冷水温度提到27度时，冷却塔的使用时长就变成6300小时。如果是用空气制冷，按照传统的室内温度23度算，冷却塔的使用时长是5600小时。再看一下北京，北京零下10摄氏度的时间比克拉玛依短，同时35度以上的时间也比较少，冷水温度为7至12度时，冷却塔的使用时长为3382小时，如果冷水温度提到14到19度，冷却塔的使用时长就变成4800小时。室内气温为23度时，风测冷却时长是5400小时，室内气温到了27度时，冷却时长就变成6000小时。最后再看贵阳，与北京、克拉玛依相比，贵阳的特点比较明显，气温零下和30度以上几乎没有。再看冷却塔自由时长，水的温度为7至12度时，冷却塔的使用时长为699小时，这个时长应该是非常不理想的。但如果水温为14至19度时，冷却塔的使用时长就变成3167小时。再看一下风测冷却方式，室温定到23

度时，风测冷却时长是4900小时，室温为27度时，风测冷却时长是6700小时。将这些数据放在一起对比，三个城市的冷却时长从上到下是克拉玛依、北京、贵阳。可以看出，贵阳冬无严寒，夏无酷暑。如果水温定到7至12度时，克拉玛依的冷却时长是3800小时，北京的冷却时长是3300小时，贵阳的冷却时长是699小时，也就是说贵阳冷却塔的方式是不理想的。但是如果水温提到14至19度时，三个城市的数据分别是5600小时、4800小时、3100小时。也就是说，7至12度时，贵阳的冷却塔的自然冷源时长是北京、克拉玛依的1/5到1/6，而水温提到14至19度时，就几乎成了1.5倍。所以对于贵阳来说，水温提升的作用特别明显。再看风测冷却方式，如果室温定到23度时，克拉玛依的冷却时长是5600小时，北京的冷却时长是5400小时，贵阳的冷却时长是4900小时。新的国标室温可能会定到27度。先看25度的时候，三个城市的数据分别是5900小时、5800小时、5800小时，几乎一样。如果再提升到27度的时候，克拉玛依是6300小时，北京是6000小时，贵阳是6700小时。温度上升的时候，贵阳超出了北京和克拉玛依，这和我们想象的不太一样，因为克拉玛依和北京温度比贵阳更寒冷一些，更稳定一些。但是如果水温和气温都提升的话，贵阳的优势就出来了。这就是贵阳作为整个大数据产业园区，大的运营商、大的企业在这里建数据中心的重要原因。

对于新风的利用，国内情况是不理想的，中国整个环境污染很严重，所以新风用得不多。我们有幸在贵阳尝试了大型数据中心超大新风量的冷却方案。新风功能有两种方式，一个是新风直入，一个是新风间接换热。

国际上对于环境污染分四个级别，分别是G1、G2、G3、G4，经过检测，贵州一年有14天空气质量超标，达到G3，属于比较严重的级别。但351天的空气质量为G1和G2级别，是可以应用的。所以我们做了一个方案，在贵州建立了超大规模的数据中心。这是项目一期，新风从室外空气经过百叶，经过物理、化学过滤，进入空调区域，再经过机架、排风井排到对面。如果空气质量不达标，或者气温较高时，会内循环，全部采用机械制冷。这是两张模拟图，从模拟图中可以看到，所有温度是可以达标的。这是2014年3月26日在贵州做的空气污染监测，对于0.5微米以下的粒子数，贵州最高为59000个，最低为35000个，而国标规定的是18000个，可见贵州的污染还是比较严重的。此外，物理过滤成本比较低，但化学过滤的成本比较高，这是直接换热的例子。对于间接换热，我们是在北京找了一个小机房做的实验，最后的结论超出想象，传统空调每年的电费为5.6万，如果用自然冷却间接换热，电费是3.3万，全年节能率53%。所以说，如果新风直入这种方案污染情况比较严重，间接换热也是一个选择方案。

第四是案例分享。分享的这个案例是北京亦庄云计算中心项目，该项目号称全球单体最大，面积接近10万平方米，一个机楼接近2万个机架，长度为230多米，同时用了很多节能技术，自然冷却方案在这个项目中每年节约电3亿度，现在已经投入使用。而北京电信永风数据中心是当年亚太最大的项目。新疆克拉玛依数据中心面积11万平方米，是西北最大的项目。除了贵州移动、贵州电信两个园区的项目外，无锡移动、南京市政府、重庆三峡银行等这些项目都是面积在10万平方米以上的数据中心，对于这种数据中心，我刚才谈到的冷源利用是比较典型的使用模式。然而很多项目都选择10万平方米，因为这是比较合适的面积。

由于时间的关系，今天的分享就到这里。

谢谢！

观点再现

沈昌祥（中国工程院院士）：构建大数据纵深防御体系需注意的几点：第一，整体防御、分区隔离。加强定级对象信息系统整体防护，建设管理中心支持下的计算环境、区域边界、通信网络三重护体。第二，积极防护、内外兼防。重点做好操作人员的终端防护，而且要严格执行强制访问控制，有效防止非法操作。第三，自身防御、主动免疫。第四，纵深防御、技管并重。尤其是政府的系统要实现管理个性化、人性化，光靠人的经验是不行的，要安全地管理，实施管理个性化、人性化，与业务流程的有关管理，这样对资源、人员授权、审计追踪等全面管理有好处。

孙九林（中国工程院院士）：关于农业大数据，第一，认识大数据时代的来临，比认识大数据本身更为重要。因为大数据时代的来临，也是数据真正成为资源时代的来临。第二，农业大数据是农业信息化过程中的必然产物，农业信息化的过程产生了大量的数据，构成了农业大数据。第三，农业大数据和其他领域的大数据一样，是重要的农业资源。要研究和选择从资源中挖掘创造财富的方法和技术。第四，农业大数据的研究和应用，要紧密结合我国三农中存在的突出问题展开，要树立问题导向和需求导向的理念，也就是说要“落地”。第五，大数据时代会导致人们思维方式的变革，要提高依靠数据去思考判断问题的能力！

王耘（北京中医药大学、北京应用统计学会副会长）：大数据在医药领域的应用包括两个方向。第一个方向，基于大数据技术的医药升级，主要考虑的重点在于如何利用大数据技术，让现有的医药体系，包括诊断、治疗等方法，能够进一步做得更好。第二个方向，基于大数据思维的医药革新。这两个方面合在一起构成了医药大数据完整的发展过程，称之为大数据时代的医药系统科学与工程。在大数据时代，医学和医药产业的发展是多元化体系，要以大数据思维方式完善发展基础，化解其中存在的不足，并借助互联网使医药产业快速融合发展。

李海花（中国信通院技术与标准研究所副总工）：工业互联网的定义有三个方面：第一，工业互联网是互联网信息技术与制造业的融合；第二，工业互联网有一个生态的概念，包括产业生态和应用生态；第三，工业互联网对信息基础设施的推动和发展非常关键。

除了技术创新之外，工业互联网还会推动产业变革。工业信息平台将会是一个核心，很多传感、执行设备、智能设备跟现有的设备会更好地进行结合，在整个体系架构中实现扁平化。将来出现很多的产业环节，最核心的是工业数据平台。工业互联网的特点是在原材料方面可以网络化，边缘计算节点，引入云平台、大数据，产品智能化。

张东（中国电信集团公司政企客户事业部、产业互联网创新发展中心主任）：工业企业应该怎么转型？首先，逐步把生产线柔性化、精准管理化。不仅需要把生产线上的信息系统升级，还要改进设备；其次，不能简单地设计生产再批量铺货，想办法接触消费者，了解消费者的个性化需求；最后，要提供高速率泛在化、移动稳定网络互联的通道以及生产的数据云，用于海量的数据存送。

刘松（阿里巴巴网络技术有限公司副总裁）：整个工业互联网有两大趋势：第一是所有个人触摸产品的拟人化，第二是整个工业形态的改变。未来的制造工业互联网的生态一定是开放网络化、生态化的。

产品服务化是分阶段的：第一个阶段是把整个业务先变成一个电商化，变成一种服务化的方式，是产品服务化；第二个阶段是架构服务化，开始利用服务化架构和客户产生交互，未来所有工业制造商要考虑怎么把工业联网数据化，包括上下游产业链之间那么多管理节点，甚至是不断给你发生交互的机器人。

胡本钢（国家开发银行专家委员会副主任、国务院参事）：如何推进中国大数据产业的发展？我建议，第一，国家应该把大数据上升为国家战略，早日部署，用于全国富民。第二，科学发展首先要科学规划，尽快做好中国发展大数据的产业“十三五”发展规划。第三，人才是大数据的第一资源，支持企业全球招聘人才，规模培养国内人才，配好人才团队。第四，企业和社会对大数据投资的不足急需组建国家大数据产业投资母基金，引导投资。第五，结合国家面临的机遇和挑战，开设相关的大数据课题母基金的配套资金。第六，研究制定大数据实施的指导意见和法律法规。第七，研究制定大数据国家标准。第八，高度重视国家大数据安全保障能力有效提升。第九，加强对外开放，吸取国外的有效经验，把中国成功案例推荐给“一带一路”的国家。第十，持续强化大数据重要性、紧迫性的社会宣传。

王健（用友网络科技股份有限公司高级副总裁）：目前企业互联网化有几个主要方向：一是数据驱动；二是客户主导；三是组织创新；四是企业互联。企业数据驱动是未来一个核心。数据到了一定规模，形成一定量以后，如何用数据去决策企业的未来，这可能是我们需要思考的问题。跟过去比，今天数据整体的特征是：一是时效性特别强，有些数据马上就能出来。二是颗粒度精，精细度加强。三是有相应的数据分析，有价值化的特征。因此，数据是现代企业的核心资产，我们叫第四类资产，也是未来越来越重要的资产。

曾途（数联铭品董事长兼 CEO）：中国大数据应用和发展已经走在世界的前列。这里面有三个因素，第一，我们的市场规模大，应用场景多，需要用大数据解决问题的方向比较多；第二，我们在整个大数据技术方面，人才梯队建设比其他国家规模要大；第三，通过数据去聚集人才，搞出顶尖的科研。

黄勇嘉（中国扶贫开发服务有限公司董事长）：大数据因为蕴含着前所未有的商业价值，已经被人们称为新的石油，类似货币或新型资产。纵观世界产业发展史，能够带来应用价值的新技术一定能发展成繁荣的产业，大数据技术的创新与应用不仅能够应对挑战，还能够创造出巨大的价值，提升社会生产力。因此，大数据必将发展为重要的新兴产业，大数据也必将在我国的精准扶贫攻坚战中发挥切实有效的推动作用。

黄出为（迦太利华董事长兼CEO）：对大数据开发外包来讲，我认为有这么一些要素。第一个需要做客户的需求分析；第二个需要有很完善的项目管理体系，知道怎么样去把这样一个项目交付给客户；第三个开发管理体系；第四个是很重要的方面，就是建立一个阶梯形的人才培养体系，才能确保项目可以被成功交付。

詹启敏（中国工程院院士、北京大学医学部主任）：国家精准医学发展的战略目标。第一是建立一流的精准医学平台保障体系；第二是研发一批国产的药物器械和装备；第三是形成一批我国定制国际认可的疾病预防和临床诊疗的指南标准包括临床路径等。最终推动健康中国的建设。

庞成林（朗玛信息39互联网医院执行院长）：医疗应该首先是重塑，将来是颠覆，所以说是重塑到颠覆。第二，我的观点是现在讲“互联网+”为时过早。医疗的大数据在未来的领域里，是各领域当中最多、最强的。医疗领域也是未来产生千亿级别公司的地方。在这个地方我认为很难，所以是重塑到颠覆，从“医疗+互联网”到“互联网+医疗”的时代。大家知道，在医学里面讲的是ICT，现在讲的是大数据。医疗很多是从个体经验走到大数据时代，我觉得需要找到医疗领域的爱因斯坦，实现一个量变到质变的过程。

王叁寿（贵阳大数据交易所执行总裁）：大数据产业的产业链图谱，主要分成六个板块：第一数据源，第二大数据硬件技术支撑层，第三技术支撑，第四大数据交易，第五大数据应用，第六大数据衍生产业。未来，大数据会颠覆很多产业的竞争模式，特别是保险、家电、银行、医疗和教育产业，并在扶贫、社会维稳、税务治理和非法集资防控方面发挥非常大的作用。

张亚飞（中关村数海数据资产评估中心副主任）：在数据增长的同时，出现了“如何保障数据安全”“数据的价值如何变现”，以及“数据商品化如何进行”三大问题。解决这些问题的方法则是从数据资产到登记确权，再到价值评估，进而产生金融衍生品交易。

郁公弟（贵阳银行大数据金融部总经理）：电商产业想实现数据资产化，需要对数据进行结构重组，才能实现数据的价值。在大数据背景下，电商需要同银行、大数据企业进行联合，共同挖掘数据的价值。

张一帆（百分点科技产品副总裁）：数据资产管理不是纯技术活，需要一整套运营体系，数据资产管理应分为技术层、管理层和应用层三个层次。大数据时代的数据资产管理相对于传统管理，更加注重数据质量，进行可视化管理和数据流动管理。

宋洪远（农业部农村经济研究中心主任）：我想我们“互联网＋农业”具体是围绕三个事情：一是围绕促进农业转型升级；二是围绕农民的增收致富；三是围绕农业经济社会的发展。我要给我们搞农村互联网的这些企业提出三点建议：一是要适应农业的特点；二是要符合农村的实际；三是要注重农民的需求。

李道亮（中国农业大学教授）：我对“农业大数据”的理解是靠生物

信息的大数据实现优良品种和病害解决的问题。目前的“农业大数据”主要来自四个方面：物联网监测数据、生物信息数据、资源环境数据和农业统计数据。“农业大数据”的主要应用，我觉得是这几方面：农业基础研究、智能农业生产、农产品安全和智能决策。中国目前没有“农业大数据”，是由两方面的原因造成的：一是没有自动化的采集手段，二是条块分割的体制机制。

刘宗波（科百科技 CEO）：“农业大数据”将会成为我们新的生产要素，我们可以实时采集，实时控制，可以把精准化的农业用于提高我们的经济效益，准确高效地利用传统的生产要素。“农业大数据”非常复杂，如果用高成本的数据，这个数据可能不是大数据，大数据不但要拥有，而且是低成本的。通过物联网，对设备和农业环境的控制，我们做到了低成本高效能地采集农业环境数据。

王洪添（浪潮集团有限公司高级副总裁）：如果把全球的数据开放总结一下，分为五个阶段：第一个阶段，是大家比较了解的政府门户网站，发布一些信息、人事任命的问题。第二个阶段，是在政府网站里专门有数据服务的门户，像目录的形式。第三个阶段，是提供数据访问的入口。第四个阶段，能够提供数据资源之间的分析、挖掘，包括社会数据的建构、政府的数据开放，分几步来走：第一步，业务上云。因为现在政府的数据散布在各个角落、各个部门，首先要把它统一集中到云上；第二步，数据整合。数据整合有几个非常重要的方面，首先要数据采集，采集不同部门的数据。第二个数据加工，把所有数据放在一起之后，对数据进行加工和梳理，同时要贴标签。还有一个就是要完成数据开放的功能。第三步就是利用数据来进行创新运用。

时培昕（寄云鼎城科技创始人兼 CEO）：关于混合云大数据的话题，从我个人角度理解，第一步是企业要用好大数据，实现更准确的大数据分析，以及体现数据价值。第二步就是上云，通过上云的方式，先把业务进行整合，原来是分散的，现在变成一个集中管控的方式。在集中管控方式之上，产生新的数据，在数据越来越大的时候，必须考虑到一些运行计算的方式，通过大数据的方式快速提炼数据的价值，最后才能实现。

姜军（中央网信办发言人、网络新闻信息传播局局长）：跨界与融合应坚持以下几点。第一，在跨界与融合当中努力践行新发展理念。第二，在跨界与融合中更好凝聚共识，画好同心圆。第三，在跨界与融合当中建设亿万民众共同的精神家园。第四，在跨界与融合当中坚持经济效益和社会效益相统一。媒体融合不是简单的品种嫁接，而是要进行基因重组，是从你中有我、我中有你，变成你就是我，我就是你。

柳斌杰（第十二届全国人大常委、教科文卫委员会主任委员、清华大学新闻与传播学院院长）：大数据是融合发展的新引擎，主要体现在四个方面。一是对于传统媒体而言，大数据的个性化应用技术以及聚合、分类、分析、扩散、互动、挖掘的功能，能够给新闻、思想、文化、科技、经济各界传播提供更加强大的数据池和大平台。二是大数据改变了传播的思路。三是大数据改善了媒体运行的质量，提高了媒体服务质量。四是大数据改善了市场影响能力。

高文（中国工程院院士、中国大数据专家委员会副主任委员）：对广电来说，4K 是一个很好的机遇，其实对广告的个性化推送、个性化服务也是一个很好的机遇。利用大数据提供个性化推送、个性化服务，有几个技术挑战：第一，编码的挑战，新的编码体制还没有就位；第二，进行个性化广告推送时，你要知道现在放的是什么？这就需要一个视觉搜索的功能，通过视觉搜索可以准确知道现在用户看的画面里有什么，根据这个推送广告。

续扬（北京国双科技有限公司联席总裁）：视频、新闻和用户数据是传统广电媒体融合的三要素，互联网思维推动广电媒体融合，传统广电应该以视频为主体，以新闻为龙头，最核心的是如何使用户行为成为我们的中心，这些核心融合在一起才能让广电产生第二次飞跃。

李国政（贵州广播电视信息网络股份有限公司技术研发部经理）：我们广电作为一个网络运营商承担的责任和义务是什么？承担的更多责任和义务是尽可能多渠道地满足老百姓日益丰富的文化生活需求。广电进行有线无线融合网的转型是很有必要的，原因有四个方面：一是进一步地推动了三网融合向更深层次的迈进；二是促进传统媒体和新兴媒体的融合发展；三是突破现有的传统的商业模式；四是广电可以借此推动频谱资源供给侧的结构性改革。

杨琛（爱奇艺副总裁）：看看数据重塑媒体，现在一般从三个维度上进行总结：内容维度，营销维度，变现维度。大数据对爱奇艺的价值，现在是三个方面：第一个方面是提高效率和生产力；第二个方面是提高用户体验；第三个方面是优化我们的变现。

焦刚（联通云数据有限公司总经理）：将来的数据中心承载着大量的分布式数据中心业务，这样的话就必须在数据中心建立独立的网络平面，确保整个网络是数据中心里面的存储资源，网络资源能够弹性调度、分配、实现云化。

杜平（国家信息中心常务副主任）：国家信息中心正致力于大数据的发展，未来将重点做好四项工作：一是建好软硬件基础设施；二是着力拓展数据源，实现业务流数据的整合；三是强化与企业间的合作，获得新数据；四是拓展与支付系统、电商、通信、位置服务行业的合作，拓展数据价值。

张黎明（东华智慧城市研究院院长）：智慧交通是通过互联网的技术，把人、车、路况和天气等信息进行整合，来指导整个的交通情况，为驾驶员和乘客服务。在互联网时代，大规模的社会化协作来解决交通问题，越来越成为一种趋势。这里面涉及三个方面，第一个共享经济，第二个网络协同，第三个众包合作。

阚润田（工信部无线电管理局副局长）：随着信息科技革命的到来，移动互联网、物联网等信息技术深刻改变人们生活方式的同时，也改变了人的行为方式。无线电频谱作为信息传递的重要载体，对构建新一代的基础网络信息，实现大众互联的最后一公里接入，具有重要的基础性的支撑作用。

刘宴兵（重庆邮电大学副校长）：大数据助力网络扶贫离不开互联网、“互联网 +”和相关支撑关键技术。互联网的第一个思维是用户思维，用户第一，客户第二；其次是极致思维，只有第一，没有第二。大数据时代，要具有平台思维和跨界思维，要打造多方共赢的生态圈，寻找低效点，打破利益格局。

周旭（中国物流业采购联合会大宗商品交易市场流通分会副会长兼秘书长）：大数据应用发展路径选择：路径一，保持现有系统，增加大数据应用；路径二，改造现有系统，实现大数据应用；路径三，新建商品交易市场大数据应用系统。对于供给侧改革，不管是在大宗商品领域，还是在大数据应用方面，我们需要关注的是补短板、促创新。金融企业暴露的问题，真正根源是我国在金融监管体制上不适应时代发展需求。我们要补上这一块短板，才能让中国经济在互联网时代到来时，为实体经济弯道超车提供保障。这是中国互联网发展和大数据发展所需要补上的最重要的短板。

何勇（贵州国际商品交易中心总裁）："互联网 +"是一个传统产业在线化、数据化的概念。未来经济是以信息经济、知识经济和智能经济为先导，其中信息就指有背景的数据，知识是有规律的信息，智能是大量高科技机器通过数据分析后为人类提供服务。所以说数据是未来经济的基础，未来的经济也可以称为大数据经济。未来商品交易，在物联网的链接下，以平台经济为主导，打通线上线下，通过整合各种资源，与商品交易的关联方共同组成一个新的经济生态系统，形成核心竞争力，实现彼此增值。大数据将会在交易平台下，逐步推动商品数据价值的核聚变。

韩益彰（华为数据中心集成服务高级营销经理）：数据中心有四个方面的特点：一是柔性的架构，要能符合业务的发展；二是绿色节能，可以降低 OPEX；三是有一个快速的上市过程；四是取得一系列行业的认可和认证。这是数据中心市场的四大趋势，数据中心集成服务也是紧紧围绕这四个方面去提供。

杨铁生（国家工信部节能与综合利用司副司长）：如今，绿色低碳已成为数据中心的重要发展方向，这不仅满足企业发展的利益需求，也符合我国节能减排工作的需要。如何建设更高效、更绿色的数据中心，既是一项新的挑战，也是一次商机。希望社会各行业数据中心、行业组织、研究机构和拥有先进技术的公司加强交流与合作，共同推动绿色数据中心的建设，推动大数据产业发展。

张伟（江森自控战略部经理）：数据中心有很大的废热产出，基本上都是通过冷却塔或者风冷的风扇在散热，这部分热源，我们可以很好地利用起来。如提供给酒店或办公楼，它们其实是有很多供热需求的，我们希望把数据中心里面的余热回收起来。

郭玮（软通动力信息技术（集团）有限公司副总裁）：大数据中心是建设智慧城市的基础，大数据中心建设新思路，包括实现数据大融合、打造数据大服务、盘活数据大价值，最终构建一个全面数据管理、容纳多种合作模式、提供丰富产品内涵的完善生态体系，实现基于大数据的智慧运营。

沈寓实（世纪互联集团副总裁、云 CTO）：整个集成行业面临云产业链、云服务商、云网端全局性的融合，对传统的系统集成商来说是个巨大的挑战，也是个大机遇。这个机遇，一是公有云和私有云结合成的混合云发展模式；二是网络空间里核心技术的突破；三是超融合，“超”实际是从虚拟化来的，并不是它超越了什么东西，它的本质是把计算、存储、通信在底层融合、打通，计算、存储和通讯融合发展。

信宏业（国家旅游局信息中心副主任）：我个人认为旅游大数据发展到尽头有三个过程，第一个是技术准备，今天有好多专家在这里我就不谈了，而且我也觉得旅游大数据的技术对于旅游行业来说不是问题，有那么多 IT 高手在这里支撑，旅游大数据的技术我认为已经跨入了这一步。第二个是数据融合，数据融合是我们今天最难做，也是最难打破社会传统观念的。我觉得第三点是最难的，就是旅游大数据将来到底由谁来运营，用什么样的方式运营，将是大数据发展社会化考验智慧的核心之处。

庞家杰（同程目的地战略合作中心副总经理）：智慧旅游未来发展的三个方向：一是以一体化的行业信息管理为保障，实现旅游管理的智慧；二是以游客体验为中心，实现旅游服务的智慧；三是以通信与信息技术为基础实现旅游营销的智慧。

田军（浙江南都电源动力股份有限公司数据业务部技术总监）：数据中心建设面临着能耗高、蓄电池安装空间不足、布线问题以及整体投资回报率低等方面的挑战。未来数据中心能源管理发展趋向于服务器、机柜模块化、配电系统模块化以及蓄电池模块化。如果采用智能化的管理系统，通过云端全程监控，根据监测到的极柱变化、内阻变化，如果预测到电池可能需要换，我们可以提前介入，替换相应的劣化电池，可以整体提升数据中心的安全。

彭少华（深圳市艾特网能技术有限公司副总裁）：整个数据中心领域能耗结构组成，其中最大一块是计算设备。第二大块就是制冷设备，但是计算设备对于整个数据中心的节能几乎是无法改变的。关于节能，比较明显的就是制冷，制冷占的比例为38%。制冷方面有很多方式、手段、条件可供我们选择。其实现在真正要接地气就三大块：第一提高设备能效；第二减少冷耗，数据中心制冷也是在减少损耗，这也是节能的一个方向；第三就是可用的自然冷。

梁杰（中国服务外包研究中心副主任）：我国服务外包呈增长势头的四点原因，一是创新增值成为服务外包新的驱动力，二是内部结构呈现更深层次的调整，三是产业的地域分布更加广泛，四是与新技术和其他行业的结合日益紧密。

王晓红（中国国际经济交流中心信息部副部长、《全球化》副总编）：我国服务外包产业发展主要呈以下特点：一是服务外包产业规模快速增长，二是离岸市场多元化趋势增强，三是"一带一路"沿线国家成为新增长点，四是服务外包企业转型升级步伐加快，五是服务外包业务结构继续优化，六是吸纳大学生就业和人才培养能力增强，七是示范城市和园区集聚示范效应更加突出，八是国内服务外包市场加速增长，九是政策优惠力度加大。

肖永红（数据堂（北京）科技股份有限公司联合创始人）：关于数据服务和思维的重要性，一是数据的资产属性突显，作为资产的数据是可以被交易和利用的，尤其是大量数据交易所的建设，为此奠定了基础；二是数据之和的价值可以大于数据价值之和，简单理解就是数据叠加可以产生

1+1>2的结果；三是数据最大价值将不再由数据原始拥有者决定。

陈山枝（大唐电信科技产业集团副总裁）：中国在移动电竞行业内拥有一个庞大的消费群，用户参与欲望很高。移动电竞将成为国内电竞行业的一个新风投，成为移动行业的一个新切入口。

电子商务

- 《中国电子商务发展指数报告》的简介
- 云联系中心驱动的大数据电商
- 移动互联网时代的信用生态

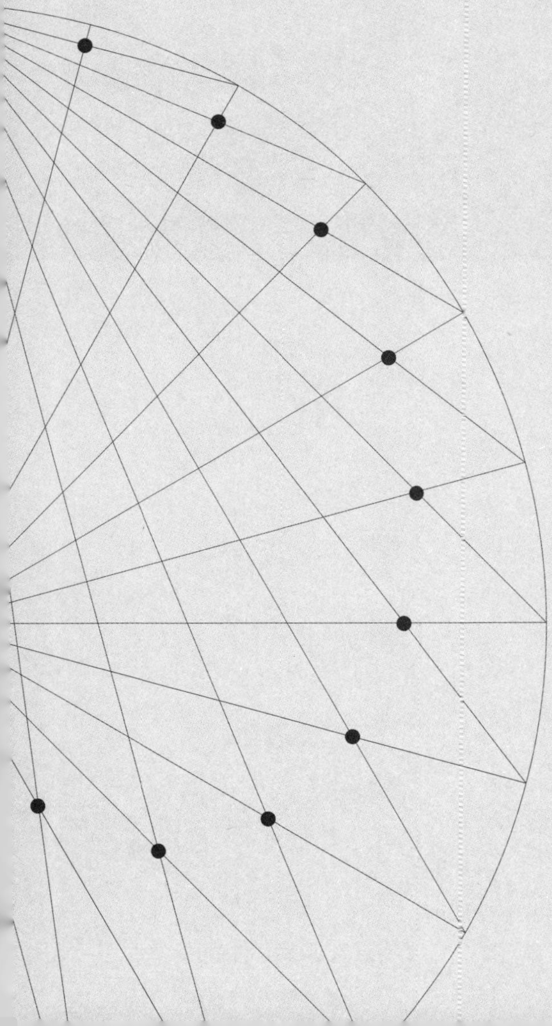

2016年5月25日，“2016中国电子商务创新发展峰会主论坛”在贵阳国际生态会议中心召开

2016年5月25日，“2016中国电子商务创新发展峰会主论坛”在贵阳国际生态会议中心召开

2016年5月26日，“电商扶贫分论坛”在贵阳国际生态会议中心召开

2016年5月26日，“跨境电商分论坛”在贵阳国际生态会议中心召开

2016年5月26日，“移动金融分论坛——创新生态”在贵阳万丽酒店召开

2016年5月26日，“电商物流快递服务分论坛”在贵阳万丽酒店召开

2016年5月26日，“农业电商布局创新分论坛”在贵阳国际生态会议中心召开

电子商务创新助力新时期经济腾飞

大数据战略重点实验室

当前，我国经济发展进入新常态，生产消费模式正在飞速转变，市场供求格局深度调整，以开放、共享、协同、智能为特征的互联网等现代信息技术在快速发展。电子商务作为互联网信息技术与商务活动紧密结合的产物，深刻改变了人类的生产生活方式，培育了消费新需求，拓展了投资新领域，开创了就业新渠道，成为新常态下我国经济稳增长、调结构、转方式的新引擎，受到了国家及各级党委政府的高度重视和产学研各界的共同关注。目前我国电子商务总体上呈现良好发展态势，并在全球电子商务市场中占据了重要地位。但鉴于我国电子商务发展起步晚、国内经济发展不均衡、相关法制建设滞后等因素影响，我国电子商务仍然落后于发达国家。为紧跟经济全球化发展步伐，我们需要立足国内发展现状和电子商务经济体系制高点，更进一步探索我国电子商务的创新发展。

针对电子商务领域普遍关注的焦点，2016中国大数据产业峰会暨中国电子商务创新发展峰会先后举办了“主论坛”“国家电子商务示范城市工作交流会”“电商扶贫分论坛”“品牌企业电商系统选型分论坛”“电商新机遇——京东分论坛”“农业布局创新分论坛”“移动金融分论坛”“跨境电商分论坛”“电商物流快递服务分论坛”，邀请政府领导、企业家、专家学者及研究机构，围绕“构思电子商务经济体系”，适度结合贵州省贵阳市产业发展情况，重点就“创新战略、农村电子商务、跨境电子商务、电子商务服务”开展一系列前瞻性探讨。

一、融合与创新：电子商务新未来

电子商务经过十多年的发展，已经融入国民经济各个部门，对传统的商业模式、商业流程和思维习惯带来了变革性的影响。电子商务涉及的经济活动逐步在社会各部门发展融合，成为国民经济中最有活力的一个经济领域。

5月25日，在中国电子商务创新发展峰会期间，由国家发展和改革委员会、贵州省人民政府主办，中国网络电视台、贵阳市人民政府、中国互联网协会、中国电子商务协会等13家单位承办的“2016中国电子商务创新发展峰会主论坛”在贵阳国际生态会议中心举行。商务部电子商务和信息化司司长骞芳莉，中国电子商务协会副理事长陈震，国家电子商务示范城市创建工作专家咨询委员会专家组组长柴跃廷，京东集团 CTO 张晨等来自政府、企业、学界的专家和学者，以“新使命、新视野、新动力”为主题，分析了当前电子商务发展的时代特征，围绕平台模式创新、产业融合、人才发展等热点议题，进行深入探讨，共商发展大计。

当前，我国电子商务发展正在进入密集创新和快速扩张的新阶段。中国电子商务协会副理事长陈震表示，从物质消费到服务消费，不仅电子商务与金融、物流融合发展，服务升级，而且教育、文化、旅游、养老等服务中的电子商务方兴未艾，激发了社会资源活力，也引发了机器人产业、通用航空产业、智能装备产业的发展，促进经济走向高端。

为进一步准确、客观地反映我国各省市电子商务发展的现状与水平、比较优势及发展潜力，论坛现场发布了首个《中国电子商务发展指数报告(2014—2015)》，为各省市政府相关部门有效推进电子商务健康快速发展提供了决策参考。该报告客观反映了全国各省市电子商务发展的相对位置、比较优势和发展潜力。国家电子商务示范城市创建工作专家咨询委员会专家组组长柴跃廷根据报告指出，中国电子商务发展呈现出先导、中坚、潜力三大板块。

依托于互联网经济的新模式、新业态、新产品、新技术，我国电子商务蕴藏着无穷的创力和无限的潜力，为整个经济体注入了生机和活力，但是在快速增长的过程中，电子商务也暴露出一些矛盾和问题。商务部电子商务和信息化司司长骞芳莉提出，中西部和农村地区电子商务发展相对滞后，传统企业线上线下融合创新发展的意识和能力不足，网络市场秩序还不规范。围绕电子商务创新发展，骞芳莉强调各级政府必须巩固既有的基础，突出问题导向，找准关键着力点，在补齐短板上下功夫，在推动融合上做文章，要发挥好电子商务的引领作用、催化作用、支撑作用，营造鼓励创新、引导创新的产业发展环境，完善扶植创新、推广创新的政策举措，加快流通现代化与外贸转型升级，推动互联网和实体经济深度融合发展。

电子商务的价值创造主要来自四个方面：效率、互补、锁定和创新，但随着大数据的发展，电子商务的价值创造方式开始呈现出新的变化。京东集团 CTO 张晨认为，大数据给电商行业带来了三个重大变化：效率电商、个性化电商和智慧电商。效率电商是依靠海量而精准的数据提升电商效率，为用户带来更好的体验。个性化电商是指，由于移动时代的流量成本在大幅度提高，电商企业必须在有限的屏幕上更精准地命中用户需求，为用户创造个性化的体验，让商家提高转换率和用户体验，用户在更短的时间里买到更合适的商品。对于智慧电商，张晨表示，未来电商购物可能会渐渐融入各种生活场景，在用户需要这个产品的时候就自然而然地下单，甚至无须特定的终端或者应用，未来电商平台也会成为用户生活的顾问和伴侣，而不单纯是零售服务。

二、电商扶贫助力脱贫攻坚

2015年10月，中共十八届五中全会提出了全面建成小康社会新的目标和要求，即中国现行标准下农村贫困人口实现脱贫，贫困县全部摘帽，解决区域性整体贫困，到2020年中国7000多万农村贫困人口将脱贫，832个贫困县将全部摘帽。未来五年，扶贫开发工作将成为我国重大的政治任务。电商扶贫作为互联网时代精准扶贫的重要创新模式，通过对贫困地区赋能，为扶贫开发开辟了新路径，是经济欠发达地区实现弯道超车的有效途径。因此，如何充分发挥电商扶贫的积极作用，帮民富、解民忧，开辟出一条精准扶贫新路径，让群众切身感受到“互联网+”在助农增收中的作用，是扶贫开发工作中亟待思考和解决的问题。

5月26日，中国电子商务创新发展峰会“电商扶贫分论坛”在贵阳国际生态会议中心举行。贵州省扶贫开发办公室党组副书记、副主任王贵，赶街网总经理潘东明，贵州新合电子商务有限公司总经理宋伟等与会嘉宾，围绕

“互联网 +”开拓了电商扶贫新模式、农产品电商扶贫的探索、农产品电商企业如何发挥扶贫作用等主题进行了深入交流和探讨，为电商扶贫献计献策。

进入大数据时代，“互联网 +”在推动经济形态不断发生演变的同时，也为贫困地区脱贫攻坚带来全新发展机遇。国家林业局信息办主任李世东表示，新一代信息技术的逐步成熟为电商扶贫带来新的机遇，国务院扶贫办将电商扶贫列为十大精准扶贫工程之一，为扶贫开发开辟了新路径。扶贫是全社会的责任，“互联网 +”开拓了电商扶贫新模式，要以改革创新为重点，以产业扶贫为着力点，抢抓供给侧改革机遇，开拓新思路，形成绿色扶贫合力。对于精准扶贫的策略，李世东认为，林业电商扶贫是精准扶贫的重要突破口。因为据统计，我国90% 以上的贫困地区都在山区、沙区和林区，属于林业工作的范围。电子商务能帮助解决林区存在的交通偏远、信息不灵、渠道不畅等重大问题。因此，通过林业电商扶贫，能真正解决我国大概90% 的贫困问题。

贵州省是全国贫困人口最多的省份，全省贫困人口占全国的9%，是全国扶贫开发主战场。农村电商作为新型业态已然渗透到农业产业链全过程，成为推动农业升级的新方式、助推农村发展的新途径、促进农民增收致富的新举措，是精准扶贫的重要载体。贵州省扶贫开发办公室党组副书记、副主任王贵强调，电商扶贫是贵州省大扶贫战略行动中的重要组成部分，当前全省上下正在强力推进大扶贫、大数据两大战略行动，正在奋力谱写大旅游、大生态两个姊妹篇，这都为电子商务快速成长提供了丰厚的土壤，并按照“大数据 + 大旅游 + 现代山地”高效农业模式全力打造贵州的电商品牌。贵州省以建设面向东南亚的西南电子商务中心为奋斗目标，推动都市现代农业引领传统农业转型升级，让越来越多的农民通过电子商务实现脱贫致富，借助互联网挖掘跨越式发展的巨大潜力。

要做好电商扶贫工作，需要通过引导各类涉农电商平台、服务企业及相关资源，促进农民、农业、农村和农产品“上线上网”，畅通农产品进城。赶街网总经理潘东明提出，农村电商需要提高供应链管理，很多地方的农产品卖不出去，不是产品不好，也不是没有需求，而是基础的供应链没有建设好。电商扶贫最重要的基础就是推动移动互联网化、社交化和本地化的“三化”结合。潘东明表示，全民分销、村货进城、众筹将成为农产品电商扶贫的三张“王牌”，全民分销是指可以发动更多人利用社交工具参与买卖本地化产品；村货进城是指将县、乡、村三者之间的农产品供销做好；而众筹在当下也是一个创新的方法。

电商扶贫不单要建设好供应链，还要打造集渠道建设、产品供应、品质保障、电商平台聚合为一体的农村电子商务生态链。贵州新合电子商务有限公司总经理宋伟认为，扶贫不是简单的授人以鱼，还要授人以技，扶贫需要构建完整的生态链。构建电商扶贫生态链主要从以下四个方面着手：第一抓产业，产业扶贫是农民脱贫的主要方式，也是其他扶贫措施取得实效的主要基础；第二抓流通，电子商务超越了地理界线，解决了信息不对称的问题，对农村解决小生产对接大市场的问题有很大帮助；第三从就业上解决扶贫，一方面，要将农民发展为产业工人，解决农民的就业问题，另一方面，以建农民电商服务站和电商物流为载体带动返乡农民工和困难农户创业；第四打通融资渠道，现在农村金融服务体系在不断完善，但外资金融难以解决农民融资难、融资贵问题。

三、跨境电商推动开放型经济稳增长

近年来，随着经济全球化和互联网的普及，跨境电子商务作为一种新型交易方式蓬勃发展，交易规模持续扩大，在我国进出口贸易中所占比重越来越高。据《2015中国跨境电子商务发展年鉴》统计，2015年跨境电子商务交易额达到4.56万亿元人民币，增长幅度超过20%。促进我国跨境电子商务健康快速发展，对扩大海外营销渠道，增加进口，扩大国内消费，促进企业和外贸转型升级，增加就业，推进创业具有积极的现实意义。在国务院办公厅下发的《关于促进跨境电子商务健康快速发展的指导意见》中指出，要提高对跨境电子商务的扶持力度，充分发挥跨境电子商务推动开放型经济发展升级的催化作用。

5月26日下午，由中国网络电视台、贵阳市人民政府主办，亿邦动力网、中国海关出版社协办的“跨境电子商务分论坛”在贵阳国际生态会议中心举行。相关领导、专家、学者、企业家齐聚一堂，共同探讨产业升级转型、“一带一路”战略实施背景下，跨境电商产业的新趋势和新方向，寻找合作的新方式。

目前我国跨境电商行业体现出三个特征，一是跨境电商交易规模持续扩大，在我国进出口贸易中所占比重越来越高；二是跨境电商以出口业务为主，出口跨境电商有望延续快速发展态势；三是跨境电商以B2B业务为主，B2C跨境模式逐渐兴起且有扩大的趋势。在监管模式建设方面，Globex招商保宏CEO吴东蒴表示，希望政府与电商企业建立良好的沟通渠道，建立新型的监管模式。

由于跨境电子商务出口在交易方式、货物运输、支付结算等方面与传统贸易方式差异较大，现行管理体制、政策、法规及现有环境条件已无法满足其发展要求，海关作为我国行使进出口监督管理职权的国家行政机关，不仅要遵循电子商务规律，还要积极探索我国跨境电商监督管理新方式。国家口岸管理办公室副主任韩坚指出，为加快跨境电子商务相应政策体系和监管体系建设，海关总署明确了跨境电子商务进出境货物物品有关监管事宜，增设了两种新型的电子商务的监管模式，建立了跨境电子商务企业备案管理制度，完善了跨境电子商务统计工作的相关制度，开发了跨境电子商务出口统一的通关系统，并具体归纳提出一般出口、特殊区域出口、直购进口和网购保税进口四种新型的海关监管模式和清单核放、汇总申报的管理措施。

2013年9月14日国务院批复贵阳成立综合保税区，2016年3月1日，国家发展改革委、工业和信息化部、中央网信办发函批复，在贵州建立国家大数据（贵州）综合试验区。作为国家首个大数据综合试验区，贵州省贵阳市以大数据为抓手，充分发挥综合保税区货物存储、中转、服务等功能，推动跨境电子商务商业模式创新。贵阳综合保税区管委会副主任黄俊强调，贵阳作为大数据试验区对跨境电子商务越加关注，随着以跨境电商引导的信息流、资金流和物流在全球范围内的流动速度越来越快，商品交易范畴越来越大，跨境电子商务之间竞争越来越激烈。基于此，作为电商商业模式的创新，大数据对跨境电商发展也越来越关键，跨境电商对数据安全的要求越来越高，如何在数据高强度应用的基础上保障自身核心数据利益，并收集整理和分析更多数据，按照传统的条状数据收集模式难以为继，而块数据的逐步发展，将填补跨境电子商务在数据需求方面的空白。

四、“电商＋物流”，释放电商发展新动力

随着电子商务的快速发展，我国电子商务物流保持较快增长。据中国物流与采购联合会发布的《中国物流发展报告（2014—2015）》显示，全国快递业务中有80% 来自于电子商务业务。根据国家邮政局统计数据显示，

近年来我国快递业务量增幅一直保持着超过50%的增长势头。2015年贵阳市电子商务交易额达到532亿元，同比增长了38%，快递业务量达到了4000万件，同比增长了35.5%。加快电商物流发展，对于提升电子商务水平，降低物流成本，提高流通效率，引导生产，满足消费，促进供给侧结构性改革都具有重要意义，电商物流已成为现代物流业的重要组成部分和推动国民经济发展的新动力。

5月25日，“中国电子商务创新发展峰会主论坛”在贵阳生态会议中心举行，圆通速递有限公司 CEO 相峰围绕快递电商结合和大众创业方面发表了演讲。5月26日在贵阳万丽酒店召开了电商物流快递服务分论坛。全峰集团、央视网商城、人人快递、货车帮、九樱天下（北京）信息技术有限公司等企业针对物流变化的宏观环境，研究如何推动中国物流行业的可持续发展，并探讨电商驱动下的快递变革。

快递与电商合力前行在加快流通、扩大内需、促进就业、普惠民生等方面发挥了积极作用，实惠和快捷的物流是电商发展的基础，发展电商既能惠及民生，又能促进发展。相峰提到，“新阶段电商产业链会如何升级，并为中国的快递带来怎样的发展机遇”，这两个问题值得每个从业者和政策制定者思考。电商为中国新经济带来的核心价值是通过打通信息流、物流和资金流，带来交易效率的极具提升和交易成本的快速下降，互联网经济活动的重心从生产转向了交易，经济主体也从生产主体转向个人，这是互联网经济中的大众创业、万众创新的基础。针对贵州物流行业发展，他强调，虽然国家邮政局曾经针对物流行业的趋势提出了向外、向西、向下与制造业结合的要求，但贵州这样的大西南地区，快递物流业发展的重点在于向西、向下，要借助大众创业新机遇，做好“快递 +”，助推电商产业链的迭代升级。

随着电子商务的发展尤其是网络购物的爆发式增长大大地促进了快递业的发展，使其成为社会商品流通的重要渠道。同时，以快递为主要形态的电子商务物流服务业成了物流行业创新最前沿领域，是物流行业智能化的最集中体现。全峰集团董事、常务副总裁刘伟针对智能化物流的线下意义进行了阐述。他指出，从2000年后全球进入了智能化时代，在这个时期，互联网技术的普及推动了整个物流技术的升级和发展，在这个时代，智能化物流特别是数字化工厂的成立，成了一个新的增长点。电商物流中心成为现代化物流技术的一个集聚地，所有的现代化物流都涌现出了电商的物流中心。如今物流占 GDP 的18%，每年大约是10% 的增长，这些都是智能化物流给物流行业带来的巨大的变化。

随着众包的兴起，众包物流俨然成为新型物流方式。众包物流解决了物流行业人力资源稀缺问题，将原来由专职配送员所做的任务，以自愿、有偿的方式，通过网络外包给非特定的群体，而众包物流发展受到信任问题的限制。人人快递创始人兼 CEO 谢勤认为，众包物流不仅是利用金融数据体现一个人的信用，而是从个人工作、送货时间、服务态度等多维度去构建个人完整的信用体系。在构建个人完整信用体系后，众包模式可以扩展到接送小孩、照顾老人等事情。对于许多人对众包的误解，谢勤表示，众包物流并不能降低物流行业的人力成本，而是解决人力资源不足问题。

《中国电子商务发展指数报告（2014—2015）》的简介

国家电子商务示范城市创建工作专家咨询委员会专家组组长、
清华大学教授　柴跃廷

各位领导，各位来宾：

大家下午好！

借助今天的峰会，我们将正式发布《中国电子商务发展指数报告(2014—2015)》。这份报告是在国家发改委指导下，由清华大学、电子商务交易技术国家工程实验室、中央财经大学、中国互联网经济研究院、中国社会科学院、中国社会科学评价中心、商务部国际电子商务中心研究院、亿邦动力研究院、阿里研究院联合编制。借此机会，我想给大家简要介绍这个报告的编制背景、指数体系、测评结果以及结论等核心内容。

大家知道我们为什么要编制这个指数报告吗？实际上，长期以来，由于缺乏必要的统计计算手段，全国以及各省市电子商务发展状况的家底不清，政府相关部门和地方制定相关的政策措施依据不足，这是我们的现状。

所以，基于这样的现状需求，我们编制指数发展报告，力图客观准确反映全国各省市电子商务发展的相对位置、比较优势，以及发展潜力，为各省市进一步促进电子商务健康快速发展识别切入点、找准着力点、制定相关政策措施提供依据，这是我们编制这个报告的主要目的。

报告整个指数体系大致包括四个方面，分别是规模指数、成长指数、渗透指数和支撑指数。其中，规模指数主要反映电子商务发展的市场规模，成长指数主要反映电子商务的发展潜力，渗透指数主要反映电子商务对经济的影响，支撑指数主要反映发展电子商务的保障能力。

根据这样的指数体系，我们对全国各省市电子商务的发展现状、发展潜力、发展的比较优势进行了测评。就整个综合的测评结果来看，排在全国前三位的省市为广东、浙江、北京，而总的位次分布大致呈现出三大板块。第一大板块叫先导省份，包括广东、浙江、北京、上海、江苏。第二大板块叫中坚省份，包括四川、福建、山东、陕西、安徽、湖北、海南、河北、天津、重庆、辽宁、河南、江西、贵州、山西、湖南、西藏、广西、黑龙江、云南。第三大板块叫潜力省份，包括吉林、宁夏、内蒙古、新疆、青海、甘肃。大致上，中国各省市电子商务发展的位次就呈现这三大板块，这是一个综合指数。

在综合指数的条件下，我们对各个方面也做了测评。

首先，从发展规模来看，主要呈现三大特点：第一是广东、浙江、江苏、北京、上海分别列前五位，其中广东、浙江的优势比较明显；第二是广东、浙江、江苏等省份的规模指数高于平均水平；第三是山西、陕西等省份的规模增长比较明显。

其次，从发展潜力或者成长的角度来看，主要呈现两大特征：一是排在全国前三位的是贵州、上海、陕西，这些省份成长较快，发展潜力较大；

二是各个省份成长指数变化明显，说明整个电商呈现出快速发展的势头。

再次，从发展的渗透性来说，排在全国前三位的分别是北京、上海、浙江，也就是说排前面省份的电商对整个经济的作用、影响和渗透比较明显。同时，从渗透指数的角度也呈现出两大特征：一是北京、上海、浙江、广东等省份渗透指数名列前茅；二是各个省份渗透指数变化比较明显，说明整个电子商务的发展和国民经济紧密结合的程度越来越强。

最后，从保障能力来看，排在全国前三位的是广东、浙江、北京，主要特征包括：第一，广东、浙江、北京等位列全国前茅的省份，可以从另外一个角度说明电商的发展环境比较好；第二，其他各个省份指数变化不大，也就是说，整个的保障能力相对于发展速度来说，是相对稳定的。这就是我们对整个电商测评的综合结果和风向结果。

总体而言，最终的结论就是四个方面。第一，中国电子商务发展呈现出三大板块，分别是先导、中坚、潜力。第二，报告明确了全国各省市电子商务发展的相对位置。第三，报告明确了各省市电子商务发展的比较优势，大家可以从风向指数看出你所在省市发展的比较优势。第四，报告明确了各省市电子商务发展的潜力或者是努力的方向。

大家知道，电子商务是一种新的经济形态，目前对如何测度电子商务发展状况还没有全国或者全球的统一标准，存在衡量标准不统一、评价体系不健全、数据口径不一致等问题。为了力求报告测度结果的客观、准确，我们除了国家相关部门公开的数据以外，还通过各省市的政府网站、研究机构公开的研究报告、各大新闻媒体、国内外知名咨询公司等多个渠道收集相关数据，力求我们的数据是客观的、真实的。

同时，大家也知道，对整个电子商务发展状况进行测评是一项复杂的系统工程，所以我们这份报告在数据采集、指数编制以及测度方法上还有很多不尽如人意的地方，也就是说它还有很大的改进空间。我们将进一步加大研究力度，丰富数据来源，完善评价指标体系，改进测度方法，保障报告测度结果的客观性和准确性。在此，我向大家宣布，我们将以每年一次的频率持续发布《中国电子商务发展指数报告》。若想获得报告的电子版，请大家扫描这个二维码，或者访问我们实验室的网站进行免费下载，希望大家积极下载。以上就是我对《中国电子商务发展指数报告》简要情况的介绍。

谢谢大家！

农产品电商企业如何发挥扶贫作用

贵州新合电子商务有限公司总经理　宋 伟

尊敬的各位领导、各位嘉宾、各位朋友：

大家上午好！

我是贵州新合电子商务有限公司的宋伟，感谢大会给我这次机会。作为农村电商领域基层工作人员，今天能在这里演讲感到非常荣幸，也特别紧张，我希望大家能够见谅。

修文县位于中国西部，物产丰富，500多年前明代思想家王阳明先生来到修文，两年前我也来到修文，想寻找一个悟道的机会。当时我在做一个创业项目，和创业伙伴一起创立了一个电商平台，到修文主要是对接修文猕猴桃，修文猕猴桃是猕猴桃中的珍品，修文是全世界唯一的产地，所以具有独特性。好货抢手，去修文收购猕猴桃的人趋之若鹜，于是出现好的产品很难收到，价格不稳定，品质没保证等问题。

除了修文，我还去了其他地方对接农产品，也存在同样的问题。在遇到这些问题后，我们认真总结了经验教训，主要是几个方面：一是我们的能力没有办法介入农产品生产环节，农民对我们企业不够信任；二是我们跟农民没有建立利益上的连接，因此我们想做农村电商这一块，给我感觉就是市场需要培育，农民需要培训，做好农产品电商，需要介入种植环节、生产环节和流通环节。而这些作为我们创业青年来说，是没有办法去完成的，如果说没有一个完整的组织体系，不可能做到。我也是从农村出来的，我希望为农村做一些事情。

正当我们感觉无奈、无助时，我们遇到了一群做农村电商的人，他们就是供销社、贵农网。当时我们感觉很奇怪，为什么我们没办法教农民种植，但是他们可以，我们就对供销社、贵农网进行研究，了解贵农网是怎样的团队。经过了解后，我们发现供销社是一个非常完美的农村服务体系，老百姓对他们的信任是经过60多年培养出来的。以修文供销社为例，修文供销社64年前就成立了，60多年发展过程中，修文县供销社建立了200多个覆盖全部乡镇以及到村的基层服务社，4个省级农业产业园，6个仓储配送中心，8个农产品交易市场，10个农化服务中心等。我感觉这不是我们一朝一夕能完成的，为了把这个完整体系有效地连接起来，发挥更大的作用，贵州省供销社打造了农村电商平台，就是贵农网。以贵农网为支撑，融合供销系统的丰富资源，连接供销社遍布农村的线下服务网点以及物流网络。与贵农网进行深入沟通后，我认真思考了一段时间，放弃了原来的生鲜项目，带着我的团队加入了贵农网。

结合今天的演讲题目，我主要谈一下我们做了哪些工作以及一些感受。我个人认为扶贫不是简单授人以鱼，而是要授人以技，扶贫需要完整的生态链。我们之前专注于销售，有很强的运营策划能力，但是我们对产品的管控没有做到，消费的时侯也还是没有底气。电商扶贫不是一个简单的活，如果简单容易，就不会有这么多人在扶贫，也不会存在贫困了。

构建电商扶贫生态链，我从四方面介绍一下我们的做法。

第一，抓产业。产业扶贫是农民脱贫的主要依托，也是其他扶贫措施取得实效的主要基础。修文供销社发展了247个专业合作社，通过合作社流转50%的土地，我们现在已经种植猕猴桃16万亩，培育300多种山地特色高效农产品。修文县选择以猕猴桃为主的特色产业，打造电商扶贫，组织农民种植过程中发挥了重要的作用。以修文一个专业合作社为例，这个专业合作社种植了100多亩猕猴桃，经过修文供销社对土壤进行针对性的病虫害防治，大幅提高了产品的产量和质量。

第二，从流通方面助力扶贫。农业是贫困农户经济收入和生活的主要来源以及根本保障，农产品流通对农业的发展至关重要。电子商务有超越地理界线和信息高度对称的优势，对农村解决小生产如何对接大市场的问题有很大的帮助。过去贵州很多农产品受限于渠道和品牌，一直处于产业链下游，而品牌的建立是一个漫长的过程，电商在农村流通领域的出现，在某种意义上说是颠覆性的。借助电商，贵州诸多农产品实现了突围，走出渠道和品牌困扰的误区，实现卖得快、卖得好、卖得贵，做到这一点，关键让农民放下锄头、拿起鼠标、敲起键盘，也是解决了“最后一公里”的问题。修文运营中心培育各种新型农业，让大量农户接触互联网，让深山中无人知晓的好产品走出山村。

第三，就业方面的扶贫。一人务工，全家不穷。修文供销社一方面将土地流转的农民发展为产业工人，解决农民的就业问题。另一方面建立以农民电商服务站和电商物流为载体，带动返乡农民工和困难农户创业就业。

第四，从金融上谈扶贫。很多农民可以种植农产品，有的也有技术，但是在资金上很困难。农民金融问题一直是困扰农户的重点，外资金融难以解决农民融资难、融资贵的问题，我们做了一个内置金融，供销社的股金服务，内部资金互助合作组织，使农民土地财产权益内部融通，实现信用变现，缓解了农民融资难。目前修文县供销社已帮助3000多户农民解决了融资难的问题，农民金融服务体系在不断完善。

以上四点是我们的一些看法，实施过程中有几点和大家分享一下。扶贫工作要只争朝夕，但是也要久久围攻。扶贫工作群众关注，党委政府关心，是重要民生工程，作为企业而言，也是我们工作的一个重要内容。建立组织化的扶贫生态体系，将达到事半功倍的效果。产销融一体化的方式，是从根本上解决农村贫困问题的有效途径，产销融一体化是三位一体的核心内涵，也是服务新农村的重要方向。

最后，我想说，贵农网的农村电商服务体系，在短时间内迅速地覆盖了全省43个县，620个乡镇，3700个村。贵农网的快速成长，得益于农民群体对供销社这个平台的信赖和支持，得益于供销社不断完善农村服务网络体系，得益于时代的创新进步。服务创造价值，价值成就梦想，在为农服务的路上，我们还任重道远，我们盼望与各位伙伴共同成长，在服务三农的路上结伴而行，让农村更美丽，让农民富起来。

江南千条水，云贵万重山，500年后云贵胜江南。贵州曾经是经济落后的地区，在大数据和云计算等高新产业技术发展方面已经抢得了先机，也充分示范了后发优势。作为一名外地在贵州的贵漂族，感谢这个充满活力的时代，祝福贵州的明天更好，祝愿各位领导嘉宾身体健康，万事如意。

谢谢大家！

云联系中心驱动的大数据电商

HPE IT 新型态首席架构师　尹 智

各位领导，各位来宾：

大家下午好！

今天给大家分享的是云联系中心驱动的大数据电商。

那么在谈什么是云联系中心之前，先从消费者角度看一下，作为消费者跟商家打交道要经历哪些阶段，接触哪些渠道？最初买东西要研究，买了东西要反馈，到我们接收的渠道实际上就变成一个矩阵。这个矩阵上每一个点对商家来说都是营销、销售和服务的机会，它是机会也是挑战。那么，我们怎样保证这个矩阵上的每一个点，与我们在每一个渠道上接触的体验是一致的？如果你做不到，反而会降低这个体验，这就牵出了一个全渠道的概念。

大家想想为什么全渠道在这个时候提出。原来我们有单渠道，后来我们有多渠道，以前我们只有一个门店，大家去门店就代表了这个商家的全部。那么到现在为止，我们有手机、互联网、社交媒体、POS 机以及终端服务机和各种各样的渠道，这个渠道在多渠道时代是没有打通的。大家有没有这种体验，你打一个商家的电话，由于信号不好，断了之后再拨过去他们完全不知道你前面做了什么，你不得不把所有东西重新说一遍，这叫多渠道，即有很多渠道，但是没有打通。全渠道的概念是在任何一个渠道上，我的任何一个动作，我的任何一个信息其他渠道都知道，我可以在任何一个渠道发起一个事，而在其他任何渠道都可以继续。全渠道也带来了很大的问题，它意味着大量的多类型的数据要被我们的后台，被全渠道安全快速地处理，这是典型的大数据的问题。

针对这些问题，我们提出了联系中心或者叫互动中心的概念。最早的互动是通过呼叫中心，或者就是门店的服务人员是唯一的客户接触人，后来变成了联系中心，我们有呼叫中心，有网上客户自助服务，再到现在，我们用各种各样的客户接触的服务，比如说我们的网站、公众号、社交媒体，各种各样的渠道。在“互联网 +”时代，互联网的业务量是非常不确定的，一个互联网的业务量这一期可能是百万级，下一期可能是千万级，明年可能上亿级，那么问题来了，我们怎么保证在这种不确定下，高速扩展业务，并发性的情况下，我们怎么构建这个联系中心的基础设施和系统规模的设计？

在这个背景下，我们提出了联系中心及服务或者叫云联系中心，它的特点顾名思义，它是基于云的，可以按需付费，随需拓展，也就是说我们的业务在不确定的时候可能最开始是用云，到业务迅速拓展的时候我们迅速扩张我们的基础设施，数据处理量可以随需扩展，而且可以和后台以及和大数据分析做很好的集成。这样的话，客户联系就变成了一种服务，联系即服务，它变成了像水电一样的资源，我们可以随时使用，随时扩张，这就是云联系中心。

云联系中心要解决的是我们接触的问题，它带来的大数据问题呢？我们通过几个场景来看，在任何渠道发起的请求，在任何其他的渠道可以继续，我们不会感觉到这个体验有多大差别，打呼叫中心电话和在网上是完全一致的体验。在全渠道云联系中心下的大数据问题，我们通过几个场景来探讨。

现在所谓的程序化精准营销是一个很热的话题，今天我们没有时间去探讨这个程序化营销的具体做法。这里我想抛出两个问题让大家思考，一是精准营销，什么是精准？二是怎么精准？

什么是精准？这个问题显而易见，精准营销就是在合适的时间段，通过合适的渠道把合适的内容或广告推送给合适的客户。但在我看来这是不够的。为什么不够？它没有体现差异化和个性化，差异化和个性化是整个精准营销的基础。大家想一想，如果你推出的产品和服务没有差异化和个性化，会发生什么问题？你在他最需要的时候，把他最需要的东西推送给他，接下来会发生什么事？他会去几个大的电商平台网站去比较，如果你的价格没有优势，如果你没有任何差异化，那他一定会去大的电商平台去买，不会在你这儿买，你的精准是给别人做广告的。所以精准的基础是差异化和个性化，这个差异化可以是你产品本身的差异化，可以是你的折扣，可以是你附送的礼品，可以是购买的渠道，可以是后续的服务，可以是配套的服务或者产品，所以一定要有差异化，如果没有差异化，你的精准就没有任何意义，那都是为别人精准的。

怎么精准？怎么才能差异化？怎么才能精准地把我的差异化推给有需要的人？这需要所谓的联系中心也好，全渠道也好，要采集大量的数据，我们要客户画像，要搜集在线的行为，整合购买记录，等等。这些是老生常谈，我们不谈这些，我只想说在全渠道和联系中心收集的数据都是精准的来源，也是我们每一个数据作为判断他的购买行为、购买模式的依据。也就是说，他今天打电话来了，他说的内容能不能作为一个判断他是某种购买者类型的依据，这需要后面有我们的模型。比如说我们认为他是一个冲动型的消费者，那么你怎么判断他是冲动型的？那么现在的数据是增强了判断还是削弱了判断，后面必须有分析模型。

实时推荐这个话题也很热。大家都在讲 real time，我们要快，要精准，什么叫作实时？就是客户在任何一个渠道接触以后，他的信息立刻会转移到后台的实时推荐的引擎，而全渠道应该有能力识别它们，包括电话、QQ 号、公众号、微信号，任何一个信息都可以作为识别他的依据，这个信息被扔到后台之后，就会从整个的客户视图里立刻提取出他的数据，放到个性化引擎里。

刚才我所说的个性化就是差异化，你怎么知道这个客户到底要的是什么？要的是折扣，还是后续的服务，还是什么免费的东西，这时候需要个性化引擎帮助你做判断。然后你可以判断出我应该用什么策略，我是挽留他，还是向上销售，还是交叉销售，还是什么策略。这些东西就是实时引擎在干的事情。

再看一个场景，是为了交叉销售，我说的都是电商中最热的一些话题。交叉销售，你买 A 我向你推 B，或者 C，或者打包推给你 B、C，那么大家想，我凭什么判断你买 A 我知道你要 B 或者 C，或者 B 加 C，这里面有很多算法和模型。我想说的是，首先你还需要有全渠道的数据，你怎么来判断这个用户他需要什么，一定要从你跟他的交往历史中判断，你跟他交往得越多，就跟他越熟，掌握的数据就越多，所以你能判断出他是什么样的，需要什么。在产品交叉销售上，我们分析客户的基本档案，年龄段、收入水平，这是最基本的。从跟他接触的过程中，我们要知道他最近有没有在媒体上发表过什么东西，有没有跟我们的服务销售人员投诉过，有没有透露过他有什么想法，这些东西都是依据，都是作为交叉销售的依据，而这些数据绝大部分来自于我们的联系中心全渠道。

前面谈的都是客户体验，最后我想谈物流。电商的物流很关键，怎么用大数据来驱动电商的物流？很简单，在线行为的分析。在线行为是什么？你看什么网页，你评价了什么，你在网页上做了什么，是注册了还是退出了，是加入购物车了还是跟客服人员聊天了？所有的这些数据都是依据，这些数据我们把它放到分析引擎上，我们会看到这个客户有多大概率下单，我们不需要等他真正下单才开始物流的操作，我们可以从他的行为上分析他有80% 的概率，这个地区有多少人有百分之多少的概率会下单，他这次不下单，他下一次会有80% 到90% 的概率会下单，这个时候你就要开始做你的物流操作，你可能开始从中央仓储调动，要开始备货，这就是为什么有些电商可以做到当天到达，甚至两个小时内到达，因为它的货已经备在你旁边最近的仓储，这都是基于它对数据的分析。

我今天要分享的就是这些。

谢谢大家！

建设农业大数据，建立农村信用，促进金融下乡服务

北京佳和创源信息科技有限公司董事长　刘 斌

各位领导、各位专家、各位同仁：

大家下午好！

今天我演讲的题目是“建设农业大数据，建立农村信用，促进金融下乡服务”。

北京佳和创源信息科技有限公司以农业大数据为主要发展方向，公司总部设在北京市海淀区。

农业部12316综合信息服务平台历经10年建设，取得丰硕成果。从2013年开始，农业部信息中心规划实施了“12316二期工程”，即12316云服务工程，二期工程重点建设“一图五通”。我们承接“一张图”和“一码通”两个系统。

“一张图”建设主要是采取3S技术，对农业资源进行采集、分析。3S技术分别是RS即卫星遥感影像、GIS即地理信息系统、GPS即全球定位

系统。“一张图”整合了RS的遥感影像数据，GPS的位置与轨迹数据，利用运行在云平台内的GIS软件，通过SAAS方式对外提供服务。

“一张图”包括三个重要组成部分，一是采集，主要通过卫星遥感GPS、农机GPS、移动客户端GPS、移动数据采集车等，结合人工上报，对农业生产产前、产中、产后全程数据进行智能采集；二是成图，利用区划信息、地籍信息等数字地图作为展现基础，以多个图层层叠的方式展现耕地、种植结构、长势，作为管理、产量等数据；三是分析，对数据进行统一整合，信息关联和统计分析，勾画整体态势，进而反映出隐藏在数据中的关联。

“一张图”建设和应用的策略概述为“一二三四”。“一”是“一站服务”，即利用部级、省级两级12316平台开展一站式服务。“二”是二元分析即系统分析和专家会商。“三”是三维采集，主要采用星、机、人相互结合、相互验证的机制对农业数据进行采集。“星”主要是指卫星遥感，“机”是指农机GPS，“人”是利用移动互联网进行位置、数据采集。“四”是四类应用，面向市场对生产者、经营者、消费者、政府管理者四类不同主体，开展全方位服务。对生产者重点是投入建议服务、灾害预警技术服务、信用和金融服务；对经营者重点是品种布局、产量预报、交易服务；对消费者重点是建立档案、质量监管服务；对管理者重点是云端分析、指挥调度和应急管理。

“一码通”是另一个关于农村信用的相关评价系统，利用大数据分析技术对所采集的数据进行验证，同时采用特定的算法和系统对农村信用主体的信用、效益和风险等做出综合的评价。其中的数据内容我们将其简单概括为“三资两履一评价”。“三资”首先是资源，包括信息主体的地块位置、地块面积、地块四至、耕地类型、土壤类型、场舍位置、场舍面积、设施位置、设施面积、水利设施、电力设施；其次是资产，包括农机、其他生产和经营设备、机动车、办公场所、仓储设施、晾晒场地、办公厂房、加工设备等；最后是资金，指通过云服务系统为新兴主体建财务账，在财务制度、人员操守、票据规范等方面统一建立标准，整体监控新兴主体的负债情况、利润情况、现金到期、债务比等。“两履”首先是生产履历，要求新兴主体及时上报场地环境、农产品经营情况；其次是履约情况，要求新兴主体上报土地转包合同、物品购置合同、农产品销售合同、接待合同、签约和违约的情况等。“一评价”是指转储户、投入品商、农产品加工收购商、借贷方、租赁方等与新兴主体发生过经济和业务关系的人员对新兴主体的信用情况做出评价。

上述数据建设完成后，系统将计算出：一是达标率，即是否按标准采集信息，包括数据是否完整，是否完全实现数据采集，是否及时、准确；二是数据匹配率，对数据进行验证，看数据之间的匹配度是否有异常情况；三是合同履约率，主要通过多种方式掌握新兴主题的合同履约情况，是否存在欺诈、违约和赖账等不守信行为；四是保险保障率，主要是看新兴主体是否应保尽保，是否有足够的风险凭证；五是客户满意率，主要是通过12316的回访、投诉等多种方式了解关系方和执行人对新兴主体的信用情况评价。

根据上述评价参数，系统会自动计算出该主体的信用分值指数，并予以评级。同时建议各新兴主体提升信用额以便更好地享受优质的服务。农村新兴经营主体在生产过程中的刚需是农产品销售和组织生产所需的农机、农资和资金。我们尝试从供给侧入手，建设“一张图”“一码通”系统，为开展农村金融服务奠定基础。为此，我们联合保险、银行等机构开展“政、信、担、保、银”大协作，联合面向各新兴主体开展“金融下乡服务”。

大协作的内容。第一步，共同建设农村金融服务体系，协作各方按照“业务联动、风险共担、利益共享”的原则合作建设农村金融服务体系。各级政府统筹发挥协调作用，“一张图”“一码通”系统发挥“互联网＋”的优势、农村信贷担保机构发挥政策性担保的优势、保险机构配套开发精确的保险产品、银行以上述保障为依托，同时，联合信托、租赁、期货等机构共同面向经营主体开展授信，各方协作建立信用约束机制，分散、规避和化解风险，数据由各方共享。第二步，共同打造数据加保单、加物权的复合担保模式。各方利用运用“一张图”“一码通”系统采集与分析以农村信用经济为主体的基础数据、物权数据和行为数据，打造数据加保单加物权的复合担保模式，根据数据物权文书代监管的情况看保险机构开发组合性的保险产品服务，构建农业、农产品等的质量安全、违约信用、农民财产、人身安全等多层次的保险保障，农业担保机构与数据进行验证后出具担保文书，在此基础上授信。第三步，共同建立产业链全程闭环。各方共同探索，协同协作，在数据加保单加物权模式的基础上引入龙头企业、平台数据等，打造全程闭环。

按照上述模式，我们从2014年开始分别在河南省汝阳县、河北省地州市开展了大协作模式试点，面向50余家合作社开展了数据采集和信用评价，保险机构根据数据和信用评级开发了40多个精准保险产品，政策性担保机构为合作社出台了极其优惠的担保产品，银信部门为合作社授信1.2亿。

从2015年开始我们在吉林省部署开展了整省示范，在农业部信息中心以及中国农科院资源与区划所的支持下，吉林省农委、吉林省农业信贷担保有限公司、中信银行等机构组成了大协作共同体。截至目前已经为正大集团辐射的100多个养殖专业户，天景食品集团辐射的300多个种植专业户，中粮集团辐射的70多个农民专业合作社进行授信，授信额度达到3亿多元。

我们将进一步总结河南、河北、吉林的试点示范经验，不断完善“一张图”“一码通”系统，建全大协作模式，进行更多范围的推广。

谢谢大家！

移动互联网时代的信用生态

全联征信有限公司副总裁　史磊

各位领导，各位来宾：

大家好！

我是全联征信的史磊，很高兴有这个机会和大家交流一下，我今天的主题是“移动互联网时代的信用生态”，分为三部分，分别是信用生态的未来、现状和建设。

我们先来畅想一下未来，信用生态的逐步完善对于人类来说是文明的进步，对于国家来说是继出口、投资、消费后的第四大驱动力，对于行业来说是产业升级换代的助推器，对于企业来说是商业模式的更迭，对于个人来说我们出门不需要带现金和信用卡了，现金和信用卡已经消失，成了历史。大家可以随意发挥想象力。

首先我们明确一下信用的概念，信用是指在交易的一方承诺在未来偿还的前提下，另一方为其提供商品和服务的行为，是随着商品扭转和货币扭转相分离、货币运用和商品运用发生时空分离产生的。信用既是社会经济主体理性的行为，也是能力的体现，征信在促进经济社会发展和社会经济体系建设中发挥着重要的基础作用，防范社会风险，扩大社会交易，提高经济运行效率，推动社会信用体系的完善，因为征信降低了交易中参与各方的信息不对称，避免因信息交易发生的瓶颈问题，促成信用交易的达成，促进金融性产品和商业信用产品的创新，有效扩大信用交易的范围和方式，带动信用经济的扩张，通过专业化的信用信息服务，降低了交易中的信息搜集成本，缩短了交易时间，扩大了交易的空间，提升了经济主体的运行效率，促进经济社会的发展。所以我从征信行业的角度阐述信用生态，征信是指依法搜集整理保存加工自然法人及其组织的相关信息，并对外提供信用报告、信用评估、信用信息咨询等服务，帮助客户判断控制信用风险、进行信用管理的活动。这里我希望大家明确两个观点，第一个是征信行业它是并列于金融行业的。第二个征信是金融的基础设施。所以做征信，独立第三方是必要的条件，这也是我国征信条例第一条规定的。

征信行业的产业链条从数据源开始经过数据处理形成产品到应用场景，数据源目前来自银行等金融机构、政府部门、工商企业、社交数据、电商数据、搜索数据，数据处理和产品服务是征信机构的核心，形成信用报告及增值服务。在金融的应用中，包括银行信贷、互联网融资、公共赊销、催收、反欺诈，商业信息运用有精准营销，招投标，商务合作，人才管理，通过运用场景我们可以搜集数据，形成循环。

世界上征信体系大体有三种，市场主导型的代表有美国、加拿大和英国，政府主导型是法国、德国、比利时、意大利等，会员制的就是日本。经历了上百年的探索发展，美国的征信产业链已经非常成熟与完整，以个人征信业务为例，从上游数据源的采集到数据标准化、数据处理、信用使用已经有明确的分工，并形成了完整的成熟的产业链。国内是逐步完善法律法规，从2013年公布征信监管条例，2014年国务院印发《社会信用体系建设规划纲要（2014—2020）》，提出要建立社会信用基础性法律法规及标准体系，建成以信用信息资源共享为基础的覆盖全社会的征信体系。

三驾马车中消费的重要性越来越明显，消费金融在推动消费过程中起着重大的作用，征信作为信贷的基础已经成为消费金融发展的关键，互联网金融产品增加了对征信服务的需求，信用经济对经济有显著的拉动作用，随着社会的发展，企业、个人对信用价值的认知不断提升，中国人均收入不断上涨，个人对超前消费也有了更大的接受度，企业信用在经济活动中发挥的作用也越来越显著。

我从全联征信的角度讲一下我们做的努力。首先看大数据，2013年北京公司、上海公司成立，2014年成为首批企业征信金融备案的征信机构，同时审批申请个人征信牌照，并成为被受理的20家征信机构之一。2015年、2016年全联征信系统和个人生态系统上线，是国家发改委重点支持的征信企业。国际方面全联征信是唯一一家走出国门的征信机构，中国国内首家加入亚太征信协会的会员，多次受世界银行和国际性组织的邀请参加国际会议，与多国机构展开了深入的合作讨论，世界通过全联征信了解中国征信业务的快速发展，全联征信给中国带来世界征信业务的发展经验。三大系统是我们的核心——企业征信系统、个人生态平台、数据服务平台。围绕这三大系统我们针对企业、个人和政府有多种的产品组合，有针对性地满足各类客户的需求。

产品和服务系列。我们有企业和个人的信用评价体系，个人及企业信用报告大数据分析与挖掘服务，个人身份保护服务，商业决策数据支撑服务，互联网征信整体解决方案，数据整合服务，数据清洗服务等。这里针对政府举例说明，一是为地方政府信用城市项目的咨询，同时提供整体的解决方案；二是承建地方信用信息平台即信用城市项目；三是为地方政府各部门数据互通资源共享提供解决方案；四是与地方“智慧城市”系统、电子政务系统协同办公提供解决方案；五是承接地方信用信息平台的运营和维护工作，同时做好信用数据的接入、保存、脱敏、输出等工作。征信企业类机构客户，我们提供信用查询包括专项信息查询、信用监控服务、用户画像服务、身份识别服务和反欺诈服务。针对个人我们提供个人的信用信息查询，个人信用管理服务，个人信用保护维护服务、信用生活的应用场景等。

企业经济活动的背后实际上都离不开征信活动的支持，比如在股权投资机构介入一家备选企业的时候，他们可以借助我们的征信系统，在现场征调这个企业进行一个书面的、全面的脱产了解；还有精准营销，我们帮助奢侈品店和4S店以及各种应用通过大数据的分析来进行客户精准营销。在合作伙伴方面，目前政府、企业、个人已经分别呈现规模，金融机构需求量是最大的，我们有很多的企业合作伙伴，与各地政府谈的程度不一样，其中部分政府已经将全联征信列为第三方信用合作服务机构。

征信体系是国家金融基础设施的主要组成部分，也是获得个人金融的必要条件，征信机构共同肩负着建设国家征信体系的使命，为保障交易安全、防范社会风险、提升社会层次水平一起贡献力量，共同打造有公信力的征信机构、征信行业和征信市场，开启普惠征信的新篇章。在这里我呼吁大家和我们全联征信一起培养社会主体的信用意识，养成良好的信用习惯，征信让生活更美好。

谢谢大家！

"快递＋电商"，大众创业，合力前行

圆通速递有限公司 CEO 相峰

各位领导，各位嘉宾：

大家下午好！

我非常荣幸地再次参加电商创新峰会并发言。我今天演讲的主题是"'快递＋电商'，大众创业，合力前行"。

首先，想跟大家分享一个令我难忘的故事。在汶川大地震后，我当时服务于 UPS 公司，中国区的员工捐款在灾区建了一所小学。为了让孩子们接触山外的世界，我们还特意设了一间能联网的计算机教室。没想到学校落成之日，很纯朴的校长就跟我讲，我这一辈子最大的理想就是把这些山里的孩子送出去，并且永远不要再回来。我当时听了有几分辛酸，但是也很无奈，因为看看眼前的乡村，地处偏僻、交通不畅，怎么能把它建成孩子们未来的美好家园？我当时确实没有很好的答案。相信在大西南，还有无数的校长怀有这种把孩子们送出去不回头的理想。帮助这些山区里的孩子在家乡健康成长，在家乡就能脱贫致富，在家乡就能创业发展，是我们这一带互联网人和物流人共同肩负的责任。

今天，西部山里的孩子们有了更多改变命运的希望。拿贵州为例，随着交通、电信等基础设施的改善，小康讯、快递下乡计划的推进，2015年贵州的快递业务量已经超过7000万件，带动本地产品出省近百亿。贵州省还建立了一个快递物流园区，在全国算是比较领先的。还有一个先例，就是铜仁市等地州为了鼓励当地快递出省，给快递服务一些财政上的扶持，这在全国开了先例。因为有了电商产业和快递的联袂下乡，黔货有了源源不断出山的便捷通道。乡民不仅可以和城里人一样上网购物，更重要的是有了就业和创业发展的新机遇。在我看来，贵州今天所发生的是代表整个中国电商和快递产业发展的趋势。

1999年在杭州的一间公寓里诞生了阿里巴巴，2000年在上海的一个小弄堂里成立了圆通速递，2005年圆通在行业内率先成了淘宝的协议服务商，大幅降低了网购的物流门槛，电商与快递从此烽火相促，我们创造了互联网经济的奇迹。去年全国包裹业务量超过206亿件，连续五年增长50% 以上。可以预期，以包裹的件量计，美国 UPS 公司多年的全球最大包裹快递公司头衔，即将由中国的快递公司接过来了。

中国的快递业不仅增长快，服务品质方面也颇得消费者信任。去年在这个讲台上，我曾经举过一个例子，腾讯网在全国范围内调查哪一个服务行业最亲民？结果显示，全国满意度最高的服务行业就是快递和电商。今年，我再跟大家分享这样一组数据：中国每单快递平均价格为13元人民币，美国为5到10美元；中国每单快递平均时效3.6天，美国3到8天。我曾经在《环球时报》上发表过一篇专访的文章，我提出中国快递的性价比全球最高。我相信凡是有海外生活经验的朋友对此都会感同身受。我非常赞同陈敏尔书记的一段话："快递与电商合力前行在加快流通、扩大内需、促进就业、普惠民生等方面发挥了积极作用。便宜和快捷的物流是电商发展的基础，发展电商既能惠及民生，又能促进发展。"这是对中国电商与快递业非常平实而深刻的总结。

新阶段电商产业链会如何升级，为中国的快递带来怎样的发展机遇？这值得我们每个从业者和政策制定者思考。我认为，电商为中国新经济带来的核心价值是，通过打通信息流、物流和资金流，带来交易效率的极具提升和交易成本的快速下降，互联网经济活动的重心也从生产转向了交易，经济主体也从生产主体转向了数以亿计的交易主体——个人。这是互联网经济中大众创业、万众创新的基础。我们从交易的地域看，中国的电商正在快速实现国际化和农村化。前者表现在跨境电商爆炸性增长，中国人开始在网上买全球，卖全球，保税、备货、海外仓等模式层出不穷；后者表现在中西部地区的农民也纷纷进入电商时代，电商们纷纷放下身段进村、刷墙。

从电商供应链角度来看，有以下几个趋势：

第一是电商与实体店铺的融合。就是未来任何品牌的销售渠道，线上线下都将实现一体化运营，即之前姚总讲到的O2O的趋势。

第二是分销体系的全面线上化和去中间化。面向低端的，就是生产制造端的快递物流需求上升。

第三是快递运输物流领域的综合一体化。快递企业将普遍开展仓储、快运、信息、金融等服务，向综合物流供应链服务商转变。

第四是安全管控的要求日益提高。在保证既定渠道安全及城市通行权方面，快递企业的合规成本也在上升。

第五是物流快递最后一公里，乃至最后100米所面临的压力在迅速提升。到2020年，预计全国每天将要有2亿件包裹需要派送。我认为这个数字是一个比较靠谱的预测。目前，全国有4.3亿个家庭，意味着平均每个家庭隔天收一件包裹。这个频率下收包裹也会成为一件麻烦事。所以，今天我们身边出现了很多的智能包裹柜，以及提供自提服务的驿站。大家都在探索快递末端的创新，甚至有人设想无人机、自动机器人送快递。

有记者问我怎么看无人机送快递。说实话，现在一天有将近9000万件包裹，未来是2亿件。你就算只拿出百分之一或千分之一的包裹让无人机递送，也是满天无人机、满地机器人。我认为这基本上是科学幻想，我们还是需要快递小哥骑上三轮车送快递。骑上门、送上门服务，人和人之间的交流是最珍贵的。回到末端服务，这个解决不好肯定会制约快递发展。

国家邮政局曾经提出了向外、向西、向下与制造业结合的行业发展要求，商务部也推出了电商物流规划，而且还开展试点，鼓励电商与快递物流协同发展，完善农村县乡村三级物流配送体系。这些都是推动行业升级的重要举措，我们将积极响应。所谓向外就是把我们的快递网络向海外延伸，让中国的电商走出去，沿着“一带一路”走出去。然而在贵州这样的大西南地区，我认为快递物流业发展的重点还是在于向西、向下，借助大众创业新机遇，做好我们的“快递+”，助推电商产业链的迭代升级。

目前，圆通速递已经建成覆盖全国的快递网络。在贵州乡镇一级的覆盖率已接近80%，在贵州各地州，我们与电商的伙伴合作把贵州的特色产品推向全国，通过改进包装提升时效来提升贵州绿色生态产品的竞争力。这里我想要提的是，在圆通的全国网络中，有一大批来自云贵的优秀员工，他们吃苦耐劳，赢得尊重。因为路途遥远，每逢春节这些员工往往要和家人团聚得久一些，返岗晚一点。我们北京的领导每年为这个头疼，说：“相总，我们好多快递员都是贵州的，他们要回家过年，一下回不来。”我对此非常理解，因为我们的方向是鼓励员工属地化，我们也期望并鼓励这些优秀员工返乡创业，在家乡与我们圆通网络共同成长。

我们的工作远远不足。看了刚才的指数报告，说到电商的支撑指数，我想向专家好好请教一下，看看是不是我们物流做得不好，贵州的指数还有很大的提升空间？我想，原来的一点成绩还不够，我们还需要更多的努力。

在传统的观念中，物流快递只能是等待和满足客户的需求，而我们则依托快递网络发力供给侧。目前，我们在全国农村地区开展了一个“快递＋电商”的行动计划，面向农村提供电商培训、电商仓储和产业园等系列服务。在山东建立了一个服务全国的“快递＋电商”产业孵化基地。在全国各地，包括贵阳修文区开展电商培训，帮助农村青年依托互联网，不仅卖东西，而且还可以推广家乡的生态旅游等等，实现快递脱贫。最近，我了解到贵州省和全国各地的发改委等有关部门都在选择一些试点县，结合返乡创业，发展农村电商。这与我们目前在做的“快递＋电商”行动计划的目标是完全一致的。当然，就规模上来说，我们是小巫见大巫。所以，我非常期待能向在座的各位领导进一步请教，我们希望能积极参与这些试点的工程。

就在几天前，圆通在黄山正式启动了一个叫“大众创业，天下加盟”的项目。我们将通过圆通的妈妈驿站、店中店、代办点以及圆通行者APP，代替过去的PDA设备，与社区的小店铺、下岗工人、返乡大学生、农民工和一些残疾朋友开展合作，为他们提供创业和就业机会，成为惠及百姓民生社区的好邻居，破解快递最后一公里、最后一百米的末端派送难题。通过“大众创业，天下加盟”项目，我们将投入5亿元建成一个综合物流快递公共服务平台，并向贵州等西部省份倾斜，把它做成快递脱贫的项目。

各位领导，各位嘉宾，电商和快递业同力前行，体现了平台经济商流和物流的协同性，也有赖于大数据等互联网信息技术把它们连接起来。目前，电商产业有超过1000万商家，快递业有200多万个快递员，没有大数据和云计算支持，交易成本无法估量，社会化协同物流体系也无从谈起。给大家举一个例子。2014年“双十一”期间，送完2.4亿的包裹需要16天，而在2015年“双十一”期间，送完同样数量的包裹只需要7天。大数据的应用无疑起到了关键作用。圆通在快递业务中也产生海量的数据，我们除了将这些数据用于提高自身的管理运营效率，还可以与合作伙伴共享，为社会经济发展创造更大的价值。

借此机会，我想建议涉及电商和物流产业的各有关部门也积极拥抱大数据技术，创新管理，进一步简政放权，降低创业门槛和交易成本。例如，就寄递渠道的安全而言，我们现在既有行业许可制度，又有实名寄递，还有开箱验视、过机安检等逐人逐票的防控要求，所以有的专家说我们现在是以90%的精力来监管好人，监管坏人的精力难免有限。是否可以建立一个跨部门的大数据平台，前置性的分析和预判寄递渠道的安全风险，再完善法律法规，明确寄件人的安全责任，等等。这样我们可以事半功倍，更好地提升行业安全度。

各位领导和嘉宾，物流和快递行业是一国经济繁荣的晴雨表，物流强则经济强，国家强。展望未来，随着我们由快递大国向快递强国的迈进，快递业还将高速增长，我们圆通人立志做中国人的快递，打造物流业的中国服务。我们将与中国电商、中国制造合力前行，将中国服务推向全球，让世界因我们触手可得。在物流和快递领域，中国必将出现世界级的企业。

如果在今天在贵州，我会邀请那位校长，让我们在家门口抓住“互联网+”经济所带来的机遇，加入“大众创业，天下加盟”，共同建设多彩贵州，美丽乡村。孩子们的未来，一定是美好的。感谢各位领导和嘉宾对圆通和中国快递业的支持和厚爱，祝峰会圆满成功。

感谢大家！

观点再现

弋德宇（日日顺乐家联合创始人兼副总裁）：从传统的家电服务获取数据是比较安全的，但从终端的电商去获取和挖掘数据还是比较难的。现在做了社群，所有的社群实际上是一个用户挖掘窗口，用户进行长时间交互，让用户的需求在社群里面体现出来，通过平台寻找需要的产品数据。

陈曜（中国林业产业联合会木本油料分会项目运营部主任兼平台运营总监）：非标准农产品交易平台应当具有以下四方面的功能：一是交易、支付和撮合功能；二是能够把社会资金引导到生产环节来；三是能够推动农业产品交易方式的变革；四是能够为每个农民建立电子档案，包括生产档案、生产种子的购买、销售的回款以及农民纯收入，等等。

牟西军（天天果园副总裁）：我们觉得如果在中国真正想帮老百姓，真正想帮农业，我个人提了"三化"：一是商品化，有的是产品，水果从树上摘下来，但是送到消费者手上一定是一个商品；二是工业化，从大的环境、水、土壤、空气，小到种子、果苗培育培养、产品的研发，老百姓做不到，一定是要集大家的力量，一定要规模化生产；三是公司化，从本质上解决各环节的利益分配问题。

王海波（网库集团董事长）：我们今天实体企业要关注的远远不是网上购物这个简单的零售行为，而是你如何融入上下游产业链，而我们理解这个产业链就是供应链电商。所以如果说过去十几年是零售电商的时代，我相信未来十几年或者更长的时间是供应链电商的时代。

石正川（千米网CEO）：过去我们所说的信息化大部分是针对管理，现在我们更多的信息化是应该针对经营。所以业内的一个普遍的结论是可以得出来的，“攘外必先安内”，但“攘外”更重要。“攘外”是针对经营，“安内”就是针对管理。

费丹丹（宏巍软件CEO）：线上人口红利殆尽，电商也开始寻求线下资源。一方面，电商想要占领线下形态各异的消费场景，另一方面，电商对线下零售商供应链能力的需求也越来越强烈。“线上流量平台＋线下零售业资产”，包括会员资产和硬件软性资产，几乎形成行业玩家们的标配。“线上线下场景＋线下商品＋物流配送”也会成为零售业O2O的标准商业雏形。

金麟（京东金融副总裁）：科技金融能够为电商提供什么样的服务？首先电商消费是一个比较有意思的变化，过去中国是大一统的消费文化，现在逐步演变成社区化、碎片化消费文化。随着“80后”“90后”的崛起，不仅是消费文化呈现出多元化的特点，而且情怀式的消费也是大家愿意去做的，开始愿意为情怀付更多的钱。

李鹏涛（京东青龙研发部总监）：对于我们来讲大数据应用主要有四个层次：一是做核心业务节点的展示；二是对业务过程进行评估；三是通过物的关联性来预测；四是基于大数据的智能决策。

龙兴超（中药材天地网董事长）：大农业中每一个细分农业的产值、产量都很大，也很分散、独特，都具有很强的专属性，所以农业电商平台必须走垂直化道路。“互联网＋农业”需要分类，比如水产类、干果类、蔬菜类、畜牧类、粮食类、水果类、中药材类等。

眭保华（北京奥科美公司总经理）：建立“互联网＋农业”的产业链服务体系，改变生产方式和消费方式。一是生产方和采购方通过我们的体系能够了解到生产数据和采购数据，提前安排种植规模和上市时间，避免生产过剩和供不应求的事情发生。二是按照不同的纬度统一排产，拉长上市期，避免一哄而上，卖不出去。三是提前预售，采购方和生产方签订长期协议，根据订单安排生产，降低农业风险，保障农民收益。四是建立数字透明农场，让采购商实时了解农场的生产过程，建立互信机制。

刘斌（北京佳和创源信息科技有限公司董事长）：面向市场对生产者、经营者、消费者、政府管理者四类不同主体，开展全方位服务。对生产者重点是投入建议服务、灾害预警技术服务、信用和金融服务；对经营者重点是品种布局、产量预报、交易服务；对消费者重点是建立档案、质量监管服务；对管理者重点是云端分析、指挥调度和应急管理。

许立新（西安承信网络信息技术有限公司董事长）：老百姓餐桌的安

全是人人关注的问题，农产品质量安全追溯平台是通过信息化的手段，为农产品建立“身份证”制度，对农产品安全进行“数字化”管理，并实行二维码追溯标签管理，消费者可以通过标签查询农产品生产管理信息，保障消费者的知情权，从而做到知根溯源，放心消费。

郝曙光（中国人民银行贵阳中心支行副行长）：移动金融包含两个层次的含义，一是金融的移动化，即金融机构借助移动终端和移动互联网为客户提供金融服务。二是移动化的金融，市场参与方基于移动互联网特征的创新产品和服务，移动金融是“互联网＋金融”的最新成果，通过手机可以随时随地获得支付、信贷、征信、理财、保险，甚至在证券方面也可以进行增购一些股票和交易。贵阳移动金融下一步工作探索的方向是探索完善贵州通 TSM 平台，兼容并济推动大规模发卡，以及着力开拓移动金融应用。

刘建华（贵阳移动金融发展有限公司总经理）：打通移动金融服务最后一公里的最大障碍在于“信用问题”和“大数据金融的支撑问题”。集成支付、电子身份和网络征信构成了移动互联网信用服务的三基色，而该三基色演绎信用社会。移动金融安全可信公共服务设施为三层次网络：即从“人总行 MTPS”到“地区级 TSM”，再到“SEAPP”。建设智慧信用城市、智慧信用社区和智慧信用商圈，从身份切入，加上集成的接触、征信、增值服务，最终才能形成移动电子商务最后一公里的解决方案。

朱建明（中央财经大学信息学院院长）：计算机系统不安全的原因在于自身的缺陷、开放性和黑客攻击。移动金融信息安全的对策在于：提高用户安全意识、创新安全理论与技术、重视信息安全策略、加强安全风险评估、研究信息安全保险和完善安全法律法规等六个方面。

陆杰讯（阿里巴巴蚂蚁金服集团副总裁）：新金融的三个支点是移动互联、云计算和大数据。移动互联网下的金融风险提出了巨大的在线身份核实需求，可以利用生物识别核身，做到实人、认证合一。

沈新国（贵州省商务厅副厅长）：随着“互联网+”、云计算、大数据等新兴技术的发展，跨境电子商务已经渗透到生产、流通各个环节，跨境电商改变了传统外贸交易模式，利用互联网技术实现了企业信息流、资金流、单证流的便捷流转，推动了经济一体化和贸易全球化的发展进程，有效促进了我国外贸进出口的发展。

黄俊（贵阳综合保税区管委会副主任）：跨境电子商务的兴起，为综合保税区开展供给侧改革提供了新的抓手。围绕跨境电子商务数额小、次数多、速度快的订单式贸易模式，深度挖掘海关特殊监管区保税加工传统功能，推动监管模式创新，为跨境电子商务发展提供良好的环境，也将为促进海关特殊监管区保税加工提供多元化发展的可能。跨境电子商务与综保区正式组合，必将在进口方面大放异彩。

邱月明（中国标准化研究院副院长、国家电子商务标准化总体组副组长）：贸易便利化的简化与标准化，就是程序要简化，各种实物数字、港口代码、货物代码、运输代码要标准化，甚至货币都要标准化。单证格式标准化、数据交换标准化，数据交换、单一窗口也要实行一大批的标准化。

吴东蒴（Globex 招商保宏 CEO）：B2B 和 B2C 是两回事。B2B 是“互联网＋外贸”，它利用互联网技术优化了流程，提高了效率。B2C 是跨境电子商务零售，一个完全的新业态。B2C 是未来，意味着中国的品牌在价值链里占着举足轻重的位置。跨境电商零售监管需要顶层设计，它不同于边贸，也不同于内贸，所以需要新的监管方式监管新的业态。

张永捷（敦煌网副总裁）：跨境电商经历了三个阶段。第一个阶段是黄页式阶段，主要是信息服务。第二个阶段是交易平台和信息、物流、资金流三流合一的阶段。第三个阶段，即跨境电商在3.0时代，具有这样的两个特点：一是大外卖时代到来，所有 B 类买家也开始从网上去采购；二是全球的跨境电商不仅仅是卖货，还卖品牌。

刘伟（全峰集团董事、常务副总裁）：什么是智能化物流？智能化物流就是说利用条形码、视频技术、传感器、全球定位系统等物联网、信息化的技术，在物流领域的应用，那么物流领域包括运输、仓储、包装、分拣等这些节点的应用。智能化物流在实施的过程中强调：一是数字的智能化；二是网络的协同化；三是决策的智慧化。

新闻荟萃

— 2016中国电子商务创新发展大会暨贵阳国际大数据产业博览会新闻发布会纪实

— 2016数博会『痛客计划』新闻发布会纪实

数聚贵州，“风”起“云”涌看今朝

大数据战略重点实验室

云上贵州聚八方宾客，数谷贵阳绘数据蓝图。2016年5月25日至5月29日，“2016中国大数据产业峰会暨中国电子商务创新发展峰会”在贵阳国际生态会议中心举行，随着大数据发展上升为国家战略，2016数博会已升格为“国家级”盛会。两万余名国内政要、全球知名企业大佬、大数据领军人物、专家学者等齐聚贵阳，围绕“大数据开启智能时代”的年度主题，开展了广泛深入、卓有成效的讨论和交流。这场于贵阳举办的大数据盛会引发了国内外媒体的高度关注和密集报道。网络平台同步直播，音视频还原精彩会议内容，网页、微信、微博、客户端频频推送，图述、漫画大数据……国内外知名媒体积极探索创新传播模式，使贵阳数博会报道精彩纷呈，为亿万民众呈现全面、立体、鲜活的数博会，献上了极具时效性、贴近性与生动性的新闻大餐。

媒体集结，助力数博会“发声”

本届数博会共邀请到中央、境外、国外、省市、网络媒体185家，记者共1138名。其中，中央媒体24家，285人；外国媒体12家，21人；港澳台媒体26家，37人；省外媒体63家，117人；省内媒体19家，468人；网络媒体共41家，210人。各大媒体围绕“同期两会、一展、两赛”、大数据行业应用、人工智能、智能制造、互联网金融等板块的68个论坛展开了别开生面的宣传报道。人民网、央视网、新华网、中国大数据产业观察网等多家媒体充分调动技术资源，开展多角度、多元化，有声势、有创意的网上和移动端宣传。电子杂志、MG动漫、图片故事、图述新闻、短评小文、系列访谈、图文直播、视频直播、微信沙龙，丰富多彩的报道形式、翔实全面的报道内容让数博会全景式呈现，引发民众关注热情。

2016贵阳数博会有多火？看看媒体的报道。自数博会宣传工作开展以来，每天在传统媒体和新媒体平台、终端播发各类宣传报道6190篇，收到良好反响，具体如下：

随着2016数博会进一步升格为“国家级”盛会，其国际影响力不断提

	各类新闻报道
电视广播	中央电视台：综合频道、财经频道共推出各类新闻报道23条。主要有：5月25日、26日，中央电视台《新闻联播》播出《李克强同出席中国大数据产业峰会暨中国电子商务创新发展峰会的业界人士对话座谈》《李克强出席中国大数据产业峰会并致辞》；5月27日，中央电视台《焦点访谈》推出：“数据铁笼”专题报道；5月29日，中央电视台《新闻联播》播出贵阳数博会展示千项高科技成果。 贵州卫视：5月25日上午对“数博会”开幕式第二阶段进行了现场直播。 贵州广播电视台其他频道、贵阳广播电视台也分别推出了一系列宣传报道。

（续表）

	各类新闻报道
报纸	据不完全统计，中央、省外、省市主要新闻媒体共推出各类专题新闻报道1700余篇，270个专版。 《人民日报》：专题报道14篇，专刊2个，专版2个。5月24日在头版头条推出《贵州大数据筑巢引凤赢先机》，5月26日在头版推出《李克强出席中国大数据产业峰会暨中国电子商务创新发展峰会并致辞》，5月31日推出峰会嘉宾发言摘登专版； 新华社：文字、图片、音视频近150条/张，内参3组； 《光明日报》：专题报道15篇； 《经济日报》：专题报道、图片19条/张，专版1个； 《中国日报》专题报道53篇，专版2个； 《科技日报》专题报道11篇，专版1个，5月30日在头版推出《大数据引领航天产业转入新业态》； 《贵州日报》《贵州都市报》《贵州商报》《贵阳日报》《贵阳晚报》等媒体也分别推出专版和专题报道。
网络	1. 全网首页和客户端首屏推送数博会重点文章：在中央重点新闻网站和国内主要商业网站首页，在《人民日报》、腾讯新闻、网易新闻、凤凰新闻、新浪新闻、今日头条、一点资讯等客户端推送了《李克强出席中国大数据产业峰会并致辞》《李克强同出席中国大数据产业峰会暨中国电子商务创新发展峰会的业界人士对话座谈》《贵州用大数据做了啥？》等170余篇稿件，共282篇次。全网首页客户端首屏推送浏览量较高，新闻关注明显。 2. 开设专题：人民网、央视网、中国青年网、中国经济网、环球网、中国日报网、人民网贵州频道、新华网贵州频道、网易网、腾讯网、新浪网、多彩贵州网、中国大数据产业观察网、贵阳网等14个网站先后开设数博会专题页面。
新媒体	利用腾讯微信插件推送数博会新闻《李克强数博会回应马化腾建言：对新事物不能上来就管死》，单条新闻回收点击量达1.4亿人次。开设#贵阳数博会#、#大数据贵阳#、#中国数谷#、#痛客大赛#、#痛客计划#、#痛客#、#2016数博会#等17个话题，新浪微博（1个）、微信公号（3个）、今日头条（1个）每天更新数博会相关消息，并组织跟帖和评论，形成热议。至5月29日，所推送信息累计总点击阅读量35816266人次。

升，引起了众多知名国际媒体的高度关注。《华尔街日报》《金融时报》《美通社》《彭博社》《日本经济新闻》《意大利国际杂志》《韩国中央日报》《印度教徒报》等14家海外媒体共21人参会报道；凤凰卫视、澳亚卫视、台湾中天电视台、台湾TVBS,《台湾新闻报》《台湾经济日报》《台湾商业周刊》等26家港澳台媒体，37人前来报道。

据统计，会议期间，境外媒体聚焦数博会的主要稿件共63篇，其中境外非华文媒体报道9篇，境外华文媒体报道54篇。其中美通社关注了高通、微软、戴尔等美国企业在数博会上的表现，发布了《2016数博会贵阳开幕中美企业共建大智慧树》；俄罗斯卫星网发布《中国贵阳高新区欢迎俄罗斯大数据企业入驻》《中国贵州东方科技公司愿与俄方合作进行洪水预报》《约3000人出席2016贵阳国际大数据博览会开幕式》3篇稿件；《韩国中央日报》关注了数博会上无人车的构想，刊发了整版文章；凤凰卫视《凤凰午间特快》《时事直通车》播报了2016中国大数据产业峰会活动相关盛况。

中央、省市及境外媒体积极探索数博会相关内容的报道模式，线上线下多向传播，形成浩大的报道声势，助力数博会“发声”，引导民众全面了解数博会和大数据的发展态势。

资源整合，宣传氛围营造有力

本届数博会组委会在重要路段、机场设置大型户外公益广告牌75面、道旗5600面、墙体广告5000平方米、5块花卉造景和鲜花字牌、9个酒店设置欢迎牌18块；向16块户外LED屏投放宣传片；协调5500台出租车车载LED屏、5000台楼宇视频终端滚动播放宣传标语、论坛宣传视频短片；贵阳龙洞堡国际机场设置灯箱、出发厅、到达厅门头宣传牌21面。同时，在北京京信、蓝鸟两块大屏投放了“相约巅峰，远见未来”的户外宣传广告，增强了数博会在京的影响力，取得了良好效果。同时贵阳市外宣办与北京“微景天下”联合开发的外宣云名片“爽爽贵阳 中国数谷”于5月22日正式上线。云名片运用全景技术和多媒体手段充分展示贵阳概况，转发量高达15万余次，实现了外宣新形态的拓展。

数博会组委会分别于2016年1月28日、3月1日在北京举办了“2016中国电子商务创新发展大会暨贵阳国际大数据产业博览会”和“2016数博会‘痛客计划’新闻发布会”。众多政府官员、企业翘楚、科技精英参加了发布会，发布形式新、内容多、分量重、反响大。国内外媒体通过发布会了解到数博会的活动安排、精彩亮点以及筹备工作最新进展。同时，“云上贵州”大数据商业模式大赛复赛路演在全国各地精彩上演，通过到当地推荐数博会，吸引大量业内人士关注数博会，引起极大反响，取得了良好的新闻宣传效果。

此外，数博会组委会在主会场贵阳国际生态会议中心3层搭建了嘉宾采访室，供中央、省市、境外媒体全程对数博会嘉宾进行集中采访。会议期间，各大媒体记者先后采访了惠普中国区董事长毛渝南，《大数据时代》作者维克托·迈尔－舍恩伯格，阿里巴巴集团顾问、《数据之巅》作者徐子沛，滴滴出行创始人程维等重要嘉宾30人。采访的全媒体运作和资源共享，掀起了高潮迭起的宣传声势，使数博会成为实时的国内新闻热点。

交相呼应，盛会永不落幕

数博会期间，中央电视台、新华社、《华尔街日报》等144家国内外知名主流媒体对数博会进行了深入播报。其中，中央电视台在“新闻联播”“焦点访谈”“新闻直播间”“对话”等重点栏目播出23条；《人民日报》在头版头条、头版二条、内版头条等刊出各类新闻14条；新华社发稿近150余条（新闻稿、图片、音视频），内参3组；《经济日报》《光明日报》《中国日报》《科技日报》等均在重要版面对此进行报道。此外，省内媒体全力投入，组织了专版、专栏等重点报道，共推出各类新闻稿件2000余条。从大数据建设成就、展会特点、嘉宾观点、科技应用等方面，系统地展示了盛会全貌。

各类新媒体也竞相播报数博会相关讯息。人民网、新华网、环球网、中经网、网易、腾讯、新浪等40余家新闻网站在首页开设数博会专题；网易客户端、腾讯客户端、“今贵州”客户端和自媒体贵州微联盟等4家新媒体也在平台开设专题，全面跟踪此次盛会。经统计，全网累计发布数博会有关信息原创稿件1350余篇，中央重点新闻网站和国内主要商业网站首页共推送稿件170篇，共282篇次，全网各平台推送有关数博会信息累计总点击量达26.5亿人次，实现了网络全覆盖。

主流媒体和新兴媒体交相呼应、各展所长，形成了强大的舆论宣传声势，引发了广大观众、网民关于大数据的热烈探讨：

新华网友@何处惹尘埃：这几天数博盛会在贵阳举行，贵阳正以其开放的姿态海纳百川，这几天聚集了四方宾客，聚焦了世界的目光。这座城市正展示着自己的发展潜力，彰显着发展的底气。

百度网友@和而不同：短短五天的时间，爽爽的贵阳变得越来越“热”，大咖、专家、学者们都聚集到了贵阳。原本以为大数据离我们很远，看了展会，越来越多接地气的应用相继开发，却发现大数据早已深入到了我们生活的每一个角落。

凤凰网友@任我胖：大数据时代的到来，给了我们一个不可复制的重大历史机遇。数博会也向世界呈现出了一个不一样的贵阳。

人民网友@叮叮糖：随着数博会的召开，中国数谷·贵阳这个名字将越来越响亮。

人民网友@柑橘果冻：贵州既不是沿海，也不是沿边，后发的大数据和互联网金融突破了地域的限制，给了贵州一个新的发展机会。坚信贵州将借助互联网和大数据，加上数博会这场盛会的举行，会给世人呈现一个不一样的贵州，这场盛会将永不落幕。

我们欣喜地发现本届数博会的话题不再仅仅存在于郭台铭、马化腾、李彦宏、刘强东等企业大佬的讨论桌上，借助主流媒体和新兴媒体，借助互联网，它的影响力已经渗透到我们生活中的各个方面，它的生命力已经连接到无垠的网络空间里。

2016数博会，“黔”所未有，永不落幕。

2016年中国国际电子信息创客大赛暨“云上贵州”大数据商业模式大赛正式启动

2016年1月18日《贵阳日报》

1月17日，中国电子信息创新创业高峰论坛在北京举行，2016年中国国际电子信息创客大赛暨“云上贵州”大数据商业模式大赛同时启动。

本次大赛由工信部、贵州省政府以及中国科学技术协会联合指导举办，是电子信息、大数据领域第一赛，以“数据时代 智造未来”为主题，吸引英特尔、IBM、百度、腾讯、华为、京东等国内外IT巨头，中国电子科技集团、中国航天科工集团等高科技企业，赛伯乐、IDG、洪泰基金等投资大鳄，以及清华大学等知名高校参与。大赛分三轮进行，将最终决出21个“云上贵州”系列奖、8个单项奖、2个创新创业奖。其中，“云上贵州”系列奖的总奖金为500万元，获奖项目落地贵州将有机会获得总规模为1500万元的天使基金投资以及英特尔、IBM、华为等大型企业一对一帮扶。

据介绍，电子信息产业相关企业、机构、科技工作者和创新创业团队都可参加本次大赛，参赛项目为电子信息方向的新技术成果以及通过新一代电子信息技术改造传统行业的成果、大数据领域的创新及应用等。大赛将根据初赛结果，在北京、上海、深圳、广州、贵阳等地举行复赛。

2016中国电子商务创新发展大会暨贵阳国际大数据产业博览会新闻发布会纪实

2016年1月28日 上午10:00

人民日报社综合楼报告厅

2016中国电子商务创新发展大会暨贵阳国际大数据产业博览会新闻发布会将在今日上午10点举行。新闻发布会具体地点为人民日报社综合楼报告厅（北京市金台西路2号人民日报社）。数据观将对此次发布会进行全程图文直播。

徐昊：各位来宾、新闻界的朋友们，大家上午好。欢迎大家出席2016中国电子商务创新发展大会暨贵阳国际大数据产业博览会新闻发布会。

我们很高兴地请来了七位嘉宾出席今天的发布会，他们是：中国互联网协会秘书长卢卫先生，中国国际贸易促进会北京市分会副主任林彬女士，贵州省经信委副主任、贵州省大数据办主任康克岩先生，中共贵阳市委常委、贵阳市人民政府副市长刘春成先生，贵安新区管委会副主任李建峰先生，贵阳市人民政府市长助理刘刚先生，高德纳高管合伙人赵光博士。我是贵阳市人民政府副市长徐昊，很荣幸主持今天的新闻发布会。

出席今天新闻发布会的有来自全国各地77家新闻媒体的记者朋友们，欢迎你们的到来。

今天的新闻发布会有两项议程安排，一是发布2016数博会有关情况，二是回答记者朋友们的提问。

首先，有请中共贵阳市委常委、贵阳市人民政府副市长刘春成先生发布新闻辞。

刘春成：新闻界的各位朋友大家早上好，首先我代表今天参会的各位领导以及2016年中国电子商务创新发展大会和贵阳国际大数据产业博览会的主办单位、支持单位和协助我们办好大会的方方面面的机构，向今天来帮助我们传播、帮助我们介绍这个活动的各位媒体朋友表示衷心的感谢。

首先，我想向大家介绍的是活动的时间和地点。

2016年中国电子商务创新大会暨贵阳国际大数据产业博览会，我们现在已确定于2016年5月26日至29日在贵阳举行。继2015年举办了全球首届大数据国际博览会之后，我们将在同一时段举办第二届数博会，我们想把活动时间固定在这个时间段。

活动的主会场设在贵阳市国际会议展览中心和贵阳市国际生态会议中心。这是我们相对固定的活动场地。

接下来向大家介绍的是活动的主办方和协办方的相关情况。

在本次活动期间，我们将同时举办2016中国电子商务创新发展大会和2016贵阳国际大数据产业博览会，其中2016中国电子商务创新发展大会是由中国网络电视台主办，贵阳市人民政府承办。2016贵阳国际大数据产业博览会将继续由贵阳市人民政府、贵州省经信委、贵安新区管委会、中国国际贸易促进会北京分会、中国互联网协会等单位主办。

今年的协办单位在去年的基础上，又有一些增加和变化。协办单位有工信部工业文化发展中心、工信部国际经济技术合作中心、中国信息安全测评中心、中国信息协会大数据分会、Gartner咨询公司、赛迪顾问、中关村大数据产业联盟、中关村大数据交易联盟、中国数据中心产业发展联盟等知名机构。在第一届数博会基础上，我们的协办单位在业务领域的涵盖上、在大数据的全产业链和全生态的覆盖上，又进一步得到丰富。

中国电子商务创新发展大会是国内电子商务行业规模最大、层次最高、最具影响力的年度盛会。这个会议在贵阳连续举办了两届，今年由我们贵阳继续来做。贵阳国际大数据产业博览会，正如大家所知道的，是目前全球唯一的以大数据为主题的高端的专业展会。在贵州省委、省政府的大力推动和支持下，在国家发改委等有关部委的大力支持下，这两个活动将在2016年同一时段统筹举办，这样也就使得2016数博会成为全国乃至全球互联网大数据领域的一次盛宴。现在发展非常迅猛的大数据以及最具产业规模的电子商务既是热点，又代表了未来经济和技术发展。把这两个盛典一起来办，既能吸引众多的业界知名机构来参与，也能汇集强大的力量和丰富的资源。国际化、专业化的水平提升，将会是这次活动重要的追求。

下面，我向大家介绍一下活动主题。

本次电子商务大会将围绕促进电子商务的健康快速发展为核心主旨，会议通过开幕式、分论坛、展览展示和颁奖盛典等活动全方位呈现电子商务的政策环境、技术、应用和发展趋势。

本次数博会的主题是“数据创造价值、创新驱动未来”，这是我们长期秉持的主题。活动将围绕国际化、专业化、高端化和可持续化的总体定位，打造具有权威影响力的综合性的博览会，汇聚全球大数据行业的精英，共同探讨大数据发展的关键问题和发展趋势。同时，我们希望通过这次盛会来展示全球大数据方面的新发展和新成绩，包括新的产品、新的成果和解决方案，以搭建产业供需两端的对接平台。接下来我和我的各位同事、我们的合作单位也会就这个问题给各位朋友做深度的解读。

去年数博会期间我们设立了国际精英馆，举办了创新大赛，做了一些创新方面的应用。今年的数博会将在去年的基础上增加新的内容，届时也会邀请国际和地区友人来参加，这是2016年的一个大的亮点。通过这些活动，我们希望让数博会能够涵盖技术研发、系统集成、市场应用、产品制造以及全产业链的产业发展生态等多个领域。

同时，在展会期间，我们还将组织专场论坛，重点突出大数据技术和产品交易以及企业自主的活动，包括他们项目的发布、项目投资以及合作签约等。我们相信在这样一个展览会上，大家既会看到大数据领域新的思路、新的业态、新的形势，也会看到一些非常务实的规模化的项目推进、产业发展态势以及企业在大数据领域的最新实践结果和市场合作的成果。

这就是我们所说的“同期两会”，在一个高水平的展览会上，同期举办两个大会。

接着我要介绍“一赛”。一赛是2016中国国际电子信息创客大赛暨“云上贵州”大数据商业模式大赛。大家知道我们去年曾经做过这样一个活动，也产生了非常好的效果。去年各位新闻朋友在报道中，就对一些项目做了非常好的介绍。比如说像我们“货车帮”项目就是通过去年的大赛得到了认可，并进一步得到了发展的典型项目。它现在已经是大数据领域通过数博会发展起来的典范。

今年的大赛，我们还会有新的特点，这些特点突出国家级、国际性的定位，注重与国内外有影响力的企业进行合作，强调引导优胜项目落地。为了达到这个目的，我们现在已经落实了国家工信部来作为大赛的指导单位，同时有中国电子学会、清华大学、贵阳市人民政府、贵安新区管委会、贵州省经信委来共同主办。合作机构包括中电科技、航天科工、英特尔、华为、阿里巴巴、百度、腾讯、京东等机构。这些机构既是大数据领域的龙头企业，同时又对大数据新兴技术和新的产业业态投资非常有兴趣。

这样做的目的是将数博会打造成为一个各方参与、共享共赢的平台。

在介绍完“同期两会”“一展一赛”之后，我向大家介绍的是在2016数博会期间还会举办一系列的活动，大概包括这么几个方面：

第一，我们会举办一批主题活动。我们将通过组织实施实地考察观摩，举办相关的交流会、专题洽谈会、交流酒会，开展一系列中外合作等主题活动，把办会和引资、引才、引智工作结合起来，为政府、企业、投资机构和创新创业者之间搭建一个合作交流的平台，借此把数博会打造成一个有影响力的创新创业平台。

第二，企业的系列活动。在2016年的数博会上，国内外有关重要企业在数博会上将举行以企业为主导的市场化和商业化的活动，比如戴尔大中华区2016年的 CSO 年会就将在数博会期间来举办。届时还将会有大量的上下游相关企业、团队以及专业观众来参加。我想向大家说的是，像这样高水准的、由国际大的企业和国内著名企业主导的商业活动，将来还会有一批。随着筹备工作的推进，我们也会不断地把这些情况向大家做及时的通报，让更多的业界相关人士了解信息，以便他们更多地获得有价值的信息，增加我们合作的机会。

第三，贵州大数据综合试验区的系列活动。大家知道贵州现在已经是国家首个大数据的综合试验区。围绕国家大数据战略贯彻落实，我们开辟了综合试验区创建成果的主题展区，举办了大数据综合试验区建设的主题论坛。将来我们还会召开国家级大数据综合实验室的高端咨询会，届时会邀请国家相关部委、科研机构、各种大数据相关支撑机构以及未来的产业工作合作单位来参加会议。

总之，关于活动的筹备，其实我们在2015年数博会结束之后就已经开始。我们也深切感受到2015年数博会之后，广大的媒体朋友一直以非常高的热情和很专业的水平，帮助贵州、帮助贵阳传播大数据发展的情况，支持我们在大数据领域的一些创新。非常感谢大家及时把我们的一些做法向社会介绍，为我们提供非常有价值和有意义的建议和意见。这些意见和建议在我们不断改进工作、不断提升大数据实践方面发挥了巨大的作用。所以，从现在到2016年数博会举办的几个月时间中，我们将一如既往地通过我们的官网和各种渠道及时发布我们的准备情况，也恳请各位继续对我们的工作予以关注。

最后，我也代表大会组委会诚挚地邀请各位媒体朋友在5月26日至29日，再次莅临爽爽的贵阳。同时我们真诚地希望通过在座的各位媒体朋友，我们的自媒体、新媒体，通过各种方式，把数博会、把贵州发展的好声音更加响亮、更加清晰地向全国、向世界传播。

最后，再一次地感谢大家。谢谢！

徐昊：感谢刘春成先生的发布，下面进入记者提问阶段。由卢卫秘书长、林彬副主任、康克岩副主任、李建峰副主任、刘刚助理和赵光博士回答大家关心的问题。

下面请记者提问。

《数据观》：我是数据观的记者，想请问一下卢卫秘书长，2016年贵阳的数博会在论坛设置方面有哪些特点和安排呢？

卢卫：谢谢您的提问。为了把2016年贵阳国际大数据产业博览会在去年的基础上办得更具规模、更具影响力、更加精彩，我们在论坛设置方面做了大量的调查研究和征求意见。我们从三个方面开展本届数博会的筹办工作：

第一个方面，认真总结上一届大会的经验，更加注重论坛成果的务实性、价值性和创新性，确保论坛的设置更加适应大数据发展的实际。

第二个方面，充分考虑国际的引领效果，进一步明确数博会国际化、专业化、高端化和可持续化的定位，确保论坛的设置符合我们产业发展的趋势。

第三个方面，广泛征求意见。听取各界的意见，包括政府部门、院士专家学者以及大数据企业的意见建议，确保这个论坛紧扣政策导向，引领行业发展，贴近企业需求。在这个基础上，我们正在策划一些方案，虽然具体的方案还没有完全出来，但是在策划方案过程中我们想聚焦以下几个方面：第一，大数据与社会发展。重点围绕大数据支撑国民经济、服务社会治理等话题来展开。第二，大数据技术。重点围绕大数据产业相关的一些硬件、软件、大数据处理等一些技术方面的内容展开研讨。第三，大数据应用。重点围绕大数据与工业、农业以及服务业等产业深度融合、深度应用方面来展开。第四，大数据安全和隐私保护。我们想重点围绕国家信息安全征信体系建设、个人隐私保护等方面展开一些讨论。

总之，我们的论坛在议题设置上会围绕这几个方面来设计方案。

记者：我想请问一下林彬女士，本届数博会在办展的思路上和去年相比有哪些不同？

林彬：参加去年数博会报道的媒体记者都知道，2015贵阳国际大数据产业博览会暨全球大数据时代贵阳峰会，是全球首届数博会。北京市贸促会作为主办单位之一参加这项活动，主要是发挥其办展的优势。对于我们来说，这也是一个崭新的展会。我们工作的重点主要是集中在博览会的策划、宣传、招展和加工邀请等几方面。经过贵阳方面以及中央、北京市很多相关单位的共同努力，首届数博会非常成功，不仅参展企业和嘉宾来自国内大数据领域的顶尖企业，几乎所有的行业领军人物都悉数到场，而且展览会、峰会和论坛也都达到了我们展会的预期目标。在“互联网＋”时代，如何办好大数据领域的博览会，探索适合大数据产业发展，促进大数据领域企业成长的办展模式，是我们组委会一直在思考的问题。从长远来讲，数博会是否成功，主要看它能否为企业创造价值，能否为行业、专业人士提供前沿科技成果和信息。

经过对首届数博会活动的总结，以及对国外同类展会的深入研究，我们将在以下几个方面为2016年数博会做好筹备工作。

一是建立政府搭台、企业唱戏的办展模式。纵观国内外大型展会，参展企业和行业专业人士是活动的主要角色。2016年数博会将定位于大数据产业发展平台，为企业提供商业合作的平台，为专家学者提供深入交流前沿技术，让企业充分展示自身产品技术成果，让大众创客创新创业。为此，组委会在今年的筹备启动以后特别鼓励企业在展台展示的同时，充分利用数博会专业平台进行新品发布、项目推广、技术交流。组委会为此还专门设置活动的场地，满足不同企业的需求，提升企业的参展效果，为专业观众提升观展质量，使参展企业成为展会真正的主角，体现更加务实的办展办会理念。

二是扩大展会的国际化程度。任何一个展会的国际化程度都是展会影响力和生命力的重要体现。数博会组委会的目标就是把数博会打造成为国际化、专业化的平台。2016数博会在去年展会的基础上积极引进国际资源，邀请国际知名组织、企业、专家在展览论坛方面进行合作。目前我们已经和全球权威 IT 研究与顾问咨询高德纳公司签署了战略合作协议，高德纳公司的赵光博士今天也来到我们新闻发布会的现场。我们还邀请美国国家大数据战略筹委会的成员、计算机领域顶级专家、犹他州大学科学计算与成像研究院主任 Johnson 访问贵阳，并委托他邀请美国有关专家出席数博会，发表展示最新研究成果。此外，组委会还与全球移动通信领域最具影响力的西班牙世界移动通信大会组委会合作，共同举办论坛和邀请国际嘉宾。数博会也得到了国际企业的支持与参与，目前戴尔公司决定将其大中华区年度最高级别的客户会议安排在数博会期间举行，谷歌、微软、英特尔等行业巨头也都表示将在数博会期间，展示他们最先进的产品和技术。众多国际企业的参与，为数博会国际化提供了保证，也必将提升数博会在国际上的知名度。

三是充分利用信息化平台，办好展会。目前全球已进入“互联网 +”时代，组委会将充分利用信息化的管理平台，参考借鉴国际知名展会经验，把数博会打造成为国内领先的大型展会。2016年数博会将在首届数博会的基础上，充分利用移动互联网和大数据相关技术，提升展会管理系统，完善会议嘉宾管理系统，实现“互联网 + 大数据 + 会展业”的创新实践，使展会参与者更加专注于展会和会议内容，减少流程，提升参与体验。我们期待再次与各位聚首贵阳，希望在媒体朋友的帮助下，让越来越多的专家学者、行业领军人物、企业家、青年创客都参与到大数据领域的这项重要活动当中。

谢谢大家。

记者：请问一下康主任，贵州在发展大数据过程当中，一直特别注重数博会这个平台，这是基于什么样的考虑？另外，今年数博会在创新创业方面有什么亮点？

康克岩：2015年在贵阳举办的首届大数据博览会，可以这样说，它已经成了中国以大数据为主题的一个非常有影响力的盛会，就像乌镇世界互联网大会一样，可以说在业界已经无人不知、无人不晓。有一位中科院院士在一场很大的会议上发言说，很遗憾，没有能够出席2015大数据产业博览会这个盛会，他很想来参加2016年的这个会。数博会为什么会有这样的影响力？我想原因是这样的：贵州省的有关主办单位以及其他的主办单位和协办单位从搭建这个平台的时候，就是基于为全球、为中国的产业界、学界、政府包括创业者，搭建一个让他们来交流、展示、交易的平台的目的。他们是主角，我们始终这样坚持，一直都是为主角服务在进行策划。当然，我们不敢讲，我们一切都做得面面俱到。第一次举办这样的活动，我们也缺乏经验，所以，就把这样的会议做到这样的高度。从另一个层面上讲，客观上数博会也成了贵州省对外开放的重要平台，省里现在考虑把它提到一个更高的高度。在贵阳举办的另一个活动——生态文明贵阳国际论坛，现在已经是国家层面的活动了，省委省政府决定要把数博会作为像生态文明论坛一样重要的开放平台进行打造。关于2016年的活动，刚才刘春成市长、卢卫秘书长和林彬副主任发布了很多消息，和我谈的是一致的。

说到创新的问题，去年的大赛赢得了很多创业者乃至草根创业者的高度关注和参与，有8615支队伍参加了“云上贵州”商业模式的大赛，涌现出了一些非常值得期待的企业，我想这也正是大赛的意义。大家如果有兴趣，可以关注一下那些获奖的企业，尤其是在前几名的企业，它们完全有可能成为中国历史上非常重要的大数据企业，值得我们持续关注。相比去年，我们更加注重对2016“云上贵州”大赛的策划，为他们搭建平台、整合资源。刚才春成副市长发布的时候也谈到这些信息，像英特尔、IBM和华为这些巨头，都会提供它们的平台支持这次参与大赛的团队，获奖的团队以后还可以继续在这些公司的平台上发展，获得资源的支持。

谢谢您提出的问题。

记者：请问康主任一个问题，本届数博会在学术交流和产学研转化方面有什么样的考虑和设想？

康克岩：实话实说，太细的题目，我参与得比较少一些，我主要专注在大赛方面。你提到这个问题，我们也一直在研究和探讨中，今年的特点是更加务实。我觉得卢卫秘书长刚才对一些问题的回答，基本上涵盖了你刚才提的问题。我们将更加务实，更加专注于国务院《促进大数据发展行动纲要》中提出来的，要用大数据来提升政府治理能力，要用好大数据来促进政府服务民生的现代化水平，也要用大数据推动产业的转型升级。这应该是今年论坛中产业界、学界和政府界交流的最热门的话题，这不仅仅是一些技术范畴。

《灯塔大数据》：我是中国电信北京研究院自媒体灯塔大数据，想问一下刘春成副市长，在大会的企业展览这块，对于企业参展，我们有什么样的筛选模式？有什么样的优惠政策？

刘春成：非常愿意回答这样一个技术性的问题。

第一，我想和各位通报的是在2015年数博会结束后，有70%左右的企业表示愿意参加2016年的数博会展览，所以今年我们的展览面积会比去年有所增大，去年是4万平方米，今年的展览面积会增加到6万平方米。

第二，在展览方面，正如刚才林彬女士也讲到，本届数博会的展览，我们起步的时候就是按照国际顶级展会的组织方式进行设计和组织。我们借鉴了像大家最近刚刚看到的拉斯维加斯电子展，包括3月份即将举行的汉诺威的展览，同时我们也和全球顶级的通讯类企业如 GSM 公司在沟通合作。因为大数据企业有两类，既有龙头的超大规模的国际跨国公司，也有非常大量的创新创业的新生企业，所以在这方面我们制定了一套完整的展览的标准。这个标准从我们数博会的官网和我们专门的负责组织部门都可以获得，它详细描述了展览的规模，对参展企业的要求和可能得到的支持以及我们对不同区域分布的考虑。

第三，今年我们展览会有一些新的特点。去年我们在展会中特别提出了“三个友好性”，对参展商的友好，对观众的友好，对媒体朋友的友好。2016年我们在坚持这三个友好性的基础上，还会在展览的统一性、展会本身的氛围营造，体现大数据生态的完整性，体现大数据产业的一些特点等方面下足功夫。特别是今年我们还有大数据和电商的结合，我们想这里面一些新的内容会逐步地展现出来。从目前看来，招展的情况进展得很顺利，针对各个企业不同的情况，我们对不同的企业给予相应的支持和帮助。我们也可以提供非常详细的手册。谢谢。

记者：请问刘刚先生，去年贵阳市成功举办了首届大数据博览会，也引起了业界的广泛关注。我想请问今年的数博会在去年的基础上有没有什么突破和创新？包括在功能定位或者内容设计方面？谢谢。

刘刚：感谢这位记者的提问。2015年在党中央、国务院的大力支持下，在国务院相关部委的指导下，在有关部门的配合下，可以说数博会取得了圆满成功，得到了国内外业界的一致认可，同时也给我们带来了不小的收获。对于2016年的数博会，我们将从五个方面策划和筹备。

一是定位方面要突出高端国际。围绕高端化和国际化的定位，我们重点面向全球互联网大数据产业发展及应用领域，邀请一批顶级企业及其领导人，一批权威性的学者专家，一批具有较高知名度的高校研究机构的代表，一批有重要影响力的媒体代表，一批行业标杆性的中介机构、标准组织和协会联盟等“五个一批”机构及嘉宾参展参会，力争将数博会办成国际代表性的高端大会。

二是功能上推出产业对接。围绕搭建产业供需两端的对接平台，打造涵盖技术研发、系统集成、市场应用、硬件制造、全产业链的产业生态展的目标，重点邀请国内外大数据核心业态、衍生业态、关联业态的各类企业，以及在大数据发展领域具有特色的城市和地域参展。集中展示大数据的新技术、新产品、新应用、新成果。

三是突出行业引领的特征。搭建平台，会聚行业领军人物、权威性的专家和普通从业者相互交流、分享思想、探讨趋势、把握脉搏。同时，重要的参会企业在博览会期间，分别召开新技术、新产品、新成果的发布会，组织第三方权威咨询机构、重要智库、产业联盟发布大数据发展及应用领域的专业指数及行业报告。

四是突出创新创业的氛围。通过与国内外知名的创客组织机构，针对创新创业者举办系列专场活动，包括创新项目发布、创新项目众筹、优秀项目选拔、创业项目路演等，推动创业项目与投资机构之间形成良好的互动和转化，依托数博会打造全国最具生态的创新平台和示范城市。

五是推出众筹办会的模式。按照政府搭台引导、企业主体参与的原则和众筹办会的思路，通过引入企业利用数博会平台，开展自身的系列商业活动，包括企业有偿服务、用户大会、开发者大会、渠道商大会、产品发布大会、技术推广大会等形式，筹办好2016年的数博会。通过办会理念，办会模式及办会内容等方面不断创新和提升，贵阳数博会将越来越精彩，贵州大数据在应用开发、为民合作等各方面将会越来越深入。谢谢。

记者：这个问题提给李建峰副主任，作为本次数博会的主办方之一，贵安新区在建立大数据发展方面，尤其在惠民以及创新创业方面有什么亮点跟我们说一下吗？还有将来在这方面有哪些规划？谢谢。

李建峰：感谢对贵安新区的关心。贵安新区大家可能也知道是2014年1月份国务院批准设立的第八个国家级的新区，它也是我们贵州加快发展的一个重要的平台。大数据产业是我们贵州坚持生态和发展两条底线，实现后发赶超的战略选择。贵安新区像刚才这位记者提到的，在创新和民生方面也是贵州通过大数据产业发展的主战场之一，为了达到这种创新的目的，加强自身的发展建设，贵安新区也会从几方面着手相关的工作。

第一，加强规划的落实。贵安新区在省委省政府的大力支持下，已经制定了基于我们的产业链的协同、创新发展的要求以及大数据的发展等相关方面的工作规划。通过这些规划的实际落地，让惠民、利民的工作实实在在地推进下去。更重要的一点，通过规划的落实，使得我们贵安新区在一些大数据以及创新发展的基础建设方面，迅速达到一个新高度。

第二，提升自身的服务能力。贵安新区将以大数据产业发展集聚区为重要的载体，以云计算和大数据应用为重要的抓手，全面提升我们贵安新区对大数据的集合能力、加工能力和应用服务能力，提升我们服务民生、创新创业的基础能力。

第三，打造产业业态。贵安新区将结合自身实际情况，立足现实，着眼高端，确定重点，推进我们的产业业态，形成一个产业集群，比如我们会推进智能终端业态的发展。我们的电子商务、互联网金融、智慧城市、软件外包等都跟我们当地的惠民政策以及创新是密不可分的。

第四，形成生产力。通过这几年的发展，已经有一些国际国内知名的大数据企业在跟贵安寻求合作，我们大数据产业的规模以及就业人数都在迅速地发展。

下一步，我们想再进一步地聚集一些高潜力、高增长性、具有竞争力的骨干企业来形成更大的聚集效应。当然，贵安新区也希望借助数博会这样的平台，借助我们在座的这些媒体，吸引更多优秀的大数据相关企业来到贵安新区这片热土，在即将到来的大数据时代，为贵安新区、为贵州留下浓墨重彩的一笔。谢谢大家。

记者：请问赵光博士，众所周知，高德纳公司是全球知名的IT与咨询顾问公司，从刚才新闻发布会，我们可以感受到，贵阳市政府也非常重视与高德纳公司的合作，我请教的问题是，赵光博士是否可以结合自己对电子商务和大数据这两个细分领域的一些观察，国内外的一些经验，谈一谈高德纳公司如何利用自己的一些资源，让本次大会更加国际化、专业化？谢谢。

赵光：非常感谢给我压轴的机会。首先说一下我们的观察。高德纳是一个全球信息技术研究与顾问公司，在全球范围内对8000多个企业、政府单位提供研究与顾问服务。在政府方面，上至美国白宫、联邦政府、国防部，下到中层的省、州，一直到城市，多个级别的政府单位都由我们提供咨询服务。我们观察到贵阳市政府领导团队，政治意愿上非常独特和突出。其他和我们合作的政府单位，多半把焦点放在政府自身，比如说电子化开放、数据驱动、数字化、智能化，主要目标是管理社会。但贵阳市政府走出了政府自身数字化的范围，着眼于驱动经济的发展、帮助企业营造竞争的氛围以及将来的可持续发展的机制。从这个角度来讲，我们认为贵阳市领导团队的政治意愿是非常非常强，非常独特，也是非常领先的。

继续回答这位记者的提问，高德纳作为信息技术研究与顾问公司，从专业化、国际化的角度出发，在帮助贵阳市打造数博会方面，主要工作还是落在内容对接上。内容对接大概有三个方面，一是战略思想，二是战略技术，三是实践。

第一，战略思想方面。以往国内的政府单位或者企业，很注重技术的引进、技术的实践、技术的创新。这一次和贵阳市政府合作，我们特别清晰地体会到，贵阳市包括贵州省非常注重战略思想的先进性，注重战略思想与国际的对接，这也是我们以前在别的市政府、别的单位中没有观察到的具有特殊性的一方面。比如说数博会整体的战略思想，从IT转型到数字化、平台化甚至对接到互联经济，贵阳市政府是非常清楚的，可以从前台展会和日常工作的各个方面体现出来。虽然数博会只是其中一个窗口，但是顶层的战略思想非常清晰。战略思想这一块我认为贵阳非常突出，不仅对接国际化、专业化，而且把陈刚书记、春成市长和徐市长的创新思想都融合在一起。

第二，战略技术方面。从高德纳公司的观察角度，今年全球的趋势，包括我们贵阳数博会的焦点，都会聚焦在收集客户和公民的体验大数据上。实现的方式是智能机器，这个智能机器可能是一个硬件，可能是一个机器人，也可能是一个虚拟的个人手机。

第三，实践方面。高德纳对全球的政府、公司，在信息化转型、数字化转型方面都有一个划分。第一类是领跑者，它的IT预算、应用模式、队员的绩效考核都不一样。第二类是跟随者，它只要技术不落后，有刚性的产出，能赚钱就可以了。第三类是落伍者。在实践上，我们看到贵阳市政府不仅仅把眼光聚焦在领跑者，而且也聚焦在跟随者，甚至落伍者。我觉得贵阳市政府是以综合的眼光带领大家去审视作为国家战略框架的大数据。作为一个平台，数博会为中国甚至全球的大数据行业，扮演了引领化、专业化、国际化的角色。非常感谢您。

徐昊：谢谢赵光博士。

记者朋友们，由于时间的关系，今天的记者提问就到这里。刚才刘春成先生向大家介绍了2016数博会的总体策划和筹备方面的情况，卢卫秘书长、林彬副主任、康克岩副主任、刘刚助理和李建峰副主任、赵光博士分别回答了大家的问题，感谢新闻媒体的朋友们出席今天的新闻发布会，并且踊跃提问。

今天的发布会，应该说信息量大、内容丰富，通过今天的发布会，我们相信会让社会各界，特别是业界的朋友更多地关注和了解2016数博会的进展情况。我想借这个机会把前面几位发言发布的内容概括为几个主题词，这样方便新闻媒体朋友更准确、更快捷地掌握一些信息。

刚才在发布过程和回答记者提问过程中，有一些我理解的关键词和重要内容。一是关于数博会的定位，在春成副市长的发布辞当中，专门提到了数博会将坚持国际性、专业性、权威性和可持续性的定位。同时，数博会重点体现四个功能：一是行业的展示，二是企业的发布，三是业界的交流，四是企业之间的交易。

在整个会议期间，我们会做到三个结合。一是前瞻引领和商业合作的结合，二是权威性与草根性的结合，就是刚才大家提到了关于专业展会和创业创新的问题。三是专业办展与众筹办会的结合。同时，为了保证数博会的可持续性，组委会经过研究，明确了三个固定，就是今后数博会的举办将固定时间、固定地点和固定内容：在一个时期之内，数博会的时间是在每年的5月26—29日，地点是在贵阳国际会展中心，内容主要是会、展、赛。

在回答问题的过程当中，我觉得各位嘉宾反复体现了一个核心思想，我把这个核心思想提炼为两个字，叫“期待”。即在数博会上，我们期待会出现行业里面最新的技术、最新的成果和最新的应用。还有一个期待是未来中国乃至全球在大数据领域的明星企业、龙头企业和领军人物，会在这个平台上孕育、被发掘和展现。

我们会继续以适当的方式陆续推出和发布数博会最新的重要动态和进展情况，也期待媒体界的朋友们在2016年5月26—29日，初夏时节，聚焦“爽爽的贵阳”，聚焦全球大数据。数据创造价值、创新引领未来，今天的发布会到此结束。

谢谢各位！

2016数博会将于5月26日至29日在贵阳举行

2016年1月29日《贵州都市报》

1月28日，2016中国贵阳电子商务大会暨贵阳国际大数据产业博览会（以下简称数博会）新闻发布会在北京举行。

据贵阳市委常委、副市长刘春成介绍，大会将于2016年5月26日至29日在贵阳举行，主会场设在贵阳国际会议展览中心和贵阳国际生态会议中心。活动将围绕“国际化、专业化、高端化、可持续化”的总体定位，打造具有权威影响力的综合性博览会。

打造全球互联网大数据盛宴

中国贵阳电子商务大会是国内电子商务行业规模最大、层次最高、最具影响力的年度盛会，贵阳国际大数据产业博览会是目前全球唯一以大数据为主题的高端专业展会。今年5月，两个活动首次实现统筹举办，将促使2016数博会成为全国乃至全球互联网大数据领域的一次盛宴。

其中，2016中国贵阳电子商务大会由中国网络电视台主办，贵州省发改委、贵阳市人民政府承办；2016数博会由贵州省经信委、贵阳市人民政府、贵安新区管委会、中国国际贸易促进委员会北京市分会、中国互联网协会主办，由工信部工业文化发展中心、工信部国际经济技术合作中心、中国信息安全测评中心、中国信息协会大数据分会、Gartner咨询公司、赛迪顾问、中关村大数据产业联盟、中关村大数据交易联盟、中国数据中心产业发展联盟等单位协办。

今年数博会“5个突出”

突出一：“高端国际”定位。今年的数博会面向全球互联网、大数据产业发展及应用领域，邀请了一批顶级企业及其领导人，一批权威性的学者、专家，一批具有较高知名度的高校、研究机构的代表，一批有重要影响力的媒体代表等。

突出二：“产业对接”功能。围绕搭建产业供需两端的对接平台，打造涵盖“技术研发—系统集成—市场应用—硬件制造”全产业链的产业生态发展目标，集中展示全球大数据的新技术、新产品、新成果和新应用。

突出三：“行业引领”特征。搭建平台，汇聚行业领军人物、权威学者专家和普通从业者，相互交流、分享思想，探讨趋势、把握脉搏；同时，组织重要参会企业在博览会期间分别召开新技术、新产品、新成果的发布会。

突出四：“创新创业”氛围。通过与国内知名的创客组织合作，推动创业项目与投资机构之间形成良好的互动和转化，依托数博会打造全国最具生态特色的创新创业城市。

突出五："众筹办会"模式。通过引入企业利用数博会平台开展自身的系列商业活动，包括企业有偿服务、用户大会、开发者大会、渠道商大会、产品发布会、技术推广大会等。

全方位呈现大数据成果

同去年一样，国际大数据产业博览会将是活动中的重头戏。预计此次大会展览面积达到6万平方米，拟邀请国内外500家大数据企业。

值得一提的是，本届展会将专设大数据城市发展馆，重点展示贵州大数据综合试验区建设成果，并邀请国内外其他城市和地区参展。同时，展会期间将组织专场，重点突出大数据技术与产品的交易、项目投资与合作的签约。

大会将同期举行2016中国国际电子信息创客大赛暨"云上贵州"大数据商业模式大赛。合作机构包括中电科技、航天科工、英特尔、IBM、华为、阿里巴巴、百度、腾讯、京东等行业龙头企业。

此外，大会期间还策划了实地考察观摩、主题酒会、开展中外合作等系列主题活动，邀请国内外有关企业举办系列商业活动，如戴尔大中华区2016年度 CXO Summit 等。

（贵阳网黔咨询等网站转载）

2016数博会五月开幕
将举办同期两会一展一赛

2016年1月29日 中国大数据产业数据观察网

1月28日，2016中国电子商务创新发展大会暨贵阳国际大数据产业博览会（以下简称数博会）新闻发布会在京举行，贵阳市委常委、副市长刘春成通报2016数博会最新筹备情况，副市长徐昊主持新闻发布会。

今年的大会将以“数据创造价值、创新驱动未来”为主题，围绕“国际化、专业化、高端化、可持续化”的总体定位，致力于将贵阳数博会打造成为具有权威影响力的综合性博览会。

根据安排，大会将于2016年5月26日至29日在贵阳举行，主会场设在贵阳国际会议展览中心和贵阳国际生态会议中心。大会期间，主要开展“同期两会、一展一赛”及系列活动。

其中，“两会”即中国贵阳电子商务大会、全球大数据时代贵阳峰会。两个大会拟邀请党和国家领导人致辞，邀请国内外著名企业家、权威专家学者等发表主旨演讲，并发布行业权威报告、指数等。在此基础上，贵阳峰会还分别策划若干分论坛。

“一展”即贵阳国际大数据产业博览会。预计展览面积6万平方米，设置精英企业、大数据应用及服务、智能制造及设备、电子商务、互联网创新应用等版块，拟邀请国内外500家大数据企业参展。同时，将专设大数据城市发展馆，重点展示贵州大数据综合试验区建设成果。

“一赛”即2016中国国际电子信息创客大赛暨“云上贵州”大数据商业模式大赛。

在系列活动方面，大会组委会策划了实地考察观摩、主题酒会、开展中外合作等系列主题活动，同时还将邀请国内外有关企业举办系列商业活动，如戴尔大中华区2016年度 CXO Summit 等。此外，围绕国家大数据战略的贯彻落实，大会还将专门开辟综合试验区创建成果的主题展区，举办大数据综合试验区建设的主题论坛，召开国家级大数据综合试验区高端咨询会。

2016数博会"痛客计划"新闻发布会纪实

2016年3月1日 上午10:00

北京市朝阳区国家会议中心

2016中国电子商务创新发展大会暨贵阳国际大数据产业博览会"痛客计划"新闻发布会即将开始，数据观（www.cbdio.com）记者将给大家带来全程图文直播。

徐昊：尊敬的各位来宾，新闻界的媒体朋友们，大家上午好！欢迎大家出席2016中国电子商务创新发展大会暨贵阳国际大数据产业博览会"痛客计划"新闻发布会。我是贵阳市人民政府副市长徐昊，很荣幸能主持今天的新闻发布会。

当前，经济发展越来越离不开新经济的支撑。而要保证新经济的持续增长，除了技术和商业模式的创新，还需要在战略设计层面进行持续的探索和创新。"痛客计划"就是贵阳推出的这样一个探索与创新。

作为“痛客计划”的开端，全球首个以“痛客”为主角的比赛——首届“中国痛客大赛暨社会共治·企业信用痛点”主题大赛即将鸣锣开赛。紧随其后，“痛客梦工厂”平台将从无到有，为中国双创带来供给侧改革探索。

为了使大家了解相关情况，今天我们在这里举行新闻发布会，下面我介绍一下出席今天发布会的有关领导和嘉宾。他们是：中共贵州省委常委、贵阳市委书记陈刚先生，国家工商总局企业监管局副局长洪丹先生，电子科技大学教授、博士生导师、大数据研究中心主任、中央电视台2015年度十大科技创新人物、贵州数联铭品科技有限公司首席科学家周涛先生，贵阳市人民政府副市长高卫东先生，贵州数联铭品科技有限公司董事长曾途先生，以及贵阳市相关的领导和同志。

今天的新闻发布会得到了中央媒体、地方媒体、行业媒体、网络媒体，以及广大自媒体的广泛关注和大力支持，共有80余家媒体、近百名记者专程莅临出席这次新闻发布会。

今天的新闻发布会共有三项议程。第一项，发布“痛客计划”有关情况；第二项，回答记者朋友们的提问；第三项，启动“痛客计划”。首先请贵阳市人民政府副市长高卫东先生发布并介绍“痛客计划”总体情况。

高卫东：尊敬的各位嘉宾、媒体界的朋友们，大家上午好！

在介绍“痛客计划”之前，我先简要向大家介绍一下什么是痛客。“痛客”，先从痛点说起——痛点是指目前尚未被满足而又被广泛渴望的需求。比如打车难是痛点，于是有了打车软件；餐馆林立难以甄别是痛点，于是有了大众点评。痛点是产生创意、催生创业的先决条件。我们把提出痛点的人，称作“痛客”。痛客能够从各种社会现象和问题中，找到普适性的尚待解决的关键要素，形成并提出痛点。这是一个全新的概念，也是“痛客计划”首次提出的。

当前，我国正大力推进“大众创业、万众创新”，这是我们发展的动力之源，也是富民之道、公平之计、强国之策，对于推动经济结构调整、打造发展新引擎、增强发展新动力、走创新驱动发展道路具有重要意义。而痛客，正是“大众创业、万众创新”浪潮中的重要驱动力。当前要支撑创新经济的持续增长，除了依靠技术模式的创新，还需要在战略方向设计上的创新，而“痛客计划”，正是这种战略创新的探索。

“痛客计划”，就是以解决痛点为导向，汇聚以痛客为代表的社会智力资源，并以资本要素、价值链驱动等多方面进行立体化整合的计划。我们希望通过此次计划，去创造一种新的社会需求和解决方案的管理机制，即通过互联网化的数据平台，从社会痛点问题出发，通过大赛筛选出有效的重要的痛点，入库痛客“思维仓库”，再通过数据平台集聚创客民智，集中重点智力、行政和商业资源，解决重点问题。对于痛点问题的解决方案通过孵化形式，形成商业解决，通过市场力量持续经营。

“痛客计划”是从需求端出发，发挥民智提出的各行业痛点，再由一个先进的云平台将痛点入库，与创业者、资本形成闭环。源源不断的痛点将造就一次次高质量的创新，最终引发社会各行业革新。所以我们认为，无痛不变，无痛不新，无痛不进。这里的“变”指的是变革，这里的“新”指的是创新，这里的“进”指的是社会的进步。

“痛客计划”将分为两个阶段实施。第一个阶段，举办中国痛客大赛。通过比赛，汇聚第一批痛客。今天我们将启动全球首个以“痛客”为主角的比赛——首届“中国痛客大赛暨社会共治·企业信用痛点”主题大赛。本届大赛是在国家工商总局的指导下，由贵阳市人民政府、贵州省工商行政管理局主办，贵州双龙航空港经济区管委会、BBD（数联铭品）承办的全国性比赛。首次大规模地、系统性地发掘痛客及痛点的价值。5月下旬，大赛总决赛将在贵阳国际大数据产业博览会期间举行。以后，我们将以更多的形式，营造和倡导痛客文化，提升“痛客计划”影响力。第二个阶段，是依托于“痛客梦工厂”平台长效运行。以“痛客”大赛为基础，贵阳市将携手数联铭品，打造“痛客梦工厂”平台。该平台将是“痛客计划”日常运行的基础平台，旨在汇聚最具创造性的“痛客”和“痛点”，持续形成创新源泉，推进产业发展。目前，该平台正在建设之中，预计6月初正式上线。

总之，“痛客计划”将是政府搭台、“痛客”唱戏，充分点燃“痛客”的创造力，必将推进双创供给侧的改革，成为中国经济创新新引擎。以上是我关于“痛客计划”的一个总体介绍。谢谢大家。

徐昊：感谢高卫东先生。“痛客计划”不仅给我们带来了“痛客”这样一个新的名词，更代表着一种新的战略探索，而整个计划的开端就是中国“痛客”大赛。下面，请贵州数联铭品科技有限公司董事长曾途先生介绍中国“痛客”大赛总体情况。

曾途：各位嘉宾、媒体界的朋友们，大家好。刚刚高市长介绍了“痛客计划”的总体情况。在这项计划中，率先启动的就是中国痛客大赛。本次大赛的全称为“首届中国痛客大赛暨社会共治·企业信用痛点主题大赛”。它是在国家工商行政管理总局指导下，由贵阳市人民政府、贵州省工商行政管理局主办，贵州双龙航空港经济区管委会、BBD（数联铭品）承办的全球首个以“痛客”为主角的比赛。

下面，作为本次大赛的承办方之一，我就首届中国“痛客”大赛的情况做一个介绍。参赛要求：本次大赛的主要参赛者，分为“痛客”和“创客”两种角色。“痛客”，是指通过比赛平台提出痛点的人。“创客”，是指通过比赛认领痛点并提出解决方案的人。政府机构、企业、社会组织和自然人，可以“痛客”身份参赛，企业、社会组织和自然人，可以“创客”身份参赛。参赛的痛点，应代表当前被广泛渴望而目前尚未被满足的需求，但尚无成功的解决方案；符合SMART原则，即具体、可量化、可实现、可证明、有时间计划的痛点。参赛创客提交的商业计划书，应具有创新性，具有一定的社会和市场价值。赛制及流程：本次大赛，分为报名、初赛、复赛、决赛和成果推广五个阶段。其中，“中国痛客大赛”和“社会共治·企业信用痛点主题大赛”将按照分轨并行的方式推进。

从3月2日起，也就是明天，中国痛客大赛官方网站（www.ppseeker.com）将正式上线，开始接受“痛客”报名。想要参加“中国痛客大赛”和“社会共治·企业信用痛点主题大赛”的“痛客”，可以分别通过官网首页的“大赛报名通道”“主题赛专用通道”，进行注册、报名，并提交“痛点”。经过层层比赛筛选后，将有30个痛点向创客开放认领。“创客”可提出解决方案，有针对性地提交商业计划书。5月下旬，大赛总决赛将在2016中国电子商务创新发展峰会暨贵阳国际大数据产业博览会期间举行。现场将颁出“最佳痛点奖”等多项大奖。

要保证新经济的持续增长，不能只靠简单的技术或商业模式，必须从战略设计层面上想出一种方法。我们的思考是这种方法必须要从需求端出发，而2016中国痛客大赛就是一个开端。以上是我对“中国痛客大赛暨社会共治·企业信用痛点”主题大赛的一个简要介绍。更多关于大赛的消息，大家可以登录中国痛客大赛官方网站（www.ppseeker.com），或关注大赛微信公众号进一步查询。谢谢大家。

徐昊：感谢曾途先生的发言。在“首届中国痛客大赛暨社会共治·企业信用痛点主题大赛”的筹办过程当中，国家工商总局作为大赛的指导单位，为大赛提供了强有力的支持和指导。下面有请国家工商总局企业监管局副局长洪丹先生介绍相关情况。

洪丹：感谢各位媒体朋友关心、关注这次大赛。我觉得各位关注这次“痛客大赛”就是在关注大数据，关注移动互联技术在中国信用体系建设、市场秩序维护和社会治理领域最前沿的探索，也是在关注商事制度改革、市场监管制度体系的改革，这些都是最前沿的一些探索。我相信你们的关注、参与、推动，必将使这次大赛更加精彩、更加深入、结出成果。

商事制度改革推行了将近两年，取得了非常显著的社会成效。但是社会上普遍对降低准入门槛、实缴制变认缴制、年检变年报、登记的便利化等方面关注比较多。对它另一个深刻意义的关注相对少一些，这个深刻意义是什么呢？其实在商事制度改革设计推行之初就隐含了一个意思，就是要通过企业信息的公开公示，最大可能、最大限度地解决交易过程中信息不对称所引起的交易风险。对这一点，社会上理解、认识、关注的相对少一些。当然，这方面的深入推动也需要制度的不断搭建与完善。

信息的公开公示可以撬动政府部门间由于过去信息孤岛导致的业务不协同的陈旧机制。要解决各个政府部门之间业务协同性差、信息不共享的问题，就是要通过信息的公开，让社会所有的交易对象以及社会大众来共同参与，进行社会共治。工商总局以及工商系统这一年多来，一直非常重视通过信息公开公示来推动社会共治的工作，并希望今后能在这个方面继续深入探索。

非常钦佩也感谢贵阳市委市政府举办这次“痛客大赛”。我觉得从大的方面说，正好契合了我们市场监管的痛点。我们特别希望能够通过这次大赛，我们工商系统、众多的市场主体以及社会大众，能够共同提炼、细化维护市场秩序当中的各个痛点，并且去寻找解决方案。通过大家的共同参与，逐步推动商事制度改革。商事制度改革有一个目的，就是把维护市场秩序的模式由政府部门主导逐步转为由社会大众和政府部门共同维护。所以我觉得，这个大赛的意义非常重大，非常积极。

作为“痛客计划”的开端，“首届中国痛客大赛暨社会共治 · 企业信用痛点主题大赛”就是一次探索的机会。以企业信用监管为切入点，本次大赛通过面向社会征集痛点，解决痛点问题，推动社会信用体系共建共治。我们认为，通过这次大赛，一定会推动商事制度改革在两个方向上继续深入前行：一个方向就是在登记的便利化上更加有力地推动“双创”；另外一个就是在市场秩序的维护方面，探索出更多符合这个时代要求的最新的成果。我认为移动互联和大数据技术会让我们商事制度改革结出硕果。

最后，感谢大家对这个大赛的关注，更期望大家和我们一起努力，来推动这个大赛结出硕果。

谢谢各位！

徐昊：谢谢三位的发言。刚才高卫东先生、曾途先生、洪丹先生分别就“痛客计划”“中国痛客大赛”以及国家工商总局支持和指导“痛客计划”的情况向大家做了一个介绍。在今天的发言中，在座的新闻媒体的朋友们反反复复听到一个新的关键词，就是“痛客”。这个关键词应该是我们第一次向媒体提出这样一个新的概念。“痛客”英文的简称就是叫 PPS。从大众创业、万众创新开启以来，创客经济成为中国经济发展和创新领域的一道亮丽风景。随着“双创”的不断深入，我们发现在创客的前面应该还存在着一道引领创客去创新和发展的新的风景，我们认为这就是痛客，也就是发现痛点的人。对于这样一个全新的概念和全新的探索，相信在座的媒体朋友们还有一些需要进一步深入了解的问题。下面，我们进入记者朋友提问的环节。今天，我们对整个记者提问敞开供应，不设上线和底线，欢迎记者朋友们不拘泥于形式，与台上的嘉宾进行自由交流。下面我们进行自由提问。

《人民日报》：有一个问题请教陈刚书记。贵阳为什么要推广“痛客计划”？“痛客计划”与当下的“大众创业、万众创新”的“两创”浪潮有什么内在的联系？谢谢。

陈刚：感谢。你问了两个问题。我先回答第二个问题，痛客提出的时代价值。我觉得现在我们在推动创新驱动的过程中，有几个现象大家已经看到了：第一个现象是我们的科技人员取得了很多的科技成果，甚至于专利成果，但是转化为产品的不多。第二个现象是我们现在许多年轻人热衷于创新创业，但都是基于自己有一个奇思妙想，然后就去找资金，开始创业。据我了解，我们国家做洗车软件的网站有几百家，都是在做重复性的创新，重复性的创新不叫创新。另外，地方政府为了推动“大众创业、万众创新”搞了很多孵化器创客空间。有的专家跟我讲，现在创客空间的席位数比创客数都多。换句话说，现在社会存在一个共性的问题：有办法的人没想法，有想法的人没办法。什么是有办法的人没想法？许多年轻人知道怎么开一个网站，怎么办一个互联网企业，因为现在有孵化器、有导师、有投资基金，但是他不知道问题在哪，所以是有办法而没有想法。有想法的人没有办法，比如说在企业内部解决质量控制问题、管理效率提升的问题；在政府内部，怎么有效地给公众提供更加公平、更加有效的服务。我们存在许许多多的想法，但是我们没有办法。痛客这个词刚才解释了，英文叫 Pain-point Seeker，简称 PPS。这个概念的提出，我认为是有划时代意义的。它会成为我们贵阳、贵州乃至我们国家创新驱动，推进经济、社会发展的一个模式。把痛客这个词提出来，让痛点更有效地和创业创新结合在一起，提高社会效率，我认为这是我们政府引导“大众创业、万众创新”的一个重大的探索。

刚才您问为什么贵阳要做这件事？这件事我从我们自身的感受说起。可能在座的朋友听说过贵阳搞了一个“数据铁笼”计划，就是用数据来监督执法人员。这件事情起因就是我们政府的一个“痛点”，但是这个“痛点”如何变成一个解决方案的呢？我们梳理了“痛点”，通过“问题在哪里、数据在哪里、办法在哪里”这样一个连贯性的思维，最后形成了一个解决问题的方案，现在“数据铁笼”在贵阳已经全面推开。如果说“数据铁笼”这件事情大家理解起来还有难度的话，我再举一个通俗一点的例子。我们政府很多时候有好心却没办好事，比如说我们给老人发呼叫器，发拐杖，但是很多老人不需要。老人需要的是中午子女不在家的时候能够吃上一顿方便、便宜又安全的午餐，同时社区的老人们能够在一起聚聚，这就是老人的“痛点”。我们政府收集到这个“痛点”以后，我们没办法解决，因为政府不能去办餐馆。我们就向社会征集，有的企业报名，提出来我可以提供这样的服务，然后政府购买服务，这就是这个“痛点”的第二步的延伸。后来企业反映，我光给老人服务不足以维持我的正常经营，企业经营要实现可持续，于是企业又提出我中午给老人服务，晚餐、早餐向社会开放。从老人中午要吃饭的一个“痛点”到最后形成一整套的解决方案，这就是“痛点”的汇聚，并形成解决方案的过程。这样的事情在我们政府管理、服务社会过程中比比皆是。贵阳作为大数据综合创新试验区的一个重要组成部分，我们应当利用大数据的优势，搭建一个“痛点”“痛客”汇聚的平台，使社会的资源更加有效地汇聚，进而推动社会实现创新驱动的有效发展。在这个窗口期，我们贵阳和以周涛教授为代表的数联铭品团队合作，推出了“痛客计划”的设想。刚才发布的时候已经讲了，第一步搞大赛，第二步要搞互联网的平台，这个平台6月初将正式上线，待会儿周涛博士还可以就这个方面进行详细的介绍。

我想说的是，贵阳作为推进大数据先行先试的区域，我们认为痛客是推动创新驱动、推进“大众创业、万众创新”的一个非常好的切入点。这就是我们贵阳要做这件事的原因。谢谢。

凤凰网：周教授，我是从《大数据时代》这本书开始认识您的，这本书一直很火，加上您在大数据科学上的造诣，现在人们一提到中国的大数据往往就会想到您这位明星科学家。请问您如何看待大数据与痛客之间的关系呢？谢谢。

周涛：首先非常感谢这个问题，绝不敢当，因为中国做大数据厉害的人太多了。我想说尽管在四五年前就有人提出中国乃至全世界都在进入一个新的以数据驱动产业、驱动革命的时代。通过数据科学的发展，的确让我们的产业得以前进。但是我们现在还没有办法真正说自己已经进入一个大数据时代。实际上中国乃至世界，我们最多能说我们站在了大数据时代的门口。因为大数据尽管让很多传统行业提高了效率，但是大数据颠覆性的创新还是比较少。制约大数据颠覆性创新的瓶颈是什么？就是掌握了大数据核心技术的人才，拥有大量数据的人和了解大数据核心需求的这三方是分离的。政府、银行、运营商、一些互联网企业有很多数据，我们也有很多人经过很好的训练，懂得大数据、高效计算、机器学习、数据库等各方面的技术，但是并不能把握真正的需求在哪里。所以如果站在一个比较小的层面，仅就大数据而言，我觉得“痛客大赛”和以后“痛客平台”的推出，是有决定性的作用的。刚才不管是在陈刚老师还是更早的洪丹老师介绍中，都举了非常多经典的例子。我再重复一下洪丹老师刚才举的例子，就是很多做创新创业的人，当他做一个 APP，能够告诉我企业的注册地、企业的联系方式、企业的工商关系，是不是所有用这个 APP 的人都觉得解决问题呢？其实不是。这是做大数据的人从他自己的观点出发，认为可能这是工商局、企业家、投资人、券商所要解决的大问题，但是实际上问题可能并不是这样。我们作为一个大数据创新创业的人，从计算机学、计算机系、电子信息系毕业，我们并没有真正地在工商管理部门工作10年、20年，我们本身也不是投资人，我们怎么能知道这样的痛点需求在哪？我们就需要一批真正的行业专家，把他们几十年工作经验所发现的制约信用中国建设、制约中小企业发展的最核心的问题提出来。所以，这是第一个我觉得特别重要的点，就是如果没有痛客平台来搜集和筛选这些痛点的话，很多创新实际上是无源之水，他是靠自己的一些错误的虚幻的想象来进行的假创新。

另一方面，拥有这些痛点的人，在以前来看，他本身是很难产生价值的，因为他不是一个创业团队。他只能把这些痛点给同事、朋友讲或者在家里发发牢骚，他没法解决这个问题。即便有一天，他找到了一个创业团队，真正把这个问题解决了，他自身在中间的贡献，我们是看不到的。我们看到了一个创业团队的成长，却看不到提出这个“痛点”的人在成长的初期做出的巨大贡献。这就使得整个创新创业的全链条中的源头缺失了，我们既没有办法让创客团队看到这些东西，也无法体现痛客自身的价值。创新创业本身也是需要创新的，我认为痛客平台就是解决这个问题，在整个创新链条的供给侧给出的一种新的创新模式，它不仅使得创新者能够拿到痛点，而且让拥有痛点的人通过体系化的建设，未来共享成果。

我想到六七月份，你们看到整个平台上线的时候，你们就会很清楚。我这里多透露一点点，我们这个平台虽然是一个互联网产品，但绝不是一个简单的网站，或者说不简单是一个痛点的搜集器。通过很好的技术，我们可以对每个痛点进行保护，就像你到知识产权局去提交了一个专利申请一样，我们可以保护你对痛点的所有描述，让大家知道是什么时间点，从哪台设备上，哪一个真实的人提交了中国第一个对痛点最好的描述。如果这个痛点被创客认领了，将来获得投资，成立企业，那么这个痛客本人可以获得现金、股权、荣誉等一系列奖励。这就可以唤醒我们很多人藏在心中的强大力量，因为他本来被这个痛点折磨，他需要倾诉，但是以前这种倾诉是没有回报的，现在他还可以获得各方面的回报。这是我的回答，谢谢。

《中国工商报》：请问洪丹局长，这次痛客大赛里面设置了“社会共治·企业信用痛点”主题大赛，我想请您具体介绍一下这项大赛的初衷是什么，我们作为工商部门想在这个活动中达到什么样的目的？谢谢。

洪丹：谢谢你的提问。我进一步把我们的初衷和我们的想法和大家交流沟通一下。商事制度改革以来，市场主体的数量是井喷式增长，推动了“双创”。但是同时也带来了很多作为市场监管部门要去解决、思考的问题。需要监管的数量这么多，但监管力量终归是有限的，而且各地都在推行基层综合执法，客观上原来从事工商行政管理工作的人员是在减少的，怎么解决这个矛盾？

第一，从改革本身来说，就是强调要通过信息的最大限度公开来解决交易过程中的不对称。过去总说买的没有卖的精，市场秩序中的问题，绝大部分都是由于双方信息不对称引发的。所以至少从工商部门来说，尽自己最大的努力，让双方信息尽可能对称。当然这个对称是需要与市场监管工作有关的各个政府部门共同推动，通过信息的对称来解决这个问题。

第二，作为从事市场秩序维护工作的部门和工作人员，我们也觉得很幸运，因为，一是在全面深化改革的年代，很多东西都可以去重新设计、重新思考。二是移动互联和大数据的技术给我们带来了解决这些问题的途径和方法，这些途径和方法以前我们想都不敢想。像现在互联网交易，每一个顾客消费的过程，既是在消费，同时也是在维护秩序，你就是市场秩序的维护者，你消费的过程就是在维护秩序。因为你在提供你的评价，你也看到了前面那些消费者的评价，你又贡献了你的评价，你这个动作本身就是在维护秩序。现在很多是双向评价，商家还可以评价顾客。这些通过移动互联和大数据技术形成的新的商业模式，为维护市场秩序提供了过去不敢想、想不到的解决方法，能解决好多问题。基于全面深化改革，基于时代进步所带来的成果，我们就觉得，应该从政府部门为主甚至是政府包办的模式转向政府管理、市场主体自治、行业自律、社会共治的模式。我们确实从内心深处感到，贵阳陈书记搞的这个大赛，对于我们来说，摸到我们痛点了，我们对此是充满期待。陈书记也介绍到这个团队，经过我们的接触，我们也感到充满信心。我们觉得，通过各位媒体朋友把这个大赛的一些初衷、情况能够尽可能充分地向社会介绍，一定能够激发很多有想法又有办法的人来参与，我们对此充满信心。谢谢！

BOTV 蓝海电视台：现在出现一个全民创业、人人都创业的现象，每

天很多创业者都有不同的想法迸发出来，但是，对于创业者来说，特别是年轻的创业者来说，都会遇到很多落地的困难，我想问一下这次的“痛客计划”给参与“痛客计划”的创客会有一些怎样的实际的帮助？谢谢。

陈刚：现在有许许多多年轻人怀揣着梦想，结合自己的兴趣，去创新创业。就像刚才周涛博士讲得那样，他们有很多想法，由于缺乏社会经验，缺乏对社会问题的了解，他们创新创业一开始走得有点偏，导致最后都是在做失败的创新。在这个方面，政府以前比较关注的是，你有创新点，我给你提供一个免费的办公条件，甚至于把辅导老师都给你找好，我还可以帮你跟资本、VC、“天使”进行对接，以前我们善于做的就是这些事情。但是我们现在发现，在我们贵阳，有三分之二以上的创客充满热情而来，却满怀失望而归，不是他们不努力，也不是政府不支持，而是他们从一开始创新的原始出发点就有偏差。所以我们这次推出“痛客”，我们就是把社会的需求先进行征集，然后让这些创业者从一开始就减少犯错的机会。当然我不能说有了痛客以后，所有的创客都会成功，但也许因为痛客的存在，他们的创新创业可能会减少弯路。虽然可能也会带来更多的竞争，但是我想说的是，这种竞争正是我们社会需要的，因为它是一个高水平的竞争，不是一个浪费资源的竞争。

此外，大家现在认为创新创业是创客的事情，我觉得这不全面。其实创新创业也是政府公务人员应当努力的一个方向。要推动社会的创新创业，政府不能高高在上，以一个施救者的身份来帮助创客完成梦想。政府本身就是“痛客”，比如说一个街头的交警，让他在那指挥交通，他知道这个路口红绿灯和规划，如果按照他的思路做的话，可能交通拥堵会进一步缓解。但是以前没有给他一个这样发表意见的机会，甚至于有的时候他提出这样的意见，会在他的单位内部形成压力，为什么你要指挥我们另外一个部门干这样的事情。而我们把这些“痛点”收集起来以后，无论是“痛点”提出者，还是对这个“痛点”进行完善的其他机构，实际上是按照事物的客观规律，找到一个解决问题的方向，以此实现创新驱动的发展。

从这个意义上来讲，痛客不仅仅是为创客提供痛点的平台，更能激发全社会创新创业的活力。我今天也想借这个机会和媒体界的朋友说一说我们贵阳市的下一步打算。我们将鼓励贵阳市的公务人员在“痛客平台”上，我们现在起的名叫“痛客梦工厂”，申领自己的痛客账户。如果他能提出他工作中或者他看到的社会痛点，我们也要给他们确权，给他们认证。如果这个痛点将来能推动政府效能提升，甚至于推动一种商业模式的形成，我们会给他们物质和精神上的奖励。这样就使得“大众创业、万众创新”变成一个全社会的行为，这个全社会包括政府体系本身。大家知道，十八届三中全会对创新驱动提出了一个明确的要求，我们现在社会上还普遍认为，创新驱动就是技术创新、就是商业模式创新，其实不是的。如果我们通过这些痛客提出来的痛点，解决我们各个方面的问题的话，他们下一步带来的是体制创新、机制创新，这就是我们全面推动创新驱动的一个出发点所在。可能记者朋友们也了解到，贵阳市前一段时间对外明确提出，要打造创新型中心城市。创新型中心城市不仅是企业的事情、民众的事情、创客的事情，也是政府需要实现的事情，这是我想要强调的，谢谢这位记者。

人民网：我们知道，当前全国上下都是一片创业的热潮，刚才陈刚书记在答记者问的时候也提到，可能现在的创业存在重复性创新这样的问题，我想提问周涛先生，目前国内也有很多的创业比赛，咱们的“痛客计划”与这些创业比赛有什么区别、有什么不同？谢谢。

周涛：非常感谢这个问题。从创新创业这个热潮谈起，我觉得很多人谈到创新创业时都会对它产生一些疑问，比如说两位记者都提到了创新创业的高风险。我觉得创新创业实际上对中国的发展有两个大的贡献，第一个方面是这是我们必须要走的一条路，要做真正的高附加值的创新，这条路是不可能回避的，把创新的精神放进去是重要的。第二个方面是创新创业的意义不仅在于企业本身直接得到了成果，更在于让我们的精神再往前进一步，从而实现国家和民族的真正复兴，在21世纪站得更高、格局更大。我是“80后”，我们这一代人受的教育是循规蹈矩，没有太多的创新理念，我想“70后”和“60后”可能更循规蹈矩。但是我们下一代接受的教育中就更多挑战，像我们电子科大已经有创业学院，这些挑战中即便有一些失败，它的风险可能也不会大过初恋的风险。我们不能说我们永远不初恋，直接就结婚。所以我觉得也许这些创新创业热潮会带给我们下一代人新的东西，可能促进我们民族走得更远更高。

直接回答您的问题，创业大赛现在的确很多，甚至我们也发现，创业大赛本身都有一些专业选手。他参加各省、各地、各级、各别的创业大赛，我们看到一模一样的创业商业计划书，这其实还是回到了刚才陈老师、洪老师已经提到的一个问题，就是创业者本身有的是桎梏于自己的梦想中不能自拔。很多人把科学、商业的逻辑搞反了，他觉得我有一把杀牛的刀，我就到处去找牛杀；我会神经网络，我就到处找神经网络能够解决的问题。这个逻辑实际上是不对的，你这是拿着方法去找问题，而实际上未来的社会，做真正的大科学家、大企业家需要的是什么？需要的是用问题所引导的解决方案，生搬硬套地创造一个问题必然会失败，只有在世界上的的确确存在的大问题，这个问题可能是科学上的“痛点”，也可能是政府的“痛点”，还可能是民生中存在的“痛点”，才能引领你走上正确的解决之路。当很多不同的人去解决这个问题，或许你的方案不是世界上第一的方案，但是一个优秀的方案也能让你走到某一个层次上。所以我觉得“痛客大赛”中间尽管包括了创客环节，但它和其他创业大赛实际上是一个包含关系。有创客的参加，但是绝不仅于此，这是对整个创新创业大赛模式上的一次颠覆性的创新，因为从来就没有单独针对创业的痛点或者创新的痛点举办的比赛。

同时，我们把大家的痛点放上去后，不会像猪八戒网一样搞众包。我们对痛点本身要经过三个层次的筛选，从几万、几十万个痛点中最后选出百强、三十强、十强。这种痛点的筛选，会带给社会一种新的想象力，即做出一个严肃而又引领痛点，是一件很不容易、很光荣、很了不起的事情。我觉得这也是以前所有创新创业大赛都没有的。刚才这位记者提出了一个很好的问题，尽管现在这样的比赛非常多，也是个热潮，但是我相信痛客大赛本身既是这些类似比赛中的明珠，也能给未来的比赛指明更好落地或者更真实、更贴近真正成功创新的一个方向。谢谢。

中国经济网：我现在理解咱们的“痛客计划”是说通过端口找到问题，探索解决方案，最后变成多端受益，最后起到的作用就是体制和机制的创新和完善。我提一个比较具体的问题，我在平时采访中看到有很多大学生创业，这个群体是一个比较特殊的群体，他们有很多问题，比如说理想化、缺乏成熟的思路和比较完善的平台。他们课业没有完全完成，就踏入创业的浪潮之中。咱们有没有针对大学生创业有一个专题、专区或者是解决他们痛点的一个方案呢？谢谢。

周涛：谢谢你的问题，我觉得这个问题非常好。因为我自己在大学里面就是电子科大创业学院的首任导师。我们创业学院第一期选了30个人，由已经做工作室和做企业的同学组成。我非常了解他们的心态。

我从两个方面来回答您的问题。

第一方面，对上一个记者的问题，再延伸一点，从大学生本身谈起。因为我觉得创新创业实际上同时给了我们两个机会，一个机会是让我们在大学阶段去尝试一种以前你不可能想象的成功；另一个机会是让我们在大学阶段去尝试一种以前你不可能想象的失败，这两者都同样重要。我们很多人光看到了成功的重要性，没有看到以前我们的大学没有机会让我们犯重大的错误，没有机会让我们走巨大的弯路，没有机会让你看到当有10个人、20个人跟着你一起出去充满热情创业，最后失败后你背负的责任感和压力。我自己带了一年多的创业学院，我发现我们真正所谓“成”，不是说“大成”，拿到“天使投资”的只有4家团队，其他20多家就靠5万块钱、10万块钱养着，总体来说算不成。但是这些小伙子，比他们同龄的这些人要成熟、厉害得多。和他的交流中，你能感受到他更从容，能看到更多更远的东西。大学生会绕很多弯，您甭怕。以前中国很多时候的科学、商业不如美国、欧洲，可能不是因为我们成功少，而是我们失败太少。我们绕的弯太少了，我们一路往前走，千军万马都这样走。我也这样走，就是三好学生、四好学生、五好学生，最终我们没有走上人生的巅峰，我停留在五好学生这个地方。

第二个方面，咱们在贵阳办这个比赛，虽然不是单独有一个专区解决大学生创新创业问题，但是它客观上推动了这个问题得以解决。正如刚才我们多位嘉宾和记者谈到的，大学生创新创业的问题，不在于他没有特定的技术，他既然出来创新创业，肯定还是拥有一定的技术，而是他往往把握不住两个问题：第一、他不知道他的技术的适用性，到底我现在的能力能够解决多大的问题。刚开始创业时，很多人去，我要做一个大平台，要做全世界第一。但其实你们团队六七个人的能力只能做一个两三百人用的

APP，或者解决一两个部门用到的具体问题。第二、抓不住真正的痛点。有了痛客大赛，我们筛选出痛点，既可以作为真正做创新创业的原材料，也可以让他在这个痛点中去寻觅，看我自己当前团队的能力和技术能够解决适用于什么样的痛点。所以我觉得这是有帮助的。再有就是这个比赛不是一锤子买卖，今天比赛完了，以后就没事了。我们颁完奖，大家再见，公信力全拉黑，不是这样的。我们做完这个比赛之后，首先"痛客平台""痛客梦工厂"还一直存在。其次比赛的获奖队伍，如果他有意愿的话，我们会提供刚才陈老师提到的导师团队、投资基金的对接、金融中介服务、进入园区等一系列的东西。对于大学生创新创业团队而言，它的核心是什么？是团队。他的商业市场、法人治理、投融资的能力等都缺乏，甚至他获取痛点、获取真实需求的能力也缺乏。以前所有的比赛和所有的孵化园就是围绕这个团队去解决他的金融中介、市场、园区等问题。我们现在就想，既然我们要抓住这个团队，我们连痛点、创新点都尝试解决它。所以这个比赛尽管没有一个大学生专区，但是对于大学生真正走进创新创业一定是有帮助的。谢谢。

陈刚：我和记者朋友透露一点，会前我和周涛教授在微信沟通的时候，周涛教授有一个提法，说今天的记者招待会希望记者朋友们敞开提问，如果我们被各位问题问倒了，那这个活我们干脆就甭干了。如果我们都被各位问倒了，说明我们这个问题没有想清楚。所以我希望大家下面对周涛教授再提刁钻的问题。

《中国消费者报》：大家知道，"痛客计划"一定会对我们的"大众创业、万众创新"有一定的促进作用，随着"痛客计划"的实施，一定会有一批新兴企业诞生，同时也将伴随着一些传统行业的消亡。当然，我们经常提到的就是新供给、新消费、新维权。我是中国消费者报社的记者，所以我要站在消费者的领域向陈刚书记提一个问题。刚才您提到了我们这个“痛客计划”会向社会、企业招标，这个企业我们是如何选择，有什么标准？有没有一套规范的制度去约束这些企业？第二个问题，在新消费、新维权的领域，对我们消费者维权渠道上会后续做哪些工作？谢谢。

陈刚：这个问题我委托曾途先生回答。

曾途：我觉得这是一个很好的问题。首先我们试图建立一种通道，不去做资源浪费的事，去解决那种普适而关键的问题。在消费者领域，我们可以通过整个“痛客梦工厂”平台，去找到那些针对消费者领域具有核心价值的问题。我们把这些问题通过一种确权的方式进入我们的思维仓库，以后但凡你能解决这些“痛点”问题，其实你就引领了一种社会治理模式和商业模式。大家都知道，做创新创业的时候，最重点的事情有两件，一个是提出问题，一个是解决方案。其实提出问题比解决方案在某种程度上更重要。我们对于解决方案提供商，也就是创客的遴选，并不是一种传统的招投标的模式，而是经过实证的方法，他提供的解决方案在某一个时间范围内能够具体去解决我们在痛点仓库里面提出的一两个痛点，并且可量化，能达到结果，最后以实事求是的方式去评估这个解决方案和产生的价值。

这里我再描述一下我对这个事情的理解。

第一，我们是创造了一种模式，先有问题，再有解决方案。并且解决方案的结果，是直接针对痛点问题的效果产生的。所以它是一个实事求是的方案。结合我们消费者领域的具体的一个案例来说，消费者领域可能有一些欺诈行为，而这些问题本身很难量化追溯。比如说我们在电子商务网站上做了一笔交易，这个网站设计了一些欺诈陷阱，可能有一些有智慧的人就会把这些共性问题集聚地提交到我们痛客平台上，当我们把痛客平台形成一种可量化、具体基于SMART可追溯的原则之后，我们的监管机关觉得它确实为我们外部的思考形成了一个有效的支撑，它就会去购买这个服务。购买这个服务过后，大家享受到这个服务的真正益处，它就可以进入商业市场环节，由我们的投资机构、孵化器、金融中介机构去帮助这家企业进入市场化。“梦工厂”和“痛客计划”试图去创造一种社会治理模式的创新，通过外部资源解决内部提出的问题，通过互联网模式集成创客解决核心问题。

第二，有效利用了社会的资源，不再浪费我们的孵化器的工位，不再浪费天使基金。

第三，提高了解决问题的效率，形成了最终的可持续的服务和商业模式。这就是我对这个问题的理解。谢谢。

《中国消费者报》：刚才提到了企业有一个平台，这个平台上我们企业的信息会不会公示，包括企业之前有没有违法记录，是否会影响招标？

周涛：这个问题很好。从我们的平台本身目前是采集“痛点”的竞赛平台，不是工商部门的一个企业监管部门，所以在这里，你可以在参加痛客比赛的时候，作为创客填报你的企业身份，或者作为创客代表企业参加比赛。但是，这不代表我们同时要公布这个企业的有关违法记录，这是另外一件事情。在这个比赛中出现了好的痛点，例如，工商总局出现了一些痛点，如果这个痛点通过了我们的评审，再加上总局自身也的确认可这个痛点很重要，我们可以就这个痛点扩展成一个标书，向社会招标。在这个痛点中，获奖的这些比赛团队，自然肯定是这个邀标的有力的竞争者。所有的招投标都会符合政府招投标的规范，并不会因为它是一个比赛，我们会对企业在竞争或者招投标方面有什么不同。

自媒体《大数据每日精选》：我是自媒体《大数据每日精选》的记者，刚才听了老师的介绍，我感觉很多痛点更多是关注科技领域的、商业领域的或者政务领域的。我想问个问题，社会领域的或者文化领域的问题，我们的平台能不能帮助解决？比如说今年过年回家，我发现现在农村的家庭极其缺乏家风、家规教育，小孩没有规矩，很多家庭纠纷其实是一种滑稽。这样的“痛点”，我们的平台是否也可以提供一些解决方案或者帮助？谢谢。

周涛：非常感谢。第一件事，既然你是自己人，你可以在我们的平台上提交上去。第二，你提交了这个“痛点”，我相信有很多团队会给你回答。假设我是一个创客，我会想象这其实是一个非常好的视频远程培训的商机。你提的这个东西，我从来没想过，我不会走到线上看家风家规的问题。一个国家发展到一定层面，以前我们可能讲培训都是职业性的培训，都是眼见即所得，要和经济利益直接挂钩，但是您讲的这个问题是民族、国家发展到一定层面之后我们需要品味的东西，需要我们道德精神的东西，可能好多人没有想这个问题，如果真是一个“痛点”问题，在这方面，我们有没有可能请一些同事来做一些心理辅导，做一些教育培训，做一些在线视频给大家看，说不定再加上乡镇组织一下，就能起到很好的作用，很多矛盾就没有了，很多矛盾既可能是家庭教育的问题、家规的矛盾，也有可能是亲戚间最容易出现的法律纠纷，我觉得这个痛点就有很好的解决方案。您提的实际上是一个典型例子，我们不担心痛点来自各方面，哪怕我们开拓外星世界，我们也许也有解决方案。谢谢。

《北京电视台》：周教授，对于“最佳痛客”的评判，我们在评判的时候有什么标准？第二个问题提问陈刚书记，如果要是有创客认领了痛客的方案之后，我们政府会有哪些政策来推行创客针对痛点的解决方案？

周涛：问题非常好，首先我讲一下第二个问题，很多记者提过类似的问题，我们怎么解决它。有一部分问题创客认领之后，他获奖了，成立企业，入驻我们的园区。或者原来就有企业来承担这个事情，现在把它变成真正的一个项目，变成一个产品，我觉得这个非常自然。但有些痛点可能最终没有获奖，可能没有进到10强最终总决赛。但是他进入到百强赛或者进入到痛点部，痛客评价开放有确权之后，大家可以看到，自然他得到解决的机会就更大。

第一个问题是专门针对我的，我稍微回答详细一点。我首先觉得，我们看痛客比赛，它的标准肯定不是一个纯量化的标准，和跳远、田径这些比赛不一样。我们不能通过其他人跑100米跑九秒七几，你跑九秒八几，就直接明了地判断你跑得慢。所以这个标准有主观因素的评判，主要分成两大块来看，第一、我们会请各行各业的专家，主要包括已经成功的企业家、知名的投资人，一些在政府或者相关行业工作多年的专家，组成一个评委团。公布比赛细则之后大家可以看到，在不同阶段，评委团的规模不一样。这个评委团会根据这个痛点的各个方面进行打分，最终综合成一个分，这是第一块是比较主观的。它和我们评价跳水、花样游泳等基本上是一致的方式。第二、相对比较客观的，就是你从30强进入10强之后，你到底能不能进到10强总决赛的问题。客观上来看，你痛点有多少创客真正认领了，并且提交了一个独立自主的商业计划书，这对于你的评价也是有一定贡献的。如果您提一个痛点，虽然通过了复赛，我们觉得痛点很有价值，但是有可能它特别难，或者它特别垂直，非常专业，没有一个创客来认领你这个痛点。也有可能你这个痛点没有把握好，没有创客认领。从这个角度来讲对你这个也是有减分项，我们有主观、客观这两项形成进入总决赛的名单。总决赛的时候通过路演和现场的表现，最终评出最佳痛客。谢谢。

陈刚：我回答第二个问题。痛点产生以后和创客怎么对接？事实上我们搞这次大赛是以一个集中的形式把痛客、创客、投资者、孵化器进行结合的过程。当然我们不仅仅是搞一次活动，我们要建立一个网上的平台，就是“痛客梦工厂”，把这个集中性的活动变成常态性的一个活动，形成一个对接的平台。在这个对接过程中，有几个关键要素，我需要点清楚。

第一，对痛客痛点提供方案者的知识产权保护问题。痛客的好想法提出以后，不能因为在价值上没有被承认，就被别人盗用。因此，我们在整个痛客痛点的征集、筛选、评比等过程中，用了密钥系统。也就是说，谁作为第一个提出这个痛点方案的人，这个密钥永远是他的，这个知识产权永远是他的。这是第一点。

第二，痛客提出痛点的商业计划书的价值应该由市场来评定，而不是说政府认为这件事情价值多少。当然，针对政府的痛点提出来的解决方案，政府可以通过购买服务的方式，来实现它的价值。如果这个解决问题的方案是一个商业方案，政府将会提供一个平台，让投资者、创客和痛客进行磋商，进行商业谈判。可以是一次性的知识产权转让，也可以是入股长期拥有股权的方式，而这些所有的认证、审批，政府部门都将依照现有的法律来进行确权和保证各方的权益。

徐昊：刚才在记者朋友的提问当中，我看提了总共10个方面的问题，这10个方面的问题，涉及很多领域，而台上的嘉宾在作答的过程当中，发言精彩纷呈。我把嘉宾们在回答问题时候的一些精彩的发言做了一个记录，我也愿意和大家一块来分享这些精彩的发言。一，什么是“痛客计划”？就是让有想法的人与有办法的人结合起来。二，给每个创客找到支点，让创新更加有效。三，痛客平台是创新供给侧改革的一次有益探索。四，痛点引领创新。五，发动群众找痛点，人人皆可成创客。六，痛点也是知识产权，痛客也是专利人。七，激情需要被点燃，而创新需要被点亮。“痛客 + 创客”就是众包、众创、众筹和众享。我把刚才嘉宾们的发言做了这样一些总结和提炼。

感谢记者朋友们的提问。今天的新闻发布会不仅带来了“痛客”这个新的名词，更是即将开启“痛客计划”，无论是痛客大赛，以及紧随其后的“痛客梦工厂”的新平台，都让人们充满了期待。接下来，我们就要进入激动人心的时刻——启动“痛客计划”。有请台上的嘉宾移步水晶球前，为我们启动“痛客计划”。

“痛客计划”需要我们同心协力，我们一起倒数，5、4、3、2、1，启动。

全中国的“痛客”们行动起来，“痛客计划”正式启动，期待媒体的朋友们在今年5月莅临爽爽的贵阳，聚焦数博会这一行业盛会。今天的新闻发布会到此结束。谢谢各位。

贵阳市委市政府召开2016中国电子商务创新发展大会暨贵阳国际大数据产业博览会筹备工作情况汇报会

2016年3月23日《贵阳日报》

3月22日，贵阳市委市政府召开2016中国电子商务创新发展大会暨贵阳国际大数据产业博览会筹备工作情况汇报会。贵州省委常委、贵阳市委书记陈刚主持并讲话，要求全市上下高度重视、各司其职、形成合力，围绕“国际化、专业化、高端化、可持续化”的总体定位，把数博会办出先声、办出高度、办出实效。

贵阳市委副书记、市长刘文新讲话。市领导兰义彤、聂雪松、刘春成、徐沁、王玉祥、高卫东、徐昊、钟汰甬参加。

听取整体筹备情况汇报后，陈刚表示，2016数博会是国家明确提出实施大数据战略、授予贵州全国首个大数据综合试验区之后的一次重要活动，是落实贵州省委、省政府大数据战略行动的一个重要载体，意义特殊、责任重大，要全力以赴抓好筹办工作。要围绕贵州省委提出的定位要求，努力做到国际化，办成全国高端企业的大聚会、全球前沿企业的大聚会；努力做到专业化，按照马凯副总理在全国“两会”期间参加贵州代表团审议时提出的“八个要”要求，更好挖掘展现大数据的商用、民用、政用价值；努力做到高端化，进一步发挥参会嘉宾的智慧交流、思想碰撞对大数据产业的引领作用；努力做到可持续化，用好政府“有形之手”和市场“无形之手”，共同推动数博会更加顺应发展需要、适应市场化需求。

陈刚强调，从即日起，2016数博会筹备工作全面进入冲刺阶段。全市各级各部门要按照各自职责分工关注、关心、支持数博会的各项工作。组委会要加强日常工作调度，确保各项工作责任明确到单位、落实到人。宣传系统要做好媒体发动、内容组织，重视新媒体传播的广度和深度，加大向全媒体转化的力度，着力强化国际化宣传，掀起数博会宣传的高潮。要强化和细化志愿服务的培训和组织，让每个志愿者都成为贵州贵阳通、大数据通、贵阳数博会通。

陈刚要求，要更加优化大会的内容和形式，突出贵阳数博会“特色”，展现更高水准。要进一步深化和细化方案，确保嘉宾邀请等重要工作有序、有效推进，精心设计重要嘉宾的活动安排和流程。要充分利用数博会集聚的资源，想方设法做好客商、企业家在贵阳、贵州的落地，为贵州大数据战略行动的推进实施服好务。

刘文新要求，要总结经验、把握规律、创新突破，全力办好2016年数博会。要抓“特”，凸显并围绕“大数据”这个核心特点，科学合理设置论坛、活动；要抓“大”，集中精干力量抓好开闭幕式等主要的大活动和嘉宾邀请等大事；要抓“新”，聚焦大数据及相关领域的新理念、新思想、新技术，推出痛客梦工厂等新的内容，取得新的成果；要抓“全”，全盘考虑，全方位统筹活动内容，在论坛举办、项目签约、嘉宾服务等工作上全面落实到人，有责任清单、时间表和路线图；要抓“小”，盯住活动的小细节、小环节，精心组织、周密部署，实现无缝衔接，确保数博会成功、圆满、精彩。

首届中国痛客大赛：挖掘社会“痛点” 创新驱动发展

2016年4月15日 中国大数据产业观察网

塑创新之魂，成发展大势。

在“大众创业，万众创新”的时代背景下，痛客计划点燃了社会各界痛客的创造激情。短短一个月时间，首届中国痛客大赛就有22185名痛客完成注册，提交痛点2700个。

无痛不变，无痛不新，无痛不进。痛点源源不断汇聚，为创新开辟了路径，促进区域创新发展。

金点子有了落脚地

“了解‘痛客’概念，参加痛客大赛，让我关注已久的‘医养结合之痛’被解决的可能性更大了。”提交的痛点入围大赛百强痛点后，贵阳市第三人民医院副院长龙胜利解决痛点的信心更大了。

作为从业20余年的医务工作者，近年来，龙胜利一直高度关注医养问题。国务院先后出台系列意见推进医疗卫生与养老服务业相结合，以适应国家进入老龄化社会的实际需求。但在龙胜利看来，政策的落地还有许多工作要做，“有养缺医，有医缺养”成为困扰很多家庭的现实之痛。

“医疗机构和养老机构互相独立、自成系统，养老院不方便就医，医院里又不能养老，老年人一旦患病就不得不经常往返家庭、医院和养老机构之间，既耽误治疗，也增加家属负担。同时，医疗机构进入养老机构服务缺少政策支持、养老机构医疗点就医后的医保报销等也是现实问题。”龙胜利说，从2014年起，自己和所在医院都在关注这个问题，但因问题涉及卫计、民政、人社等多部门，一直找不到有效途径解决。

“痛客大赛让我们很振奋，以痛客提出痛点这种富有创意的方式，为反映大众需求提供了平台和通道，有利于社会的创新创业。”龙胜利说。

精准掌握创新方向

教育资源分配、扶贫平台建设、地沟油检测、高速公路防结冰、城市交通拥堵治理……在首届中国痛客大赛中，来自湖南娄底的李玮向组委会提交了20余条痛点及建议，成为“痛点大王”。

“通过网络看到数博会‘痛客计划’在京启动的消息，对贵阳这一创新之举非常惊叹。”在李玮看来，痛客大赛是贵阳市推进全民创新的重大举措，解决了专利创新中的盲目性和局限性的问题，以“提痛点”的方式充分发掘社会创新需求，促使各界充分发挥各自优势，带动创意向产品高效转化，实现精准创新、高效创新。

除全国普遍存在的痛点外，结合贵州发展实际，李玮还提交了贵州教育资源分配不均的痛点。“优质教育资源缺乏且分布不均是广大家长的‘切身之痛’。提出这一痛点，希望贵州教育能借鉴国外远程教学模式，借助大数据、互联网等方式破题，让边远地区的学生能便捷、平等地获取优质教育资源，获得平等学习机会。”李玮说。

李玮认为，贵阳大数据产业发展如火如荼，一旦找准教育痛点，夯实大数据发展的技术及人才基础，可以用大数据解决教育难题。

政府本身就是痛客

社会发展从来都是以问题为导向，关键要找到问题在哪里，痛点在哪里？在痛客计划里，政府也是痛客，是推动社会创新创业的重要力量。

双龙航空港经济区政法与群众工作局行政执法处负责人陈昕说，双龙航空港经济区成立以来一直将流动务工人员的保障作为政府管理服务的重要方面。“现在，很多工地的工资都不是按月结算，而是在年末或某个节点发放，资金链一旦有问题，很容易出现欠薪的问题。而问题爆发的时候往往已经是矛盾积累后期，政府作为协调和监管方，不仅处于被动位置，还会耗费大量的时间和精力。”

“今年，贵阳市提出痛客计划，强调政府本身就是‘痛客’，不能‘高高在上’。”陈昕说，结合工作实际，该局提交了“流动务工人员欠薪问题的实时监控和保障”痛点，并提出建立实时监控平台，争取更广泛的政策、资金、技术支持，形成社会共治的解决思路。

“在全市发展大数据产业的浪潮中，已经形成一种创新创造的强大聚合力。寻找痛点，不是一个人或者一个企业的事，政府部门理应参与。痛客大赛的举办，有助于建立更多创新机制，更好地推进大众创业、万众创新。”陈昕说。

贵阳数博会升格为“国家级”

2016年4月19日 央广网

2016数博会主办单位“升格”，由国家发改委、贵州省政府共同主办，活动期间，将有国家领导人出席，英、美等国家也有代表参加。

记者从数博会组委会获悉，随着大数据上升成为国家战略，数博会上升为“国家级”，由国家发改委、贵州省政府共同主办，贵阳市、贵安新区、贵州省经信委等单位承办，全称也由去年的“2015贵阳国际大数据产业博览会暨全球大数据时代贵阳峰会”变为“2016中国大数据产业峰会暨中国电子商务创新发展峰会”，今年的主题为“大数据开启智能时代”。

数博会期间，将有国家领导人出席开幕式，英、美等国家将派出代表参加，国家部委领导、国内外企业家、专家学者以及具有重要影响力和行业代表性的协会组织、机构、媒体将聚集贵阳，共话大数据、发展新未来。

相较于上届，2016数博会更加国际化，不仅获得联合国国际电信联盟的支持，英国、美国及东盟等国家和组织也与组委会合作筹办相关专题论坛，其中，英国驻华使馆将承办中英大数据合作2016贵阳“英国日”分论坛，美国驻华使馆将承办“探数据深海，赢全球商机”分论坛。届时，来自全球的嘉宾和专业观众将达到两万人，一场全球大数据领域的思想盛宴将精彩呈现。

《块数据 2.0》首发式

2016年5月24日 下午14:30

贵阳国际生态会议中心二楼2号会议室新闻发布厅

陈本荣（中共贵阳市委宣传部常务副部长）：尊敬的各位领导，各位来宾，尊敬的媒体界的朋友们，大家下午好！在备受瞩目的中国大数据产业峰会暨中国电子商务创新发展峰会召开前夕，非常感谢各位拨冗出席“大数据战略重点实验室”理论成果新闻发布会，发布由大数据战略重点实验室研究编撰，中信出版集团出版的《块数据2.0——大数据时代的范式革命》。在此，我谨代表主办方对各位媒体朋友的到来，表示热烈的欢迎和衷心的感谢！

首先，请允许我介绍莅临今天发布会的嘉宾。他们是：《块数据2.0》主编、贵州大学贵阳创新驱动发展战略研究院院长、大数据战略重点实验室主任连玉明，《块数据2.0》副主编、北京国际城市发展研究院党委书记、副院长朱颖慧，《块数据2.0》副主编、北京国际城市发展研究院副院长武建忠，《块数据2.0》副主编、大数据战略重点实验室北京研发中心主任、基于大数据的城市科学研究北京市重点实验室主任张涛。

应邀出席今天新书发布会的还有：人民日报、人民网、新华社、新华网、光明日报、经济日报、科技日报、中国日报、贵州日报、贵州广播电视台、贵阳日报、贵阳广播电视台等来自中央、省市各级新闻媒体的新闻界朋友们。热烈欢迎大家！

2015年大数据战略重点实验室成立，并创造性地提出了“块数据”的概念，推出了《块数据——大数据时代真正到来》的研究成果。在此基础上，大数据战略重点实验室通过一年多的研发，又推出了《块数据2.0》。这是大数据战略重点实验室立足贵州大数据产业创新发展实践的又一力作，是贵州建设国家大数据综合试验区获得批复后，关于大数据理论研究的最新成果，也是本届数博会最重要的理论创新成果之一。

《块数据2.0》通过构建块数据理论的逻辑体系，进一步揭示块数据的本质、规律和应用价值，极具前瞻性，标志着块数据研究迈上新的台阶，是贵州大数据发展最强有力的理论支撑。我是一个文科男，原来也是做媒体的，我也带着很多问题，所以今天我们特别把这本书的编撰者请到现场，欢迎大家请问。

接下来进行第二项议程，请大数据战略重点实验室主任连玉明发布数博会理论成果。有请连院长发言。

连玉明：谢谢陈部长！谢谢各位在座的媒体、大数据战略重点实验室的各位同事和贵阳研究院的各位研究人员。

大家知道，去年我们在贵阳举办首届数博会期间，中信出版社出版了由大数据战略重点实验室研究编撰的我国在大数据研究领域第一部专著

《块数据——大数据时代真正到来的标志》。在这本书里面，我们在大数据理论和大数据领域首创性地提出了“块数据”的概念。这本书出版以后，在业界、学术界、政界、商界，引起了很大反响。特别是书的商业价值，据统计自《块数据》销售以来，曾经在亚马逊排行榜排前十位，这也让我们对进一步研究“块数据”充满了信心。

在过去一年里，我们对块数据进一步研究。经过一年时间的理论探索，今天正式出版并发布《块数据2.0》，副标题是“大数据时代的范式革命”。《块数据2.0》应该说是我们对“块数据1.0”版本的进一步深化和延伸。该书是我们在块数据概念的基础上，进一步探索块数据理论，初步架构了一个我们认为比较完整的块数据的理论体系。必须说明的是，《块数据2.0》是根据贵州省委常委、贵阳市委书记陈刚同志提出的总体思路和核心观点进行研究的。我们在书的后面题了这样一段话，我觉得这段话特别重要，就是2015年12月1日，贵州省委常委、贵阳市委书记陈刚同志在会见微软亚洲研究院常务副院长马维英博士时提出了“激活数据学”这样一个概念。当时我也在场，“激活数据学”这个新的假设、新的观点的提出，为“块数据2.0”的研究奠定了非常重要的理论基础。我们认为，激活数据学作为继块数据之后又一个新的观点，既是多维度的大数据分析的方法论，又是基于复杂理论的新的数据社会学的研究范式。

在研究“块数据”的过程中，北京国际城市发展研究院、贵州大学贵阳创新驱动发展研究院、大数据战略重点实验室三支理论团队鼎力合作。经过一年时间的努力，我们现在进行首发布。还要强调的是，在我们研究的过程中，得到了在大数据领域很多学者型领导的关注，包括北京市科委主任闫傲霜，贵阳市人民政府市长刘文新、贵州省科技厅厅长廖飞，贵州省经信委副主任康克岩，市委副书记张平，市委常委、秘书长聂雪松，市委常委副市长刘春成，副市长徐昊，等等。我觉得这本书虽然做了些理论的探索，但更是我们对实践经验总结的成果。在此基础上，我们还得到了北京大学、中国科学院北京国家学院很多专家学者提出的宝贵意见和前瞻性、创造性的观点和理念，他们的观点和理念为本书的内容创新做了丰富的思想贡献。应该说，今天呈现在大家面前的这本理论专著，是一个集体智慧的成果。

接下来，我想从三个方面对本书的基本内容给大家做一个简单汇报。

第一个方面，关于书名，很多人在问，说为什么把块数据2.0称为“大数据时代的范式革命”，这个“范式革命”究竟有什么样的含义？这正是我想跟大家特别介绍的内容。

今天呈现在大家面前的这本《块数据2.0》，应该说它是一本很严肃的理论专著。我刚才说过，它所探索和构建的是块数据的理论体系，这是我们这本书的主要内容之一。但是我要给大家介绍的，《块数据2.0》这本书带给我们的不仅仅是新知识、新技术、新理论，还让我们分享到思想之光、数据之美、未来之势。这是一场由科技引发的社会变革，这种社会变革将改变我们的思维方式和社会生活方式，改变物质和意识的构成，改变我们的世界观、价值观和方法论，进而改变和形成新的知识体系、价值体系和生活方式，并将深刻地影响人类社会政治、经济、文化和社会的方方面面。我们把这种改变和影响称之为“大数据时代的范式革命”。我个人认为，这种范式革命是思维方式的范式，是行为方式的范式，是价值观、世界观和方法论的范式革命。

第二个方面，《块数据2.0》这本书究竟介绍了哪些内容？特别是形成了哪些重要的观点？

我想记者朋友们现在每个人手上都有一本《块数据2.0》。在本书开篇，我受陈刚书记委托，写了一个主编序。我们从四个层面，通过十个篇章论述《块数据2.0》。第一个层面包括第一、第二、第三章，我们提出了块数据的定义，进一步阐释了块数据的基本属性和本质，指出了块数据是大数据的解决方案。第二个层面包括第四、第五章，提出了块数据概念的模型，以激活数据学为核心，进一步阐释块数据的形成机制及其运行规律。第三个层面包括第六到第九章，我们提出了块数据的全产业链、全服务链和全治理链，从块数据组织、块数据经济和块数据治理三个视角，进一步阐释块数据在民用、商用和政用方面的应用价值。第四个层面是第十章，我们提出了块数据安全。既阐明了块数据在开放应用中的数据风险不可避免，同时又指出了块数据安全防御的十大对策。我们试图探索并构建一个块数据理论的逻辑体系，以进一步地揭示块数据的本质、规律和应用价值。

基于《块数据2.0》几个最主要的问题，我归纳了五大亮点。

一是首次提出了激活数据学概念，这在大数据领域开辟了一个新的战略制高点。"激活数据学"是陈刚书记继"块数据"概念之后又一个重要的发现和理论发明，它讲的是面对海量数据，怎么能把最有效的数据找出来，怎么能最有效地让数据进行关联分析，从而预测人们的行为。块数据理论提出以后，大数据时代我们面临的最大难题就是数据量越来越大。在这么庞大的数据量面前，怎么能找到有效数据，我们就采用了一个新的大数据的方法——激活数据学。它通过新的数据式的方法论来对海量数据进行分析，这种分析包括两方面：一方面，以人为原点的社会数据学的分析方法，更加强调用数据来分析人的行为、把握人的规律、预测人的未来。另一方面，激活数据学作为新的方法论，实现了对不确定性和不可预知性的更精准的预测。在大数据时代，我们对数据的关联分析，最重要的是预测。那么大数据时代应用块数据基数怎么样进行预测呢？主要是通过四个数据技术：数据采集技术、数据存储技术（把大量的技术，包括抽象化的数据采集完以后怎么进行存储）、数据的关联分析技术（数据采集和存储以后，怎么进行关联比对和分析）、数据的激活技术（对没有发现的数据，通过数据的预测对不确定性和不可预知性进行预测）。激活技术主要包括五个内容：一是数据搜索，比如百度、谷歌，主要是这些技术，这是它的数据技术；二是关联融合；三是自激活；四是热点的减量化；五是智能碰撞。促进数据力和数据关系的变化，深刻影响块数据经济和块数据治理，进而引发新的社会共鸣。

二是首次提出了“数据引力波”的概念，它犹如一把钥匙打开了数据世界的转换大门。数据引力波的出现使条数据向块数据的融合成为可能。

三是首次构建了块数据的模型，揭示了块数据的应用规律，从条数据到块数据运行规律主要是通过关联性和聚合力进行融合。

四是首次提出了数据人的假设，催生了块数据组织。在大数据时代对块数据组织的新的组织形态提出了新的运行规律。

五是提出了数据力和数据关系的变化，这也是我特别想跟大家探讨的一点。大家知道，我们在《块数据2.0》里提出了新概念“数据力”，我认为数据力是大数据时代最有竞争力的竞争优势，它是战略性的竞争资源。数据力的出现，是一种新的生产力。我想既然数据力是一种新的生产力，那么数据力的背后肯定会产生新的生产关系，这种新的生产关系叫数据关系。数据力和数据关系的变化，就是新的生产力和生产关系的变化。这种新的生产力和生产关系的变化，必然要影响经济基础和上层建筑的变化。这四个变化使我们产生了一个新概念——数据资本论，这也是未来我们要继续研究的重大课题。

第三个方面，我简单介绍一下《块数据2.0》写给谁看？我们的读者是谁?

在研究《块数据2.0》的过程中，我们认为这本书主要为我们而写，同时也是为我们的读者而写。有人问过我，说块数据是一门比较深奥的学问，我们能看得懂吗？我觉得有一种人生下来就看得懂，比如说“90后”“00后”。这样的人跟我们60年代、70年代的人不太一样，我们把他们叫新新人类。他们具备的思维既不是人脑思维也不是电脑思维，是“人脑＋电脑”的新的思维，他的基因里面就带着大数据，所以他一定能看得懂。还有一种人也是可以看得懂的，关键在于怎么看，你要用心看、用心研究一定能看得懂。

这本书我们认为有八种人会看：

第一种人就叫云脑新人类，就是“90后”和敢于挑战“90后”的人。张朝阳曾经说过一段话：当今的互联网形态是一帮50多岁的CEO领导着40多岁的高管指挥着30多岁的员工给10多岁的孩子做应用。我们要真正地把我们的思想、产品、思维模式灌输给新的时代，我觉得就要从“90后”开始。

第二种人是科技工作者，研究科学、研究科技、研究大数据，必须看这本书。

第三种人是社会科学研究者。《块数据2.0》打通了大数据和大社科。今天中午，市委常委、副市长刘春成跟我讲，这一次数博会在理论上还有一个创新，就是要探索打通大数据和大社科，使自然科学和社会科学紧紧融合在一起。

第四种人是领导干部。大家知道2015年8月份，国务院出台了《促进大数据发展行动纲要》，对大数据在民用、政用、商用三个方面做了非常明确的十大工程，这是领导干部必须学习的。而《块数据2.0》恰恰是以《促进大数据发展行动纲要》为理论指导编写的。

第五种人是新生代企业家，就是在大数据时代和迎接大数据时代的企业家，这是必须看的。我们在这本书里面有一个非常重要的观点，在大数据时代，任何一个组织只能使用最合适的人，不能使用最聪明的人，因为最聪明的人永远在组织的外面，我们要通过内部的平台进行融合。

第六种人是白领，我不介绍了。

第七种人是社群领袖。

第八种人是创客。在贵阳开始有了“痛客计划”，把创客、痛客结合在一起，理论的支撑就是《块数据2.0》。

我今天特别介绍这八种人，必须看《块数据2.0》。我的介绍结束，谢谢大家！

陈本荣：感谢连院长的介绍！现在进入第三个阶段，媒体提问阶段。

多彩贵州网：从块数据1.0到2.0，让贵州大数据站在了最前沿，我想问接下来是不是还会有块数据3.0、4.0呢？

连玉明：我回答一下。对块数据理论的探索是一个不断的过程。我记得陈刚书记在讲到贵州发展大数据的时候说，贵州发展大数据一定要抢占三个制高点，第一是理论创新的制高点，第二是实践创新制高点，第三是规则创新制高点。

我觉得“块数据”概念的提出，就是我们在大数据发展过程中抢占的理论创新制高点。

今天是发布会，我觉得贵州和中国甚至世界所有研究大数据、发展大数据的领域相比，最大不同点就是我们在理论上创新发明了“块数据”。“块数据”理论是引领和指导贵州发展大数据的理论法宝，也是贵州建设国家大数据综合试验区的一个理论法宝。

当然，有了去年块数据1.0和今年2.0，一定还有3.0、4.0、5.0。今天我可以向记者朋友预告，我们的“块数据3.0”现在已经开始，它的主题是“激活数据学的场景应用”，我们研究的已经不完全是理论问题，而是理论在实践中如何应用。

大家看《块数据2.0》最后的结语：块数据场景应用的八大预测。我们在接下来要研究的就是激活数据学如何在实践中把它转化成成果，应用到实践。

《块数据4.0》，我们可能要研究数据力。作为新的战略资源、新的战略竞争优势，它和数据关系之间将引发出一个新的，我们认为是最重要的经济学模式——数据资本论。我们把它叫作“大数据时代新的经济模式或者新经济模式”，就是“大数据变革产生的新经济模式”。

《块数据5.0》我们将研究大数据时代的组织变革，就是块数据组织将对人类所产生的巨大影响。

谢谢大家！

《贵阳晚报》：我想问一下我们为什么要提出“块数据”的概念，块数据跟大数据究竟有什么本质上的区别？谢谢！

连玉明：我刚才实际上对这个问题已经做了解释，我再做一点点解释吧。在这本书中，我在主编序中写了一段话：块数据不是大数据的分支，更不是大数据的翻版，而是大数据发展的高级形态。块数据对人类的影响是全方位的，从条数据向块数据的汇聚、融合和裂变，将催生新的社会文明的聚集。

如果把大数据和块数据做一个理论上的对比，我认为块数据更加强调以人为原点的数据社会学的分析方法，更加强调用数据技术来分析人的行为，把握人的规律，预测人的未来。块数据是大数据的高级形态，这种高级形态也包括了大数据的基本特征：容量大、类型多、商业价值高、处理速度快。比较大数据和块数据的最显著区别，就是块数据从大数据过去的四维理论发展到五维，多了一个维度的变量。多维度的出现是由块数据的集聚观念而产生价值的根本基础。正是有了块数据的多维变量引发的数据的使用、才能使分析从静止和独立转变为运动和联系，所以从大数据走向块数据是一种必然趋势，块数据是大数据的解决方案。谢谢！

《贵州日报》：连院长，刚刚您跟我们分享了很多块数据的新的亮点，也分享了它有什么作用。我想问一下块数据最本质的东西是什么？谢谢。

朱颖慧： 我来回答一下这个问题。这个问题在研究的过程中也一直困扰着我们。我们在对块数据做研究的时候，一直有一个参照物，那就是大数据。我们比较了大数据，一直希望能够清楚地解释大数据是什么，块数据是什么。但是有一天，连院长推荐我们看了一个美国记者写的一篇文章，他说，大数据是什么并不重要，重要的是大数据正在改变人们对世界的看法。我觉得我们研究团队一下就释然了，我觉得块数据也是如此。我们不能把块数据仅仅当作是一个概念或者一个技术，探讨它到底是属于理论问题、实践问题、改革问题、创新问题、纯技术问题，还是战略问题。我觉得不能单纯这么去看，如果这么去看块数据的话，就过于简单了。但不管怎么样，作为一个研究还是得去回答到底什么是块数据。

实际上连院长刚才在介绍里说了很多，比如他讲到块数据是一种以人为原点的数据社会学范式，核心是用数据的技术分析人的行为，把握规律，预测和改变未来，等等。在这本书成稿以后，我们研究团队一直在做很多后续工作，包括怎么去理解、解读这本书。我们也一直试图用更加简单或者说让大家更易于接受的表达方式去说清楚块数据的本质到底是什么。刚才讲到块数据可能会带来新的生产力和生产关系，我们觉得块数据本质上是一种模式，就像在互联网阶段，互联网是技术、是背景，但是决定互联网成败的却是模式。淘宝的成功不是技术的成功而是模式的成功。我们觉得块数据就是大数据背景下的一个非常重要的解决方案或者说是一种模式，它涉及经济、社会、政治、文化等各个领域。当然，这个模式还不是具体到某一个领域的模式，它也许会应用到接下来的八个场景中以解决问题。块数据一定是大数据时代各个领域和整个人类社会发展非常重要的基础。谢谢。

人民网：连院长，在刚刚的发布会上，我听您介绍说书中三个板块的的内容：块数据的本质、模型以及安全问题。我注意到一个最关键的核心，就是咱们把块数据的安全放在了最后一章做压轴。其实我们在采访过程中也了解到，大家都在强调数据的开放、共享以及安全。我想请问一下，咱们把块数据的安全作为压轴是基于什么考量？谢谢。

朱颖慧：就像刚才您讲到的一样，大数据时代一个非常重要的特点就是数据的开放和共享。大数据把我们领进了一个没有任何隐私的时代，一个高风险的时代。习近平总书记也曾经说过，没有数据安全就没有国家安全。

对于数据安全的问题，我觉得把它提到什么样的高度都不为过。我们在本书对块数据的研究过程中，对于数据安全，非常创新的一个点是没有把所谓的数据安全仅仅看作是技术本身，数据资源的开放、流通和应用，可能会带来的是各种风险、各种危机。这种风险和危机不仅仅是一种技术上的问题，它们的核心是改变和颠覆。颠覆意味着破坏、解构和重构，就是过去的一切可能都不复存在，这才是最根本的危机。它可能直接导致的是结构和功能的变化，从而带来社会的不确定性、不可预知性和不可控性的增强。

正是基于这样理解数据安全的问题，所以我们把它作为这本书十个篇章的最后一部分压轴，也是希望通过我们这样的研究，能够引起各个方面，包括政府在内对于数据安全的关注。谢谢。

《中国青年报》：我想请问，我看到这本书里面其中一章专门讲了“数据与政府治理的关系”，我们看到“数据治理和权力数据化”概念的提出。我们想知道这对政府提高治理能力有什么样的价值？同时我们看到书中有一部分内容非常有趣，叫作“有学者参照经营系数提出了权力经营系数”，我们想知道对于中国政府的权力经营系数的研究，大概在什么位置？基于什么得出的结论？谢谢。

武建忠：非常感谢这位记者的问题。权力数据化是我们《块数据2.0》提出的一个概念。我们提出“权力数据化”主要是基于这样一些考虑：现在大家都知道，数据是一个国家最重要的基础性的战略资源，也是一个非常宝贵的政府治理资源。既然作为资源，它一定是可以量化的。我们一直在考虑，数据作为一种政府资源如何量化？因为政府行使的是公权力，所以这样我们就提出“如何通过权力的数据化对政府治理能力和现代化进行一个描述”，在这个基础上我们提出“权力数据化”的概念。

昨天下午，我们去参观了贵阳市大数据应用展示中心。参观的过程中，我们又对未来权力数据化和未来政府资源权力数据化有了一个清晰的认识。现在贵阳正在做“数据铁笼”工程，它的核心本质就是一种权力的数据化。在贵阳“数据铁笼”的实践基础上，我们认为未来权力数据化主要就是体现在对权力的全过程监督和全过程数据化的衡量模块的建构。去年李克强总理来贵阳参观“数据铁笼”，讲了一段话，“数据铁笼”实际上就是人在干、云在算、天在看。因此，我们认为权力被数据化，是数据技术在政府治理领域的一个飞跃。通过权力的数据化，我们对权力个体的描述从来没有像现在这么全面和深刻，对权力的制约也从来没有像现在这么科学和具体。

大家可以注意到《块数据2.0》里面，我们还对“权力数据化对数据的治理和治理的数据化”这两个概念进行了一些研究。我们认为，未来的数据治理一定是强调政府要实现基于大数据的治理，是以数据为核心实现政府流程的再造。而治理数据则强调政府要做好对数据行为的治理，同时推进数据惠民，增进全社会的数据福祉。在这个基础上，我们认为未来的权力数据化和权力透明化，一定会解构和重构传统的权力观。数据治理将成为政府治理和国家治理的一种新的趋势。

在《块数据2.0》里面我们还提出来一种假设，我们认为，随着大数据技术的深入推进，未来的权力一定可以数据化，政府一定可以虚拟化。我们甚至设想未来政府的某个部门可能就是一个机器人，可以通过一种数据模块进行自主自运行和自管理。相关的一些政府职能也会通过数据模块，比如像现在的阿尔法狗一样，可以进行自我的人机交互。通过这种高度的数据化、智能化的机器人来代替政府的某些职能，从根本上可以提高政府的行政效力，杜绝权力腐败。所以我们认为人机交互是未来大数据的基本模式。

另外，我们还对数据的基尼系数以及政府的权力度量进行了一个简单的模式推演，它的目的是探索一种对未来权力数据的量化和衡量。这里面有一个公式提到了未来政府的权力 =D×M（管理量）。我们认为不管是通过基尼系数计算还是通过权力的度量，未来的权力一定是可以数据化的，数据化的权力一定是未来政府治理能力现代化的基本趋势。谢谢。

《中国青年报》：对目前的权力运行有没有基尼系数的测算？

武建忠：目前，我们是参照各种基尼系数和计算模型的算法，但是由于现在政府数据资源的开放这块还有很多的问题，所以作为一个理论问题，我们现在正在研究过程中。谢谢。

《人民日报》：《块数据2.0》这本书上提到了激活数据学的概念，可以介绍一下吗？

张涛：激活数据学作为一种新的数据观和新的方法论是对实现不确定性和不可预知性正确的把握。它的基础是人工智能的飞速发展，通过人机交互推动高度数据化的智能和高度智能化的数据进行融合，进而实现对不确定性和不可预知性的精准把握。大数据时代实际上是更加开放的系统，大数据时代人类积累数据的能力远远超过了分析数据的能力，加剧了整个社会的不确定性和不可预知性。人类试图通过计算机、云计算或者人工智能来解决这一难题，但是并没有获得一个比较理想的答案，甚至产生了一种方向性的迷失。解决海量数据的困惑应回归于以人为原点的数据模式，应用激活数据学的理论和方法，分析人的行为、掌握人的规律、预测人的未来，这或许才是应对不确定性的精准的途径。

我们在进行整本书的描述时，激活数据学的模型是整体基于复杂理论的。复杂理论可以说是激活数据学的重要理论基础，激活数据的复杂理论是被称为继还原论和系统论之后的第三代系统思想。作为系统解释块数据微观个体和宏观系统的理论支撑，我们对激活数据学做了一个有益的延续。根据激活数据学，块数据有了一个在非平衡和非线性条件下衍生出多样化的自主性的流程，产生1+1>2的效果。谢谢！

连玉明：激活数据学在理论上是一个新的观点和新的假设，我想说理论界，包括媒体都很关注这个问题。我想再做一个解释。对块数据或者激活数据学做了这么多理论，到底有没有应用？所以我想针对贵阳市如何应用块数据和激活数据学，给大家说一个例子。贵阳市正在全面推行的“数据铁笼”计划，是贵阳市委市政府的重大战略决策。去年在市交管局、市住建局两个厅局试点，今年我们在40个政府部门全面推开，我觉得它就是块数据理论和激活数据学的全面应用。

“数据铁笼”是什么呢？如果我们用理论来介绍的话，“数据铁笼”就是以权力运行和权力制约的信息化、数据化、自流程化和融合化为核心的自组织的系统工程，这个自组织系统工程就是激活数据学在实践中的一个基本应用。所以，“数据铁笼”实际上就是以块数据理论和激活数据学为核心的新技术、新服务和新范式。它是把权力、制度、行为和流程进行信息化、数据化、自流程化和融合化的过程，通过这个过程实现的是精准研判和智能防控。自流程化是“数据铁笼”的关键。按照陈刚书记的要求，“数据铁笼”，也就是块数据理论在实际中的应用要经过四个步骤：一是信息化，二是数据化，三是自流程化，四是融合化。大家在看贵阳发展大数据过程中，绕不开的最重要的实践就是“数据铁笼”。我想今天利用这个机会给大家说说这“四个化”是怎么回事？

第一化是信息化。信息化就是指应用互联网、云计算和大数据技术来推动政务管理和公共服务的信息化，通过行政决策过程全记录、行政许可过程全记录、行政执法过程全记录和视察监管过程全记录，推动数据实现自动化采集、网络化传输、标准化处理和可视化应用。这是激活数据学最低级的阶段，也是“数据铁笼”建设的最初阶段——信息化。

第二化是数据化。我们是从群众关注到的、权力空间大的热点入手，明确权力的界限，排查风险类别，编制好“三清单一流程”，做到权力可分割、可度量、可存储、可规范，实现数据可公开、来源可追溯、去向可跟踪、责任可追究。这个阶段其实还没有到激活数据学的核心。

第三化是自流程化。是强化权力运行的数据关联分析，形成权力数据自动采集、自动存储、自动比对、自动激活、自动预警、自动推送的自主系统。它不是用人的思维去分析数据，而是用数据技术去分析人的行为、把握人的规律、预测人的未来，这是激活数据学的核心和关键所在。

第四化是融合化。就是加快政府信息公开和跨部门、跨领域数据的共享、共用，特别是重要领域的政府数据向社会开放。强化跨部门、跨行业的比对和关联分析。依法推动权力运行和权力制约的公开、透明，推动行政管理流程优化再造，推动行政管理数据融合和公共数据资源在开放中共享，在共享中提升，在提升中转化，在转化中再造。让数据多跑路，让群众少跑腿，真正实现李克强总理提出的人在干、云在算、天在看。谢谢！

陈本荣：由于时间关系，今天的提问环节到此结束。大家下来还有什么问题，可以问一下《块数据2.0》的创作团队。感谢连院长！感谢各位媒体记者朋友！今天的新闻发布会既是发布会也是普及课，因为接下来几天我们就要投入一场新闻盛宴之中，我们要一起见证数博盛会，一起见证我们这个城市的蜕变，见证各个高新产业的发展。衷心感谢大家的参与！欢迎大家的见证！

今天的发布会到此结束。祝各位在数博会期间采访顺利！身体健康！谢谢！

大战略引领创新风潮　大数据开启智能时代 中国大数据产业峰会暨中国电子商务创新发展峰会在贵阳隆重开幕

李克强出席开幕式并致辞

杨晶、周小川出席，徐绍史主持，陈敏尔致答谢辞，肖捷、张业遂、苗圩、高虎城、孙志刚、王富玉等出席

2016年5月26日《贵州日报》

云上贵州聚八方宾客，数谷贵阳绘数据蓝图。5月25日，由国家发展改革委、工业和信息化部、商务部、中央网信办、贵州省人民政府主办的中国大数据产业峰会暨中国电子商务创新发展峰会在贵阳隆重开幕。中共中央政治局常委、国务院总理李克强出席开幕式并致辞。

国务委员兼国务院秘书长杨晶，全国政协副主席兼中国人民银行行长周小川出席。国家发展改革委主任徐绍史主持。省委书记、省人大常委会主任陈敏尔致答谢辞。国务院常务副秘书长肖捷，外交部党委书记、副部

长张业遂，工业和信息化部部长苗圩，商务部部长高虎城，贵州省委副书记、省长孙志刚，贵州省政协主席王富玉出席。贵州省省长孙志刚、国家发展改革委副主任林念修、中央网信办副主任徐麟演讲。公安部、国家工商总局、国家新闻出版广电总局、国家统计局、国家知识产权局、国务院研究室、国家海洋局有关负责同志，贵州省委常委、省人大常委会、省政府、省政协有关领导同志出席。

李克强在致辞中说，当今世界，信息化浪潮席卷全球，大数据、云计算、物联网等蓬勃发展，使互联网时代迈上一个新台阶。今天的中国要把握住世界科技革命的历史机遇，按照创新、协调、绿色、开放、共享的发展理念，加快创新型国家建设，着力推进结构性改革尤其是供给侧结构性改革，推动信息化与实体经济深度融合发展，不断提升全要素生产率，努力保持经济中高速增长、迈向中高端水平。

李克强表示，要推动新经济发展和传统产业转型升级，必须坚持改革开放，使中国经济发展方式从过度依赖自然资源转向更多依靠人力资源开发。自然资源是有限的，但人力资源是无限的，蕴藏着无穷的创造力，是实现可持续发展的最大资源。我们坚持创新驱动发展战略，制定实施网络强国战略、国家大数据战略、“互联网+”行动计划、《中国制造2025》等，出台了一系列重大举措，在促进创新和更好发挥人力资源优势方面的效应正在显现。以大数据为代表的创新意识和传统产业长期孕育的工匠精神相结合，使新旧动能融合发展，并带动改造和提升传统产业，有力推动虚拟世界和现实世界融合发展，打造中国经济发展的“双引擎”。

李克强指出，要发展共享经济，让更多的人有平等创业就业的机会，使广大人民更好分享改革发展成果。共享经济不光是在做加法，更是在做乘法，会让创新创业门槛更低，成本更小，速度更快。近三年，我们大力推进简政放权和商事制度改革，激发了人们的创新创业热情，催生了一批新技术、新产业、新模式。这些企业今天还是“小个子”，未来就可能产生一些“小巨人”，甚至享誉世界。企业家精神和工匠精神有机结合，可以使产品品质和企业效益都有提升，更好满足消费者对产品和服务的需求。共享经济不仅人人都可参与，而且人人都可受益。我们要大力加强信息基础设施建设，尤其要加快农村和老少边穷地区基础设施建设步伐，缩小“数字鸿沟”，促进扩大就业和减少贫困人口。

李克强表示，要通过简政放权、放管结合积极培育发展大数据等信息网络产业。依靠改革推动发展，这方面需要市场主导，政府也大有可为。要打破“信息孤岛”和“数据烟囱”，推动政府信息共享，提升政府效能，让企业和群众办事创业更方便。除涉及国家安全、商业秘密、个人隐私以外的数据，都应向社会开放。充分利用信息化手段完善市场监管，形成线上线下一体化监管格局，实现“人在干、数在转、云在算”。利用大数据等技术为民谋利、解民所忧，促进形成公平普惠、便捷高效的民生服务体系。

李克强强调，要在开放和发展中实现信息安全。强化信息网络和数据安全治理，建立和完善数据流动与利用监管立法，构建信息基础设施安全保障体系。依法依规打击信息滥用、侵犯隐私、网络诈骗、盗取商业秘密等行为，加强知识产权保护，保障公民的信息安全权益，净化网络空间。

最后李克强指出，当前世界经济复苏乏力，信息产业等新经济快速发展，给世界经济增长带来亮光和希望，中国信息化发展方兴未艾。欢迎各国企业和创业者来华投资兴业，鼓励东部高新技术产业特别是与大数据相关联的衍生产业向生产成本较低、可以获得更高效益的中西部地区转移发展。我们将营造更加公平、透明、可预期的投资环境，保障企业合法权益，提供更好的公共服务。

出席开幕式前，李克强参观了贵州大数据发展成果展。

国家发展改革委主任徐绍史代表主办方对莅临峰会的各位嘉宾表示欢迎。

贵州省委书记陈敏尔代表贵州省委、省政府和全省各族人民向与会各位领导、各方嘉宾、各界朋友表示感谢。他说，两年多来，贵州紧紧围绕“数据从哪里来、数据放在哪里、数据如何应用”三个问题，积极先行先试，着力推进大数据开放共享应用，深入挖掘大数据商用、政用、民用价值，取得了阶段性成果，受到了习近平总书记、李克强总理的充分肯定和业界的高度关注。我们将认真贯彻李克强总理在峰会上的重要讲话精神，大力推进大数据战略行动，把大数据作为实施创新驱动发展战略的重要支撑，作为加强供给侧结构性改革的重要抓手，作为推动实体经济、传统经济转型创新发展的重要动力，进一步探索创新大数据产业形态和商业模式，努力增加大数据商用、政用、民用产品和服务的有效供给，千方百计培育新动能、发展新经济，让大数据“智慧树”茁壮成长，让大数据“钻石矿”与更多人分享，为实施国家大数据战略积累经验、探索路子。

孙志刚在演讲中说，近年来，贵州认真落实习近平总书记的重要指示，牢牢守住发展和生态两条底线，重点围绕数据集聚、融通、应用，着力构建大数据内容中心、服务中心、交易中心，培育发展大数据核心业态、关联业态、衍生业态，大数据项目加快实施，大数据产业加快成长，大数据法规体系不断完善。贵州将以建设国家大数据综合试验区为契机，围绕推进供给侧结构性改革，厚植大数据发展优势，在数据资源共享开放、数据中心整合利用、大数据创新应用、大数据产业聚集、大数据资源流通、大数据国际合作、大数据制度创新等七个方面开展系统性试验，运用大数据推动产业转型升级，运用大数据提升政府治理能力，运用大数据助推黔货出山，为实现弯道取直、后发赶超培育新动能、壮大新实力。

据悉，2016数博会在“数据创造价值，创新驱动未来”的主题下，以“大数据开启智能时代”为年度主题，吸引了来自全球各地大数据业界的高管精英、专家学者、科研机构、咨询机构及众多中小企业和创业者，超过20000人参会。

2016数博会嘉宾点赞贵阳以大数据引领创新发展

2016年5月27日《贵阳日报》

引言

日前，一篇名为《中国增长最快的城市在哪里？》刊载于世界经济论坛网站后，引起不少业内人士关注。该文称，尽管30%的年增长率已经成为过去，但中国仍然是许多城市快速发展的热土。而贵阳作为新兴城市，2016年的经济增长预计将高达12%，成为中国经济增长最快的城市。该文分析，曾经依赖于本地产业的贵阳，正在成为大数据中心。阿里巴巴在贵阳建立云计算中心，同时国家级的运营商也正在投资贵阳，一个新的科学园正在发展，这是贵阳经济快速增长的原因所在。

无独有偶，据经济学人智库（The EIU）去年在北京发布的《2015年中国新兴城市报告》显示，2015年贵阳市在综合排名、经济增长以及外商直接投资三个方面均名列全国城市榜首。经济学人智库中国区经济学家陈晨评价，贵阳在大数据方面的积极投入以及在基础设施方面的不断提升，为其今后几年的发展做了良好的铺垫。

人们已习惯于将这个快速崛起的“中国数谷”与“印度硅谷”班加罗尔做对比。两地确有许多相似之处：都位于所在国家偏南部，海拔均在900米至1000米左右，生态环境良好，后发优势明显。在上一轮的发展中，班加罗尔抓住软件服务业发展机遇，迅速成长为“印度硅谷”，而当前贵阳抢抓大数据时代机遇，以呼叫中心、数据中心等“接地气”的基础产业为切入点，逐步向大数据前沿理论、标准制定等“高大上”的领域推进，初步走出一条实现经济发展和生态保护双赢的可持续发展道路。贵阳与班加罗尔发展理念相似、产业互补性强、合作前景广阔。具有标志性意义的是，2014年，“中国数谷”与“印度硅谷”正式结为姊妹城市。

“中国数谷”的城市形象逐渐替代了欠发达、欠开发的“老印象”。5月25日，前来参加中国大数据产业峰会暨中国电子商务创新发展峰会的嘉宾，纷纷为贵阳以发展大数据产业促进经济增长、推动升级转型的良好势头点赞，更不吝建言献策。人们相信、无数事实已证明，贵阳这个“中国数谷”，正在中国西南“云”图大展。

以大数据产业为重心　促经济社会加速发展

中国科学院院士、上海交通大学副校长梅宏是从贵州走出去的全国计算机软件领域顶尖科学家，他见证了信息技术在中国飞速发展的30年。5月25日，返乡参加2016数博会的梅宏说，贵阳发展大数据产业促进经济增长的势头超出了他的预期，这是近年来贵阳脚踏实地推动大数据产业发展的结果。

“在‘互联网 ’时代，经济发展和信息化的关联度很高。”梅宏从自己熟悉的研究领域分析认为，信息技术不但是一个独立行业，还和多种行业有着广泛的渗透和融通，成为传统行业发展的催化剂、倍增器。大数据是新的信息化产业，不管是发达或是欠发达地区，发展大数据都是其经济社会发展的必然趋势。

中国工程院院士倪光南认为，贵阳以发展大数据产业实现经济增长，验证了“互联网 ”所具备的三大优势。第一是人才优势，因为发展大数据，“贵漂”成为流行词。数据显示，2015年，贵州已成为全国大学生流入地，在全国排名第七，贵州不仅让外地人才“漂”来创业，也拉动当地就业，培养本土人才。第二是市场优势，由政府主导打造的“云上贵州”，实现了部门间数据存储、共享开放和开发利用，实质上就是以开放的市场，让数据红利共享。第三是安全优势，贵州通过全国首部大数据地方法规确保大数据安全，无疑有先见之明。

美国特拉华大学电子与计算机工程系终身教授高光荣说，贵阳以大数据产业为发展重心，这在国内都是罕见的，彰显着当地政府的积极性。这样的发展速度，不管是从当下还是长远来看，对推动贵阳经济社会发展和破解民生难题，都将起到重要作用。

中关村大数据产业联盟秘书长赵国栋分析，历史上每一个大的转折变革期，都伴随着新的基础设施建设。比如在工业时代，道路、桥梁、机场等基础设施的投入，拉动了经济增长。而在大数据时代，同样需要建设基础设施，如光纤、大数据中心等，必然会拉动经济增长，带动产业转型升级。他说：“贵阳建设全城免费 Wi-Fi，就像修路；建设数据中心，就是修建数据储存仓库。贵阳在大数据基础设施建设方面的投入还在继续加大，对经济增长的拉动还在继续。”

政府重视 理念超前　大数据产业生机勃发

资深跨国大数据企业文思海辉已于今年落户贵阳，公司 CEO 卢哲群说，文思海辉选择贵阳，正是被这里发展大数据的良好环境所吸引。在不少行业精英眼中，贵阳建立大数据中心，带动经济发展，根本原因在于政府重视发展大数据的超前理念。

新华三集团总裁兼 CEO 于英涛认为，处于中国内陆地区的贵阳能成为中国经济增长最快的城市，在于当地对新技术、大数据、云计算的高度重视和超前理念，出台不少利好政策，吸引全国一流的厂商、内容服务商落地生根。互联网时代、云化时代、电商时代已经没有地理上的限制，屏蔽掉了贵州的部分短板，有了政府的支持，短板变为长板。

北京华胜天成科技公司董事长、总裁王维航认为，贵阳成为中国经济增长速度最快的城市，核心原因是抢占了“大数据”这一时代风口。和沿海发达地区不同，贵州、贵阳发展大数据产业有两个显著特点。一是专一求精，在“互联网 ”国家战略下，只有贵阳专注大数据并打造大数据全产业链条，而在发达城市“互联网 ”的布局中，这只是一个环节。第二在于良性互动，贵州举全省之力发展大数据产业，向上与国家部委层面有着良性互动，向下推动大数据产业的官、产、学、研一体化，从而实现大数据核心业态、关联业态和衍生业态大发展。

与其他行业良性互动　大数据产业前景广阔

“贵阳发展大数据，要结合自己的优势。”观数智库创始人、著名信息管理专家涂子沛建议，数据从来不是单独存在的，要服务于其他行业，对贵阳而言，大数据能够发生作用的领域，一是旅游，二是农业。“逛青岩古镇的时候，我在每个景点扫一扫二维码，就可以听语音介绍景点信息。这还做得不够精细。设想一下，能不能跟手机定位功能结合起来，每到一处，手机能自动播放该处的导游语音？这里面还有巨大的提升空间。”涂子沛说，把大数据和大旅游结合起来打造智慧旅游，让来这里旅游的人，一边享受美景一边享受信息技术带来的便利。“贵阳乡村路边墙上写着‘4G进农村，流量最低2分5’的标语，对我触动很大。如果贵阳能把大数据和农业结合起来，前景也会非常广阔。”

“贵阳有了发展大数据的环境，还要普及大数据思维。”中国行政体制改革研究会常务副秘书长王露说，今年4月，“互联网＋政府”的文件出台，明确提出打造“一号一窗一网”平台，服务民众和企业。贵阳发展大数据产业，可在优化市场环境、优化投资环境、简政放权等方面为落地的大数据企业服务，实现后发赶超。

“经济数据的快速攀升跟聚焦大数据产业是分不开的，这也从一个侧面证明贵阳选择从大数据产业入手，融入互联网发展是非常正确的，也是很有发展前景的。”第一视频集团董事局主席张力军认为，贵阳下一步的数据产业发展，最具挑战和价值的是信息挖掘和应用。解决好信息的分享、共享、收集、挖掘，应该成为贵阳大数据产业发展的重要方向。

（数据观网转载）

2016数博会：挖掘数据“钻石矿”共享经济“新亮光”

2016年5月29日 新华网

爽爽的贵阳挡不住大数据的热度。25日至29日，中国大数据产业峰会暨中国电子商务创新发展峰会召开。国内外大数据领域知名企业和人士齐聚贵阳，展示大数据产业发展成果，共同探讨大数据领域未来趋势，为世界带来了一场大数据“盛宴”。

“数博会给了我很多震撼，让我仿佛穿越到了中关村，甚至美国硅谷。”滴滴出行创始人兼首席执行官程维说，贵州数博会规模越来越大，层次越来越高，在这里触摸到了大数据强劲的发展脉搏。数博会将对大数据产业产生积极深远的影响。

“云计算与大数据融合发展”“数据安全与隐私保护”“大数据助力网络扶贫”……数博会上68场密集的专业论坛，为国内外大数据业界搭建了一个交流合作的大平台。数博会已经成为在全球科技界有影响力的盛会，为全球大数据精英人物、领军企业、知名机构和普通创业者搭建了专业化的交流共享平台。

高通公司全球总裁德里克·阿博利说，数博会“给了高通公司和中国最优秀的大数据人才交流的机会”。他表示，高通公司在包括贵州在内的中国许多地方建设了数据中心，“希望和越来越多中国伙伴一起合作，共同挖掘大数据的潜力。”

中国首个大数据战略重点实验室、首个全域公共 Wi-Fi 的城市、首个块数据聚集的公共平台、首个数据公开示范城市和首个“痛客”梦工厂……一系列大数据领域首创之举从数博会起航。与会人士认为，数博会将中国“互联网+”行动计划落到实处，推动了移动互联网、云计算、大数据、物联网与其他产业融合，引导互联网企业拓展国际国内市场，促进电子商务、工业互联网和互联网金融等领域的健康发展。

数据创造价值，创新驱动未来。着力开发大数据的商用、政用和民用价值，成为数博会的共识。大数据被誉为当今经济发展中的“钻石矿”。当前世界经济复苏乏力，以大数据为代表的信息产业等新经济快速发展，给世界经济增长带来亮光和希望。

我国信息经济迎来了快速发展的黄金时期。据国家发展改革委副主任林念修介绍，2015年，我国信息经济规模已超过18万亿元人民币，数据总量超过1300EB，占全球数据总量的13%。据预测，未来 5 年，中国大数据产业规模年均增长率将超过50%，到2020年，中国将成为世界第一数据资源大国和“全球数据中心”。

致力于汽车货运大数据开发，已经拥有200万注册货车司机的贵阳货车帮科技有限公司 CEO 戴文建告诉记者，目前，全国90%的中长途货运数据聚集到了贵州。企业已完成数据积累，即将进入数据挖掘和增值阶段，在不久的将来，企业将把工业设计中心建到美国硅谷，“大数据时代刚刚到来，大家都有机会成为弄潮儿”。

同时，深入挖掘大数据的政用价值备受数博会与会者关注。当前，我国80%信息资源掌握在政府手中。如何打破“信息孤岛”和“数据烟囱”，用大数据提升政府效能，是政府需要重视和亟待解决的问题。在贵阳市等地，政府“数据铁笼”“政务云”等大数据的开发与应用模式已实现“人在干、数在转、云在算”，成为提升社会治理能力的重要手段。

此外，从数博会释放的信号来看，开发大数据民用价值将是未来的发展趋势。深圳码隆科技有限公司 CEO 黄鼎隆说，改变人们的生活，是发展大数据的落脚点。从智慧医疗、智慧教育，到交通出行、购物旅行，大数据已渗透进日常生活。高通、戴尔、富士康、腾讯、百度等参会知名企业在峰会上均表示，推动大数据全民共享将是企业未来着力方向。

道阻且长，行则将至。此次数博会展示了大数据发展的广阔前景，同时也深刻分析了面临的挑战。大数据将推动人类社会实现从思维方式到生产、生活方式的重大变革，但仍需突破核心需求、关键技术、顶尖人才和数据共享等制约。“要赢得未来，就不能错过大数据。”戴文建说。

（凤凰财经网、数据观、南宁新闻网等转载）

2016贵阳国际大数据产业博览会圆满闭幕

2016年5月29日　人民网

2016贵阳国际大数据产业博览会于5月29日在中国贵阳圆满落幕。超过300家大数据企业带来了1000余项全球最新的产品、技术和解决方案。智能硬件、可穿戴设备、机器人、无人机、智能交通、智慧生活等领域的最新前沿设计精品，刮起一股大数据风暴，进一步推动博览会向全球化、高端化、品牌化迈进，用大数据开启未来之门。

2016数博会由中华人民共和国发展和改革委员会、工业和信息化部、商务部、中央网络安全和信息化领导小组办公室、贵州省人民政府主办，中华人民共和国国家发展和改革委员会高技术产业司、贵阳市人民政府、贵州省经济和信息化委员会等8家单位承办。大会以“大数据开启智能时代”为年度主题，聚焦大数据分析与应用、数据中心和配套产品、智能制造及设备、互联网创新应用、电子商务等五大板块，掀起了众人关注大数据的热潮。

据了解，围绕“国际水平、行业引领、专业平台”的三大功能定位，组委会邀请了高通、戴尔、富士康、中兴、浪潮、华为、HPE、HTC、腾讯、百度、阿里巴巴、京东、乐视等全球大数据领域顶尖企业前来参展；联合国可持续发展计划行动办事处、英国驻华大使馆、韩国大数据协会联盟、日本横滨、济宁高新区等国内外机构和组织，集中展示了大数据城市应用方面的成果。此外，展览还专门设立了5000平方米的国家（贵州）大数据综合试验区展区，集中展示贵州大数据产业发展的历程和成果。

展馆内，大数据应用和产品琳琅满目、一应俱全，华为的全球首款32路开放架构 Kunlun 小型机新品、乐视自主研发的 LeSEE 概念车、富士康的自助式渲染云平台等 VR、AR、人工智能、大数据综合解决方案、高端服务器、大数据可视化、云平台等多种新品首次亮相。

开展以来，展览吸引了近9万观众参展，其中专业观众超过1万人，先后有马化腾、郭台铭、刘强东、李彦宏、贾跃亭、王雪红、毛渝南等嘉宾和国家工信部、发改委等有关领导及部分高校专家学者到场观摩。贵州省、贵阳市机关、企事业单位近百家共4000余名干部职工参观。现场观众跃跃欲试，争相感知新科技。在不少展位上，体验 VR、语音识别等新技术的观众排起长队，甚至有市民打听新技术产品的购买渠道和方式。

今年展会同期活动精彩绝伦，看点目不暇接，新颖的“数小博”动漫主持人主持开馆仪式、奇虎360电子政务云新产品发布会、富士康客户签约仪式暨自助式渲染云产品会、小 i 机器人新品发布、数字冰雹智慧城市大数据可视化平台新品发布、HPE 案例分享等71场高端活动吸引全球业界关注，为2016贵阳国际大数据产业博览会注入创新活力，全方位诠释中国大数据时代的到来，引领未来数据风向标，让世界看见贵阳——中国大数据之都。

（东方头条转载）

2016中国电子商务创新发展峰会贵阳共识

2016年5月30日《贵阳日报》

2016中国电子商务创新发展峰会以“新使命，新视野，新动力”为主题，围绕主论坛、跨境电子商务、电商扶贫、电商物流快递服务、国家电子商务示范城市工作交流会、移动金融、农业电商布局创新、品牌企业电商系统选型、电商新机遇的议题进行了思想交融和经验分享。本次峰会形式丰富多彩，气氛热情高涨，与会人员收获多多，心情爽爽，充分体现了“多彩贵州、爽爽贵阳”的地域特色。

与会者一致认为，电子商务创造了新的消费需求，引发了新的投资热潮，开辟了新的就业渠道，为大众创业、万众创新提供了新的空间与舞台，电子商务已经成为我国稳增长、调结构、惠民生、增就业、促创业创新的重要途径。

会议指出，当前我国电子商务发展已经取得了可喜的成绩，也面临一些问题与挑战。2016年，我国电子商务发展要把握好供给侧结构性改革、制造业强国、“双创”、“一带一路”、脱贫攻坚等新使命，为我国经济提质增效开拓新视野，成为经济发展的新动力。

第一，坚持鼓励支持与规范发展并重。发挥市场在资源配置中的决定性作用，鼓励支持企业成为真正的市场主体；切实转变政府职能，更好地发挥政府的作用，营造促进电子商务创新发展的政策环境。加快电子商务法律法规和标准规范建设，加速管理体制改革，加强和改善市场监管，形成竞争有序、诚信守法、安全可靠的电子商务大市场。

第二，注重电子商务与供给侧结构性改革相结合。运用新一代信息技术，创新产业组织方式，重塑消费、流通及生产过程，着力创新设计、生产、社会化营销、物流、售后服务方式，提升柔性化、智能化制造水平，完善网络化产业运行体系，切实有效推进供给侧结构性改革，成为经济增长的新动力。

第三，促进电子商务为改善民生服务。探索电子商务在城市社区、农村、欠发达地区中政府服务社会的新思路、新手段和新方法，带动公共服务升级。继续深入开展电子商务进农村综合示范、快递下乡、宽带乡村等农村电子商务相关扶持工程，完善农村电子商务双向流通服务体系，通过电商带动农村产业聚集，多方位、全角度利用电子商务的新型产业链带动贫困人口实现脱贫增收。

第四，引导电子商务与传统产业协同创新发展。高度重视电子商务新模式与传统产业旧业态的关系，处理好新旧业态在资源配置方面的矛盾，设法打破僵化的旧产业利益格局，创造结构性再就业机会。支持电子商务进一步向消费、流通、生产过程深度渗透和融合，孕育出更多、更好的新模式和新业态；同时，结合实体经济的现实需求创新模式、扩大规模、提升成效，有效引导传统产业转型升级。

第五，发挥电子商务在“一带一路”战略中的先导作用。按照“一带一路”的战略部署，高举和平、发展、合作、共赢旗帜，坚持共商、共建、共享原则，坚持开放与安全并重，采取对点合作、联点结网、在商言商的方式，打通“一带一路”重点方向的电子商务国际化通道，建设规制互认、设施互联、信息互通、企业互信、产业互融的网络经济带，形成“海陆空网”四位一体的市场格局。

会议强调，国家电子商务示范城市要加快开展电子商务法规政策创新和试点示范工作，各地区要立足城市产业发展特点和优势推动电子商务产业统筹协调、错位发展，市场主体要积极创新、探索新业态和新模式，共同推动建立规范有序、社会共治、辐射全球的电子商务大市场，打造经济平稳健康发展的新动力，完成新时期电子商务的新使命。

（人民网、数据观网等转载）

大数据，贵州的梦与真实!

2016年5月30日 中文网

像不久之前的我一样，很多人一定无法将中国西南部省份贵州与大数据联系到一起。

2016年数博会于5月末在贵阳召开。25日开幕式当天，中国总理李克强发表主旨演讲，包括马化腾、李彦宏、刘强东、程维、迈克尔·戴尔等在内的一众大咖也赶来捧场。随后几天的60余场分论坛，讨论的议题从旅游到人工智能，从数据安全到跨境电商，方方面面无所不包。自2014年开始“抢跑”以来，贵州在大数据领域，无处不在彰显着与人们的固有印象不太一样的雄心。

若从官方数字来看，贵州的大数据产业似乎交了一份还不错的答卷。贵州省省长孙志刚在开幕式上介绍，2015年贵州大数据产业规模总量增长37.7%。今年2月，中国国家发改委、工信部、中央网信办批复同意贵州建设全国首个国家级大数据综合试验区。

随手在互联网上以“贵州”和“大数据”为关键词搜索，发现许多文章以类似“贵州凭什么发展大数据”“贵州在大数据领域做了啥”的风格为题。既然疑问与不了解似乎仍是大众态度的主流，我尝试在贵阳短暂的几天停留里，从日常中寻找一些思路。

一场“无中生有”

李克强在开幕式演讲中将贵州发展大数据产业称作“无中生有”。和许多人的猜测一样，贵州的大数据尝试并非是市场的自发行为，而是在大数据概念在中国兴起的初始，由政府看得见的手牵头，开始的一场自上而下的尝试。

中国国家主席习近平2015年在贵州考察时说的一句话也蛮值得细究，他说“贵州发展大数据确实有道理。”

这样一句表态，读来感觉其实略为保守谨慎。除了认可贵州在发展大数据产业方面的一些先天条件，例如电力资源丰富且成本低、气候凉爽等等，以我看来，话语传递的更多是一种“试试看”的态度。

贵州发展大数据的主要发起人之一贵阳市委书记陈刚，曾长期在北京工作，并曾主管中关村科技产业园的工作。他在许多场合强调希望将中关村元素引入贵阳。这从一家明显是从著名的中关村“车库咖啡”获得灵感的“新三线咖啡”可见一斑。店长介绍，这家成立于2014年的咖啡店兼孵化器已成功孵化了50多个创业项目，但同时也承认，在大数据产业创业方面，贵州人才短缺及种子／天使轮融资难，是制约创业项目的大问题。

另外，大数据更多情况下是作为一种手段或载体，依附于其他产业而存在。这对于多项产业都相对落后的贵州省，无疑是又一项大挑战。贵阳市委宣传部一位官员也承认，贵州走了一条与许多其他地方相反的道路，即先确立大数据战略，发展大数据产业，再以之拉动其他产业增长，以及引进外来公司。目前，贵阳是全国唯一一个有英特尔、微软、戴尔三家孵化器的城市。然而，这条反其道而行之的道路，是否平坦，能走多长，还需要时间检验。

中国媒体《21世纪经济报道》曾这样报道，“从核心业态来看，业界人士认为，大数据产业在短期内，不可能对产业以及 GDP 产生多大影响。贵州省政府一位高层在内部会议上也提出，‘别光说几千万产值，增长30%，听起来挺厉害，一问哪些企业结果就是手机（行业）。’”

从贵阳机场到会场，路边每隔十几米都挂有宣传牌，文字采用“大数据”加上经济领域当下最热词的形式，如“发展大数据引领经济新常态”“大数据新经济新动能”“加快发展大数据打造经济新引擎”。或许决策者和实践者首先应注意的，是避免大数据沦为噱头，然后才能真正挖掘大数据带来的潜力和机遇。

政府的进与退

2015年，贵州省 GDP 总量排在全国第25位。多位贵阳市官员都向我介绍，贵州作为经济相对落后省份，进行过许多次不同的尝试，而发展大数据，是最近的、政府决心空前、希望把握机遇、实现弯道超车的一次。

对于并非由市场自发发展起来的行业，政府在行业起步时做主导可以理解，扮演初始推动力的角色并无不妥。据贵阳市委官员介绍，贵州省在政府公开数据方面走在全国前列，建成全国首个省级政府、企业和事业单位数据整合管理的云平台，初步打破了政府各部门间的数据壁垒。再如，为解决贵州人才短缺的问题，政府主导成立了培训中心，与贵州当地高等教育机构及大型互联网科技公司合作，培养大数据方面的人才。

我曾向几位官员询问，贵州发展大数据，除去气候、资源成本等，到底有哪些特别突出的优势。几位官员最终给出的答案，都是政府的决心与政策的鼓励和支持。

上海金融与法律研究院研究员傅蔚冈表示，贵州发展大数据，可以看作是一项投资于未知的事业。若要实现商业化盈利，则一定需要市场起到决定性资源配置作用，需要明星企业脱颖而出，如同阿里巴巴之于杭州、一大批互联网科技公司之于中关村。现在政府已经搭好台开始唱戏，但若是三年五年之后，还没有明星企业上台扮演主角，就有问题了。

就像父母与子女的关系，贵州政府在发展大数据行业中扮演的角色，可以是初期的培养、扶持、打造适宜环境，但应该懂得适时退出，将这个新兴行业放到市场中经历颠簸。在锤炼中，它或许生长、变强，或许不堪一击，但却是脱离襁褓，真正找到发展的必经之路。

大数据产业离老百姓究竟有多远？

本届数博会场面的火爆给我留下了深刻印象，几乎每个展台都被观展人群包围。会场中一位学生志愿者向我介绍，贵阳市有部分中小学特意在展会期间放假，以鼓励学生看展。贵阳市委宣传部官员提到，在数博会报名刚刚开放时，报名人数之多一度导致系统崩溃。

当我询问贵阳市民，大数据在他们生活中的切身影响时，听到的答案有全城覆盖的 Wi-Fi 无线网络、移动医疗问诊，还有人提到了打车软件。

官方宣传材料及多数媒体报道中提到的贵州对大数据的应用，多集中在精准扶贫、洪水等灾难预警、公共交通，以及权力监管等方面。

这反映出一些问题。首先，普通民众可能在政策影响下对大数据兴趣浓浓，但或许其中真正明白大数据到底为何物的人寥寥，无线网络等上述几个答案，其实应该归为互联网领域的应用，只能算是大数据产业的边缘。其次，已稍成气候的大数据应用多集中在政府主导的公益领域，惠及普通百姓自然是好事，但也从中看出，贵州从大数据产业中实现大规模盈利仍有很长的路要走。

我尝试在峰会会场连接全城覆盖的免费无线网络，体验并不顺畅。在很多场合被作为贵州大数据行业标杆的一些企业，许多项目仍停留在概念上，并未落地。诚然，距离贵州提出发展大数据不过两年时间，多项尝试仍在起步阶段。从旁观者的角度，应假以时日，给予耐心。而对决策者来说，如何修补短板，根据当地条件脚踏实地发展大数据这一新兴行业，避免其沦为噱头吹成泡沫，应是最值得关注的事情。

贵阳行程留给我印象最深的一个画面，并非大咖云集的会场，或是场面火爆的展览会，而是当我们乘坐的贴有数博会标志的车辆从山间驶过，路边梯田里挽着裤腿插秧的农民都会停下手中的活，望着车辆开近又驶远。“大扶贫”和“大数据”已被确立为贵州两大战略方向，两者看似不相干，但或许，评估任何一项政策成功与否，最核心的标准，应是能否最大限度惠及包括这些插秧老农在内的千百万普通城乡百姓。

（中国经济网、数据观转载）

看看数博会上“大佬”们怎么说？

2016年6月1日《中国环境报》

中国大数据产业峰会暨中国电子商务创新发展峰会近日在贵阳开幕。随着大数据发展上升为国家战略，2016数博会已升格为“国家级”盛会。

今年数博会的主题是“大数据开启智能时代”。以《促进大数据发展行动纲要》为基础，数博会共策划举办60余个主题论坛，云集了全球知名企业大佬、大数据领军人物、专家学者等两万多位国内外来宾，300多家大数据相关企业在贵阳国际会展中心展示新产品、新应用。

那么，今年数博会带来哪些新看点？又有哪些新论断？

2020年我国将成为全球数据中心

阿里巴巴集团的技术委员会主席王坚指出，在人类的发展历史上，人类一直在消耗大自然的资源，但互联网让人类可以自主产生“数据”资源。数据资源要产生价值，唯一的途径就是靠计算。

“云计算、大数据、人工智能、机器人，这些其实都离不开互联网数据和计算，当我们谈论云计算和大数据之时，应该更注意到计算和数据在互联网时代所带来的价值和影响。”王坚称，当计算成为公共服务，当互联网成为基础设施，当数据变为生产资料，一个新的经济时代就会到来，那就是计算经济时代。

国家发改委副主任林念修也表示，当下，信息经济迎来了快速发展的黄金时期，以大数据为代表的信息经济对促进传统产业升级、培育壮大新动能必将发挥越来越重要的作用。

林念修称，据预测未来5年，中国大数据产业规模年均增长率将超过50%，到2020年中国的数据总量将占全球数据总量20%，届时中国将成为世界第一数据资源大国和全球数据中心。

政府数据应当开放

大数据时代，数据是基础资源。小i机器人创始人、董事长袁辉表示，现在80%的数据在政府手上，政府首先要明白数据为谁服务，数据来源于民，也要为人民服务。贵州、贵阳已做到数据开放了。

阿里巴巴集团副总裁、《大数据》《数据之巅》作者涂子沛也表示，政府掌握大量数据，贵阳之所以建立交易所，正是认识到了数据是资源，要让它流动起来。

国家行政学院电子政务专家委员会副主任汪玉凯表示，大数据时代来临对政府既是挑战又是机遇。绝大部分政府机构由封闭、保密，转向开放，是非常“痛苦”的过程。政府需要做到两个开放：一是客观信息要开放；二是数据要开放，政府部门之间打破行政壁垒，而且数据还要向社会公开。

大数据建设要避免过热

中国科学院院士、上海交通大学副校长梅宏在会议发言中提出，大数据是信息化3.0阶段的象征，是信息技术发展和互联网延伸带来的“自然现象”。大数据建设和发展，要避免出现过热，急需顶层规划引导。

梅宏指出，大数据驱动的新时代为信息化3.0时代——以数据的深度挖掘与融合应用为特征智慧化阶段。从20世纪80年代的PC机开始，是信息化第一波浪潮，1995年之前是信息化1.0时代；之后进入信息化2.0时代，也就是以联网应用为特征的网络化阶段。

他认为，大数据是信息技术的不断廉价化与互联网及其延伸所带来的无处不在的信息技术应用所产生的“自然现象”，源于摩尔定律驱动的指数增长模式、技术低成本化驱动的万物数字化、宽带移动互联等。

梅宏强调，大数据在中国已经成了各行业的共同旗帜，包括其他领域，还有非技术学科的领域都开始汇集在大数据的概念之下，毫无疑问是过热了，大数据已经成为各行各业争取资源的“马甲”。

梅宏说，国务院虽然已经发布《促进大数据发展行动纲要》，但实际上大数据发展还面临法律不健全、标准不统一、技术不到位等问题。

梅宏呼吁，大数据正引发新一轮信息化建设新潮，急需顶层规划和示范引导，积极谋划、谨慎推进，避免一哄而上，造成超前投资或重复投资。

数据安全强调自主可控

中国互联网协会理事长邬贺铨指出，大数据本身是一个产业，现在全世界大数据市场是由硬件和软件服务构成的，“现在大数据产业基本上90%以上都是外国公司，在大数据产业里面，我国现在仍存在短板。”

邬贺铨认为，大数据安全问题至关重要，“大数据意味着海量数据的汇集，会引来更多潜在供给者。黑客在大数据时代里面有多维的数据，把它们关联起来很容易就破解一些关系，可以借此入侵企业的网络”。

邬贺铨表示，国产的设备虽然是自主研发的，但未必安全可控。自主不等于可控，只要有漏洞就可能成为非法获取信息的来源。据安全机构统计，我国高达16%的网站存在安全漏洞和后门，可以说网站和应用系统的漏洞是大数据平台面临的最大危险。

针对如何实现自主可控，中国工程院院士倪光南提出“自主可控”的评估方法与推动办法。

倪光南认为，“自主可控”是实现网络安全的前提，要达到“自主可控”，产业链各环节都要满足要求，比如供应产品的企业资质要有保障，制造质量、工艺控制等有标准。相比而言，美国的政府采购政策，对自主产品所占比例有要求，而中国却没有。他希望经过实践，探索解决这些问题。

（新浪网、求是网转载）

“云上贵州”大数据商业模式大赛完整诠释大数据三大业态

2016年6月2日《中国产经新闻报》

5月27日，2016中国国际电子信息创客大赛暨“云上贵州”大数据商业模式大赛总决赛暨颁奖典礼在贵阳举行。21个项目角逐“云上贵州”系列奖项，500万奖金的归宿尘埃落定。

基于人工智能的视觉决策引擎拔得头筹，获“云上贵州”奖，独享100万项目奖金。新型高容量快速企业级数据储存系统和“云梯”项目获云路奖，奖金各50万。其余18个总决赛项目分获云梯奖、云创奖和云意奖，分享300万奖金。

据了解，2016“云上贵州”大赛共收到参赛项目10676个，涵盖金融、教育、医疗、农业、旅游、公共服务等多个大数据及智能制造应用领域。参赛团队来自美国、法国、德国、新加坡、韩国、印度等10多个国家和地区，北京、上海、广东等20多个省市，清华大学、北京大学等国内8成985高校悉数参与其中。

据统计，两届“云上贵州”大赛共吸引参赛项目2万多个，报名参赛选手7万余人，项目所涵盖的市场高达数千亿元。而从参赛规模、参赛项目的质量上看，本届大赛已经全面超越上届。

大赛组委会有关负责人表示，本次进入大赛总决赛的21个项目不仅解析了大数据核心业态的所有变现路径，还集中展示了大数据关联业态和衍生业态，国际化、专业化、顶尖智能硬件等成为本次大赛的最大亮点。

在技术型项目上，有100亿神经元大脑实时仿真模拟器和方舟万宝；在大数据深度挖掘上，有 GrowingIO 新一代用户行为数据分析和大快搜索；在基础性设施上，有新型高容量快速企业级数据储存系统和殿宽智慧物流引擎；在应用型项目上，有社区云超市和大数据择校平台……这些项目无一不是大数据和智能制造的深刻诠释和有效实践。

不仅项目发展风生水起，贵州还以项目为基础，将大数据和大扶贫做起了“文章”。大赛组委会将众多项目团队联系在一起，形成公益组织，组委会工作人员感动地说，“大赛让我们走到一起，公益会让我们走得更远”。

用创新创业带动扶贫，是最具远见的事情。在总决赛现场，商用3D 打印一体机项目团队通过大赛，向地处国家重点扶贫区域的贵州工贸职业技术学院，捐赠了一台价值数万元的全球首款三维图形界面的3D 打印一体机。

“风”起“云”涌看贵阳：贵阳市大数据产业发展纪实

2016年6月8日《开封日报》

在过去短短的几年内，贵阳大数据产业从无到有，风起云涌，吸引了全国乃至世界的目光。5月25日至29日，在2016中国大数据产业峰会暨电子商务创新发展峰会（数博会）召开之际，“百家党报社长总编走进中国数谷——贵阳”大型新闻采访活动举行，来自全国24个省市区80余家党报的150余名社长、总编及记者齐聚贵阳，交流报业发展经验，共谋党报发展新策略，宣传中国数谷。

贵阳，中国西南云贵高原上一座美丽的生态之城。在这里，森林环城，湖泊、河流纵横其间，城中有山、山中有城、城在林中、林在城中，山清水秀，夏无酷暑，冬无严寒，气候宜人，矿产资源储藏量巨大，苗族、布依族、侗族等11个世居少数民族和谐共处，民俗风情独特。

贵阳，在自然的和音中书写着自己的历史，延续着文明不尽的征途。

今之贵阳，更有别样的风情：从曾经封闭的西部山城，到京筑合作的开放高地；从依靠能矿资源谋发展，到大数据产业发展的“领头雁”；从单向人力资源输出地，到“贵漂”聚集……在大数据时代，贵阳一次次展现出“中国数谷”的巨大魅力。

选择大数据开启创新发展之门

面对新常态，迎接新挑战，贵阳这个发展相对滞后，长期处于跟跑阶段的山地城市，如何完成跨越发展、同步小康的关键一跃，成为一个绕不开的问题。

压力所在，必是动力所在。求索中，贵阳清醒地认识到，亦步亦趋、循规蹈矩，不能支持跨越发展，甚至还会出现在同步小康路上掉队的可能。唯有选择创新驱动、开放带动，方能实现发展方式质的飞越。

路在何方？在充分对比自身优势和特点后，贵阳准确分析信息技术产业发展的热点和动向，给出掷地有声的回答：新常态要有新动力，互联网大有作为。因此，贵阳要在大数据产业尚未形成垄断、整个行业处于竞相布局阶段的背景下，大力发展以大数据为代表的高新技术产业，踏上逐梦之旅。

选择创新驱动、发展大数据产业，对于贵阳而言，不仅是时代发展的必然选择，更是谋求自身突破的务实举措。

贵阳将发展大数据作为守住“两条底线”、破解发展瓶颈、实现后发赶超的战略选择，自2014年以来，经过两年的努力，大数据发展呈现出“环境初显、业态渐丰、跨界融合、迅猛发展”的总体态势，在多个领域实现了重要突破，部分工作走在了全国的前列。

2015年2月12日，经工信部批准，贵阳、贵安新区共同创建国家级大数据产业发展集聚区，标志着“中国数谷”正式落户贵阳。在不到一年的时间里，“中国数谷”贵阳创造出5个“中国首个”——即中国首个大数据战略重点实验室、中国首个全域公共免费Wi-Fi城市、中国首个块上集聚的大数据公共平台、中国首个政府数据开放式城市和中国首个大数据交易所。

各类创新资源要素正加速向贵阳集聚，贵阳已逐步成为“互联网 ”时代创新创业者和投资者的首选地。数据时代的无限机遇和无限前景，使贵阳正成为全球瞩目的智慧城市。

此时，大数据产业犹如理想与现实间的桥梁，让创新驱动在贵阳生根开花。贵阳全市上下更确立新的发展目标——切实增强责任感和紧迫感，把握自身发展规律，进一步优化发展思路，全面加快改革开放步伐，以大数据产业为突破口，打造实体经济发展升级版。

发展大数据铸就产业崛起高地

知者行之始，行者知之成。要想创新发展，知行不可分作两事。

深谙此理的贵阳，在大数据产业发展之路上，生动地践行着“知行合一、协力争先”的城市精神。

2013年9月，贵阳与中关村“牵手”。以此为契机，贵阳全力加快中关村贵阳科技园建设，在完善产业顶层设计、夯实园区基础设施建设、优化创新环境等方面取得突出成绩；

2014年9月，贵阳综合保税区（一期）通过国家验收，贵州、贵阳内陆开放型经济发展自此具备强大的平台支撑，开启开放创新的新征程；

2015年10月，《贵州双龙航空港经济区总体规划（2015—2030年）》获批，独具生态特色、民族特色、产业特色的贵州发展新高地诞生；

为更好地推动开放发展，贵阳市委九届四次全会明确提出实施平台创优工程，打造开放贵阳升级版；

最鼓舞人心的是，置身创新驱动的宏大叙事之中，贵阳奏响发展大数据产业的“三部曲”：起步阶段，大力建设大数据存储和云计算中心，吸引一大批数据中心落户；中期阶段，积极创建大数据综合试验区，全力以赴把大数据的创新应用发展起来；立足长远，通过大数据重塑发展产业链，推动大数据全产业链发展和全领域应用。

披荆斩棘、一往无前。在大数据产业崛起的征途中，贵阳这座生机勃发的城市，正用一个个务实举措，践行着自己的不懈追求——

依托中关村贵阳科技园、贵阳综合保税区、贵州双龙航空港经济区、贵阳大数据交易所等发展平台的建设，戴尔、惠普、京东、富士康、宽带资本等行业巨头相继落户，贵阳大数据产业发展全面提速；

按照“抓两头促中间”的思路，贵阳着力发展数据中心与呼叫中心，预计到2020年打造30万座席规模的呼叫中心产业集群、聚集超过100家呼叫中心企业、带动70万人就业；

在深化改革方面，贵阳铭记习近平总书记在网络安全和信息化工作座谈会上“让全体市民在共享互联网发展成果上有更多获得感”的谆谆教诲，加快建设“数据铁笼”，为政府从“权威治理”向“数据治理”转变提供深刻的理念基础和强有力的工具支撑；

如今，贵阳大数据产业已实现“核聚变式”增长：2015年，贵阳大数据及关联产业规模总量达到916亿元，同比增长38%以上，占全省的比重约为45%，大数据及关联企业工商注册数较2014年增加1300余家。

收获大数据积蓄城市崛起动力

一座城市重塑一个产业，一个产业激活一座城市。

2015年6月17日，是一个值得铭记的日子。

当天上午，习近平总书记来到贵阳大数据应用展示中心，实地查看贵州、贵阳大数据产业发展、规划和实际应用情况介绍。在听取汇报后，他语重心长地说："我听懂了，贵州发展大数据确实有道理。"

能获得这样的肯定，与贵阳取得的优异成绩密不可分——"货车帮"建设全国最大的公路物流信息平台、成为国内公路物流信息化的领跑者；贵阳京东电商产业园一期项目建成；贵阳综合保税区富士康服务器项目投产运行；中兴、戴尔、百度、华为、英特尔、甲骨文等知名企业纷纷与贵阳合作。

插上大数据这对发展的翅膀后，贵阳整体发展实力不断跃升：与"十一五"末期相比，全市生产总值从1121.82亿元增加到2890.71亿元，年均增长15.1%，经济增速连续5年位居全国省会城市前列，经济首位度不断提升，经济总量占全省的比重从24%提高到27.5%……

凡益之道，与时偕行。在"十二五"取得成绩的基础上，贵阳"十三五"该去往何处，成为各界关注的焦点。

下一步，贵阳市将深入贯彻执行中央领导视察贵州时的讲话精神和国务院《促进大数据发展行动纲要》精神，围绕"七项系统性实验"，以建设创新型中心城市为目标，着力实施"十大工程"（数据铁笼工程、数据政务工程、数据金融工程、数据外包工程、数据端产品工程、数据新产业工程、数据民生工程、数据扶贫工程、数据生态工程、数据定规立法工程），建立"六大机制"（市县两级大数据发展统筹领导机制、干部培训机制、精准招商引智机制、数据产业指挥长机制、数据开放共享机制、痛客创新机制），进一步完善顶层设计、夯实基础、营造环境、汇聚资源、先行先试，将大数据产业和应用向广度挺进，向纵深推进，奋力打造国家大数据发展的战略高地、先行先试的试验田和靶场，建成全国重要的国家大数据内容中心、服务中心和金融中心。

咬定青山不放松，一张蓝图绘到底。如今，贵阳已在大数据领域“先发声”“快赶路”。今后，贵阳也将精准发力，由易至难、由简至繁、由内至外、由点至面，吸引更多创业者、投资机构到来，打造大数据实践应用的最好“试验场”。

（数据观网转载）

对话、方向、平台
看组委会如何解读2016数博会

2016年6月20日 中国经济网

导语：数据创造价值、创新驱动未来。继2015数博会在贵阳成功举办并深受好评之后，贵阳再度发声，其打造的大数据行业盛宴——2016中国大数据产业峰会暨中国电子商务创新发展峰会（下称“2016数博会”）定于5月25日至29日举行。在本届数博会上，来自全球政、产、学、研、用等领域的专家学者，将围绕工业大数据、智慧机器、人工智能等议题进行探讨，并展示人工智能、机器人等大数据热点应用案例。

作为目前全球唯一以大数据为主题的高端专业展会，2016数博会除了升格为“国家级”以外，大会有什么样的主题和定位？大会期间会举办哪些系列活动，其中又有什么亮点和看点？相较去年数博会，今年的大会在功能、内容、模式等方面有哪些创新和提升？

5月13日下午，2016数博会论坛组组长、贵阳市工信委副主任肖鲁，

2016数博会展览组组长、贵阳市投资促进局副局长、市会展经济促进办公室副主任吴宏春做客由贵阳市人民政府与当代先锋网联合打造的“在线访谈”栏目，为网友解读2016数博会。

对话

高端对话与大众交流

今年三月，谷歌旗下的DeepMind公司创造的“阿法狗”（AlphaGo）围棋程序击败了韩国职业围棋选手、世界围棋冠军李世石。这场轰动全球的人机大战，再一次使人工智能成为人们的焦点。而所谓的人工智能，其实是计算机读取大量数据，根据数据的统计、概率分析等方法，进行智能处理。

人工智能离不开数据，只有产生更多的数据才能使得人工智能进一步优化。在2016数博会上，大数据遇上人工智能、区块链技术论坛等当前大数据的前沿引领性话题即将引发广发讨论。

引领性，其实只是2016数博会的特点之一。此次大会拟邀请国内外500家大数据企业，展会分设精英企业、大数据应用及服务、智能制造及设备、电子商务、互联网创新应用等板块，集中展示全球大数据的新技术、新产品、新成果和解决方案。

“产业和应用板块论坛总数量26场，占论坛总数的40%。”2016数博会论坛组组长、贵阳市工信委副主任肖鲁介绍，2016数博会不论是承办方还是演讲嘉宾，在业内都极具知名度，涵盖了学术机构、企业和政府，包括了大数据从研究到应用及管理的方方面面。

此外，本届数博会吸引了除来自美、英、德以及东盟10国的政府主管、相关企业家代表和学术机构代表以外，还有 Gartner 国际咨询公司、毕马威、IDC、戴尔、惠普、联合国 SDG 等国际知名企业和国际组织。

值得一提的是，无论是论坛的承办机构还是演讲嘉宾，多为国内外知名的权威机构和人士，均能达到业界的顶尖水平。如英国领事馆将举办“中英大数据合作2016贵阳英国日论坛”、美国驻华使馆将举办“探索数据深海，把握全球商机”论坛、德国世界知名企业 SAP 举办“汽车行业大数据应用”等专题论坛，国内19名院士参加数博会论坛，等等。

肖鲁表示，突出引领性、高端性、国际性和产业性，注重与国内外有影响力企业合作、强调引导优胜项目落地，再加上主题活动、企业系列活动、贵州大数据综合实验区活动等，2016数博会将会为与会者提供一场精彩纷呈的大数据盛宴。

不仅如此，作为提升本届博览会专业化水平的一项创新举措和亮点，2016数博会展览板块还设立“专业观众及媒体日”和“公众开放日”。

“让群众真正参与到博览会中来，亲身感受大数据产业发展的成果。”2016数博会展览组组长、贵阳市投资促进局副局长、市会展经济促进办公室副主任吴宏春说，专业观众及媒体日和公众开放日，为广大参展商、采购商和专业观众营造良好的洽谈交流合作环境，达到专业办会的目的。同时，向大众普及大数据知识，增加对大数据科学最新发展趋势的了解。

方向

探讨大数据商业化的“路子”

尽管现在“大数据”已经成为热词，但真正落地的成果并不多。从框架到方法论、到企业实践，到最后形成商业价值，能把这样一个完整的发展链条全部做通的企业并不多。在大数据浪潮的冲击下，社会经济体系、商业秩序和生活方式都在进行价值重构。

盘活存量资产主要是将以数据为代表的无形资产变成可计量、可交易、可为社会和企业带来经济效益的资产。完善的数据登记、确权、保全、评估和资本运作是盘活存量资产必不可少的步骤。

如何让数据真正变成资产？或许在2016数博会中可以找到答案。肖鲁介绍，数博会分论坛之一——数据资产化发展论坛，正是针对企业盘活数据支撑中面临的“痛点”进行交流，探索数据资产化的可行性。

据悉，论坛将邀请在大数据领域具有丰富实践经验的政府主管部门、交易评估机构、法律专家和管理咨询专家，通过认识大数据时代的信息经济、怎样使数据资产价值得到客观、立体的评估、针对数据资产被盗取和滥用问题，有权方将如何运用法律维护自身权益、数据资产的管理在具体的单一行业上将如何进行等各方面研讨数据资产化进程，共议数据资产的开发与应用。

同时，在大数据产业蓬勃发展的今天，大数据发展离不开一个个实实在在的项目支撑。在今年的数博会上，大数据应用高峰论坛也将探讨大数据在企业落地进程中最有价值的“商业模式”。届时，阿里巴巴、京东、1号店等国内知名企业的高层精英、行业资深专家、知名学者，进行大数据的商业价值、数据人才和技术的应用、大数据产业的发展给企业带来的机遇和挑战等系列的主题演讲和对话探讨。

其实，类似这样有关大数据产业发展的论坛还有很多。在这样的一场全球性的思想交流平台上，行业精英齐聚一堂、共话发展，各方知识不断融合、沟通交流不断顺畅，从中所迸发出的新项目、新创意，将在这个平台上落地发芽，大数据商业化的“路子”也将更加清晰。

平台

数博会“升格”后的意义

据中国互联网络信息中心（CNNIC）发布《第37次中国互联网络发展状况统计报告》显示，截至2015年12月，中国网民规模达6.88亿人，其中网购用户规模达到4.13亿，比例高达六成。

在大数据时代悄然到来的今天，贵州、贵阳发展大数据已经走在了前沿。当其他地方还在做概念宣传的时候，贵州已经超前谋划大数据产业园区和生态链发展。2013年，贵州正式拉开大数据发展的大幕，通过看得准、行动快，已经拿下多个全国第一。这其中，包含了理论、实践和规则等多个方面的创新。

贵阳搭建的数据中心、服务中心、大数据交易所等探索，把社会散落的信息资源最大化整合在一起，打造成为整体的生态链，特别是大数据交易所的打造，打破了信息因为不流动、不交换形成的“信息孤岛”效应，让数据真正产生价值。

去年，习近平总书记、李克强总理到贵州、贵阳考察时，对贵州发展大数据予以肯定和鼓励。同时，来自国家层面的支持越来越多、力度越来越大。从工信部批准创建贵阳·贵安大数据产业发展集聚区，到国务院印发《促进大数据发展行动纲要》，明确“支持贵州等建设大数据综合试验区”，一系列举措将贵州推入信息化大潮中，推上新的发展平台，让贵州借助技术变革之势，开辟出一条发展的新道路。

如今，贵州举办全国性的大数据博览会，无疑将吸引广大专家、学者、企业家、自媒体等业内人士的广泛关注。“升格”了的数博会将集聚更多的资源，为贵州、贵阳大数据产业发展提供更强劲的推动力量。

“数博会的意义是巨大的，将会起到很好的示范效应。”数博会的举办，能够便利地将中国大数据产业当前发展的亮点进行展示，还将有效吸引国内国际同行前来共同探讨大数据产业发展的前沿问题，搭建起一个政、产、学、研、用各界一道广泛参与、达成共识、一致推动的好平台。

（数据观网转载）

后记

数据创造价值，创新驱动未来。扶风山麓，贵山之南，贵阳大数据发展方兴未艾，正引领着科技创新之风潮。数字化、网络化、智能化的信息通信技术使现代经济活动更加灵活、敏捷、智慧，数据已成为经济发展的最新驱动力，带来了数字经济的繁荣和蓬勃发展，促进全球经济增长，并惠及世界人民。

2016年5月26—29日，2016中国大数据产业峰会暨中国电子商务创新发展峰会（简称“2016数博会”）在云上贵州—数谷贵阳成功举行，掀起了大数据产业发展的新高潮。这场以“数据创造价值，创新驱动未来”为主题的思想盛宴，68场峰会论坛引领着产业发展的方向，“同期两会、一展两赛”为主要活动的展会赛事，直观展现技术的变革和创新的力量。在这场兼具深度与广度的综合性博览会上，业内大腕云集、全新商业模式精彩亮相、草根与精英同台交流、大数据交汇交易现场演示、痛客计划引领创新精准创业，“黔”所未有，精彩纷呈。涓涓细流、可聚江海，云上贵州—数谷贵阳正携君之手共绘大数据产业的美丽“云图”。

2015年5月24日，大数据战略重点实验室在贵阳成立，是贵阳市人民政府和北京市科学技术委员会共建的跨学科、专业性、国际化、开放型研究平台。实验室聚集国内外大数据相关专业研究者、管理者和决策

数博会
BIG DATA
EXPO
中国·贵阳 GUIYANG·CHINA